Gabriele Marie Cristen

Sisi

Ein Traum von Liebe

Gabriele Marie Cristen

Sisi

Ein Traum von Liebe

Roman

Knaur

Bitte besuchen Sie uns im Internet:
www.knaur.de

ISBN 3-426-66134-9

Ein Unternehmen der Droemerschen Verlagsanstalt
Th. Knaur Nachf. GmbH & Co. KG, München
Umschlaggestaltung: ZERO Werbeagentur, München
Umschlagabbildung: Antiquariat Heinemann, Starnberg
Gesetzt aus der Bembo Roman 11,5/15 Punkt
Druck und Bindung: Ebner & Spiegel, Ulm
Printed in Germany 2003

Sisi

Ein Traum von Liebe

Vorbemerkung
Der Mythos Sisi …

… ist auch hundert Jahre nach dem Tod der schönen Kaiserin lebendig wie eh und je. Während sie für die einen das Rätsel, die Unglückliche und die Falschverstandene ist, sehen ihre Kritiker eine magersüchtige Exzentrikerin, die ihre Talente verschwendet hat.

Die Wahrheit bleibt uns trotz aller Briefe, Tagebücher und Gedichte, die sie hinterlassen hat, so verborgen, wie sie am Ende ihres Lebens das berühmte Gesicht hinter einem schwarzen Fächer verborgen hat.

Wer war diese Frau, die sich zu ihrer Zeit »Sisi« geschrieben hat?

Egal, ob die »Sissi« der Filme oder die »Sisi« der Historiker gemeint ist, beide vereinen sich zum Bild einer rätselhaften, wunderschönen, hochintelligenten, aber gefährlich sensiblen Frau, die vielleicht in einer moderneren, aufgeschlosseneren Gesellschaft glücklicher geworden wäre.

Das Abenteuer, für dieses Buch in ihre Haut zu schlüpfen, ihre Gedanken zu denken und ihre Handlungen zu begreifen, war ebenso faszinierend wie spannend. Ich danke den Historikern und Schriftstellern, die mir mit ihren Arbeiten die geschichtliche Basis dafür geliefert haben. Was ich daraus gemacht habe, ist die ganz private Geschichte einer Frau hinter Glanz und Krone.

Egmating, 2003 Gabriele Marie Cristen

Hotel Beau Rivage – Genf
9. September 1898

Wie still diese Nacht ist. Die Welt hält den Atem an, während der Mond seine Bahn über das dunkle Firmament zieht und den See vor mir in eine Silberplatte verwandelt. Wie spät es wohl ist? Fraglos weit nach Mitternacht. Die Stadt schläft. Ich wollte, ich könnte auch schlafen. Tief und fest schlummern, ohne dumme Träume und ohne Angst vor dem Aufwachen.

Ich habe gelernt, die neuen Tage zu fürchten. Jeder Morgen bringt unabänderlich Pflichten, Kummer, Schmerzen, Angst und Zwang. Wie lange es doch zurückliegt, dass mir ein Sonnenaufgang Hoffnung versprochen hat, Schönheit, Freude, Glück. Gleichwohl, es war auch an einem See. Vielleicht gefällt er mir deswegen so, dieser weite Blick über Wasser, das geheimnisvoll schimmert. Es könnte ein wärmender Mantel sein, der mich schützend umfängt. Ein dunkler Freund, in dessen Umarmung ich Frieden finde …

Jeder Atemzug kostet mich unendliche Mühe, obwohl die laue Luft der Septembernacht noch immer nach Sommer schmeckt. Bin ich allein mit meiner Ahnung vom Herbst? Vom kommenden Sturm, der die Blätter von den Bäumen reißt und davontreibt, bis sie, vom wilden Reigen müde, zu Boden sinken und vergehen?

Wann wird mein Reigen sein Ende finden? Mein müdes Herz in Stille ruhen? Es hat so viel gelitten, dass es inzwischen sogar schmerzt, wenn es bloß von einer Stunde zur anderen schlagen soll. Dabei wollte es immer nur eines: lieben und wieder geliebt werden.

Von Liebe träumte es schon, als sich vor dem Zimmerfenster der ahnungslosen bayrischen Prinzessin noch der Starnberger See bis zu den Bergen hin erstreckte. Das kleine Mädchen in seinem Possenhofener Paradies schätzte nichts so sehr wie Liebesgeschichten und romantische Gedichte. Es malte sich aus, wie seine Heldinnen alles zu wagen und alles zu gewinnen im Namen der Liebe. Einer Liebe, die vieles ertragen und alles vergeben würde. Einer Zuneigung, für die nicht zählte, ob es dumm oder gescheit war, ordentlich oder zerzaust, fröhlich oder traurig, hoch oder niedrig geboren.

Aus der ahnungslosen Prinzessin wurde eine Kaiserin, und manchmal glaubte sie, sie hätte dieses Wunder gefunden. Diese eine Schulter, die ihr den Halt und jene Zuflucht versprach, die das kleine Mädchen einst bei seinem Vater gefunden hatte. Jene Herzenswärme, die allein der Person galt und nicht der Krone und dem Rang. Aber es war nie für immer. Am Ende standen stets Abschied, Kummer und Kälte. So viel Leid und Einsamkeit, dass ich mich heute nur noch nach Ruhe sehne.

Mein Herz ist zusammen mit dem Körper und dem Antlitz alt und müde geworden. Zerbrochen von Abschieden, zertreten von Enttäuschungen und beladen von Kummer. Kaum zu glauben, dass es einmal jung und stark gewesen sein soll. Damals, als es der Blick aus ein paar unvergessenen, tiefbraunen Augen aus seinem ahnungslosen Kinderschlaf erweckte …

Winter 1852/53
»Oh, ihr dunkelbraunen Augen …«

Mir graute jedes Jahr von neuem vor dem Winter. Wenn der Herbst zu Ende ging, wurden in Possi die Reisekisten gepackt und das Haus geschlossen. Die Familie übersiedelte in das Palais an der Ludwigstraße, und ich musste zurück in die Stadt. München bedeutete das Ende der Sommerfreiheit. Es bedeutete korrekte Kleider, Schuhe, Klavier- und Etikettestunden, endlos langweilige Familienzusammenkünfte statt taunasser Wiesen, Schwimmen im See und Wandern mit dem Papa. Ich wäre auch dieses Jahr viel lieber in unserem Sommersitz Possenhofen geblieben.

»Welch ein Unsinn!«, wischte die Mama diesen Kinderwunsch wie ein unerwünschtes Stäubchen vom Tisch. »Du bist eine Prinzessin von Bayern und kein Bauernmädchen, das sich auf dem Land vergräbt.«

Der Tadel berührte mich weniger als der Blick, der ihn begleitete. Ich fand ihn beunruhigend abwägend, nachdenklich und streng zugleich. Ich konnte nicht ahnen, dass sie in diesem Moment beschloss, mich ein wenig genauer im Auge zu behalten. Ich war vierzehn und immer noch darauf erpicht, Mutter, Gouvernante und allen Vorschriften zu entkommen.

Im Palais an der Ludwigstraße war das ein bisschen schwieriger als in Possi. Dort konnte man nicht einfach die Türe aufmachen und durch den Garten zum See hinunterlaufen. Sogar die Pferdeställe waren in München eine hochoffizielle Angelegenheit mit einem Stallmeister und Unmengen von Pferdeknechten und Uniformierten. Der Hofstaat des Herzogs von Bayern konnte sich zwar nicht mit dem des bayrischen Königs messen, aber er umfasste so viele Menschen, dass sich nicht einmal der Papa alle Gesichter merken konnte.

In den vergangenen vierzehn Jahren hatte ich indes ein beträchtliches Geschick dafür entwickelt, all diesen Augen zu entkommen. Ich huschte über den leeren Gang vor Mamas Salon und schlüpfte auf leisen Sohlen in die Bibliothek. Sie versprach mehr Unterhaltung als die angesetzten Tanz- und Etikettestunden. Die Büchersammlung des Herzogs faszinierte mich, seit ich lesen gelernt hatte.

»Sisi?«

»Papa!«

Ich versuchte mit einem jener übertrieben feierlichen Knickse, die meine große Schwester Nené so wunderbar beherrschte, Zeit zu gewinnen. Meine ungeliebten Unterröcke raschelten, und unter Papas aufgebogenen Schnurrbartspitzen erschien ein liebevolles Lächeln. Ich atmete erleichtert auf. Er würde mich nicht verraten. Er verstand, dass ich lieber träumte und las, statt zu tanzen und mich in wohlerzogener Konversation zu üben.

»Es schaut so aus, als müsste ich jetzt doch meine Pläne

ändern«, wandte er sich immer noch lächelnd an einen jungen Offizier, der in tadelloser Haltung, die Kopfbedeckung vorschriftsmäßig unter den Arm geklemmt, kerzengerade vor ihm stand. »Aber Sie können sich darauf verlassen, dass ich Ihr Gesuch befürworten werde, Richard!«

Der junge Mann salutierte in militärischer Präzision vor dem Herzog, ehe er auch mir seine Reverenz entbot. Ich mochte ein Kind sein, aber ich war eine Prinzessin des bayrischen Königshauses. Es gehörte sich, dass er mich grüßte. Aber gehörte sich auch der Blick, der diesen Gruß begleitete? Ein bewundernder Blick aus leuchtend samtig braunen Augen, der mich auf eine Weise erschauern ließ, wie ich sie noch nie verspürt hatte. Ich konnte nur schauen und fühlen. Zulassen, wie sich in dem Mädchen, das ich bisher gewesen war, zum ersten Male zaghaft eine Frau regte.

»Sisi! Ist dir nicht gut?«

Die Stimme des Herzogs riss mich aus meiner Verzauberung. Ich sah wie betäubt auf. Wir waren allein in der Bibliothek. Der junge Offizier hatte uns verlassen. Einfach so. Wie konnte er das tun?

»Doch … natürlich … entschuldige, Papa.«

Ich war so verwirrt, dass ich mich im ersten Moment kaum darauf besinnen konnte, weshalb ich gekommen war. Was war mit mir geschehen?

»Du schaust blass aus, Kind. Was ist los? Immer noch der Kummer wegen unserer Abreise aus Possenhofen? Ich kann's dir nicht verdenken. Aber du wirst dich schon wieder dreinfinden. Jeder Sommer muss irgendwann ein Ende haben, Schatzerl.«

Ich hörte seine tröstenden Worte, aber sie drangen nicht bis in mein Bewusstsein. Es kam mir vor, als habe sich der bewundernde Blick des schneidigen jungen Offiziers wie ein Brandmal durch die vielen lästigen Schichten meines Kleides direkt in mein Herz gegraben. Verwundet und verwundert stolperte es unsicher weiter. Es mühte sich in einem neuen, fremden Rhythmus ab, der wie Trommelschlag in meinem leichten, seltsam leeren Kopf nachhallte.

War das etwa die Liebe, von der die Dichter in so wundersamen Versen schrieben? Die auf den Gemälden in der großen Galerie gezeigt wurde und nach der ich mich in manchen Nächten so sehr sehnte, dass mich der Schlaf mied?

»Sisi! Du lieber Himmel, die Baronin sucht dich überall. Der Tanzlehrer ist da.«

Helene, natürlich. Hatte es je eine ordentlichere, pflichtbewusstere und lästigere große Schwester gegeben? Sie war die Perfektion in Person. Mamas jüngere Vertreterin, der Schrecken des Kinderzimmers, sosehr wir sie auch liebten. Sogar Papa machte, wenn er sie sah, jenes vorsichtige Gesicht, das er sonst nur aufsetzte, wenn die Mama sich über den neuesten Skandal entrüstete, mit dem er die Stadt zum Tuscheln brachte.

»Ich brauch keinen Tanzlehrer«, sträubte ich mich, aber es war ohnehin sinnlos. Nené überhörte jede Art von Protest aus Prinzip.

»Willst du beim Hofball deinem Partner auf die Zehen treten und uns alle blamieren?«

Hofball? Partner? Tanzen? Die drei Worte fielen in mein übervolles Herz wie kleine Kieselsteinchen in einen Teich. Die jungen Offiziere des Hofstaates waren begehrte Partner bei diesen gesellschaftlichen Ereignissen. In meiner Fantasie sah ich mich bereits zum Klang der Musik mit Richard über das spiegelnde Parkett im Ballsaal der königlichen Residenz schweben. Welch eine Möglichkeit ihn kennen zu lernen, mit ihm zu sprechen, ihn für immer zu erobern!

»Geh tanzen, Weihnachtskind!«, riet jetzt auch der Papa. »Hübsche Mädchen müssen einfach tanzen können, das gehört sich so.«

Weihnachtskind nannte Papa mich nur, wenn er es ganz besonders gut mit mir meinte, denn ich war am 24. Dezember auf die Welt gekommen.

Nené reagierte ungewohnt eifersüchtig auf den Kosenamen. »Sie wird es nie lernen, wenn sie ständig die Stunden schwänzt und davonläuft, sobald der Tanzmeister erscheint«, petzte sie verdrießlich.

»Ich lauf nicht davon, ich wollte nur dem Papa einen schönen Nachmittag wünschen«, schwindelte ich und küsste meinen Vater zum Abschied. Er roch nach Schnupftabak und Rotwein, gemütlich und vertraut. Sein steifer Schnauzbart kratzte über meine empfindliche Haut. Wie sich wohl Richards Wange unter meinen Lippen anfühlte?

Ich errötete bei dem kühnen Gedanken und lief hastig hinter Nené her. Gehorsam versuchte ich mich auf die Tanzschritte zu konzentrieren, aber mein Kopf war nicht bei der Sache. Er grübelte ununterbrochen über den fabelhaften jungen Adjutanten nach. Richard. Wie hieß er wohl weiter? Bei welchem Regiment tat er Dienst?

Auch wenn ich Uniformen schneidig fand, um Einzelheiten hatte ich mich nie gekümmert. Ich wusste gerade eben, dass es eine hohe Auszeichnung darstellte, der königlichen Familie dienen zu dürfen. Die jungen Männer unseres Hofstaates rekrutierten sich normalerweise aus den ersten Familien Bayerns.

Nené hätte natürlich Bescheid gewusst. Sie hatte ein unfehlbares Gedächtnis für Namen, Gesichter und den dazugehörigen Rang. Aber es verbot sich von selbst, sie zu fragen. Sie würde nicht ruhen, bis sie alles wusste, bis sie den letzten, noch so heimlichen Traum erfahren hatte. Mit diesem Wissen würde sie dann schnurstracks zu Mama gehen. Weniger weil sie mich verraten wollte, sondern weil sie eine so gehorsame Tochter war, dass sie gar nicht anders konnte.

Alles, nur das nicht! Die Herzogin schenkte mir ohnehin zu viel Aufmerksamkeit. Ich wusste nicht weshalb, aber ich war lieber vorsichtig. Nur während des Sommers in Possi gab sich Mama duldsam, heiter und langmütig. In der Stadt verwandelte sie sich wieder in die Tochter des bayrischen Königs. In die Fürstin, die Herzog Max in Bayern auf Wunsch ihrer Eltern geheiratet und damit von allen ihren Schwestern die am wenigsten standesgemäße Ehe geschlossen hatte. Sie brachte Papa, dem sie acht Kinder geschenkt hatte, Duldsamkeit entgegen, aber keine Liebe.

Wann ich das herausgefunden hatte, vermochte ich nicht mehr zu sagen. Meine Eltern waren höflich zueinander, und Mama sagte nie ein böses Wort gegen Papa. Sie erhob ihre Stimme nur, wenn sie annahm, dass sich keines ihrer Kinder in Hörweite befand.

Aber ich musste gar nichts hören. Ich spürte, dass etwas fehlte. An manchen Tagen war Mama unendlich traurig und Papa noch ungeduldiger als sonst. Dann machte er die verrücktesten

Sachen. Er spielte Zither im Pferdestall oder versuchte sich als Kunstreiter. Am schlimmsten war es jedoch, wenn er die Koffer packte und für Wochen oder Monate auf Reisen ging.

Sie taten mir beide Leid. Der Papa ein bisserl mehr als die Mama. Sie teilte so wenige seiner Interessen. Sie verabscheute das Reisen, das Wandern, sein Zitherspiel, die Gedichte, die Bücher, die er las, und erst recht seine politischen Ansichten und Artikel. Dabei ist es doch die Grundlage einer jeden Liebe, dass man alles miteinander teilt. Die Freude ebenso wie den Kummer. Meine Eltern teilten nur die Fassade, dahinter lebte ein jeder sein eigenes Leben.

So jung ich auch war, ich wusste schon jetzt, dass ich nicht so leben wollte. Ich würde nur aus Liebe heiraten! Niemand würde mich in diesen dummen Käfig aus Gehorsam und höfischen Regeln sperren können, der Mama unglücklich machte und zum Gehorsam zwang.

Als alle schon schliefen, stand ich noch einmal heimlich auf und vertraute meinem Tagebuch diese rebellischen Gedanken an. Ich schrieb gerne in der Nacht. Niemand störte mich, und ich hatte das Gefühl, alles sagen und alles schreiben zu dürfen. Erst danach begleitete mich die Erinnerung an Richards wundervolle braune Augen bis in meine Träume.

* * *

Dank Papas demokratischen Ideen stand der Garten hinter dem Palais in der Ludwigstraße allen Münchnern offen, die dort flanieren wollten. Viele Mitglieder des Haushaltes durchquerten ihn, wenn sie unser Zuhause nicht durch den säulengeschmückten Vordereingang betreten oder verlassen wollten. Die Offiziere und die Soldaten, die bei uns Dienst taten, ebenso wie die Wissenschaftler, Musiker und Künstler, die meinen Vater besuchten.

Mama sah es vermutlich aus diesem Grunde nicht gerne, wenn wir dort alleine spazieren gingen. Ich wollte keinen Ärger bekommen, also lockte ich Marie mit hinaus in den stürmischen Herbstwind, sobald ich am nächsten Tag dem Schulzimmer und den lästigen Predigten der Baronin Wulffen entkommen konnte. Da unsere noble Gouvernante das löbliche Ziel verfolgte, uns alle in ordentliche, gehorsame kleine Kopien der perfekten Nené zu verwandeln, musste ich mich nicht groß anstrengen. Marie war die ständigen Ermahnungen ebenso leid wie ich.

Der Wind jagte ein paar übrig gebliebene Blätter über die Rabatten und zerrte an Rocksäumen und Mantelfalten. Er zauste an meinen aufgesteckten Haaren und befreite eine Strähne nach der anderen. Ich machte keinen Versuch, die fallenden Haarnadeln aufzufangen, ich hatte Wichtigeres zu tun. Ich hielt Ausschau nach einem ganz bestimmten jungen Offizier.

»Ich frag mich, was die Mama der Tante Sophie in Wien pausenlos zu schreiben hat«, sagte Marie währenddessen und bückte sich nach einer Kastanie, die der Gärtner übersehen hatte. »Ständig gehen die Kuriere aus und ein.«

»Seit wann möchtest du über den Familientratsch Bescheid wissen?«, wunderte ich mich.

Die Tante im fernen Wien war eine höchst Respekt einflößende Dame. Mama sprach nur in ehrfürchtigstem Ton von ihrer Schwester, aber wir waren alle miteinander ziemlich froh, dass sie weit fort in Wien lebte. Seit der Älteste ihrer vier Söhne, Franz Joseph, 1848 nach dem Rücktritt seines Onkels Ferdinand mit 18 Jahren schon Kaiser geworden war, regierte sie über die Familie und ihre Schwestern, als trüge sie ebenfalls eine Krone.

»Ich glaube, es geht um mehr als Familientratsch«, flüsterte Marie bedeutungsvoll, während ich unauffällig meine Blicke über die Wege schweifen ließ und nach einer hoch gewachsenen schlanken Gestalt suchte. »Sie planen für die Nené, wenn du mich fragst. Sie wollen sie verheiraten, immerhin ist sie bald zwanzig. Es wird Zeit für sie.«

»Wen sollte die Nené denn zum Mann nehmen? Einen Österreicher?«

»Natürlich. Einen von Tante Sophies Söhnen, da wett ich mit dir«, nickte Marie, die nicht nur sehr gescheit für ihre zwölf Jahre war, sondern auch sehr neugierig. »Vielleicht sogar mit dem Kaiser!«

»Du spinnst! Nené und Kaiserin von Österreich, nie und nimmer!«

»Und warum nicht?«

»Mama und Tante Sophie sind Schwestern. Er ist ihr Cousin.«

»Na und? Der Papa ist auch der Cousin von Mama. Besser, man heiratet in der Familie, das erhält das adlige Blut rein«, erklärte Marie selbstbewusst. »Das sagt zumindest die Baronin. Ich hab's gehört, wie sie mit der Mama darüber geredet hat.«

»Aber die Nené hat ihn doch gar nicht lieb!«

»Den Franz Joseph?« Marie hob die schmalen Schultern. »Das findet sich. Das hat die Baronin auch gesagt. Und dass es eine gewaltige Ehre für die Familie ist, wenn die Nené Kaiserin wird.«

»Aber das ist schrecklich!« Ich versuchte ein Schaudern zu unterdrücken. »Man darf doch nicht heiraten, wenn man sich nicht richtig lieb hat. Das bringt Unglück.«

»Sie wird ihn schon lieben lernen«, erklärte Marie nüchtern. »Vielleicht heiratest du ja den Karl Ludwig, dann ist sie in Wien nicht so einsam.«

»Jetzt hör aber auf, ich will niemanden heiraten. Und schon gar nicht den Bruder des Kaisers. Ich will … ich will …« Ich brachte es nicht über die Lippen, denn genau in diesem Augenblick sah ich ihn.

Richard! Zusammen mit zwei anderen Offizieren kam er mit schnellen Schritten den Weg entlang. Alle drei blieben sie jedoch bei unserem Anblick höflich stehen und machten eine tadellose Reverenz vor uns bayrischen Prinzessinnen. Aus den grüßenden Stimmen hörte ich nur die eine heraus. Im melodiösen Bariton wünschte sie den Königlichen Hoheiten einen wunderschönen guten Tag.

Marie erwiderte freundlich: »Grüß Gott!« und lächelte.

Ich brachte keinen Ton über die Lippen. Mein Herz raste. Hitze überflutete mein Gesicht, so dass es förmlich brannte. Ich sah nur Richard. Die Uniform, die glänzenden Stiefel, das unwiderstehliche Lächeln und seine faszinierenden Augen. Es kam mir vor, als sähe er nur mich an. War das ein Lächeln um seinen schönen Mund? Ein kaum merkliches Blinzeln seiner Lider, das allein mir galt?

Lieber Gott, was sollte ich sagen? Ich war so aufgeregt. Sah er nicht, wie mir ums Herz war? Warum konnte er mich nicht einfach in die Arme nehmen? In meinem Kopf herrschte ein einziges wildes Chaos. Die jungen Männer gingen weiter, ehe ich auch nur die Lippen öffnen konnte.

Mein zitternder Atemzug erregte indes Maries Aufmerksamkeit. »Ist dir was, Sisi?«

O ja! Mir ist etwas! Ich liebe! Ich schwebe, ich bin außer mir. Ich muss an mich halten, dass ich ihm nicht nachlaufe wie ein verrückter kleiner Hund aus dem Stall von Possi. Ich will nicht ohne ihn sein!

Keine Silbe davon kam über meine Lippen, aber Marie las einiges in meinen glänzenden Augen.

Den Rest brachte sie durch ein paar geschickte Fragen schnell in Erfahrung. »Du kannst mir vertrauen, ich verrat dich nicht«, schwor sie begeistert. »Wie romantisch das ist! Hast du schon mit ihm gesprochen? Hat er dir ein Liebespfand gegeben? Trägst du es bei dir?«

»Aber nein! Wie stellst du dir das vor? Ich kann ihm doch nicht einfach nachrennen und ihn um ein Stelldichein bitten. Ich weiß doch gar nicht, wie ich das machen soll. Ich weiß ja nicht einmal, ob ich ihm wirklich gefalle!«

»Natürlich gefällst du ihm«, erwiderte Marie entrüstet. »Du bist viel schöner als die Nené. Die Baronin sagt, dass einmal eine echte Beauté aus dir werden wird.«

»Aber jetzt bin ich noch keine, Marie! Ich pass nicht auf meine Kleider auf, und ständig verliere ich meine dummen Haarnadeln. Da schau nur her …« Eine weitere der lästigen Nadeln verlor auf das Stichwort ihren Halt, aber Marie lachte darüber.

»Als ob das wichtig wär.« Sie winkte unbeschwert ab. »Hast du nicht gesehen, wie er gelächelt hat?«

»Alle drei haben sie gelächelt, fürcht ich …«

»Aber er besonders. Ich bin sicher, er ist rasend verliebt in dich. Natürlich traut er sich nicht, das zu zeigen. Du bist eine Prinzessin und er nur ein Offizier. Ein Graf, ein Baron, vielleicht sogar bloß ein Bürgerlicher.«

»Das ist mir egal«, rief ich dazwischen. »Der Papa sagt, alle Menschen sind gleich, und es ist nur ein dummer Zufall des Schicksals, ob man als Edelmann oder als Bettler auf die Welt kommt. Ich hätte Richard auch lieb, wenn er nur ein Handwerksbursche wär.«

»Woher soll er denn wissen, dass du so denkst wie der Papa?« Manchmal konnte Marie mit ihren zwölf Jahren schon erschreckend logisch sein. »Du musst ihm ein Zeichen geben, sonst kann er sich dir nie erklären. Es würde sich einfach nicht gehören.«

»Das kann ich nicht.« Die lähmende Schüchternheit, die mich jedes Mal befiel, sobald ich mit fremden Menschen sprechen sollte, war mir dabei ebenso im Weg wie mein übervolles Herz.

»Dann schreib ihm!« Das Problem, für das Marie keine Lösung fand, hatte es noch nie gegeben. »Du schreibst doch pausenlos, Sisi. Briefe, Tagebuch, Gedichte. Du wirst auch einen wundervollen Liebesbrief zustande bringen können.«

»Und an wen soll ich diese Zeilen richten?«, protestierte ich schwach. »Ich kenne nur seinen Vornamen.«

»Das lässt sich herausfinden«, behauptete Marie und unterdrückte meinen neuen Protest mit einer schnellen Umarmung. »Nein, noch besser: Du schreibst das Brieferl, und ich steck's ihm zu. Ist das eine gute Idee? Ich pass ihn schon irgendwo bei seinem Dienst ab und spiele den Liebesboten für euch. Hab keine Angst, ich verrate dein Geheimnis nicht, großes Ehrenwort.«

»Das würdest du für mich tun? Bist du sicher?«

Natürlich war Marie sicher. Genau deswegen hatte ich mich meiner Schwester ja anvertraut. Marie hatte vor nichts Angst. Sie war weder schüchtern noch ungeschickt, und sie war mutig für zwei.

»Alles wird gut!«, versprach sie überschwänglich. »Lass uns hineingehen. Du musst deinen Brief sofort schreiben. Du darfst keine Zeit verlieren.«

Erst am späten Abend, als die Baronin schon zum Lichterlöschen gemahnt hatte und draußen auf der Ludwigstraße die letzten Nachtschwärmer nach Hause eilten, wagte ich mich an das heikle Projekt.

Schon bei der Anrede stockte meine Feder. Wie sollte ich ihn nennen? Lieber? Richard? Herr Offizier? Verehrter Freund?

Mein Unterricht in Sachen Briefschreiben hatte sich in erster Linie auf Verwandtschaftsbriefe beschränkt. Langweilige Episteln, in denen ich mich für Dinge bedankte, die ich ohnehin nicht haben wollte. Sogar die Briefe an Karl Ludwig fielen in diese Rubrik. Er schrieb mir vom Hof in Wien, der mich nicht interessierte. Von seinem Bruder, dem Kaiser, der mich in seiner Vollkommenheit langweilte, und von seiner Hoffnung, mich bald einmal wieder zu sehen. Ich hingegen hatte schon fast vergessen, weshalb ich überhaupt zugestimmt hatte, dass er mir schreiben durfte, und deswegen fielen meine Antworten meistens kurz und flüchtig aus.

Jetzt leuchtete das leere Blatt vorwurfsvoll im Lampenlicht.

Es wartete auf die ersten Zeilen. Kurz entschlossen tauchte ich die Feder wieder ein. Nein, keine Anrede. Keine Erklärungen, keine Floskeln. Er würde verstehen, wenn er es las. Dessen war ich mir sicher. Ich wollte ihm in Reimen sagen, was ich fühlte. Normale Worte waren zu nüchtern, zu kühl, zu nichtssagend für so viel Sehnsucht.

Oh, ihr dunkelbraunen Augen, begann ich meine bescheidenen Verse, denn mit diesem Blick hatte schließlich alles angefangen. Wie von selbst fügten sich die Reime aneinander. Vielleicht ein wenig holperig, aber von ganzem Herzen verfasst.

Da, ein Geräusch an der Tür! Ich fuhr herum, Tinte spritzte über das Blatt. Aber es war glücklicherweise nicht die Baronin Wulffen, die besorgt nach ihren Schützlingen schaute. Meine Schwester huschte herein.

»Marie! Bist du wahnsinnig? Fast hätt mich der Schlag getroffen.«

Die schmale Gestalt im weißen Nachthemd huschte an meine Seite und kicherte übermütig. Nur Marie brachte es fertig, um diese Zeit noch ihr Zimmer zu verlassen. »Und? Hast du's geschrieben? Wo ist der Brief?«

Ich versuchte die wenigen Zeilen hastig zu verstecken. »Nicht ganz. Es ist so schwer. Wie soll ich die richtigen Worte finden …?«

»Unsinn!« Sie beugte sich über meine Schulter und schnappte nach dem Papier. »Das ist wunderbar. Jetzt schreibst noch deinen Namen drunter und das Datum, dann nehm ich's gleich mit.«

»Aber nein …«

»Aber doch! Du wirst mir dankbar sein, wart's nur ab! Morgen um diese Zeit hast du schon dein erstes Stelldichein und wirst im Mondschein geküsst.«

Sie verschwand ebenso schnell, wie sie gekommen war. Ich vermochte sie nicht aufzuhalten. Wollte ich es denn überhaupt? Sie hatte mir die Entscheidung abgenommen. Einerseits gefiel es mir. Ich hasste es, mich schnell entscheiden zu müssen. Andererseits konnte ich ein jähes Gefühl der Bangigkeit nicht abschütteln. Ich ahnte plötzlich, dass die Unschuld meiner Kindertage mit diesen Zeilen zu Ende gegangen war.

* * *

»Das ist sehr schön, Königliche Hoheit. Wenn Sie jetzt noch die Perspektive der Säulen ins Unendliche berücksichtigen …«

Die eisige Stimme der Baronin von Wulffen unterbrach meinen Zeichenlehrer mitten im Satz. »Sie entschuldigen, Herr Hueber, aber die Zeichenstunde der Prinzessin ist für heute beendet. Wir erwarten Sie dann übermorgen. Einen schönen Tag wünsche ich Ihnen.«

»Warum?« Ich sah von meinem Blatt auf.

Natürlich gaben die beherrschten Züge der Dame keinen Hinweis. Doch es kam so selten vor, dass sie meinen Unterricht störte, dass es nur eine Erklärung gab: ein mütterlicher Befehl. Normalerweise waren alle froh, wenn ich meine Stunden einmal nicht schwänzte.

»Die Herzogin möchte mir dir sprechen, Kind!« Die Baronin rauschte voraus. Mir blieb kaum Zeit, die Farbe von meinen Fingern zu wischen und ihr zu folgen.

Mama wartete im Gartenzimmer auf uns. Die offenen Kästen

ihrer Uhrensammlung standen auf dem Intarsientisch, und die Lupe mit dem Elfenbeingriff lag daneben. Es war kein gutes Vorzeichen, dass sie sich nicht damit beschäftigte, sondern nervös zwischen den hohen Fenstern auf und ab ging.

Als ich mit der Baronin eintrat, klappte eben die Tür zum Nachbarzimmer, und es kam mir vor, als hätte ich den Schimmer eines hellgrünen Taftkleides gesehen. Marie trug heute ein grünes Taftkleid.

Marie? Meine bangen Erwartungen verdichteten sich unvermittelt zur bösen Ahnung. Die Nachricht für Richard! Was war geschehen? Ich schaute Mama genauer an und erschrak. Ihr schöner Mund bildete einen schmalen Strich und ihre Finger zerrten ruhelos an einem mit Spitzen besetzten Taschentuch.

»Elisabeth!«

Elisabeth und nicht Sisi. So nannte sie mich nur, wenn sie sehr böse mit mir war.

»Kannst du mir das hier erklären?«

Zwischen den Uhren lag ein Blatt mit meiner Schrift. Meine heimliche Botschaft an Richard. Offen für alle neugierigen Augen, für die Baronin, für Mama, vermutlich auch für Nené. Warum tat sich nicht einfach das Parkett auf, damit ich darin versinken konnte? Marie hatte mich verraten!

Mama stieß scharf den Atem aus. »Von allen kindischen Dummheiten, die du in der letzten Zeit begangen hast, ist das der absolute Gipfel der Ungezogenheiten! Meine Tochter, eine Prinzessin von Bayern, schickt einem Gardeoffizier Liebesbrieferl. Wenn es nicht so schockierend wäre, könnt ich fast darüber lachen. Was hast du dir dabei gedacht? Bist du jetzt vollends närrisch geworden?«

»Ich bin nicht närrisch, ich hab ihn lieb!« Woher ich den traurigen Mut nahm, das zu sagen, wusste ich selbst am allerwenigsten.

»Lieb hat sie ihn, ach du lieber Himmel! Was soll ich denn davon halten? Baronin?«

Der Hilferuf an meine Gouvernante veranlasste die Wulffen zu einer wirren Erklärung, die darin gipfelte, dass ich unreif, verträumt, verstockt und ein rundherum schwieriges Geschöpf war, das seiner vollkommenen Schwester Nené niemals das Wasser reichen konnte. Als ob wir das nicht alle längst wussten.

»Auf jeden Fall muss die Albernheit ein Ende haben.« Mama ging nicht auf die Schilderung meines rabenschwarzen Charakters ein, sondern traf eine Entscheidung. »Es kann keine Rede davon sein, dass du diesem hübschen jungen Habenichts ohne Rang und Namen schöne Augen machst und dich ins Gerede bringst, haben wir uns verstanden? Du wirst das Haus nicht mehr ohne Begleitung verlassen, und wenn ich Begleitung sage, dann meine ich die Baronin und keine deiner ebenso kindischen Schwestern. Ich bestehe darauf, dass du dich deinen Stunden widmest und mir keinen Ärger mehr machst.«

»Wie kannst du solche Dinge über ihn sagen?« In Richards Verteidigung wuchs ich über mich selbst hinaus. »Der Papa sagt, dass Rang und Namen ohnehin nichts bedeuten. Er würd mich verstehen!«

»Gott, schenke mir Geduld!« Die Mama krönte den Stoßseufzer, indem sie die Hände faltete und zur bemalten Decke hinaufsah. »Wir sprechen hier nicht über die zweifelhaften politischen Utopien deines Vaters, sondern über deine Zukunft,

Elisabeth. Ich verbiete dir jeden Kontakt, jeden Blick und jedes Wort zu diesem Menschen. Ich werde zu verhindern wissen, dass du dich in deiner jugendlichen Torheit unglücklich machst.«

»Das kannst du nicht tun«, wisperte ich heiser, aber ich wusste bereits, dass ich umsonst protestierte.

Während ich Ströme von Tränen vergoss, mich weigerte, zum Essen zu kommen und mein Zimmer zu verlassen, fiel auch das Urteil über den armen Richard. Ich weiß nicht, wo sie ihn hingeschickt haben, aber in der Ludwigsstraße tat er keinen Dienst mehr. Auch in der Residenz trat er in den folgenden Monaten nirgendwo in Erscheinung. Ich hatte nicht einmal den Trost, ihn von ferne zu sehen. Ich musste ganz alleine einen Kummer ertragen, der nur noch von meinen Selbstvorwürfen übertroffen wurde.

Sie hatten ihn ja meinetwegen verbannt, und sicher büßte er auf einem unbedeutenden Posten irgendwo in der Provinz für die Tatsache, dass sich Prinzessin Elisabeth von Bayern so unsterblich in ihn verliebt hatte. Armer Richard! Wenn ich ihm doch nur helfen könnte!

Es wurde ein Winter so kalt, verzweifelt und traurig, dass ich bis heute beim bloßen Gedanken daran fröstle. Marie bemühte sich rührend, mich zu trösten. Sie hatte mich nicht verraten. Die Wulffen hatte sie durch einen dummen Zufall vor dem Ordonanz-Quartier erwischt. Marie war ihrem Verhör nicht gewachsen gewesen, und sie machte sich heftige Vorwürfe wegen dieser Schwäche.

Sie versuchte es vor mir zu verheimlichen, dass Richard im Februar seinen Dienst wieder antrat, aber ich erfuhr es doch. So wie mir auch die Nachricht von seiner schlimmen Krankheit und seinem kurz darauf folgenden Tod zugetragen wurde.

Obwohl der Winter in diesem Jahr streng war und es viele Todesfälle in der Stadt gab, konnte ich nicht allein dem Fieber und dem Schicksal die Schuld für Richards frühen Tod geben. Hatte ich nicht auch meinen Teil zu diesem tragischen Ende beigetragen? War es nicht meine Schuld, dass er gelitten hatte, so verheerend, bis er der Krankheit keinen Widerstand mehr entgegensetzen konnte?

Armer Richard. Ich versuchte sein Andenken in melancholischen Gedichten zu bewahren. Der erste verzweifelte Schmerz wandelte sich nach und nach zu düsterer Melancholie. Mein Herz heilte, aber es behielt für immer eine Narbe zurück.

Ischl, August 1853
»Wenn er nur kein Kaiser wär …«

Der Wagen mit dem Gepäck ist verschwunden!« Mama reckte entsetzt den Kopf aus dem Kutschenfenster. Die Bänder ihrer Haube verhakten sich am Rahmen, und sie riss ungeduldig daran, als sie sich wieder aufrichtete und uns ansah, als hätten wir den Wagen aus purer Niedertracht verloren gehen lassen.

»Wie ist das möglich? Anhalten! Sofort anhalten!« Sie klopfte dem Kutscher.

Die Rast am staubigen Straßenrand bestätigte die Katastrophe. Seit dem letzten Halt in Salzburg hatte auch unser Kutscher den zweiten Wagen mit dem Gepäck und den Kammerfrauen nicht mehr zu Gesicht bekommen.

»Das ist ja schrecklich«, meldete sich Nené, die seit dem Aufbruch in Salzburg kaum eine Silbe von sich gegeben hatte. »Was soll ich denn in Ischl anziehen, wenn wir die Reisekisten mit den Kleidern verloren haben? Ich seh schrecklich aus in diesem schwarzen Zeug. Und wer soll mich frisieren, wenn meine …«

»Bitte!« Mama massierte sich die Schläfen mit den Fingerspitzen und schloss die Augen. »Könntest du mich nachdenken lassen?«

Sie hatte wieder ihre Migräne. Sie hatte eigentlich ständig Migräne, seit Possi in einer Staubwolke hinter uns verschwunden war. Die Reise nach Ischl, die meine eigene Stimmung mit jedem Ort hob, den wir durchfuhren, schien sowohl für meine Mutter wie auch für meine große Schwester eine einzige Strapaze darzustellen. Beide litten unter Kopfschmerzen und hatten keinen Blick für die wechselnde Landschaft, das interessante Durcheinander an den Umspannstationen und die vielen verschiedenen Menschen, die man aus der Kutsche so ungefährdet beobachten konnte.

Schade, dass Papa zu Hause geblieben war. Er hätte es begrüßt, dass mir das Reisen so gut gefiel. Da es jedoch sein Platz war, den ich einnahm, konnte ich seine Abwesenheit nicht so sehr bedauern, wie es sich für eine wohlerzogene Tochter gehört hätte.

Papa hatte sich schlicht geweigert mit nach Ischl zu fahren. Die österreichische Verwandtschaft interessierte ihn nicht, und Mamas Schwester, die dort uneingeschränkt über Söhne und Mann herrschte, jagte ihm einen heiligen Schrecken ein. Er hatte empfohlen, lieber mich mitzunehmen.

»Das Mädel braucht eh' ein bisserl Ablenkung. Die Sisi ist viel zu schmal und zu traurig seit dieser dummen Geschichte mit dem jungen Mann. Nimm sie mit. Sie wird sich wenigstens nicht mit deiner Schwester streiten, so wie ich es bestimmt tun würde.«

Besonders der letzte Satz hatte den Ausschlag gegeben. Mama wusste zu gut, dass Tante Sophie über unseren Papa die

Nase rümpfte, während er es nie lassen konnte, ihr zu widersprechen. Bei einem so heiklen und bedeutsamen Besuch wie dem bevorstehenden wollte sie kein Risiko eingehen. Die Familie des Herzogs in Bayern musste sich von ihrer besten Seite präsentieren.

Genauer gesagt, Prinzessin Helene, von uns allen Nené genannt, sollte sich von ihrer besten Seite zeigen. Im Moment war freilich das Gegenteil der Fall. Die bayrische Königsfamilie trug nach dem Tod einer alten Tante Hoftrauer. Es gehörte sich, dass wir ihr Andenken respektierten, aber für Nené waren solche Zeiten eine Strafe. In Trauerkleidern sah sie schrecklich aus.

Fremde hielten vermutlich sie für meine Gouvernante und nicht die Frau Roedi, welche erst vor kurzem die Baronin Wulffen abgelöst hatte. Dabei war Nené die Hauptperson, der Hauptgrund dieser Reise. Sie sollte Tante Sophies Sohn vorgestellt werden. Franz Joseph, der junge Kaiser von Österreich, suchte eine Frau, und die beiden Schwestern und Mütter waren übereingekommen, dass Nené die ideale Kaiserbraut sein würde.

Kein Wunder, dass meine große Schwester vor lauter Aufregung ständig Kopfschmerzen hatte. Auch jetzt sah sie aus, als wolle sie jeden Moment in Tränen ausbrechen.

»Beruhige dich«, riet die Mama mit angestrengter Stimme, nachdem sie dem Kutscher das Signal zum Weiterfahren gegeben und die Lage überdacht hatte. »Sie wissen schließlich, wo sie hin müssen. Sie werden in dem Gewimmel von Salzburg eine andere Straße genommen haben. Du wirst sehen, sie warten bestimmt im Hotel auf uns, wenn wir in Ischl ankommen.«

»Weißt du denn schon, welches Kleid du anziehen willst, wenn wir den Franz Joseph sehen?«, erkundigte ich mich neugierig.

Seit Monaten hatten die Schneiderinnen an Helenes Ausstattung herumgestichelt. Ihre Reisekisten quollen über von Seidenröcken, Musselinkleidern, Samtspenzern und elegant drapierten Hüten in genau den modischen Farben, die ihre stolze Erscheinung am besten zur Wirkung brachten.

»Als ob ich jetzt daran denken könnte«, winkte Nené ab und sah immer noch aus, als würde sie zu ihrer Hinrichtung und nicht zu ihrer Verlobung fahren.

»Lass deine Schwester in Ruh', Sisi«, befahl die Mama und sank in ihre Polster zurück. »Du weißt, dass du dich ordentlich benehmen sollst, sonst schick ich dich auf der Stelle zum Papa zurück.«

»Ist eine harmlose Frage schon unordentlich?«, beschwerte ich mich leise.

Da der Reisewagen inzwischen wieder in vollem Tempo dahinratterte, bekam ich keine Antwort. Entweder hatte meine Mutter den rebellischen Satz nicht gehört, oder sie ersparte sich überflüssige Diskussionen. Sicher das Letzte. Sie hatte Wichtigeres zu denken, als an einer Tochter herumzukritteln, die ihr ohnehin Sorgen machte. Meinen wochenlangen Kummer um Richard fand sie unpassend und »spinnös«, hatte sie der Roedi gesagt. Und dass sie dafür sorgen solle, dass ich endlich erwachsen würde. Sie wolle in Ischl mit ihren Töchtern Ehre einlegen.

Ich schaute wieder zum Fenster hinaus. Die Augustsonne brannte auf die Felder, und in der Kutsche war es drückend heiß, dennoch fühlte ich mich wohl. Es kam mir vor, als würde ich aus einer Art Winterschlaf erwachen. Jede Stunde, die mich weiter von zu Hause fortbrachte, entfernte mich auch von meinem Kummer. Während Mama und Nené ihre Kopfschmerzen pflegten, ging es mir immer besser. Am liebsten wäre ich neben der Kutsche durch die grünen Wiesen gelaufen oder auf einem schnellen Pferd davongaloppiert.

Ich stellte fest, dass ich ganz vergessen hatte, wie schön das Leben war. Wie warm die Sonne schien und wie beeindruckend die Bergketten den Horizont begrenzten. Kein Wunder, dass mein Vater so gerne auf Reisen ging. Ich konnte zum ersten Mal begreifen, was er suchte, wenn er in die Ferne aufbrach.

Von Ischl selbst war ich ein bisschen enttäuscht. Es war zwar recht hübsch, aber es sah fast so aus wie daheim in Bayern. Warum sollte man fort fahren, wenn das Ziel so aussah wie die Heimat, die man gerade verlassen hatte? Im letzten Moment behielt ich meine Meinung indes für mich, als ich sah, wie Nené mit klammen Fingern ihre düsteren Röcke umkrampfte. Hatte sie Angst? Ich konnte es ihr nachfühlen. Ich war heilfroh, dass ich bei diesem »Séjour« in Ischl, wie die Kaiserfamilie ihre Sommerfrische nannte, nur ein unwichtiger Zaungast war.

Wir trafen wegen der vielen Verzögerungen um fast zwei Stunden zu spät ein, aber die Kutsche mit den Kleidern und den Kammerfrauen stand nicht wie erwartet vor dem Hotel.

»Noch nicht da?«, wiederholte die Mama fassungslos, während der Direktor des Hotels »Talachini« uns persönlich unter ständigen Verbeugungen ins Haus geleitete. »Ich war mir so sicher, dass sie auf uns warten würden …«

»Ihre Hoheit, die Erzherzogin, erwarten Sie, Königliche

Hoheit«, dienerte der Direktor eifrig. »Wenn Sie mir bitte zu folgen geruhen …«

Nené griff nach meinem Arm. »Die Tante Sophie, o Gott! Wie schau ich aus, Sisi?«

Erbärmlich, blass, müde. Alle Worte, die mir bei Nenés Anblick einfielen, schluckte ich freilich schnell wieder hinunter. Sie tat mir Leid. Ich hätte nicht in ihrer Haut stecken mögen. »Du bist schön, Nené, sogar wenn du ein wenig zerknittert und staubig wirkst. Der Kaiser wird entzückt von dir sein, bestimmt.«

»Ach, du Dummerl.« Nené seufzte ungeduldig. »Der Kaiser … Was die Tante Sophie sagt, darauf kommt es an.«

Mein Mitleid verflüchtigte sich augenblicklich. Ich mochte es nicht, wenn sie so tat, als wäre sie die Einzige bei uns, die das Denken gelernt hatte. »Na, die Tante Sophie wird dich kaum heiraten wollen«, entgegnete ich spitz.

»Aber sie ist es, die dem Franz Joseph rät, was er tun soll«, tuschelte sie nervös. »Vergiss nicht, dass du einen Knicks vor ihr machen und ihr die Hand küssen musst. Sie ist die Mutter des Kaisers.«

Tante Sophie war sich dieser wichtigen Position voll bewusst. Sie umarmte die Mama und gönnte uns ein gnädiges Lächeln, ehe sie die Verspätung rügte und ihrer Schwester sofort den Plan für diesen und die nächsten Tage mitteilte. Ich begriff, warum unser Vater ihr lieber aus dem Weg ging. Er ließ sich nicht gerne Vorschriften machen, und von einer Frau schon gar nicht.

Immerhin verstand sich die Erzherzogin nicht nur aufs Befehlen, sie rechnete auch mit möglichen Pannen. Sie hatte daran gedacht, für alle Fälle eine Kammerfrau mitzubringen, die sich sofort daran machte, Nené zu verschönern. Ohne die Kleiderkisten musste sie sich jedoch darauf beschränken, die Röcke meiner Schwester auszubürsten und ihr dunkles Haar neu zu frisieren. Auf die wenig schmeichelhaften Farben ihrer Erscheinung hatte sie keinen Einfluss.

Mama dankte ihrer Schwester erleichtert für diese Hilfe, aber ich fragte mich doch im Geheimen, was Tante Sophie von ihrer bayrischen Verwandtschaft hielt. Waren wir in ihren Augen so arm, dass sie nicht einmal erwartete, dass wir eigenes Personal besaßen? Oder nahm sie an, dass wir in München von der Wiener Mode keine Ahnung hatten? Beides gefiel mir nicht. Ebenso wenig wie Mamas und Nenés untertäniger Gehorsam.

Ich war froh, dass sich die Erzherzogin nicht auch um mich kümmerte. Ich konnte in aller Ruhe meine Haare selbst ausbürsten und die Zöpfe neu flechten. Von mir verlangte niemand, dass ich meine Locken hochsteckte, damit ich wie Tante Sophies Kopie aussah.

»Sollten wir uns nicht erst ein wenig ausruhen?«, hörte ich meine Mutter leise bitten. »Vielleicht sind bis dahin auch die Kleiderkisten da, und Nené könnte sich umziehen, ehe wir in die …«

»Das ist ausgeschlossen!«, schnitt ihr Tante Sophie gebieterisch das Wort ab. »Ihr seid zum Tee angekündigt. Man lässt den Kaiser nicht warten. Es würde ja so aussehen, als lege Helene keinen Wert auf das Kennenlernen.«

»Aber sie kennt ihn doch schon längst«, platzte ich unbeschwert dazwischen. »Schließlich ist er unser Cousin, so wie der Karl Ludwig auch.«

Erst als sich alle Köpfe zu mir herumdrehten, merkte ich, dass ich wieder einmal zu vorlaut gewesen war. Ich versuchte meinen Fehler mit dem Lächeln zu entschärfen, das auch Papa normalerweise besänftigte und, oh Wunder, nach einem Herzschlag erwiderte Tante Sophie dieses Lächeln. Mama atmete dermaßen erleichtert auf, dass ihr Korsett leise knarzte.

»Freust du dich denn, den Karl Ludwig wieder zu sehen, Sisi?«, erkundigte sich die Erzherzogin freundlich. Sie wusste natürlich von den Briefen und den Geschenken, die mir der junge Erzherzog geschickt hatte. Sie wusste alles.

»Aber gewiss«, antwortete ich wohlerzogen und machte zur Sicherheit noch einen Knicks. »Obwohl ich kaum noch weiß, wie er aussieht …«

»Sisi!« Mama fand diese Antwort nicht besonders gelungen.

»Lass sie nur«, verteidigte mich überraschenderweise meine Tante. »Sie ist noch ein richtiges Kind, unsere Sisi. Ein charmantes Kind mit ganz wunderschönen Haaren. Wie schade, dass dein Haar nicht auch diesen goldbraunen Ton besitzt, Helene.«

Arme Nené. Ich sah, wie sie zusammenzuckte. Es war nicht leicht, Tante Sophie etwas recht zu machen. Ich biss mir auf die Zunge und schwor mir, künftig meinen Mund zu halten. Schließlich hatte ich Mama hoch und heilig versprochen, dass ich ihr in Ischl keine Schande machen würde. Und wenn Nené auch manchmal lästig sein konnte, sie war meine älteste Schwester und ich hatte sie lieb. Ich würde alles tun, damit sie ihren Kaiser bekam, wenn sie ihn unbedingt haben wollte.

Weshalb sie diese Verbindung so erstrebenswert fand, blieb mir allerdings ein Rätsel. Sie sah doch bei unseren Eltern, was aus einer Ehe wurde, die zwei Menschen auf Befehl und ohne Liebe eingingen. Wir waren acht Geschwister, aber nicht eines davon war so einfältig zu glauben, dass unsere Eltern sich liebten. Der Herzog und die Herzogin in Bayern hatten sich miteinander arrangiert, mehr nicht.

Mama kümmerte sich um uns Kinder, und Papa hatte seine Reisen, seine Musik, seine Freunde und auch jene geheimnisvollen anderen Kinder, von denen wir offiziell nichts ahnen sollten. Dennoch wusste ein jeder, dass Papa, wenn wir in München waren, die Zeit nach dem Mittagsmahl mit ihnen verbrachte. Niemand aus der Familie wagte, ihn zu dieser Stunde in seinen Gemächern zu stören.

Ich wollte nicht so leben. Wenn ich mich einmal mit einem Mann verbinden würde, dann nur aus Liebe. Aus leidenschaftlicher, ausschließlicher, großer Liebe und nicht aus Ehrgeiz nach Ruhm oder Macht. Zum ersten Male war ich glücklich, nicht die Älteste zu sein. Ich hatte noch so viel Zeit erwachsen zu werden.

»Das wird so gehen«, verkündete Tante Sophie jetzt. Sie schritt einmal rund um Nené herum, als wäre meine große Schwester ein preisgekrönter Ochse, den sie auf einem Viehmarkt entdeckt hatte.

Nené ertrug die verwirrende Inspektion in tadelloser Haltung. Nur eine kleine dunkle Ader an ihrer Schläfe zuckte nervös. Jetzt merkte man, dass sie von uns Mädchen die sorgfältigste Erziehung in Sachen Benehmen und Auftreten erhalten hatte. Zum ersten Male fragte ich mich, ob Mama diese Heirat nicht schon viel länger geplant hatte, als uns allen bewusst gewesen war.

Vor dem Hotel wartete eine Kutsche auf uns, und die Fahrt zur Villa Eltz, die von der Kaiserfamilie für jeden Sommer gemietet wurde, war so kurz, dass ich kaum einen Blick auf die Traun erhaschte, die hinter einem Band aus sommergrünen Weiden dahinplätscherte. Nené stieg noch eine Schattierung blasser aus, als sie hineingeklettert war.

Frau Roedi hielt mich am Arm fest, damit ich ihr nicht ins Haus folgte. »Wollen wir uns nicht zuerst den Garten anschauen, Sisi, ehe wir zum Tee ins Haus gehen?«

Ich warf meiner Mutter einen fragenden Blick zu, und ihr energisches Nicken zeigte mir, dass die Verzögerung mit ihr abgesprochen war. Die Erwachsenen wollten mich nicht dabeihaben, wenn Nené und Franz Joseph einander begegneten. Ich war nicht böse darum. Ganz im Gegenteil, nach der Reise und dem Eingesperrtsein in der rüttelnden Kutsche sehnte ich mich geradezu nach frischer Luft und Bewegung. Ich konnte mein Glück gar nicht fassen, als ich nach einem schnellen Marsch am Fluss ins Gras sank und das Gesicht der Sonne entgegenstreckte.

»Sisi, um Himmels willen, du wirst Sommersprossen bekommen und wie eine Bäuerin ausschauen«, regte sich meine Erzieherin sofort auf.

»Besser eine Bäuerin als eine Kaiserbraut«, antwortete ich kichernd.

»Sag nicht so schreckliche Sachen. Eine Dame von Stand achtet auf ihre Haut, Kind. Du könntest dir wirklich ein Beispiel an deiner Schwester nehmen.«

»Ach, die Nené ist nur so blass, weil sie sich aufregt. Sie sieht sich schon als Kaiserin.«

»Nun, es ist zweifellos eine außerordentliche Ehre, dass die Prinzessin als Braut für den Kaiser in Erwägung gezogen wird.«

Ich warf Frau Roedi einen Blick zu. Fast hätte ich ihr verraten, dass mein Vater gerne alle Kaiser und Könige zu Gunsten von Demokratie und Freiheit abgeschafft hätte, aber ich hatte keine Lust, mich mit ihr zu streiten. Der Tag war zu schön dafür.

In diesem Moment konnten mir ohnehin alle Kronen der Welt gestohlen bleiben. Waren nicht die Sommerblumen am Flussufer viel schöner als Juwelen und Diademe? War nicht dieser sonnige Tag ein einziges wundervolles Geschenk?

Meine Gouvernante konsultierte die kleine goldene Uhr, die sie am Gürtel trug. Offenbar hatte sie genaue Anweisungen, wann sie mich ins Haus bringen sollte. Ob Mama und Tante Sophie das alles in den Briefen abgesprochen hatten, die sie so regelmäßig gewechselt hatten? Im Hotel hatte ich zumindest nichts davon gehört.

Ich hatte den Gedanken kaum zu Ende geführt, als sie schon zum Aufbruch mahnte. Gehorsam ließ ich die Türkenbundlilien in Frieden, die ich für meinen Blumenstrauß ins Auge gefasst hatte, und folgte ihr. Nach der unbeschwerten Stunde im sonnigen Garten beunruhigten mich nicht einmal die neugierigen Blicke der versammelten Habsburger Verwandtschaft.

Ich machte meinen Knicks vor Tante Sophies Gemahl Erzherzog Karl Franz. Eigentlich wäre er der Thronfolger gewesen, aber er hatte zu Gunsten seines ältesten Sohnes auf den Titel verzichtet. Er lächelte mich freundlich an, trotzdem hatte ich den Eindruck, als frage er sich, wer zum Kuckuck die Kleine mit den Zöpfen und den Blumen eigentlich war.

Du meine Güte, so viele unbekannte Gesichter. Kaum eines konnte ich dem richtigen Namen zuordnen. Der junge Mann mit dem pomadisierten Schnauzbart, war das etwa Karl Ludwig? Ich hatte ihn viel lustiger und jünger in Erinnerung. Auch sein Bruder Maximilian und der kleine Ludwig Viktor, der inzwischen richtig groß geworden war, sahen schrecklich ernst und erwachsen aus. Da, endlich ein Lächeln. Erleichtert erkannte ich Mamas andere Schwester, meine Tante Elise, die Königin von Preußen und meine liebste Patin.

Ein Schimmer von Rot-Weiß blitzte in meinem Augenwinkel, und ich wandte den Kopf zu Nené hinüber. Sie saß am größten Teetisch. Steif wie ein Brett und mit einem Gesicht so eingefroren, als hätte sie noch nie davon gehört, dass man auch lachen durfte. Das Rot, Gold und Weiß leuchtete von ihrer Seite, es gehörte zur Uniform eines österreichischen Feldmarschalls. Franz Joseph!

»Sisi, da bist du ja. Komm schon, setz dich …«

Irgendwo redete jemand auf mich ein, aber ich begriff gar nicht, dass ich damit gemeint war. Es kam mir vor, als hätte ich meinen Cousin bis zu diesem Moment noch nie richtig angeschaut. Wer hätte gedacht, dass ihm eine Uniform so hinreißend stand? Schlank sah er aus, unerschrocken und sehr elegant. Ein schneidiger, fabelhaft aussehender Offizier mit blondem Schnauzer. Sein Lächeln ließ weiße Zähne aufblitzen, und seine blauen Augen weiteten sich so bewundernd, dass ich zurücklachte, ohne dass ich wusste, was ich tat.

»Du lieber Himmel, du bist aber hübsch geworden, Sisi. Eine richtige junge Dame. Komm, setz dich zu mir«, sagte in diesem Moment Tante Elise erneut und brach damit den

Zauberbann, ehe ich mit meinem Erstaunen herausplatzte und mich blamierte.

Glühende Hitze stieg mir in die Wangen, aber gleichzeitig sprachen alle durcheinander, so dass es gar nicht nötig wurde, meiner Tante zu antworten. Im allgemeinen Stimmengewirr sank ich stumm auf den angebotenen Stuhl. Meine Knie zitterten vor jäher Schwäche.

Es hatte fast den Anschein, als wären alle Anwesenden froh über die Ablenkung, die mein Erscheinen verursacht hatte. Woran lag es? Hatte Tante Sophie auf die Erwachsenen dieselbe einschüchternde Wirkung wie auf mich? Es war nicht auszuschließen. Sie trug zwar keine Uniform wie der Kaiser, aber der Salon war das Schlachtfeld, auf dem sie ihre Befehle gab. Auch dem Kaiser, der jetzt gehorsam Nené den Kuchenteller näher rückte, weil sie es offensichtlich von ihm verlangt hatte.

Ich beobachtete ihn und meine Schwester unter halb gesenkten Wimpern, während sich die Unterhaltung wieder dem Familienklatsch zuwandte, der bei solchen Treffen immer die Hauptrolle spielte. Für mich sah es nicht so aus, als würden die beiden sich unwiderstehlich finden. Nené lehnte ein weiteres Törtchen ab und wirkte dabei so pedantisch und zimperlich, dass ich sie am liebsten durch alle ihre schwarzen Röcke vors Schienbein getreten hätte. Merkte sie nicht, dass Franz Joseph mehr von ihr erwartete als niedergeschlagene Augen und geflüsterte Antworten?

Er schien ja sogar meine Aufmerksamkeit durch den ganzen Raum zu spüren. Unsere Augen trafen sich, und ich wurde schon wieder rot. Er lächelte erneut. Machte er sich lustig über mich? Bei unserem letzten Treffen vor fünf Jahren hatte er mir nicht so gut gefallen.

Damals war er achtzehn gewesen, und ich hatte ihn viel zu eingebildet und zu überzeugt von der eigenen Wichtigkeit gefunden. Heute beschlich mich das seltsame Gefühl, dass Franz Joseph als Einziger fühlte, was in mir vorging. Sein Lächeln schlug eine Brücke zwischen uns. Es gab mir Sicherheit und Ruhe. Ich fühlte mich ihm nahe. Viel näher als Nené, die so fremd und abweisend wie eine düstere Schneekönigin neben ihm thronte.

***

»Möchtest du noch ein Eis, Sisi?«

Schon wieder Karl Ludwig! Ständig hing der Bruder des Kaisers an meinen Fersen und ließ mich keinen Schritt ohne seine Begleitung tun. Er lief mir wie ein treues Hündchen nach, und ich wurde schrecklich wütend, wenn ich die verständnisvollen Blicke entdeckte, die meine Tanten und meine Mutter tauschten. Ich ahnte, was sie dachten. Mussten sie ständig nur Ehen und Heiraten im Kopf haben? Reichte es ihnen nicht, dass Nené und der Kaiser hilflos an ihren Marionettenfäden tanzten? Ich war doch noch viel zu jung für solche Pläne.

Außerdem wollte ich nicht beobachtet werden. Ich hatte Angst, dass mir Mama meine ungehörigen Gedanken von der Stirn ablas. Sicher gehörte es sich nicht, dass ich Franz Joseph ständig anschauen musste. Dass mir sein Lächeln Herzklopfen machte und seine Stimme des Nachts durch meine Träume spukte.

Freilich, wie sollte ich es verhindern? Sobald ich mich mit ihm und Nené in einem Raum befand, begegneten sich unsere Blicke und hielten sich fest. Ihm hatte ich es auch zu verdanken, dass ich nicht mehr wie ein Kind am Abend ins Bett geschickt wurde, sondern an der großen Tafel mit den anderen essen durfte. Am Tisch des Kaisers! Nahe genug bei ihm, dass wir uns zulächeln und miteinander reden konnten. Und was er alles von mir wissen wollte! Noch nie war ich einem Menschen begegnet, der sich so genau für mich und mein Leben interessierte.

»Hier ist dein Eis, Sisi!« Karl Ludwig reichte mir das Schälchen. Er war einfach gegangen und hatte es mir geholt, ohne auf meine Antwort zu warten.

»Ich mag jetzt kein Eis«, entgegnete ich mit einer Spur von Trotz.

»Ich versteh schon.« Karl Ludwig klang beleidigt. »Wenn's dir der Franz Joseph gegeben hätte, würdest du es essen, nicht wahr?«

»Was hat der Franz Joseph damit zu tun, dass ich jetzt kein Eis mag?«

Karl Ludwig erwiderte meinen empörten Blick vorwurfsvoll. »Das fragst du noch? Was sagt denn deine Schwester zu dem Theater?«

Über Nené wollte ich noch weniger sprechen als über den Kaiser. Da ihre Kleider mitsamt der Kammerfrau inzwischen eingetroffen waren, hatte sich ihre Erscheinung zwar aufgehellt, aber dafür war ihre Laune jetzt so trostlos wie die abgelegten Trauerkleider. Heute Früh war sie nicht einmal rechtzeitig zum Frühstück erschienen. Jetzt lauschte sie neben Franz

Joseph den Musikern, die im Park der Villa die neuesten Melodien aus Wien spielten, als wäre es eine Standpauke von Tante Sophie.

»Jeder weiß, dass der Franz Joseph dich viel lieber mag als die Nené«, platzte Karl Ludwig heraus, als ich nicht antwortete.

»Wie kannst du so etwas Dummes behaupten?« Ich fuhr herum und funkelte ihn böse an. »Der Kaiser soll meine große Schwester heiraten. Alle warten doch nur darauf, dass er sich der Nené endlich erklärt. Außerdem ist sie viel schöner als ich.«

»Meinst du? Und warum hat der Franzi darauf bestanden, dass du beim Essen jetzt an seiner Seite sitzt? Warum lacht er ständig mit dir, und warum bringt er kaum ein Wort heraus, wenn die Helene den Mund aufmacht?«

All diese Fragen hatte ich mir heimlich selbst gestellt, aber die richtige Antwort wollte sich nicht finden. Ich dachte auch gar nicht daran, ausgerechnet mit Karl Ludwig darüber zu spekulieren, was in Franz Josephs Kopf vorging. Ich wusste ja nicht einmal selbst, was ich davon halten sollte. Ich wusste nur, dass ich Nené mit jeder Stunde brennender beneidete. Wie konnte sie so steif und gnädig tun, wenn ein so liebenswerter junger Mann an ihrer Seite saß? Hatte sie kein Herz? Wollte sie Franz Joseph absichtlich kränken?

»Was du nur so daherredest«, versuchte ich Karl Ludwigs Vorwürfe ins Lächerliche zu ziehen. »Der Franz Joseph ist eben ein perfekter Gastgeber. Er will nicht, dass ich allein herumsitze, und er kümmert sich darum, dass ich mich amüsiere. Das ist doch nett von ihm.«

»Er will, dass du dich nur mit ihm amüsierst«, verbesserte mich der junge Erzherzog. »Wenn ich mit dir spreche, schaut er drein, als hätte ich ihm heimlich sein liebstes Jagdgewehr entwendet.«

Der Vergleich mit der Flinte erboste mich so sehr, dass ich mehr auf die Formulierung als auf den Inhalt seines Vorwurfs reagierte. »Wenn du bloß solche dummen Sachen sagst, will ich nicht mit dir reden, Karl Ludwig.«

»Das hab ich schon gemerkt …«, entgegnete er traurig und ging mit hängenden Schultern davon.

Das Eisschälchen stand auf dem Tisch zwischen uns und sein Inhalt schmolz in der Sonne. In Possi wäre mir eine solche Verschwendung nicht passiert. Aber in Ischl war alles ganz anders.

In diesen wundervollen Tagen am Beginn meines Lebens war ich selbst die Allerletzte, die begriff, dass ich mich rettungslos und über beide Ohren in den jungen Kaiser verliebte, der doch eigentlich meine große Schwester heiraten sollte!

Ich wusste damals nur eines: Ich fühlte mich wohl an Franz Josephs Seite. Ich mochte es, wenn er mir Komplimente über mein Aussehen machte und es »charmant« fand, dass ich nicht so geschraubt wie Nené daherredete. Er war nicht einmal entsetzt, als ich ihm gestand, dass ich gerne wanderte und am liebsten auf der Stelle all die Berge hinaufgelaufen wäre, die rings um Ischl so verführerisch in der Sonne lagen. Er organisierte auf der Stelle einen solchen Ausflug für uns beide. Nené blieb im Tal und pflegte ihre Kopfschmerzen, die gar nicht mehr enden wollten. Wie konnte sie nur so schrecklich dumm sein?

Franz Joseph und ich verbrachten wunderbare Stunden auf dem Berg. Wir lachten darüber, dass unsere Begleiter prustend und schwitzend immer weiter zurückblieben, während wir selbst kaum außer Atem kamen.

»Für einen Kaiser, der ständig nur hinter dem Schreibtisch sitzt und regiert, bist du gut zu Fuß«, lobte ich ihn wie einen guten Bergkameraden.

»Ich versuch mich bei der Jagd zu erholen, wann immer ich Zeit dafür finde«, erklärte Franz Joseph das vermeintliche Wunder. »Im Wald bist du auf deine eigenen Füße angewiesen! Mit wem wanderst du? Sicher nicht mit der Nené …«

»Der Papa nimmt mich meistens mit, aber die Mama sieht es nicht gern. Sie sagt, ich soll lieber lernen, wie sich eine Dame benimmt.«

»Ich find es viel hübscher, dass du Sisi bist. Eine Dame kann jede sein. Sisi ist einmalig.«

Ich ging schnell weiter, damit ich nicht antworten musste, aber ich hütete seine Worte wie einen Schatz. Franz Joseph war der Erste, der nichts an Sisi auszusetzen fand.

Aber sosehr es mir gefiel, mit ihm beisammen zu sein, ich wusste, dass es sich im Grunde nicht gehörte mit ihm zu wandern, während meine Schwester darauf wartete, dass er sie zur Kaiserin machte. Aber wie hätte ich ablehnen können, wenn Franz Joseph so ausdrücklich auf meiner Begleitung bestand und sogar Tante Sophie mit einem süßsauren Lächeln »Geh nur, Kind!« flötete.

Franz Joseph sagte nie »Kind« zu mir. Aber sein »Sisi« klang auch nicht wie das »Sisi« aller anderen. Es hatte einen besonderen Unterton, halb bewundernd, halb anbetend. Es schmeichelte mir und spukte nachts durch meine Träume. Das musste endlich ein Ende haben.

Zur gerechten Strafe für meine eigenen dummen Wünsche beschloss ich, Nené einen kleinen Schubs zu geben. Der Himmel würde mir meine heimlichen Sünden sicher verzeihen, wenn ich sie auf diese Weise wieder gutmachen konnte. Vor dem großen Ball, der am Abend vor Franz Josephs dreiundzwanzigstem Geburtstag stattfinden sollte, setzte ich meine guten Vorsätze in die Tat um. Vielleicht half es ja, wenn ich meiner Schwester erklärte, dass der private Franz Joseph viel netter und lockerer war, als es bei offiziellen Anlässen den Anschein hatte.

Nené machte gerade Toilette für das wichtige Ereignis. Die Röcke ihres perlenbestickten Atlaskleides bauschten sich wie glänzende schneeweiße Wolken um sie, und die Kammerfrau flocht eben ihre langen, dunkelbraunen Haare zu dicken Zöpfen. Mit Hilfe von frischen Efeuzweigen und zahllosen Haarnadeln befestigte sie die Flechten als natürliche Krone auf Nenés Scheitel. Jetzt wirkte sie noch größer und majestätischer als sonst. Wunderschön, aber auch schrecklich einschüchternd. Besonders wenn sie auch noch so streng dreinschaute.

»Willst du mir etwa Ratschläge geben, wie ich den Kaiser behandeln soll, Sisi?«, schnaubte sie, nachdem ich ein bisschen umständlich mein Anliegen vorgebracht hatte.

»Weißt du, ich glaub, er ist mehr wie wir«, nickte ich vertrauensvoll. »Wie der Ludwig oder der kleine Gackel. Die mögen es auch nicht, wenn du so tust, als wären wir alle schrecklich unter deiner Würde. Wie soll er dich lieb haben, wenn du ihn anschaust, als würdest du nach einem Fleck auf seiner Uniform suchen?«

Die Aufzählung unserer Brüder beruhigte Nené keineswegs, und der Vergleich machte sie vollends wütend. Unter ihrer üblichen Blässe wurde sie rot vor Empörung. »Wenn ich Fragen haben sollte, dann wende ich mich an die Mama und nicht an einen fünfzehnjährigen Fratz wie dich, Sisi. Bild dir bloß nicht ein, dass du über Nacht erwachsen geworden bist, bloß weil der Franz Joseph so tut, als würde er dein kindisches Benehmen entschuldigen.«

Jetzt waren wir beide wütend. Ich hatte es doch nur gut gemeint. Aber ich konnte mich schlecht vor den Ohren der Kammerfrau mit meiner Schwester zanken, außerdem rauschte jetzt die Mama herein, ganz in dunkelblauen Atlas und steife Spitzen gekleidet. Sie sah besorgt aus und runzelte die Stirn, als sie mich bei Nené entdeckte.

Hastig kontrollierte ich mein Ballkleid. Im Vergleich zu Mama und Nené wirkte es bescheiden. Meine Röcke besaßen nur drei Volants über einer geringen Zahl von Unterröcken, und statt Juwelen trug ich ein goldenes Kreuz an einem rosa Samtband um den Hals. Es passte hübsch zu den rosa Stickereien auf dem weißen Musselin des leichten Gewandes, und auch aus meinen aufgesteckten Zöpfen hatte sich keine vorwitzige Strähne gelöst. Weshalb also musterte mich die Mama so argwöhnisch, als hätte ich vergessen meine Schuhe anzuziehen?

»Was hast du denn da in den Haaren?« Mamas Aufmerksamkeit wandte sich endlich Nené zu. Der Efeu missfiel ihr genauso wie mir.

Da jedoch in diesem Moment ein Hoteldiener meldete, dass die Kutsche bereitstand, blieb es bei Nenés grün bekränzter Stirn. Mit ihrem stolz erhobenen Haupt erinnerte sie mich an einen Schwan, der elegant aus dem Zimmer segelte. Ich unterdrückte einen Seufzer. Franz Joseph verdiente meine wundervolle große Schwester. Sie würde eine fabelhafte Kaiserin abgeben, aber trotzdem wurde mir das Herz schwer, wenn ich nur daran dachte.

Tante Sophies Villa strahlte im Glanz unzähliger Kerzen. Obwohl das Haus geräumig war, schien es am Vorabend des Kaisergeburtstages aus allen Nähten zu platzen. Geladene Gäste, der Hofstaat aus Wien, jener der preußischen Königin und die wichtigsten Mitglieder des Hochadels drängelten sich im festlich geschmückten Ballsaal.

Alles was Habsburg und Wittelsbach hieß, war gekommen, um mit dem Kaiser in seinen Geburtstag hineinzufeiern. Dennoch tat sich wie von selbst eine Gasse vor uns auf, als wir eintraten. Nené zog in ihrer blendenden weißen Schönheit alle Blicke auf sich. In den aufgestickten Staubperlen ihrer Robe brach sich das Licht, und ihre dunklen Augen glühten. Ich musste einfach stolz auf sie sein.

»Sisi, wie wunderhübsch du heute Abend aussiehst! Wie der Sonnenaufgang über den Bergen. Schenkst du mir den ersten Tanz?« Nach der offiziellen Begrüßung ehrte mich der Kaiser mit einer schneidigen Verneigung, die ganz allein mir galt.

Franz Joseph sah noch besser aus als sonst. Seine blauen Augen strahlten, und sein Lächeln war so unwiderstehlich, dass ich Nené, meine Mutter und all die anderen rings um mich her einfach vergaß. Ich legte meine Hand in die seine und dachte keine Sekunde darüber nach, wie diese Vertraulichkeit auf die Ballgäste wirken musste.

In meiner Seligkeit bemerkte ich nicht einmal, dass Nené mein Glück mit öffentlicher Demütigung bezahlte. Sie war zu stolz, um sich die Kränkung anmerken zu lassen, sie blickte elegant gelassen über die Köpfe hinweg. Aber mit Ausnahme von mir wusste in diesem Augenblick jeder im Saal, dass Franz Joseph eine Entscheidung favorisierte, die im offenen Widerspruch zu den Plänen seiner Mutter stand.

Für mich war es der Beginn eines verzauberten Abends. Ich schwebte in Franz Josephs Armen über das Parkett, als hätte ich auch jede geschwänzte Tanzstunde mit höchster Bravour absolviert. Als er mir beim letzten Tanz, dem wichtigen Kotillon, das traditionelle Blumensträußerl überreichte, war ich zu ahnungslos, um den feierlichen Symbolgehalt dieser Geste zu erfassen. Aber ich war überwältigt von den Blumen selbst. Das Bukett bestand aus samtigen weißen Blütensternen. Ein Edelweiß am anderen. Franz Joseph hatte sie mit eigenen Händen gepflückt, weil ich ihm erzählt hatte, wie sehr ich diese seltene Blume liebe, die nur in höchsten Bergregionen wächst.

»Ich weiß nicht, was ich sagen soll«, wisperte ich mit erstickter Stimme und versank in den Knicks, den die Etikette in einem solchen Fall vorschrieb. Nicht weil ich mich an meine Erziehung erinnerte, sondern weil meine Knie ebenso bebten wie mein Herz.

»Du musst nichts sagen, Sisi«, entgegnete Franz Joseph ebenso leise. »Es reicht mir, wenn du mir dein süßes Lächeln schenkst. Ich wünsch mir dieses Lächeln für jeden Tag meines Lebens!«

Was konnte ich anderes tun, als diesen Wunsch zu erfüllen? Ich lächelte ihn an. Mein ganzer Dank, mein ganzes Fühlen, mein Herz lag in diesem Lächeln.

Nené lächelte nicht, als wir nach Hause fuhren. Sie hatte Migräne. Sie eilte stumm in ihr Hotelzimmer und sagte niemand von uns auch nur gute Nacht.

Mama sagte dafür: »Ach, Sisi!«

Sie sagte es mit einem so merkwürdigen Seufzer, dass ich nicht einfach darüber hinweggehen konnte. Für einen winzigen Moment nahm ich die Wirklichkeit zur Kenntnis. Ich hielt halb trotzig, halb ängstlich Mamas erschütterten Blicken stand.

»Ich hab nichts getan, wofür ich mich schämen müsste, Mama!«

»Aber Sisi, das weiß ich doch. Ich frag' mich trotzdem, ob du das wirklich alles willst, was jetzt passieren wird«, erwiderte sie nach einer kleinen Pause. »Ich fürchte, du hast keine Ahnung, was auf dich zukommt. Ich fürchte auch, dass du ihm vielleicht nicht gewachsen bist.«

Wie immer wenn man mich für zu jung, zu dumm oder zu ahnungslos hielt, reagierte ich störrisch. Ich wollte keine Predigt, an diesem Tag noch weniger als sonst. Ich wollte weiterträumen! Ich umklammerte das Sträußchen mit den Edelweißblüten und straffte die Schultern. Sicher hatte ich meine Mutter lieb, aber in diesem Moment waren mir andere Gefühle wichtiger.

»Ich hab wirklich keine Ahnung, was du meinst«, sagte ich bockig.

»Das scheint fast so«, entgegnete sie und seufzte wie in den Debatten, die sie mit unserem Papa führte. »Geh schlafen, Sisi. Du hast morgen einen anstrengenden Tag vor dir. Es ist besser, wenn du ausgeruht bist. Gute Nacht, mein Kind. Der Himmel möge dich behüten.«

Der fromme Nachsatz passte eigentlich nicht zu Mama. Sie war eher praktisch veranlagt und witzelte manchmal sogar ein wenig darüber, dass sie im streng katholischen Bayern »angeprotestantelt« sei. Auf jeden Fall war sie eine Frau, die ihre Probleme lieber selbst in Angriff nahm, statt demütig auf die Hilfe des Himmels zu vertrauen. Was hatte sie so erschüttert, dass sie heute ihren eigenen Richtlinien untreu wurde?

»Gute Nacht, Mama.« Ich knickste und brachte mich mitsamt meinen Blumen vor den mütterlichen Blicken in Sicherheit.

In meinem dunklen Zimmer blieb ich stehen und schloss die Augen. Mit den Fingerspitzen tastete ich über die Edelweißblüten. Noch nie hatte ich ein so wundervolles Geschenk erhalten.

★★★

Franz Josephs dreiundzwanzigster Geburtstag fiel auf einen Samstag, der ihm zusätzlich wahres Kaiserwetter bescherte. Schon früh am Morgen brannte die Sonne auf Ischl herab. Mama und Nené litten wie erwartet nach dem Ball unter Kopfschmerzen. Auch Tante Elise und Tante Sophie kränkelten am Familienübel der Wittelsbacher-Töchter. Alle sahen trotz des festlichen Tages blass und gereizt aus.

Nur Franz Joseph strahlte. »Ich hab ein ganz besonderes Geburtstagsgeschenk von meiner Mutter erhalten«, machte er mich neugierig, während wir gemeinsam an der Mittagstafel saßen. »Ich hoffe sehr, dass es auch dir gefällt.«

»Dazu müsste ich es erst einmal sehen«, erwiderte ich vorsichtig und wich seinem Blick aus. Ich hatte mir fest vorgenommen, weder Mama noch meiner großen Schwester Anlass zur Kritik zu liefern.

»Du musst noch ein wenig Geduld haben«, erwiderte er bedeutungsvoll. »Ich kann es dir erst zeigen, wenn wir allein miteinander sind.«

Im Moment war das glücklicherweise nicht der Fall, und das machte es mir leichter, meine guten Vorsätze in die Tat umzusetzen. Die ganze Familie speiste gemeinsam zu Mittag. Auf der anderen Tischseite plauderte Nené mit Franz Josephs Vater. Sie gab sich heiter und unbeschwert. Ich bewunderte ihre Beherrschung. Niemand wäre auf die Idee gekommen, dass sie heute Morgen geweint und sich geweigert hatte, das Hotel zu verlassen.

Mama hatte ein Machtwort sprechen müssen. »Du bist eine Prinzessin aus dem regierenden Königshaus Bayern, du wirst deinen Eltern keine Schande machen, Helene«, hatte sie so energisch wie selten verkündet. »Was auch immer in Ischl geschieht, wir befinden uns hier, weil uns der Kaiser eingeladen hat, seinen Geburtstag mit ihm zu feiern. Und genau das werden wir tun. In tadelloser Manier, ist das klar?«

Nun, an Helene gab es wirklich nichts auszusetzen. Eher schon an ihrer kleinen Schwester, der es immer ganz heiß wurde, wenn Franz Joseph sie so bedeutsam ansah, wie er es jetzt wieder tat. Ein Blick wie eine Berührung. Ich war so verlegen, dass ich viel mehr aß als sonst. Zum einen, weil ich lieber in meinen Teller schaute als der Familie die Stirn zu bieten, und zum anderen, weil Karl Ludwigs gekränkte Augen in ständigem Vorwurf auf mir lagen.

Nach dem Essen hatte Tante Sophie einen gemeinsamen Ausflug an den Wolfgangsee organisiert. Sie übernahm es auch, die Plätze in den Kutschen zu verteilen, und ich fand mich zu meiner Überraschung mit der Erzherzogin, dem Kaiser und Nené auf engstem Raum zusammengesperrt. Franz Joseph saß mir gegenüber. Es wäre wundervoll gewesen, hätte nicht Tante Sophie wie eine Furcht einflößende Gouvernante über uns allen gethront. Sogar Franz Joseph war nicht so lustig wie sonst in ihrer Gegenwart.

Lediglich Nené gab sich unbeeindruckt. Sie plauderte mit einem Mal, als gelte es, allen Tratsch der Welt an diesem Nachmittag loszuwerden. Bisher hatte sie kaum ein Wort gesagt, und nun legte sie nicht einmal eine Pause ein, um Atem zu schöpfen. Tante Sophie machte ein Gesicht wie Mama, kurz bevor sie ihre Migräne bekam.

Mir wurde beständig unbehaglicher zu Mute. Ich wusste nicht, was Nené mit ihrem ständigen Geschnatter bezweckte, und die Blicke der Erzherzogin, die ab und zu auf mich fielen, kamen mir vor, als mache sie im Geheimen ein ausführliches Register meiner vielen kleinen Sünden.

Was hatte ich ihr getan? War sie mir ebenfalls böse, weil Franz Joseph der falschen Prinzessin so viel Aufmerksamkeit schenkte? Ich zupfte nervös an den Bändern meines hellen Sommerkleides und wünschte immer heftiger ein schnelles Ende des Ausfluges herbei.

Als es endlich so weit war, kehrten wir ins Hotel zurück, denn weder Tante Sophie noch Franz Joseph baten uns, in der Villa zu bleiben. Ich versuchte, nicht enttäuscht zu sein und den kaiserlichen Geburtstag in meinem Tagebuch festzuhalten, aber ich fand einfach keine passenden Worte. Es kam mir vermessen vor, hinter Franz Josephs Komplimenten Bedeutsames zu vermuten, und ich hatte außerdem das närrische Gefühl, dass Frau

Roedi jede Zeile mitlas, obwohl sie am Fenster saß und mir den Rücken zuwandte.

Ihr Verhalten hatte sich in den vergangenen Tagen auf eigenartige Weise verändert. Ich hörte weder Ermahnungen noch Tadel von ihr. Sie behandelte mich, als wäre ich über Nacht so wichtig wie Mama geworden. Ich hatte keine Ahnung, was diesen Sinneswandel verursacht haben könnte, aber er verstärkte die seltsame Spannung, die mich um meine gewohnte Ruhe brachte. Alles um mich herum verwandelte sich, ohne dass ich einen Einfluss darauf hatte. Es beunruhigte und verunsicherte mich.

Der Tag neigte sich schon dem Abend entgegen, als Mama plötzlich in meiner Zimmertür stand. »Wir müssen miteinander reden, Sisi! Wenn Sie uns bitte allein lassen würden, Frau Roedi.«

Sie wartete, bis sich die Tür hinter meiner Erzieherin geschlossen hatte, und ich wagte nicht mehr mich wieder zu setzen. Etwas war geschehen. Ich spürte förmlich die Aufregung und die mühsam unterdrückte Anspannung, die meine Mutter ausstrahlte. Warum konnte nicht alles so bleiben, wie es war? Mit einem Male hatte ich richtiggehend Angst, ohne dass ich wusste, wovor.

»Die Tante Sophie hat mich grade besucht und lange mit mir gesprochen, Sisi«, begann Mama in diesem Moment und griff nach meinen Händen, die eiskalt geworden waren. »Du weißt, was sie von mir wollte?«

Ich schüttelte stumm den Kopf. Ich brachte keine Silbe über die Lippen. Ohne gewichtigen Anlass würde die Erzherzogin nie eine ihrer Schwestern im Hotel aufsuchen. Sie erwartete, dass man zu ihr kam, in die kaiserliche Villa. Ihr erster Besuch bei unserer Ankunft hatte ausschließlich Nené gegolten. Damals hatte sie sich vergewissern wollen, ob sie ihrem ältesten Sohn die richtige Schwiegertochter ausgesucht hatte. Was hatte sie heute hierher geführt? Irgendwie wollte ich nicht glauben, dass es wieder wegen Nené gewesen sein sollte.

»Ach Kind«, seufzte Mama fast schon entrüstet. »Ich wollt, du wärst ein bisschen mehr wie deine Schwester. Du musst doch gemerkt haben, was der Franz Joseph für dich empfindet? Du wirst ihn doch nicht angelächelt haben, ohne die geringste …«

»Er hat nie etwas gesagt, Mama!«, warf ich erstickt ein.

»Natürlich nicht, er ist ein ordentlicher junger Mann. Aber er ist der Kaiser. Man darf nicht nein sagen, wenn der Kaiser bittet. Deswegen gibt er dir ja die Möglichkeit, dich in aller Ruhe und ganz unbeeinflusst zu entscheiden. Wenn du nicht willst, werden es nur wir beide, die Tante und der Kaiser erfahren.«

»Wenn ich was nicht will?«, wisperte ich ahnungsvoll, obwohl mir natürlich längst klar war, worauf dieses Gespräch hinauslief.

»Die Sophie war als Mutter des Kaisers bei mir, Sisi. Der Franz Joseph hat sie geschickt, zu fragen, ob es mir in Stellvertretung deines Papas recht wäre, dass er um deine Hand anhält«, antwortete Mama und presste meine Finger so hart, dass es weh tat.

»Dich hat er gefragt?« Meine Stimme musste enttäuscht geklungen haben, denn Mama schüttelte einmal mehr den Kopf über mich.

»Das gehört sich so, Kind, das versuche ich dir eben zu erklären. Er kann doch nicht alle guten Sitten über den Haufen werfen, bloß weil er sich Hals über Kopf in dich verliebt hat.«

Es berührte mich eigentümlich, dieses intime Geständnis aus dem Munde meiner Mutter zu hören und nicht aus dem des Kaisers. Hätte er nicht trotz allem wenigstens eine Andeutung machen können? Oder hatte ich es einfach nicht gemerkt? War ich wirklich noch zu dumm und zu jung für ihn?

»Es liegt jetzt alles bei dir, Sisi. Nur wenn du dem Franz Joseph mit eigener Hand schreibst, dass du ihn auch gern hast und ihn erhören willst, wird er kommen und sich erklären«, erläuterte meine Mutter so nüchtern, als ginge es um die Frage, welche Reisekiste zuerst gepackt werden sollte. »Er möchte, dass du das ganz allein entscheidest. Niemand soll dich bedrängen oder gar Zwang auf dich ausüben. Er weiß, dass du noch blutjung bist und dass ein solcher Schritt gut überlegt sein will.«

Sie ließ meine Hände los und ich verschlang sie nervös in den Rockfalten. In meinem Kopf herrschte ein einziges Durcheinander aus Freude und Schock, Liebe und Angst, Sehnsucht und Widerstreben zugleich. Wie sollte ich in diesem Zustand eine Entscheidung treffen? Wen konnte ich um Rat fragen? Mama? Die sah aus, als würde sie im nächsten Moment in Tränen ausbrechen.

»Ich will der Nené nicht den Bräutigam fortnehmen«, stammelte ich tonlos.

»Er ist noch nicht ihr Bräutigam und wird es auch nie werden. Er will dich und keine andere. Das hat er der Sophie ganz klar gesagt«, antwortete meine Mutter so kläglich, als gäbe sie sich die ganze Schuld an dieser Entscheidung des Kaisers. »Wenn du seinen Antrag ablehnst, will er lieber gar nicht heiraten und allein bleiben.«

»Oh nein!« Noch ein junger Mann, der unglücklich wurde, weil er sich in mich verliebt hatte? Das konnte ich nicht zulassen.

»Siehst du, es kommt natürlich nicht in Frage.« Mama ahnte zwar nicht, aus welchen Gründen ich so entsetzt reagierte, aber sie war zufrieden mit meiner Reaktion.

»Aber die Nené glaubt fest daran, dass sie die Kaiserbraut ist«, erinnerte ich sie. »Ist sie nicht genau dafür ausgebildet worden? Wenn ich an all die Professoren, Doktoren und Hofdamen denke, die sie unterrichtet haben, damit sie auch ja keinen Fehler macht …«

»Genau das wird der Fehler gewesen sein.« Mamas Stimme klang bedrückt. »Sie hat sich all diese Stunden so zu Herzen genommen, dass sie über dem Kaiserin-Werden vergessen hat ein junges Mädchen zu sein. Franz Joseph findet dich anmutiger, liebenswürdiger und anziehender als deine große Schwester. Wir haben uns in seinen Wünschen getäuscht, und jetzt müssen wir uns fügen. Er erweist dir trotz deiner unbestreitbaren Jugend die Ehre, dich als Kaiserin an seiner Seite haben zu wollen.«

»Aber die Nené sollt ihn heiraten«, wiederholte ich eigensinnig und hörte selbst, dass es eher ängstlich als glücklich klang. »Ich muss doch erst erwachsen werden.«

»Gerade deine Jugend gefällt dem Kaiser«, erwiderte Mama ergeben. »Er hat Feuer gefangen. Deine Patin hat es von Anfang an vorausgesagt. «

»Ich glaub, mir ist schlecht …«, wisperte ich und presste eine Hand auf meinen rebellierenden Magen.

Mama lachte ein bisschen, aber es klang nicht sehr fröhlich. »Ach, Sisi! Willst du mir nicht endlich verraten, was du für den Franzi fühlst? Hast du ihn denn wenigstens ein klein wenig lieb?«

Brennende Röte stieg mir in die Wangen, und ich legte meine eisigen Handflächen darauf. »Wie sollte ich ihn denn nicht lieb haben, Mama? Er ist so wunderbar, so männlich und reizend zu mir. Aber wenn er doch bloß kein Kaiser wär! Meinst du, ich werd ihn glücklich machen können? Ich will alles dafür tun!«

»Dann schreib ihm, dass du dich geehrt fühlst, dass du ihn gern hast und dass du seinen Antrag erwartest«, riet die Mama und deutete auf den Schreibtisch, wo noch mein Tagebuch lag.

»Sofort?« Bei der plötzlichen Eile wurde mir schon wieder bange ums Herz.

»Aber ja, der Franz Joseph wartet auf deine Antwort. Man lässt einen Kaiser nicht warten, Sisi!«

Zögernd nahm ich Platz und griff nach dem Papier. Ratlos schaute ich meine Mutter an. Sie seufzte erneut und diktierte mir die höflichen, wohlgesetzten Worte, die mir selbst in diesem Moment nicht einfallen wollten und die sich anscheinend gehörten.

Ich war zu jung, zu naiv und zu verliebt, um zu durchschauen, dass ich mich mit der Unterschrift unter diesen Brief für ein Leben lang in Ketten legte. Für mich zählte nur, dass mir Franz Joseph am nächsten Morgen all die Dinge sagte, die ich in meinem romantischen Herz für diesen Augenblick erträumt hatte.

Er kam in aller Früh', und ich habe nie erfahren, was die Mama dazu gesagt hat, dass er sie schon um acht Uhr morgens dazu zwang, Toilette zu machen und den Antrag des Kaisers entgegenzunehmen.

»Du weißt nicht, wie lieb ich dich habe, Sisi«, gestand er mir überschwänglich, sobald sie uns allein ließ. »Schon im ersten Augenblick, als du zur Tür hereinkamst, war ich verloren. Du warst so süß, so frisch, so natürlich! Du hast mich angelächelt und mein Herz ist dir zugeflogen. Ich hab nur noch dich gesehen!«

Ich rettete mich in dieses Lächeln, denn meine Kehle war wie zugeschnürt und mein Herz raste. Überwältigt von meinen und seinen Gefühlen vermochte ich nur zu schweigen und zu lauschen. Mit Ausnahme von Papa oder meinen Brüdern war ich noch nie mit einem Mann allein in einem Zimmer gewesen.

Franz Joseph fasste nach meinen Händen. » Ich weiß, dass ich dich überfalle und viel von dir verlange, Sisi! Mein hohes Amt ist eine arge Bürde, aber wenn du an meiner Seite stehst, dann will ich dankbar jede Last tragen, die mir das Schicksal auferlegt.«

Die leichte wienerische Färbung seiner melodiösen Stimme und der sanfte Druck seiner Finger beruhigten mich mehr als seine Worte. Was konnte mir schon passieren, wenn er an meiner Seite stand und mich beschützte? Aus der vorsichtigen ersten Berührung wurde eine stürmische Umarmung, ein erster inniger Kuss, der mir von neuem den Atem raubte. So fühlte sie sich also in Wirklichkeit an, die große leidenschaftliche Liebe, von der ich bisher nur heimlich geträumt hatte!

»Du darfst mich nie allein lassen, Franzi«, flehte ich ihn zwischen diesen Küssen an.

»Ich schwör's dir, Sisi«, versprach er innig.

Ich war jung genug, dumm genug und verliebt genug, um das zu glauben.

Herbst/Winter 1853/54
»Oh, nimm mich mit ins ferne Land …«

» … unser allergnädigster Herr und Kaiser Franz Joseph I. haben während Allerhöchst Ihres Aufenthaltes zu Ischl Ihre Hand der durchlauchtigsten Prinzessin Elisabeth Amalie Eugenie, Herzogin in Bayern, Tochter Ihrer Königlichen Hoheiten, des Herzogs Maximilian Josef und der Herzogin Ludovika, geborene königliche Prinzessin von Bayern, nach eingeholter Zustimmung Seiner Majestät des Königs Maximilian II. von Bayern sowie der durchlauchtigsten Eltern der Prinzessin-Braut anverlobt …« Frau Roedi musste zwischendrin einmal Luft holen, als sie mir den Artikel aus der Wiener Zeitung vorlas, der meine Verlobung mit Franz Joseph in geschraubten offiziellen Sätzen verkündete.

»Seine Hand anverlobt«, machte ich mich über den Artikel lustig, während ich die zahllosen Knöpfe an meinem Reitkleid mit Hilfe der Kammerfrau schloss. »Ich möchte schon den ganzen Franz Joseph und nicht bloß seine Hand. Wie schau ich aus?«

»Wie eine wahre Fürstin, Königliche Hoheit«, erwiderte Frau Roedi und legte die Zeitung zur Seite. »Wenn Seine Majestät nicht schon über die Maßen verliebt wäre, er würde erneut den Kopf verlieren.«

»Hoffen wir's«, lachte ich und ließ die beiden Frauen zurück.

Franz Joseph erwartete mich zu einem Ausritt, aber der Plan hatte sich schon wieder geändert, als ich in der Villa eintraf. Ein Maler aus Wien war auf Tante Sophies Wunsch herbeigeeilt, um Franz Joseph und mich hoch zu Ross zu porträtieren. Gemalt zu werden war ohnehin eine öde Angelegenheit, aber wenn man nebenbei auch noch ein Pferd ruhighalten musste, wurde es geradezu Arbeit.

»Muss das sein?«, wagte ich zu fragen und fand mich sofort einem strengen Blick von Tante Sophie ausgesetzt.

»Natürlich muss das sein, Kind. Deine künftigen Untertanen haben ein Recht darauf zu erfahren, wie ihre junge Kaiserin aussieht. Es gehört sich, dass dein Bild so schnell wie möglich in alle Landesteile geschickt wird.«

Meine künftigen Untertanen … Ob Tante Sophie wusste, dass mir diese vielen Menschen gehörig Angst einjagten? Ich war es nicht gewohnt, dass sich alle für mich interessierten und mich anstarrten. Wenn ich nur daran dachte, was die Ankündigung meiner Verlobung mit Franz Joseph in Ischl bewirkt hatte, brach mir der Schweiß aus.

Nach dem Hochamt am Sonntag hatte Franz Joseph den Pfarrer gebeten, ihn und seine Braut zu segnen, und im ersten Moment hatte ich schreckliche Angst gehabt, dass uns die begeisterten Ischler danach einfach zu Tode trampeln würden. Jeder wollte einen Blick auf uns erhaschen, alles drängelte, schubste, jubelte. Die Menge brach über uns herein, sodass es mir richtig unheimlich wurde.

»Das sind Huldigungen, daran wirst du dich schon noch gewöhnen«, hatte die Mama mich getröstet, als ich mich völlig aufgelöst in ihre Arme flüchtete.

Nur wenn Franz Joseph an meiner Seite blieb, vergaß ich meine Furcht. Er war so liebenswürdig, so charmant, so herzlich, dass ich mich mit jedem Tag mehr in ihn verliebte. Er überhäufte mich mit Geschenken und las mir jeden Wunsch von den Augen ab.

Aber auch Tante Sophie schien sich mit der unerwarteten Verbindung besser abgefunden zu haben, als ich befürchtet hatte. Unter ihrer Obhut wurde aus unserer Verlobungsfeier eine ganze festliche Woche, die von einem großen Hofball am 22. August gekrönt wurde. Zu diesem Anlass schenkte sie mir sogar ein wunderschönes Diamanthalsband mit Perlen und dazu passenden Armreifen. Noch nie hatte ich etwa so Kostbares besessen.

An Franz Josephs Seite wurde mir bei diesem Fest so oft die Hand geküsst, dass ich fürchtete, mein Seidenhandschuh würde durchgescheuert werden. Am Ende war mir ganz schwindelig vom vielen Tanzen, von den vielen Namen und den fremden Gesichtern. Das große Feuerwerk, das zu unseren Ehren abgebrannt wurde, explodierte mitten in meinem armen dröhnenden Kopf.

Vater, der natürlich zum Hofball erschienen war, reiste danach wieder ab und nahm Nené mit nach Hause. Ich durfte mit Mama bleiben, bis Franz Joseph seinen Séjour in Ischl beendete. Ich hatte zwar immer noch ein schlechtes Gewissen, wenn ich an meine große Schwester dachte, aber da wir uns nicht mehr täglich sahen, konnte ich mir leichter einreden, dass es ihr gut ging.

Wenigstens hatte sie sich, im Gegensatz zu mir, nicht in Franz Joseph verliebt. Ihr Stolz war verletzt worden, aber nicht ihr Herz. Ich wagte gar nicht daran zu denken, wie es mir gegangen wäre, hätte ich mit ansehen müssen, wie er Nené in seinen Armen hielt. Wenn sie jene wundervollen Küsse von ihm bekommen hätte, bei denen ich dahinschmolz.

Es war schon schlimm genug, nach zwei Wochen Abschied nehmen zu müssen. Der Kaiser hatte uns bis nach Salzburg begleitet, aber mehr ließ sein dicht gedrängter Zeitplan nicht zu. Er wurde in Wien erwartet. Unser Sommer war vorbei, ehe ich ihn richtig genossen hatte. Unsere Wege trennten sich jetzt bis zur Hochzeit, die der Hof in Wien auf das nächste Jahr im April festgesetzt hatte.

»Schau nicht so traurig, Sisi«, tröstete er mich liebevoll. »Ich werd dir viele Briefe schreiben und dich so bald als möglich in Possenhofen besuchen. Vergiss mich nicht ganz, versprichst du mir das?«

»Wie sollt ich dich vergessen«, flüsterte ich und versuchte meine Tränen zurückzuhalten. »Ich hab dich doch so schrecklich lieb!«

Alle um uns herum schienen gerührt von diesem innigen Abschied, sogar Tante Sophie drückte mich herzlich an ihren Busen.

»Du wirst sehen, die Zeit vergeht wie im Flug«, versuchte sie meine Traurigkeit zu lindern. »Du hast ja noch so viel zu lernen, wenn du dem Franzi eine gute Frau sein willst. Du wirst gar nicht dazu kommen, dich nach ihm zu sehnen.«

Ich sollte später an diese Worte denken. Fürs Erste lag mir das Herz wie ein Ziegelstein in der Brust. Nicht einmal die vertraute Umgebung von Possi konnte mich aufheitern. Im Gegenteil, erst jetzt kam mir zu Bewusstsein, dass dies mein letzter Herbst am Starnberger See sein würde. Ich musste auch hier Abschied nehmen, damit ich in Wien ein neues Leben beginnen konnte. Aber kaum hatte ich das begriffen, brachen schon die reinsten ägyptischen Plagen über mich herein.

Ganze Rudel von Lehrern stürzten sich auf mich. Plötzlich schien es von ungeheurer Wichtigkeit, dass ich Französisch parlieren konnte, das Italienische beherrschte und all die komplizierten Geschichtsdaten kannte, die dazu geführt hatten, dass Franz Joseph in so jungen Jahren über so viele Völker des habsburgischen Reiches herrschte. Ich hörte zum ersten Mal von der Geschichte der Böhmen, Kroaten und Ungarn, von den Slowenen, Ruthenen und Banatern. Die Reiseberichte aus der Türkei und aus dem Vorderen Orient, die mir Papa gegeben hatte, nutzten mir wenig. Nur was er über Venedig und Mailand erwähnt hatte, konnte ich gebrauchen, denn der nördliche Teil Italiens stand ebenfalls unter habsburgischer Herrschaft.

Über Landkarten und dicke Wälzer gebeugt, fand ich kaum Zeit, aus dem Fenster zu sehen und mich nach frischer Luft zu sehnen. Spaziergänge, Ausritte, verträumte Stunden und müßige Nachmittage gehörten mit einem Male der Vergangenheit an.

Mama wollte nichts davon hören, dass mein Kopf von dem vielen Zeug schmerzte, das plötzlich gewaltsam hineingestopft wurde. Jetzt wusste ich, woher Nenés Kopfschmerzen kamen.

»Ich weiß, dass meine Kinder keine Leichtigkeit zum Lernen

besitzen, Sisi, aber es muss halt sein«, lehnte die Herzogin jede Bitte um mehr Zeit für mich selbst ab. »Du kannst nicht nach Wien gehen und keine Ahnung haben. Du musst uns Ehre einlegen.«

Wenn zwischen den Lektionen, Vorträgen und Etikettestunden tatsächlich ein freier Moment blieb, dann wurde er mit Anproben gefüllt. Das Haus wimmelte auf einmal von Schneiderinnen, Stickerinnen und Putzmacherinnen, von Handschuhmachern, Schustern und Weißnäherinnen. Ich musste ständig stillstehen, damit Säume abgesteckt, Nähte fixiert, Hüte dekoriert und die schrecklichen Korsetts vermessen werden konnten.

Jede Minute meines Tages war mit einem Mal genau bemessen. Ich fand kaum die Zeit, ein paar Briefe zu schreiben. Die an Franz Joseph fielen mir leicht, aber auch Tante Sophie bekam ein Schreiben, in dem ich mich für die Güte bedankte, die sie mir in Ischl erwiesen hatte. Aus der Ferne betrachtet kam sie mir nicht mehr so einschüchternd vor. Sie war eben auch nur eine Mutter, die das Beste für ihren Sohn wollte. Wer sollte das besser verstehen als ich, die mit sieben Geschwistern aufwuchs und die mütterliche Sorge um jedes einzelne Kind täglich erlebte?

Wenn ich jedoch des Abends in mein Bett fiel, war ich so müde und zappelig, dass ich sogar zu erschöpft zum Schlafen war. Die zauberhafte Unbeschwertheit von Ischl existierte nur noch in meinen Träumen. Ich versuchte mich daran zu erinnern, wenn ich die fein gearbeitete kleine Miniatur mit Franz Josephs Bild betrachtete, die mir ein Eilkurier Ende September nach Possi gebracht hatte.

Das Bild war in ein diamantbesetztes Armband eingefügt, aber den Juwelen schenkte ich keinen Blick. Es war Franz Joseph, den ich sehen wollte. Seine Schlösser, seine Diamanten und seine Untertanen interessierten mich nicht. Ich sehnte mich nach seinem Lachen, seiner Zuneigung und seiner Fröhlichkeit. Nach seinen Küssen …

Manchmal, wenn alle schon schliefen, versuchte ich meine Gefühle in Verse zu fassen, Worte für meine Sehnsucht nach Liebe und Freiheit zu finden. Ich dichtete: Oh Schwalbe, leih mir Deine Flügel, Oh nimm mich mit ins ferne Land … und träumte mit offenen Augen von einem Leben ohne Beschränkungen. Von grenzenloser Freiheit, ohne die lästigen Kleinigkeiten des Alltags. Franz Joseph würde mir dieses Leben ermöglichen können, er war schließlich der Kaiser. Ihm mussten alle gehorchen.

Es dauerte jedoch bis in den Oktober hinein, ehe er den versprochenen Besuch in Possi machen konnte. Ich zählte voller Ungeduld die Tage bis zu seinem Eintreffen, aber als er dann so plötzlich vor mir stand, kam er mir im ersten Augenblick ganz fremd und seltsam gestreng vor. Viel zu viel Kaiser und viel zu wenig der fröhliche Franzi, der in Ischl mit mir in die Berge hinaufgewandert war. Hinzu kam, dass er nicht nur Grüße von Tante Sophie, sondern auch eine Menge Ermahnungen und Aufträge mitbrachte. Ihr Dank für meinen gefühlvollen Brief fiel zum Beispiel sehr kühl aus.

»Weißt du, Sisi, sie ist die Mutter des Kaisers«, versuchte Franz Joseph diese Reaktion zu erklären. »Sie ist es gewohnt, dass man ihr mit Respekt begegnet. Sogar ich sag Sie zu ihr, wenn ich mit ihr spreche. Du kannst sie nicht einfach duzen, als ob sie deine x-beliebige Tante Sophie wäre. Das gehört sich nicht mehr.«

»Du sagst Sie zu deiner Mutter?«

In Ischl war mir das nicht aufgefallen. Aber in Ischl hatte Franz Joseph auch nur mit mir gesprochen, höchstens noch mit Nené oder seinem Generaladjutanten Graf Grünne. Wenn Tante Sophie ihre Anweisungen gab, hatte er gehorcht statt zu widersprechen.

»Wir entbieten ihr alle unsere Hochachtung. Du wirst dich schon bald dran gewöhnen.« Franz Joseph stellte das ebenso unerschütterlich fest, wie er mir die anderen Vorschriften übermittelte, damit ich sie gehorsam befolgte. Eine davon kränkte mich ganz besonders.

»Der Erzherzogin ist aufgefallen, dass deine hübschen Zähne ein bisschen zu gelb ausschauen, Sisi«, gab er die gewünschte Ermahnung seiner kritischen Mutter weiter. »Sie sagt, du sollst dir deine Zähne regelmäßig putzen, damit sie schön weiß sind, bis du nach Wien kommst. Wir wollen doch, dass deine Schönheit keinen Makel zeigt. Alle sollen meine Braut bewundern.«

Anweisungen zum Zähneputzen? Auch das noch! So hatte ich mir das Leben als Kaiserbraut nicht vorgestellt. Ich wollte, dass man mich in Frieden ließ. Es kränkte mich, dass die Erzherzogin sogar meine Schönheitspflege bemängelte, aber ich wagte nicht, Franz Joseph mit diesem kindischen Gefühl zu belästigen. Unsere Zeit war viel zu knapp bemessen für solche Empfindlichkeiten.

Meine Verlobung mit dem Kaiser hatte mich in den Augen des bayrischen Königs aus einer unbedeutenden kleinen Nichte in ein politisches Pfand verwandelt. Onkel Max nutzte die Gelegenheit, sich dem Kaiser als Verwandter und Verbündeter zu präsentieren. Er veranstaltete einen Hofball zu unseren Ehren, und ich musste den Cercle mit dem gesamten diplomatischen Corps, das in München akkreditiert war, über mich ergehen lassen.

Es gefiel mir nicht besonders, ununterbrochen die Hand auszustrecken, damit sie von steifen verknöcherten Diplomaten geküsst wurde. Ich kannte diese Männer nicht! Worüber sollte ich mit ihnen sprechen? Warum bedrängten sie mich so? Den größten Teil des Balles standen wir nur steif herum und redeten belangloses Zeug. Ich hatte mich vergeblich schön gemacht für Franz Joseph, denn wir bekamen kaum Gelegenheit miteinander zu tanzen.

Wir konnten nicht einmal gemeinsam in die Oper gehen, ohne dass alle Welt einen Aufstand daraus machte. Ich wäre lieber mit dem Kaiser allein gewesen, aber wir hatten auch in der königlichen Loge keinen Frieden. Alle Operngläser waren auf uns gerichtet statt auf die Bühne, und ich wusste am Ende vor Verlegenheit gar nicht mehr, wie ich sitzen sollte.

Doch glücklicherweise gab es auch die Tage in Possi. Wenn ich Franz Joseph hoch zu Ross meine geliebte Heimat zeigen konnte, war ich einfach nur glücklich. An seiner Seite zu reiten, während die Hufe unserer Pferde durch die herbstlichen Blätter raschelten und die Sonne unsere Schultern wärmte, entschädigte für alles andere.

Ich hütete diese kostbaren Erinnerungen bis zum Weihnachtsfest, das Franz Joseph gemeinsam mit meiner Familie in München feierte. Er kam erneut mit Unmengen von Geschenken, da ich an Heiligabend auch meinen sechzehnten Geburtstag feierte.

Das Allerschönste dieser Geschenke war jedoch nicht das silberne Frühstücksservice und auch nicht die kostbaren Juwelen oder das Gemälde von Franz Joseph auf seinem Lieblingspferd. Am meisten freute ich mich über einen prächtigen bunten Papagei, den mir der Kaiser aus der Menagerie von Schönbrunn mitgebracht hatte. Dass er meine tiefe Liebe zu Tieren begriff und verstand, bedeutete mir unendlich viel.

Sein letzter Besuch im März des neuen Jahres stand schon ganz im Zeichen unserer Hochzeit. Dieses Mal wurden in München so viele Empfänge, Gala-Diners und Feste veranstaltet, dass nur ein einziger Tag für einen Ausflug nach Possi übrig blieb. Aber alle, die mir am Herzen lagen, nahmen daran teil. Sogar Nené, die ihre Gefühle über die Zurückweisung in Ischl nie in Worte gefasst hatte. Sie war ein wenig stiller geworden, aber vielleicht kam es mir auch nur so vor, weil in meinem Leben plötzlich alles drunter und drüber ging. Bei unserem Ausflug plauderte sie jedoch mit Franz Joseph, als habe es die Zurückweisung in Ischl nie gegeben. Ich musste ihre Beherrschung bewundern.

»Ich würde mir die Augen auskratzen, an ihrer Stelle«, gestand ich meinem Verlobten beschämt.

»Genau das lieb ich ja so besonders an dir«, antwortete Franz Joseph schmunzelnd. »Du sagst, was du denkst, und du bist wie ein frischer Frühlingsmorgen. Wenn ich jemand wie die Helene heiraten müsste, dann käm es mir vor, als würde ich meine eigene Mama zur Frau nehmen.«

Wir lachten darüber, und erst viele Jahre später sollte

ich mich bitter an diese Bemerkung erinnern. Wir hätten uns beide viel Kummer erspart, wenn Franz Joseph der Menschenkenntnis seiner Mutter und nicht seinem Herzen vertraut hätte.

Dann war es jedoch so weit. Die Ausstattung der kaiserlichen Braut wurde in Kisten verpackt, und die genauen Listen über Wert und Umfang reisten noch vor mir nach Wien. Ich hatte es längst aufgegeben, mich für die Einzelheiten zu interessieren. Schon das Ausmaß meiner persönlichen Garderobe machte mich benommen: siebzehn Festkleider, vierzehn Tageskleider, sechs Morgenmäntel, neunzehn leichte Sommerkleider und noch vier prächtige Ballroben. Dazu natürlich Mäntel, Schals, Nachthemden, Negligés, Hauben, Hüte, Dessous, Hemden zum Baden und über hundert Paar Schuhe sowie viele Dutzende feiner Handschuhe, die zu all dem passten. Auch drei höchst modische neue Krinolinen, Korsetts, Fächer, Sonnenschirme und viele Schachteln voller Haarnadeln, Bänder und anderer Kleinigkeiten. Wann sollte ich das alles je tragen?

Den Höhepunkt der Pracht bildete natürlich mein Brautkleid. Es war aus schwerer weißer Seide genäht worden, über und über mit Brüsseler Spitze verziert und mit Gold- und Silberapplikationen bestickt. Was Franz Joseph wohl zu diesem märchenhaften Gewand sagen würde? Ob es ihm gefiel? Ob ich ihm gefiel?

Ehe ich es tragen konnte, musste ich von allem, was mir lieb und teuer war, für immer Abschied nehmen. Von meinen Eltern, meinen Geschwistern, von Possi, von München, auch von Bayern. Ich musste sogar in einer feierlichen Zeremonie auf meine Rechte am bayrischen Königsthron verzichten und das offiziell in einem Renunziationsakt unterschreiben. Es kam mir vor, als hätte ich damit mein eigenes Verbannungsurteil unterzeichnet. Meine Augen schwammen in Tränen.

»Warum weinst du nur ständig?«, wunderte sich meine Lieblingsschwester Marie über diesen unverständlichen Kummer. »Du wirst Kaiserin. Du besitzt unendlich viele Kleider und Juwelen. Der Franz Joseph liebt dich ganz narrisch. Wieso freust du dich nicht auf deine Hochzeit?«

Vermutlich musste man dreizehn und noch ein Kind sein, um die Dinge so einfach zu sehen. Marie beneidete mich und ich beneidete sie.

Ich hätte alles darum gegeben, wieder dreizehn sein zu dürfen. Sosehr ich Franz Joseph liebte, auf den Trubel um unsere Heirat hätte ich gerne verzichtet.

»Ich freu mich ja«, versuchte ich Marie meine vielschichtigen Gefühle zu erklären. »Ich mag bloß den ganzen Wirbel nicht, der damit verbunden ist. Man könnt meinen, es gäbe in Wien keine Nachtwäsche zu kaufen und der Kaiser würde schnurstracks nach unserer Heirat dem Onkel Max die bayrische Krone stehlen wollen. Dieses aufgeregte Getue um Mitgift und königliche Rechte, um Kleider und Tand. Warum hab ich mich nur in einen Kaiser verlieben müssen? Wieso kann er kein Schneider sein?«

»Du bist verrückt!« Marie kicherte vergnügt. »Was denkst du, was die Mama sagen würd, wenn du ihr einen Schneider gebracht hättest?«

Wir sahen uns an und platzten beide im gleichen Moment mit Mamas leidender Stimme: »Ach, Sisi!« heraus. Dann lachten wir, bis uns die Tränen kamen. Es war für lange Zeit mein letztes unbeschwertes Lachen.

* * *

»Nicht schon wieder weinen, Sisi«, mahnte die Mama und reichte mir hastig ein Taschentuch. »Sieh nur, all die Menschen jubeln dir zu. Sie freuen sich für dich und wünschen dir Glück zu deiner Hochzeit! Sie wollen dich lächeln sehen und nicht traurig schluchzen.«

Wie sollte ich lächeln, wenn mir vor lauter Abschiedsschmerz alles weh tat? Ich verließ meine Heimat, die Geborgenheit meines Elternhauses und die Menschen, die ich liebte, um in das fremde Wien zu reisen. Hier in Passau warteten die Österreicher auf die Kaiserbraut, und die Glocken läuteten dermaßen laut, dass man sein eigenes Wort nicht mehr verstand.

Es war überall das Gleiche, seit meine Kutsche München verlassen hatte. Menschenmassen an den Straßenrändern, Blumensträuße, Fahnenschmuck, langatmige Ansprachen und lärmende Musikkapellen. Kinderchöre, gereimte Hymnen und festlich gekleidete Bürgermeister, die sich steif vor mir verneigten, obwohl sie alle meistens dreimal so alt waren wie ich.

Als wir in Straubing die Kutsche gegen den Dampfer tauschten, konnte ich für kurze Zeit aufatmen. Die Donau spannte ein breites Wasserband zwischen mich und all die Jubelnden am Ufer. Ich musste nicht mehr ständig Angst haben, von der Begeisterung erdrückt zu werden. Doch nun sollte ich meine sichere Zuflucht wieder verlassen und an Land gehen.

Es kostete mich meinen ganzen Mut mich in Bewegung

zu setzen und auch diese Begrüßung über mich ergehen zu lassen. Die Festgedichte und Kinderchöre sagten überall das Gleiche. Sie priesen mich als »Rose vom Bayernland«, nannten mich »hehre Braut« und erhofften sich von meiner »zärtlichen Hand«, dass sie den Kaiser milde stimmen und den Frieden erhalten würde.

Ich murmelte meinen Dank und lächelte der Menge zu. Mit geschlossenen Lippen, weil ich an Tante Sophie dachte, die meine Zähne bemängelt hatte. Es kränkte mich noch immer. Ich war es nicht gewohnt, dass man an mir herumkrittelte, und ich handelte mir prompt ein neuerliches »Sisi!« ein, weil ich zu lächeln vergaß, als ich daran dachte. Seufzend fügte ich mich und zwang meine Mundwinkel nach oben, bis sie schmerzten.

Dann war auch das überstanden, unser Schiff setzte seinen Weg nach Linz fort. Wir überquerten die Grenze in das Kaiserreich, dessen junger Fürst mein Gemahl werden sollte. Wäre es nach mir gegangen, ich hätte mich lieber dem Gerüttel einer Express-Kutsche ausgesetzt, damit ich so schnell wie möglich zu Franz Joseph kam, aber mich hatte niemand gefragt, wie ich mir diese Brautfahrt vorstellte.

Jede Einzelheit der Hochzeitsfeierlichkeiten wurde über meinen Kopf hinweg in Wien entschieden. Sogar die Kleider waren vorbestimmt, die mir des Morgens die Kammerfrau herauslegte: ein zartrosafarbenes Seidenensemble, zu dem ich ein weißes Kaschmir-Cape und einen rosa Seidenhut mit weißem Schleier trug. Ich hatte nichts daran auszusetzen, es war ein wunderhübsches Kleid, aber ich hätte mich trotzdem lieber selbst dafür entschieden. Wie schade, dass nur die Bürger von Linz es zu sehen bekommen würden und nicht Franz Joseph!

Es ging schon auf sechs Uhr abends zu, als wir in der oberösterreichischen Hauptstadt anlegten. Rund um den Landungssteg brodelte auch hier eine unübersichtliche Masse von Menschen. Alle Glocken läuteten, Böllerschüsse dröhnten in den Himmel, und ein ganzes Bataillon Soldaten stand in Galauniform zu meinem Empfang bereit. Wimpel und Flaggen in Rot-Weiß wehten im Frühlingswind, und das Brausen der vielen Stimmen übertönte die Motorengeräusche des Schiffes. Einen Moment lang schloss ich überwältigt die Augen, um meine Kräfte für das neuerliche Zeremoniell zu sammeln.

Als ich sie wieder öffnete, entdeckte ich eine vertraute schlanke Gestalt in rot-weißer Uniform, die schon auf den Laufsteg sprang, als er noch nicht einmal den Boden berührte. Dann stürmte sie die wenigen Schritte zu uns herauf, und ich fand mich in einer stürmischen Umarmung gefangen und herumgeschwenkt.

»Franzi!«

»Sisi!«

Wir vergaßen alles um uns herum. Erst als die Menge in frenetischen Beifall ausbrach, merkte ich, dass unser selbstvergessener Kuss von vielen tausend Augen beobachtet worden war. Ich wurde feuerrot, aber Franz Joseph lachte nur und küsste mich noch einmal so, dass mir der Atem wegblieb, bis ich wehrlos in seinen Armen lag. In diesem vollkommenen Moment gehörten wir nur einander. Die Menschen am Ufer schienen sich über unser Glück ebenso zu freuen wie wir selbst.

»Willkommen in deiner neuen Heimat, Sisi«, sagte mein Bräutigam innig, während eine Musikkapelle an Land die Hymne der Habsburger spielte. »Ich konnte einfach nicht länger auf dich warten. Ich hab alles stehen und liegen lassen und bin davongesaust, um dich selbst in Empfang zu nehmen. Ich freu mich ganz narrisch, dass du endlich, endlich da bist!«

Es war mir ein bisschen peinlich, dass ich diesen zärtlichen Augenblick vor so vielen Leuten erlebte, aber ich war anscheinend die Einzige, die sich daran störte. Sogar die Mama und der Papa lächelten gerührt. Auch die offiziellen Herren in Franz Josephs Begleitung schmunzelten zufrieden, obwohl sie vermutlich nicht damit einverstanden gewesen waren, dass er ihre Pläne über den Haufen geworfen hatte. Sie alle nahmen jetzt an meinem Leben teil, und ich bekam einen ersten Vorgeschmack von meinem künftigen Leben als Kaiserin.

Franz Joseph hatte mir auch ein neues, festlich geschmücktes Schiff mitgebracht. Der Raddampfer »Franz Joseph« sah wie ein schwimmender luxuriöser Garten aus. An Deck war eine wunderhübsche Rosenlaube für mich aufgebaut. Überall tanzten Rosengirlanden in der Abendbrise, und meine Kabine prangte in dunkelrotem Samtdekor. Tausende von bunten Fähnchen in Weiß-Blau für Bayern, Rot-Weiß für Österreich und Schwarz-Gelb für das Haus Habsburg flatterten am nächsten Morgen im Fahrtwind, als wir die Donau entlang nach Wien dampften.

Leider konnte mich Franz Joseph an diesem letzten Tag meiner Brautreise nicht begleiten. Das Protokoll sah vor, dass er mich in Wien empfangen sollte, also eilte er in aller Früh in seine Hauptstadt zurück, während wir auf der Donau gemächlich durch ein Meer aus Apfelblüten glitten. Die Ruhe tat gut, denn der vergangene Abend mit seinem festlichen Diner, der Opernaufführung und dem anschließenden Empfang hatte mir kaum

Zeit gelassen, Franz Josephs Gegenwart zu genießen. Wie würde es sein, täglich mit ihm zusammen zu leben? Täglich seine Stimme zu hören und seine Küsse zu fühlen? Konnte man so viel Glück auf Dauer überhaupt ertragen?

Ich hatte Gefallen an seinen stürmischen Begrüßungen gefunden, deswegen erwiderte ich den öffentlichen Kuss, mit dem er mich auch in Nussdorf begrüßte, schon weniger schüchtern. Von den Hochrufen der Menge begleitet, führte er mich in einen riesigen goldverzierten Pavillon am Ufer. Riesig auch deswegen, weil dort die ganze Familie der Habsburger aufgereiht stand. Sämtliche Tanten, Onkel, Basen und Vettern waren erschienen, um die Kaiserbraut zu beäugen. Tante Sophie führte das Regiment, und die verspiegelten Wände vervielfältigten meine neue Verwandtschaft ins Unendliche, man konnte es fast mit der Angst zu tun bekommen.

Aber auch die offiziellen »Wiener«, die Stadtväter, die Geistlichkeit, die Diplomaten, das Militär und die Beamten wollten die »bayrische Rose« begrüßen. Bis ich endlich im Wagen saß, pochten meine Schläfen vor Anstrengung. Mir gegenüber thronte die Kaisermutter, und deswegen verbot es sich von selbst, meine Kopfschmerzen zu erwähnen.

»Du musst den Leuten zuwinken, Sisi«, ordnete sie an, als ich meinen armen Kopf vorsichtig ruhig zu halten versuchte. »Sie sind alle nur wegen dir gekommen. Sie warten auf ein Lächeln von dir.«

Eingeschüchtert und verlegen gehorchte ich stumm. Ich winkte, bis mir mein Arm ebenso weh tat wie meine lächelnden Mundwinkel und meine verspannten Schultern. An meinen Kopf wollte ich schon gar nicht mehr denken. Die

Menschenmassen fanden kein Ende. Sie quollen aus den Gassen, den Häusern, über die Plätze und Brücken der Stadt und ließen nur eine besorgniserregend schmale Spur für unsere Kutschen übrig.

Noch nie hatte ich so viele Leute auf einmal gesehen. Kopf an Kopf standen sie bis in den Park von Schönbrunn hinein. Als Franz Joseph, der zusammen mit Papa in der ersten Kutsche vorausgefahren war, dort den Schlag für uns öffnete, brachen sie erneut in Jubelgeschrei aus. Erleichtert atmete ich auf, sobald die Tore des Schlosses hinter uns zufielen, aber ich hatte mich zu früh gefreut.

Später sollte ich erfahren, dass Schloss Schönbrunn eintausendvierhunderteinundvierzig Gemächer hatte, aber auch ohne dieses Wissen kam es mir schon beim ersten Sehen gigantisch vor. Dennoch verschwanden die Wände der riesigen Säle hinter den Menschen, die auch hier auf mich warteten. Die festlich gekleideten Damen des österreichischen Hochadels hatten durch ihren angeborenen Rang das Recht erworben, die Braut des Kaisers willkommen zu heißen. Juwelen und glitzernd neugierige Augen funkelten um die Wette. Nur der Halt an Franz Josephs Arm hielt mich davon ab, einfach davonzulaufen.

Von neuem prasselten Namen, Gesichter und Stimmen wie Hagelschauer über mich herein. Helle Stimmen im Wiener Singsang und Glückwünsche, aber darunter spürte ich mit wachen Sinnen auch Neid, kritische Neugier und den angeborenen Hochmut all dieser Prinzessinnen, Fürstinnen, Gräfinnen und Herzoginnen.

Kaum war diese Prozedur überstanden, schleppte mich Franz Joseph auf den großen Balkon zum Garten hinaus. »Ich muss den Wienern ihre zukünftige Kaiserin doch noch einmal zeigen, Sisi!«

Fackeln und Lampions erleuchteten inzwischen den Park. Sie zeigten mir ein Meer von Köpfen und emporgewandten Gesichtern. Brausender Jubel erhob sich in den Nachthimmel. Der Lärm war so ungeheuerlich, dass ich befangen zurückwich.

»Lass uns wieder hineingehen, Franzi, ich bin so schrecklich müde«, bat ich den Kaiser und klammerte mich Schutz suchend an seinen Arm.

»Wer wird denn jetzt müde sein, mein Engerl«, entgegnete er in seinem charmanten Wienerisch. »Du hast deine Hochzeitsgeschenke ja noch gar nicht angeschaut. Der große Salon schaut aus wie eine Schatzkammer.«

Franz Joseph hatte nicht zu viel versprochen. Eine Fülle von Juwelen, Silberzeug und Ehrengaben war aus allen Provinzen des Kaiserreiches und von allen Höfen Europas nach Wien gesandt worden. Damit nicht genug, bekam ich auch einen eigenen Hofstaat geschenkt, der von einer Obersthofmeisterin geleitet wurde und nur dafür zuständig sein würde, meine Wünsche zu erfüllen.

Den ehrenvollen Posten dieser Obersthofmeisterin bekleidete die Fürstin von Liechtenstein, Gräfin Sophie Esterházy. Ich erfuhr, dass sie zu den engen Vertrauten der Kaisermutter zählte und deswegen besonders geeignet dafür sei, mich unter ihre Fittiche zu nehmen. Ich hätte lieber auf sie verzichtet. Sie war schon weit über fünfzig Jahre alt und wirkte so steif und sauertöpfisch, dass ich nicht den Wunsch verspürte, sie täglich zu sehen.

Da jedoch auch zu diesem Thema niemand nach meinen Wünschen fragte, machte sich die griesgrämige Gräfin sogleich an ihre Arbeit. Sie stellte mir meinen Sekretär, die Kammerfrau, die Kammerdienerinnen, Kammermädchen, Türhüter, Lakaien, Hausknechte und auch meinen Obersthofmeister, den Fürsten Lobkowitz, in aller Ausführlichkeit und mit allen Titeln vor. Wie sollte ich mir nur all die Namen, die Ämter, die Personen merken?

»Wenn ich bloß nicht den Sekretär mit dem Hausknecht verwechsle«, raunte ich Franz Joseph ängstlich zu.

»Keine Sorge, sie werden's dir schon sagen«, tröstete er mich lachend.

Aus den Augenwinkeln sah ich, dass die Obersthofmeisterin ihre strenge Nase krauste. Du meine Güte, wie sollte ich mit diesem Drachen jemals warm werden?

Das anschließende Gala-Diner zog sich endlos hin. Dieses Mal konnte nicht einmal Franz Joseph so schnell essen, wie er es sonst tat. Ich selbst brachte vor lauter Müdigkeit kaum einen Bissen hinunter. Bis ich mich endlich zurückziehen durfte, verschwamm schon alles vor meinen Augen. Die Obersthofmeisterin folgte mir so selbstverständlich in mein Schlafzimmer, dass ich nicht zu protestieren wagte. Dort scheuchte sie die Dienerinnen auf und gab Befehl, »die Prinzessin für die Nacht bereit zu machen.«

In meiner grenzenlosen Erschöpfung war es mir nicht einmal mehr peinlich, dass sie dabei zusah, wie ich in mein Nachthemd schlüpfte. Während die Kammerfrau meine Haare bürstete, trat sie an ein spindelbeiniges Tischchen neben dem Fenster und griff nach einer samtbezogenen Mappe, die dort bereit lag.

»Was ist das?«, murmelte ich abgekämpft, als sie mir das Ding stumm hinhielt.

»Das genaue Zeremoniell für den öffentlichen Einzug Ihrer Königlichen Hoheit in Wien«, antwortete sie steif. »Wenn Königliche Hoheit das bitte genau studieren, damit Königliche Hoheit wissen, was die spanische Hofetikette vorschreibt. Die Fürsten von Fürstenberg und Auersperg haben das Papier ausgearbeitet, damit Königliche Hoheit beim Zeremoniell keine Fehler machen.«

»Und das andere?« Ich entdeckte, dass zwei Dokumente in der Mappe steckten.

»Das Zeremoniell für die Vermählung seiner Kaiserlichen und Königlichen Apostolischen Majestät«, fügte sie schmallippig hinzu. Von wegen Königliche Hoheit, es hörte sich an, als wolle sie in Wirklichkeit sagen: »Kannst du nicht lesen, dummes Ding?«

Als sie fort war, zählte ich die Seiten. Es waren neunzehn. Neunzehn Seiten Vorschriften für meine Heirat! Wie sollte ich mir das alles merken?

Ich versuchte tapfer, wenigstens die ersten Blätter zu lesen, damit ich Bescheid wusste. Allein die Sprache war so gestelzt und albern, dass ich nach der Hälfte des zweiten Satzes schon nicht mehr wusste, wie er begonnen hatte. Das »Ceremoniel« beruhte auf uralten Riten des spanischen Hofes, die in Wien seit undenklichen Zeiten das Maß aller Dinge waren. Meine Etikettestunden hatten mich zwar darauf vorbereitet, aber ich schlief mit dem unbehaglichen Gefühl ein, dass sie ebenso wie alles andere, das ich aus München mitgebracht hatte, dem Wiener Standard nicht Genüge taten.

Wien, 24. April 1854
»Das Band der Liebe …«

Noch halb im Schlummer gefangen, wehrte ich mich gegen das Aufwachen. Warum konnte ich nicht weiter träumen? Warum nicht den Tag überspringen, der in sonniger Klarheit vor den Fenstern stand und so bedeutsam für mein Leben werden sollte? Wieder einmal war es ein anderes Bett, in dem ich schlief, ein anderes Dach, unter dem ich die Augen aufschlug. Die Wiener Hofburg hatte gestern nach einem langen verwirrenden Tag ihre Türen hinter mir geschlossen.

Die Erinnerungen an meinen Einzug in die Kaiserstadt lauerten am Rande meines Bewusstseins. Am Morgen hatten wir uns zum alten Stadtschloss der großen Kaiserin Maria Theresia begeben, wo eine goldene Prachtkarosse mit riesigen Glasscheiben auf Mama und mich wartete. Acht wunderschöne Lipizzaner im Prunkgeschirr zogen den Wagen über die neue Elisabeth-Brücke zu den Stadtwällen hinüber. Es hätte ein Vergnügen sein können, aber es wurde zu einer einzigen Strapaze.

Überall an den festlich geschmückten Straßen ragten Tribünen auf, und alles, was bei Hofe ein Amt besaß, begleitete mich in seinem Feststaat. Von meiner Furcht einflößenden Obersthofmeisterin über die geheimen Räte und Grenadiere bis hinunter zum geringsten Hofbüchsenspanner und den Abordnungen aus den verschiedensten Landesteilen. Streng nach Rang und Namen geordnet, hatte jeder seinen Platz. Es dauerte Stunden, bis wir endlich in der Hofburg eintrafen. Stunden voller Hochrufe, Glockengeläut, Festreden und neugieriger Blicke, denen ich gemeinsam mit Mama in unserem Glaskasten standhalten musste.

Wie hätte ich ahnen können, dass es so unerfreulich sein würde? Mit jeder quälenden Stunde kam ich mir mehr wie das eingesperrte Exemplar eines seltenen Menagerie-Tieres vor. Das bedrückende Gefühl, dass all diese Leute etwas von mir erwarteten, das ich ihnen nicht geben konnte, wurde fast unerträglich. Sie schienen ein geheimnisvolles Wunder von mir zu erhoffen, und sie überforderten mich mit ihrer Sympathie und ihrer Begeisterung ebenso wie mit ihren Wünschen. Ich war es nicht gewohnt, so im Mittelpunkt zu stehen, und ich kämpfte mit der schrecklichen Erkenntnis, dass es von heute an immer so sein würde.

Als wir endlich im langsamsten Schneckentempo die Hofburg erreicht hatten, wartete nicht nur Franz Joseph auf mich, sondern auch die nächste Gratulationscour. Der Empfang für die königlich-kaiserliche Generalität, das Offizierskorps, den männlichen Hofstaat und die dazugehörigen Damen glich jenem in Schönbrunn aufs Haar.

Nie im Leben war ich mit einer solchen Fülle an überflüssigem Zeremoniell und pompöser Aufgeblasenheit konfrontiert worden. Die Königin dieser Etikettegeißel war zweifelsohne meine Obersthofmeisterin. Sie präsentierte mir auch am Vorabend meiner Hochzeit die übliche Bettlektüre: »Alleruntertänigste Erinnerungen« für die Hochzeitsfeier am heutigen Tag.

In einer Mischung aus Trotz und purer Müdigkeit hatte ich nicht einmal die Hälfte der Seiten überflogen. Sie würden mich schon nicht aus der Kirche schicken, wenn ich einen falschen Schritt tat, dafür würde der Franzi sicher sorgen.

Sein Name brachte mich endlich auf die Beine. Heute würden wir Mann und Frau werden. Nur für ihn fand ich mich bereit, die gekünstelte Phrasendrescherei und die zeremoniellen Unwichtigkeiten mit halbwegs guter Miene über mich ergehen zu lassen. Er war mein Liebster und ich wollte ihn nicht enttäuschen. Außerdem klammerte ich mich an die kindische Vorstellung, dass alles ganz anders sein würde, wenn ich nicht mehr die dumme kleine Braut aus Bayern, sondern die Kaiserin war. Dann musste mir doch auch Gräfin »Krähe« gehorchen – oder etwa nicht?

Vorläufig liefen die Dinge jedoch umgekehrt. Einem düsteren Gespenst ähnlicher als einer mütterlichen Freundin führte die Obersthofmeisterin das Regiment über die Frauen, die mich in mein wundervolles Brautkleid hüllten. Wie lange das dauerte! Stundenlang zupften unzählige Hände an mir herum. Sie drapierten Falten, schlossen Häkchen, zogen Bänder an, steckten meine Haare hoch und befestigten das Diamantdiadem mit den Myrthen und den Orangenblüten über meiner Stirn. Von mir selbst verlangten sie nur still zu stehen. Keinen Mucks durfte ich von mir geben und keine Bewegung tun.

Dabei brodelten so viele Gefühle, Ängste und Tumulte in mir, dass meine Haut vor Spannung schmerzte! Ich war aufgeregt und glücklich, eingeschüchtert und besorgt, ängstlich und optimistisch in Einem. Ich jubelte, und zugleich zitterte ich vor den Ereignissen. Aber vermutlich hätten sie mich auch geschmückt und vor den Altar gestellt, wenn ich in diesem Moment vor lauter Herzklopfen gestorben wäre. Niemand kümmerte sich darum, ob ich atmete oder fror, ob ich bebte oder halb ohnmächtig war.

»Lieber Gott, ist das alles schwer!«, schoss es mir durch den Kopf, als die letzte Hand von mir sank und ich in voller Pracht mit Schleier, Schleppe, Diadem und Blumenschmuck den ersten Schritt tat. Das Gewicht der bestickten Pracht lag wie Blei auf meinen Schultern und auf meiner Seele. Ich hätte alles für einen Augenblick des Innehaltens und der Besinnung gegeben, aber er wurde mir nicht gegönnt. Auch hinter den gläsernen Scheiben der goldenen Brautkutsche war kein verstohlenes Luftholen möglich. Ich saß auf dem Präsentierteller, geschmückt wie das goldene Kalb und der allgemeinen Erwartung wehrlos preisgegeben.

Um halb sieben Uhr abends traf ich in der Augustinerkirche ein, wo Franz Joseph bereits auf mich wartete. Seine Feldmarschalluniform glitzerte vor Orden, doch ich sah nur das Leuchten seiner blauen Augen. Ich hielt mich daran fest, um zu vergessen, dass wir diesen innigen Moment mit über tausend Menschen teilten, die das Gotteshaus bis auf das letzte Eckchen füllten. Der Prunk des Kaiserreiches, die prächtigen Uniformen, Roben und Trachten sowie der Reichtum der Kirchenschätze verbanden sich zu einer Prachtentfaltung, die schon nicht mehr entzückte, sondern überwältigte und blendete.

Wie im Traum bekreuzigte ich mich an Franz Josephs Seite,

ehe wir unter einem geschmückten Baldachin Platz nahmen und Erzbischof Rauscher mit der Trauungszeremonie begann. Mittlerweile hatte ich viele schwülstige Reden vernommen, aber seine Predigt überflügelte alles. Sie war voller Pathos und versteckter Anspielungen, die ich erst viel später begriff. Er sprach vom Band der Liebe, das uns einte, ebenso wie davon, dass eine Frau ihren Mann nicht um seines Reichtums willen heiraten sollte. Von den achtunddreißig Millionen Menschen, über die der Kaiser herrschte und die jetzt auch auf mich blickten, und anschließend forderte er, dass ich dem Franzi eine friedliche Insel sein sollte, auf der Veilchen und Rosen sprießen.

Als ich später begriff, dass der Kardinal, den die Wiener wegen seiner Vorliebe für langatmige Reden auch »Kardinal Plauscher« nannten, zu den engsten Vertrauten der Erzherzogin gehörte, wurde mir klar, wer zwischen den frommen Ratschlägen auch die unmissverständliche Mahnung zur Sparsamkeit und zum Gehorsam eingefügt hatte. In dem Moment, als der Gottesmann sie vorbrachte, war ich nur ratlos und verwirrt. Der Reichtum meines Gemahls kümmerte mich noch weniger als seine Krone, warum sagte der geistliche Herr solche Dinge? Ich war so aufgewühlt, dass ich kaum das leise »Ja!« über die Lippen brachte, das mich mit Franz Joseph für immer einte.

Als ich danach am Arm des Kaisers die Kirche verließ, war ich nicht mehr Sisi, sondern Elisabeth Amalie Eugenie, Kaiserin von Österreich, Königin von Ungarn und Böhmen, Königin der Lombardei und Venedig, von Dalmatien, Kroatien, Slavonien, Galizien, Ladomerien und Illyrien, Erzherzogin von Österreich, Großherzogin von Krakau, Herzogin in Bayern,

Herzogin von Lothringen, Salzburg, Steyer, Kärnten, Krain, der Bukowina, Ober- und Niederschlesien, Großfürstin von Siebenbürgen, Markgräfin von Mähren und gefürstete Gräfin von Habsburg und Tirol. Wen wundert es, dass mir das Diadem zu schwer vorkam und mein Kopf, schlimmer als Böllerschüsse und Glocken zusammen, dröhnte?

Sicher hatte ich nicht erwartet eine unbeschwerte Bauernhochzeit zu feiern, wie ich das in Possi erlebt hatte, aber ein wenig mehr Freude und Fröhlichkeit hatten mir dennoch vorgeschwebt. Die Seligkeit der Liebe hätte mich erfüllen sollen, Jubel über die bevorstehende gemeinsame Zukunft und die absolute Gewissheit, für immer mit diesem Manne glücklich zu werden.

Für Franz Joseph hingegen schien alles seine Richtigkeit zu haben. Er strahlte an meiner Seite und schien es völlig in Ordnung zu finden, dass wir die ersten Stunden unserer Ehe in der Hofburg mit einem weiteren pompösen Empfang vertaten. Meine arme Hand wurde von so vielen Botschaftern, Gesandten, Ministern, Generälen, Fürsten, Prinzessinnen, Herzoginnen, Gräfinnen, Durchlauchten, Erlauchten und Eminenzen geküsst, dass ich sie kaum noch spürte. Alle waren schrecklich formvollendet und feierlich. Keiner lächelte, und bei keinem Einzigen kam es mir vor, als wünsche er uns aus ehrlichem Herzen Glück. Stattdessen verstärkte sich zunehmend mein betrüblicher Eindruck, dass sie mich benutzten um ihre eigene Wichtigkeit zu demonstrieren. Ihr Recht, die Hand der Kaiserin zu küssen, zählte in diesem Moment, nicht die Kaiserin selbst.

Die Schlange wollte nicht enden, und die anstrengenden und

strapaziösen Tage, der fehlende Schlaf und meine ständig unterdrückten Gefühle forderten mit einem Male ihren Tribut. Der Saal verschwamm vor meinen Augen und ich schwankte. Ich wusste nur eines, ich durfte Franz Joseph nicht blamieren, indem ich vor all diesen Menschen zusammenbrach. Also tat ich das einzig Mögliche: ich flüchtete. Ich erreichte gerade noch ein stilles Nebenzimmer, ehe ich schluchzend auf einen gepolsterten Hocker sank.

Es dauerte eine ganze Weile, bis ich bemerkte, dass sich eine Reihe von Damen um mich bemühte. An erster Stelle natürlich Tante Sophie und meine Mutter, aber auch die fürchterliche Gräfin und zwei weitere Hofdamen, die zu meinem Haushalt gehörten und deren Namen ich in dem ganzen Trubel ständig vergaß.

»Kaiserliche Hoheit müssen sich wieder fassen!«

»Sisi, was ist denn los mit dir? Willst du denn, dass sich der Kaiser Sorgen um dich machen muss?«

»Das war alles ein wenig zu viel für die Kleine. Sie ist halt noch so schrecklich jung.«

»Du musst mehr Haltung zeigen, Sisi!«

»Das kommt davon, wenn man ein Kind zur Kaiserin macht.«

Die letzte Bemerkung tat weh. Sie verletzte meinen Stolz und sorgte dafür, dass meine Tränen augenblicklich versiegten. Ich wusste nicht, von wem sie kam, aber ihre verborgene Bosheit schmerzte wie ein Nadelstich. War es das, was sie alle von mir hielten? Ein Kind, das sich anmaßte Kaiserin zu werden?

»Es tut mir Leid«, wandte ich mich verlegen an Tante Sophie, die wie stets die Situation beherrschte. »Vielleicht könnte ich ein Glas Wasser bekommen, dann geht es mir bestimmt gleich besser.«

Sie sah mich prüfend an und brachte im Nu Ordnung in die aufgeregte Damenrunde. Wenig später absolvierte ich mit Franz Joseph gehorsam den Rest des strapaziösen Festes. Während ganz Wien in feierlichem Licht prangte, speisten wir von den goldenen Tellern des Hauses Habsburg, die zu diesem besonderen Anlass aufgedeckt worden waren. Ich kann mich nicht mehr daran erinnern, was ich gegessen habe, doch ich weiß genau, dass mich anschließend zwölf Pagen mit Fackeln, vier Zofen, die Gräfin Esterházy, meine Hofdamen und meine Mutter in mein Schlafzimmer begleiteten. In unser Schlafzimmer, um genau zu sein. Glücklicherweise kamen nur ein paar Damen mit hinein, um mir behilflich zu sein. Mama umsorgte mich ein letztes Mal. Es gefiel mir nicht, was ich in ihrem Gesicht las.

Nicht nur sie, ganz Wien, vielleicht sogar die ganze Monarchie, wartete mit gespannter Neugier auf die Ereignisse dieser Nacht. Der bloße Gedanke daran brachte mich von neuem an den Rand eines nervösen Zusammenbruchs. Was ging es all diese Menschen an, was Franz Joseph und ich taten? Woher nahmen sie sich das Recht, über unser Eheleben Bescheid wissen zu wollen? Ich wagte nicht, meiner Mutter diese Fragen zu stellen, denn tief in meinem Herzen ahnte ich bereits, dass mir ihre Antwort missfallen würde.

An jenem Abend war ich, im Gegensatz zu sonst, dankbar für die geschickten Hände, die mich aus meinem Hochzeitskleid schälten. Ich selbst hätte keine einzige Schleife aufziehen können, so überdreht und seltsam war mir ums Herz. Bis ich mit gelösten Haaren im Bett lag, war mir ganz schlecht vor lauter Anspannung.

»Keine Angst, Sisi!« Meine Mutter küsste mich auf die Stirn und versuchte mich mit leiser Stimme zu beruhigen. »Du wirst sehen, alles wird gut. Der Franz Joseph ist ein lieber Mann, vertrau ihm einfach. Es gehört halt dazu, dass zwei Eheleute das Bett miteinander teilen, du wirst dich dran gewöhnen, und wenn du erst Mutter bist, wirst du für alles entschädigt. Tu deine Pflicht als Frau. Da du den Franzi so lieb hast, macht es dir bestimmt keine Schwierigkeiten, es zu erdulden.«

Schwierigkeiten? Pflicht? Erdulden? Waren das nicht die falschen Worte? Ich träumte von Liebe und Leidenschaft, und sie sprach von Gehorsam und Mutterschaft. In meiner Ratlosigkeit vergrub ich mein Gesicht im Kopfkissen, als die Erzherzogin endlich Franz Joseph ins Zimmer führte. Ich spürte ihre Blicke, ihre Erwartung, aber ich brachte keine Silbe über die Lippen. Ich war wie gelähmt vor Furcht.

Nicht einmal als sich das Bett bewegte und Franz Joseph sich zu mir legte, wagte ich die kleinste Geste. Ich spürte seine Gegenwart, seinen Arm der mich näher zog, einen sanften Kuss auf meiner Stirn. Wärme, Zärtlichkeit und endlich einmal keine Forderungen, sondern einfach nur Schutz und Geborgenheit.

»Du musst dich nicht fürchten, Sisi«, durchschaute er meine Panik. »Ich will dir nicht weh tun. Mein armes Kleines, du bist ja ganz kalt und zitterst. Sträub dich nicht, ich wärme dich nur ein bisserl …«

Eine sanfte Hand streichelte beruhigend meinen Rücken, und nach ewigen Zeiten gelang es mir tatsächlich mich zu entspannen. Die Aufregung verflog und dann kam die Müdigkeit. Lieber Gott, war ich müde … ganz entsetzlich, grauenvoll müde …

★★★

»Also bitte, Sisi, jetzt zier dich nicht so kindisch. Du wirst mir doch sagen können, was geschehen ist? Ich muss es wissen. Die ganze Hofburg summt vor Tratsch. Die Zofen behaupten, dass der Franz Joseph eure Ehe heut Nacht nicht vollzogen hat.«

Meine Mutter sah aus, als hätte sie zusätzlich erfahren, dass im nächsten Moment ganz Wien untergehen würde. Tödlich verlegen wich ich ihrem fragenden Blick aus. Ich wollte nicht über die vergangene Nacht sprechen. Wann begriff sie das endlich?

»Aber wir haben doch zusammen im Bett geschlafen«, wisperte ich widerstrebend, als sie ein herrisches »Also!« anfügte.

»Und was habt ihr in dem Bett getan?«

»Was meinst du?« Ich ahnte, dass sie böse sein würde, wenn sie erfuhr, dass ich in Franz Josephs Armen eingeschlafen war, ohne ihm gute Nacht zu sagen.

»Das fragst du mich? Du liebe Unschuld, wie ist das möglich? Der Franz Joseph muss doch genügend Erfahrungen gesammelt haben, um …« Sie brach seltsam verlegen mitten im Satz ab, setzte ein energisches »Na ja!« dahinter und fuhr mit neuem Elan fort: »Immerhin ist er ein charmanter junger Mann.«

Ich wäre am liebsten auf der Stelle im Boden versunken. Was hatten sie bloß alle? Seit heute Morgen verfolgten mich diese fragenden Blicke, diese viel sagenden Bemerkungen und das dumme Getuschel hinter meinem Rücken. Ich hatte es schon beim Frühstück kaum ausgehalten. Zu allem Überfluss bestand Franz Joseph auch noch darauf, dass wir mit Tante Sophie und der ganzen übrigen Familie gemeinsam frühstückten.

»Aber warum denn?«

»Das ist bei uns so Sitte, Sisi. Ich kann die Erzherzogin nicht vor den Kopf stoßen und alles ändern, nur weil ich jetzt verheiratet bin.«

Schon der erste Tag meiner Ehe zeigte mir, wer in der Hofburg den Ton angab und nach wem man sich zu richten hatte. Tante Sophie war noch mehr als die Mutter des Kaisers, sie war der liebe Gott in diesen prächtigen, aber fürchterlich zugigen Sälen.

»Sisi, jetzt mach mich bitte nicht ärgerlich. Was ist los mit euch beiden?« Mama riss mich aus meinen Gedanken und bohrte so lange nach, bis sie alles wusste. Dann schlug sie die Hände zusammen und schüttelte fassungslos den Kopf mit der Spitzenhaube. »Du meine Güte, müd warst du? Er hat dich schlafen lassen? Ich bitt dich, Sisi, du bist jetzt eine verheiratete Frau. Du hast Pflichten, und ich hoffe sehr, dass du diese Pflichten erfüllst. Du wirst doch deiner Erziehung und deinen Eltern keine Schande machen wollen.«

Ich brachte keine Antwort über die Lippen. Seit wann durfte ich nicht mehr müde sein? Musste ich es mir gefallen lassen, dass man mich sogar für die Dinge zur Rechenschaft zog, die hinter verschlossenen Türen geschahen? Musste ich es dulden, dass tratschsüchtige Kammerzofen unser Bett kontrollierten und in alle Welt hinausposaunten, dass noch nicht geschehen war, was geschehen sein sollte?

Das peinliche Mutterverhör machte aus Franz Josephs zärtlicher Rücksichtnahme einen Mangel. Ich liebte ihn für seine Geduld, doch seine Mutter tadelte ihn vermutlich genauso dafür wie meine Mutter mich. Zum ersten Mal bekam ich eine Ahnung davon, was es tatsächlich bedeutete, acht Kinder von einem Mann zur Welt zu bringen, den man auf elterlichen Befehl und ohne jede Liebe hatte heiraten müssen. Arme Mama.

Beide Mütter ließen uns indes keine Ruhe, bis Franz Joseph in der dritten Nacht endlich seiner so genannten Pflicht nachkam. Vielleicht befürchtete er wie ich selbst, dass die Erzherzogin sonst neben unserem Bett stehen bleiben würde, bis »es« passiert war.

»Vertrau mir, Sisi«, bat er heiter. »Beim ersten Mal kann ich dir ein bisserl Schmerz nicht ersparen, aber dann wirst du's mögen. Ich weiß schon, was ich tun muss, damit du es magst.«

Er sagte es mit so viel Überzeugung, dass ich ihm fast geglaubt hätte, wäre da nicht ein beunruhigendes Funkeln in seinen sonst so sanftmütigen Augen gewesen. Mit einem Male war er nicht länger sanft, sondern ungestüm und hitzig. Er packte mich so fest, dass ich nicht ausweichen konnte. Seine Hände waren plötzlich überall auf meinem erstarrten Körper, sie tasteten, nahmen in Besitz und ließen mir keine Möglichkeit ihm zu entschlüpfen. Er überwand meinen stummen instinktiven Widerstand durch pure Kraft. Danach ließ er sich weder von meinem Schluchzen noch von meinem erstickten Aufschrei von seinem Ziel abbringen.

Es war weniger der Schmerz, der mich so entsetzte, als die pure rohe Gewalt des erzwungenen Übergriffes an sich. Ich hatte mir nicht vorgestellt, dass ich so viel von mir preisgeben musste. Alles in mir kämpfte dagegen an, ausgeliefert und wehrlos zu sein. Wer gab Franz Joseph das Recht, das denkende und fühlende Wesen seiner Ehefrau einfach zu unterjochen?

Mein erster Kontakt mit körperlicher Leidenschaft fiel weder zärtlich noch verführerisch aus. Ich erlebte ihn gewaltsam und schrecklich peinlich. Der Franz Joseph, der keuchend und triumphierend sein Eigentumsrecht mit meinem Blut besiegelte, war mir unheimlich. Er tat mir weh, er brachte mich zum Weinen. Dabei hatte er doch geschworen, mich immer zu lieben und zu beschützen.

Die ersten Stunden, die wir wirklich alleine miteinander verbrachten, brachten auch meine ersten Zweifel. War es möglich, dass meine Tränen ihm sogar gefielen? Dass er sie als Beweis für seine Entschlossenheit begrüßte? Er küsste die feuchten Spuren auf meinen Wangen mit einer Zärtlichkeit, die zu spät kam, um mich zu trösten.

»Du bist so wunderbar, Sisi! Ich lieb dich so sehr«, sagte er und streichelte meine nasse Wange.

Ich blieb stumm. Was hätte ich sagen sollen?

Ich tat kaum ein Auge zu in dieser Nacht, auch dann nicht, als Franz Joseph längst schlief. Ich lag wach, starrte ins Dunkel und machte mir Vorwürfe über meine eigene Einfalt. Wie hatte ich mich so im Wesen der Liebe täuschen können? Ich hatte auf den Gleichklang von Körper und Seele gehofft, auf zärtliche Harmonie und liebevolle Rücksicht. Die Wirklichkeit sah anders aus. Die Wirklichkeit war ein heißblütiger junger Mann, der meinen Körper seit dieser Nacht für sein Eigentum hielt. Ein Ehemann, der in selbstverständlichem Egoismus annahm, dass ich meine Erfüllung einzig darin fand, ihm zur Verfügung zu stehen. Für immer.

Bis zum Morgen hatte sich mein erster körperlicher Schmerz zu einer dumpf pochenden Wunde gewandelt. Enttäuscht, ernüchtert und müde wollte ich niemanden sehen und schon gar nicht mit der erwartungsvollen Familie konfrontiert werden. Sie alle hatten mit Sicherheit schon vor dem Frühstück erfahren, dass der Franzi sich »endlich als Mann bewiesen hatte«.

Sie würden mich anstarren, vielleicht sogar nach Zeichen suchen, ob man mir etwas ansah oder nicht. Womöglich würden sie sogar geschmacklose Gratulationen oder peinliche Bemerkungen machen.

Franz Joseph hatte Verständnis für meine Verlegenheit. Augenscheinlich mit sich und der Welt zufrieden, schritt er allein zum Familienfrühstück, aber bereits kurze Zeit später stand er wieder in der Tür.

»Die Mama besteht darauf, dass du auch erscheinst, Sisi. Da du nicht krank bist, sagt sie, gibt es keinen Grund, das Frühstück zu versäumen. Komm schon, lass' dich nicht so bitten.«

Wie unerträglich, hatte sie denn gar kein Verständnis für meine verletzten Gefühle? Sie war doch auch eine Frau. Sie musste doch wissen, was hinter mir lag.

»Bitte nicht, Franzi«, flehte ich meinen Gemahl an. »Erspar mir das. Ich kann's nicht. Es macht mich ganz schrecklich verlegen.«

»Umso wichtiger ist es, dass du lernst, solche dummen Bedenken zu überwinden«, entgegnete er, diesmal einen Ton energischer. »Du darfst dir solche Empfindlichkeiten nicht durchgehen lassen. Du bist jetzt die Kaiserin, du musst ein Vorbild für alle anderen sein. Die Mama hat das auch gesagt.«

Den letzten Satz sollte ich fürchten lernen, gehasst habe ich ihn schon, als ich ihn das erste Mal zu hören bekam. Franz Joseph merkte es nicht. Er zerrte mich geradezu an den Familientisch und saß mit so stolzgeschwellter Brust neben mir, dass ich keinen Bissen hinunterbrachte. Ich starrte mit niedergeschlagenen Augen auf meinen leeren Teller und wäre am liebsten unter den Tisch gekrochen.

»Iss Kind, du bist eh' so dünn. Du musst dich vernünftig ernähren.« Die Kaisermutter hielt mir das Körbchen mit den Butterhörnchen so lange hin, bis ich nicht anders konnte, als eines davon zu nehmen.

»So ist's gut«, sagte sie dann gnädig. »Du hast schließlich einen anstrengenden Tag vor dir, und wir wollen nicht, dass du wieder davonlaufen musst, wie neulich.«

Sie besaß die einmalige Fähigkeit, mich mit den wohlmeinendsten Worten zu kränken. Ich reckte trotzig das Kinn höher und begann zu essen. Was sollte ich schon anderes tun? Ich war jetzt die Kaiserin.

Die Feiern anlässlich unserer Heirat waren mit der kirchlichen Zeremonie noch längst nicht vorbei. So mussten wir zum Beispiel in der Zeit danach die Deputationen der einzelnen Völker unserer Monarchie empfangen. Wir eilten seit Tagen von einem wichtigen Termin zum nächsten. Für jeden einzelnen musste ich ein anderes Kleid tragen, neuen Schmuck anlegen und frisch frisiert werden. Auf diese Weise verbrachte ich den größten Teil meiner Zeit in einem schrecklich erschöpfenden Marathon aus Umziehen, Haareaufstecken und Lächeln.

Den Höhepunkt aller Feste bildete schließlich der große Hofball am 27. April. Herr Strauß hatte extra für mich einen Elisabeth-Walzer komponiert, und die Gäste sangen für uns die Kaiserhymne, der man nach der Hochzeit eine neue Strophe hinzugefügt hatte, damit auch hier die neue Ordnung deutlich wurde.

»An des Kaisers Seite waltet,
Ihm verwandt durch Stamm und Sinn,
Reich an Reiz, der nie veraltet,
Unsre holde Kaiserin.
Was das Glück zuhöchst gepriesen,
Ström auf sie der Himmel aus!
Heil Franz Joseph, Heil Elisen,
Segen Habsburgs ganzem Haus.«

Wer hätte gedacht, dass mir einmal solche Verse gewidmet werden würden? Trotzdem hätte ich gerne auf sie verzichtet und dafür lieber mit Franz Joseph getanzt. Was in Ischl jedoch eine Selbstverständlichkeit gewesen war, wurde in Wien plötzlich zum Politikum. Als Kaiserliche Majestät durfte ich nur mit jenen Herren tanzen, die das Hofprotokoll für mich ausgesucht hatte. Mein Gemahl gehörte leider nicht dazu. Der musste den Damen dieser Herren die Ehre eines Tanzes erweisen.

Was nutzte es in diesem Fall, dass ich eines meiner schönsten Ballkleider trug und der Gürtel aus funkelnden Brillanten meine Taille wie ein Band aus Sternen umspannte? Dass weiße Rosen in meinem Haar dufteten und meine Tanzschritte immer leichter wurden? An Generäle, Fürsten und Botschafter war diese ganze Mühe in meinen Augen verschwendet.

Ich lernte das »Generalprotokoll des Hofes« fürchten, das mir meine Obersthofmeisterin jeden Morgen überreichte, als sei es eine Offenbarung. Im Grunde war es ein pedantischer Stundenplan, der alle Zeremonien, Vorstellungen, Audienzen, Empfänge und Festivitäten des Tages auflistete und mir gleichzeitig mitteilte, was ich zu diesen Anlässen anziehen und wie ich mich benehmen sollte. Gräfin Krähe verkleidete ihre Hinweise an die Landpomeranze aus Bayern wenigstens in höfliche Worte, Tante Sophie machte sich diese Mühe inzwischen längst nicht mehr.

Nach der Abreise meiner Familie hatte sie es sich zur Aufgabe gemacht, mich genau zu der Kaiserin zu erziehen, die sie für ihren Sohn haben wollte. Dummerweise stellte sie sich diese Monarchin als hohles Geschöpf vor, das stundenlang mit greisen Fürsten über Nichtigkeiten plaudern konnte, das nie laut lachte und schon gar nicht einen Schritt zu schnell ging oder hinter vorgehaltenem Fächer etwas so Unschickliches wie Gähnen verbarg.

Es fiel mir schwer, meinen Mund zu halten und gehorsam zu bleiben, aber ich ahnte schon damals, dass jede Auseinandersetzung mit der Erzherzogin auf Franz Josephs Rücken ausgetragen wurde. Ihm zuliebe hielt ich still und versuchte dieses höfische Leben, das sich in Äußerlichkeiten und langatmigen Gebräuchen erschöpfte, mit guter Miene zu ertragen. Dennoch verriet mein Spiegel, dass ich immer blässer wurde, bei den Mahlzeiten kaum einen Bissen herunterbrachte und schlecht schlief.

Franz Joseph hingegen strahlte und war die Liebenswürdigkeit in Person. Dass ich Heimweh nach den Meinen hatte und Mühe, mich unter all die Einschränkungen meiner Freiheit zu fügen, schien ihm nicht weiter aufzufallen. Ebenso wenig wie er bemerkte, dass ich mich überwinden musste, das Bett auch weiterhin mit ihm zu teilen.

Ich litt zwar keine Schmerzen mehr und wusste nun, was auf mich zukam, aber das Vergnügen, von dem mein Gemahl sprach, blieb mir verschlossen. Ich atmete meistens heimlich auf, wenn es vorüber war, doch ich schätzte die vertrauten Augenblicke danach. Wenn er mich in seinen Armen hielt, mich zärtlich küsste und mir stets aufs Neue versicherte, dass er »glücklich wie ein Gott« sei und noch nie in seinem Leben so viel Freude empfunden habe, konnte ich die peinlichen Momente dieses Glücks vergessen.

Die sonnige Arglosigkeit, mit der Franz Joseph annahm, dass ich froh sein musste, weil er froh war, entwaffnete mich zusätzlich. Sollte ich etwa sagen: »Franzi, ich bin unglücklich! Ich will wieder heim nach Possi! Ich hab mich getäuscht! Ich bin erwacht in einem Kerker, und Fesseln sind an meiner Hand?«

Undenkbar! Ich musste einfach glücklich sein. Es war geradezu meine Pflicht, als Ehefrau wie auch als Kaiserin. Unsere Flitterwochen, die wir fünfundzwanzig Kilometer von Wien und der Hofburg entfernt in Schloss Laxenburg verbrachten, begann ich auch aus diesem Grund mit den allerbesten Vorsätzen.

Die äußeren Umstände sahen viel versprechend aus. Das Haus, der Park, die Wälder ringsum und die Tatsache, dass ich in Laxenburg meinen Papagei und meine Pferde vorfand, ließen mich das Beste hoffen. Fern der steifen Hofburg würden Franz Joseph und ich endlich Ruhe und Gelegenheit haben, einander richtig kennen und lieben zu lernen. Doch meine Hoffnungen zerschlugen sich schon nach wenigen Tagen.

Zwar fand ich schnell heraus, dass der Kaiser einen geregelten Tagesablauf schätzte, aber in diesem Programm kam ich kaum vor. In aller Frühe verließ er das Bett, frühstückte und fuhr nach Wien an seinen Schreibtisch in der Hofburg. Es wurde Abend, bis er wiederkam. Dazwischen lag ein ewig langer Tag, den ich ohne ihn verbringen musste.

Meine Hofdamen, die mir dabei Gesellschaft leisten sollten, waren fast alle doppelt so alt wie ich und von Tante Sophie unter dem Gesichtspunkt ausgewählt worden, dass sie mehr Gouvernanten als Freundinnen sein sollten. Gräfin Krähe stand an ihrer Spitze, und alle gemeinsam jagten mir einen heiligen Schrecken ein. Worüber sollte ich mit diesen Frauen reden? Die Etikette schrieb ihnen sogar vor, dass sie mich nicht ansprechen durften. Wenn ich ein Gespräch beginnen wollte, musste ich das Thema vorgeben, aber was interessierte uns schon gemeinsam? Ich kannte weder ihre Familien noch ihre Vorlieben, und ich hatte das deutliche Gefühl, dass sie alle hinter meinem Rücken nicht sehr freundlich über mich tratschten.

Wann immer es möglich war, floh ich zu meinen Tieren. Meine Pferde und Hunde, sogar mein Papagei waren bessere Gefährten als der lähmende Hofstaat, den mir meine neue Position aufzwang. Doch es dauerte keine zwei Tage, dann tauchte schon Tante Sophie bei mir auf, um das Problem in die Hand zu nehmen. Wie üblich entdeckte sie den Fehler bei mir.

»Den ganzen Tag nur Reiten und Lesen, was ist das für ein Unsinn?«, warf sie mir vor.

»Was soll ich denn sonst tun, Mama? Sie wissen, dass der Kaiser den ganzen Tag in Wien ist. So hab' ich mir meine Flitterwochen nicht vorgestellt.«

»Du solltest dir ein Beispiel am Pflichtbewusstsein des Kaisers nehmen«, entgegnete sie kühl. »Und was hör' ich da für einen Unsinn von irgendwelchen Kindern, die du im Schloss mit Schokolade bewirtet hast?«

»Ich hab sie im Park getroffen«, erzählte ich unbefangen. »Ich find's gut, dass der Park für alle Leute offen ist, so wie daheim in München.«

»Dein Daheim ist jetzt hier«, bekam ich zur Antwort. »Und hier ist's nicht Sitte, dass die Kaiserin sich unters Volk mischt, Kind. Du musst noch viel lernen.«

War ich Kaiserin geworden, um wie ein Schulmädel abgekanzelt zu werden? Natürlich beschwerte ich mich bei Franz Joseph, aber zu meiner großen Entrüstung gab er mir nicht Recht.

»Die Mama meint es doch nur gut mir dir, Sisi«, sagte er zögernd. »Du musst noch so viel lernen, du bist halt noch so unerfahren.«

Unerfahren? Unglücklich war das bessere Wort. Ich nahm Zuflucht zu meinen Büchern, aber auch damit erntete ich nur Kritik. Franz Joseph fand, dass meine zunehmenden Kopfschmerzen vom Lesen kämen, und ich lernte meine Lektüre sowohl vor ihm wie auch vor der Kaisermutter und Gräfin Krähe zu verstecken.

Ich lernte meine Lektion in Laxenburg, aber es war eine

Lektion von Einsamkeit und Hilflosigkeit, von Vorwürfen und Enttäuschung. Der Kaiser stand auf der Seite seiner Mutter, und wenn er es einmal nicht tat, dann vermied er es doch diese Tatsache auszusprechen. Immer sollte ich es sein, die gehorchte, Rücksicht übte und Verständnis hatte.

Dennoch hatte ich nicht einmal den Mut, Franz Joseph Vorwürfe zu machen. Er war doch der Einzige, der mich liebte und bewunderte. Seine Zuneigung wurde zu meinem einzigen Rettungsanker. Soweit es seine Zeit zuließ, machte er Ausflüge mit mir, Ausritte und Spaziergänge. Doch die Stunden der Gemeinsamkeit waren selten und viel zu wenig, um meine Tage auszufüllen.

Ich schmeichelte ihm die Erlaubnis ab, dass ich ihn nach Wien begleiten durfte. »Ich setz mich auch ganz ruhig in ein Eckerl, wenn du arbeitest«, bot ich eifrig an. »Ich will nur bei dir sein und dich sehen. Ich werd dich überhaupt nicht stören, ich versprech's dir.«

Es wurde ein wunderschöner Tag, aber die Erzherzogin reagierte darauf mit einer wahren Standpauke. Sie erschien in Laxenburg, um mir mitzuteilen, dass ich kein kleines Kind mehr sei. Dass ich dem Kaiser nicht wie eine dumme kleine Komtess oder ein Wäschermädel hinterherlaufen könne und dass ich mich gefälligst zu benehmen habe, sonst müsse man sich für mich schämen.

Unter Tränen beschwerte ich mich bei meinem Gemahl, der mir doch täglich schwor, dass er mir die Sterne vom Himmel über Wien schenken wolle.

»Du meine Güte, Sisi, sei doch nicht immer gleich beleidigt«, antwortete er leicht gereizt. »Der Mama liegt viel an der Würde des Kaisers, und du musst einsehen, dass sie ein Recht hat, dich auf deine Fehler hinzuweisen.«

Meine Fehler? Ich war so verblüfft, dass ich diese Worte nicht einmal laut aussprach. War es denn ein Fehler, dass ich bei dem einzigen Menschen sein wollte, der mich gern hatte und mich vorurteilsfrei liebte? Auf wen sollte ich denn bauen, wenn mir Franz Joseph in den Rücken fiel?

»Du musst mir helfen, Franzi«, versuchte ich ihm verzweifelt meine Lage klarzumachen. »Kannst du nicht mir ihr reden, dass sie mich in Frieden lässt?«

»Was ist das nur für ein dummes Zeug, Sisi. Der Mama liegt es am Herzen, dass du eine perfekte Kaiserin wirst. Du bist halt noch ein bisserl schüchtern, und du weißt selbst, wie schwer es dir fällt, beim Cercle mit all den Leuten zu reden. Du solltest dankbar dafür sein, dass sie sich deiner so liebevoll annimmt.«

Ich traute meinen Ohren nicht. »Du willst also nicht mit ihr sprechen?«

Franz Joseph zwirbelte peinlich berührt seinen blonden Schnauzer und wich meinem Blick aus. »Das kann ich nicht, Sisi. Sie weiß so viel besser als jeder andere Mensch, was gut für uns ist, dass ich mich auf ihr Urteil verlasse. Ihr vertraue ich genauso sehr wie ich dich lieb hab. Wir sind ihre Kinder und schulden ihr Gehorsam.«

Ich hatte schon das Getuschel vernommen, dass man die Erzherzogin die »heimliche Kaiserin« nannte. Bisher hatte ich es abgetan. Es vom eigenen Mann bestätigt zu bekommen tat weh. Ich unterdrückte mühsam den Impuls, mit dem Fuß aufzustampfen und zu schreien. Es hätte den Kaiser zu sehr in seiner Meinung über meine mangelhaften Manieren bestätigt.

»Sisi …«

Er sah mich flehend an, aber zum ersten Mal brachte ich es nicht über mich ihn anzulächeln. Er mochte mich noch so sehr lieben, seine Mutter liebte er mehr.

Er wusste, dass er mir weh getan hatte. In dieser Nacht machte er keinen Versuch sich mir zu nähern. Ich hätte froh sein sollen, aber ich lag mit wundem Herzen an seiner Seite und weinte lautlos in mein Kissen.

Am nächsten Morgen konnte ich nicht aufstehen, weil mir fürchterlich schlecht war. Ich musste mich übergeben, und mein Schlafzimmer drehte sich wie ein Karussell vor meinen Augen. Meine Hofdamen wechselten viel sagende Blicke. Die Erzherzogin wurde geholt, der Hofarzt kam, und am Ende war ich die Letzte, die erfuhr, worum es bei der ganzen Aufregung ging.

Ich erwartete ein Kind!

Die Zeit der Träume war vorbei, die Wirklichkeit hatte mich eingeholt.

Sommer 1855 – Sommer 1858
»... vollkommenes häusliches Glück?«

Kannst du dir das vorstellen, Nené? Sie hat von mir verlangt, dass ich mich den Leuten im Park von Laxenburg präsentiere. Ich sollte mich zeigen. Sie hat mich und meinen geschwollenen Leib den Wienern vorgeführt, als wär's eine Jahrmarktsattraktion. Als ob sie es vollbracht hätt, dass der Franz Joseph mir ein Kind gemacht hat!«

»Ich bitte dich, Sisi.« Nené schüttelte tadelnd den Kopf. Wir saßen auf der alten Kinderschaukel in Possi, und der Juniwind spielte mit unseren Haaren. Wir waren tatsächlich und wahrhaftig allein. Keine Obersthofmeisterin, kein Flügeladjutant und keine Hofdame spitzte die Ohren, um unser Gespräch nach Wien weiterzutragen. Für kostbare kurze Zeit waren wir nur zwei Schwestern, die im Schatten einer mächtigen Kastanie plauderten.

»Du musst nicht reden wie eine Küchenmagd, du bist jetzt Kaiserin«, mahnte Nené.

»Ich wollt, du wärst die Kaiserin«, rutschte es mir heraus. »Ich war so dumm, Nené! Wenn ich gewusst hätte, wie es wird, ich hätte mich in Ischl im Hotel versteckt. Ich hätt nie einen Schritt vor meine Tür getan.«

Seltsamerweise war es ausgerechnet Nené, der ich all das sagen konnte. Bei Mama blieben mir die Worte im Halse stecken, und mit Papa konnte ich schon gar nicht darüber reden. Er war ein Mann. Plötzlich hatte dieses Wort eine ganz andere Bedeutung für mich. Vielleicht verstanden Männer ja wirklich nicht, wie eine Frau fühlte und dachte? Dass er dieselben Dinge mit Mama tat, die Franz Joseph von mir verlangte, wenn die Lichter gelöscht wurden, wollte ich nicht einmal denken, geschweige denn wissen.

»Ach, Sisi, du weißt nicht, was du sagst. Du liebst doch deinen Mann, und der Franz Joseph liebt dich genauso innig, das sieht sogar ein Blinder. Er will, dass du glücklich wirst. Merkst du's nicht daran, dass er dir selbst dazu geraten hat uns zu besuchen? Nicht einmal die Tante Sophie hat Einwände dagegen erhoben, also kann sie nicht so schlimm sein, wie du denkst. Sie kümmert sich um eure Kleine, während du dich bei uns erholen kannst.«

»Sie ist noch schlimmer.« Ich lachte spöttisch. »Du hast keine Ahnung, wie sie sein kann. Sie hat mir bloß dazu geraten, weil sie mich dann in Wien aus dem Weg hat. Auf die Weise kann sie die Sophie vollends unter ihren Einfluss bringen. Am liebsten würde sie mich ganz loswerden. Zu dumm, dass ich ein Mäderl geboren habe. Sicher gibt sie mir die Schuld daran, dass ich den ersehnten Erben nicht zustande gebracht hab.«

»Jetzt übertreibst du aber.«

»Findest du? Und warum heißt das arme Wurm Sophie?

Niemand hat mich gefragt, ob mir der Name gefällt. Warum ist die Kinderkammer neben den Gemächern der Erzherzogin und nicht neben meinen? Warum wurde die Kinderfrau, die Amme, die Kammerfrau und weiß der Himmel wer noch in Dienst genommen, ohne dass man mich ein einziges Mal gefragt hätt, ob ich die Leute mag? Weißt du, dass sie verlangt, dass ich mich vorher anmelde, wenn ich mein eigenes Kind sehen will? Sie ist schrecklich.«

Dieses Mal wagte Nené nicht zu widersprechen. Überhaupt wagte niemand mir zu widersprechen, seit ich in Possi angekommen war, um zum ersten Mal seit fast zwei Jahren meine Familie zu besuchen. Ich war jetzt die Kaiserin und nicht mehr die kleine Sisi. Man brachte mir einen Respekt entgegen, der mir zur Hälfte gefiel und gleichzeitig ein wenig seltsam vorkam. Auch eine Kaiserin konnte Fehler machen und sich irren, aber niemand schien das auch nur in Erwägung zu ziehen.

»Und der Franz Joseph?«, drang Nenés Frage in meine rebellischen Gedanken. »Ist der auch schrecklich?«

»Nein, natürlich nicht. » Ich musste unwillkürlich lachen, so aberwitzig erschien mir diese Frage. Franz Joseph war zwar der gehorsame Sohn seiner strengen und machthungrigen Mutter, aber er war dennoch mein Mann, und ich hatte keinen Zweifel daran, dass er mich liebte. »Er ist ganz narrisch vor Glück mit der Kleinen, und er hat mich mit Geschenken und Juwelen überhäuft. Weißt du, dass er die ganze Zeit meine Hand gehalten hat, bis die Sophie da war? Er war ganz blass gewesen, der Arme, aber er ist nicht von meiner Seite gewichen. Manchmal kann ich mir kaum erklären, warum er mich gar so gern hat.«

»Das weißt du nicht?« Nené lachte hell auf. »Du bist noch genauso ahnungslos wie vor zwei Jahren, Kaiserliche Hoheit. Weil du wunderschön bist! Weil du dich bewegst wie keine andere von uns Schwestern, und weil man dir nicht widerstehen kann, wenn du einen ansiehst und lächelst. Sag bloß, du weißt nicht, was du mit deinem Lächeln anrichten kannst? Die Wiener müssen dir doch zu Füßen liegen. Man sieht dein Bild in jeder Zeitung, und ständig reden alle Leute nur von der schönen Kaiserin in Wien.«

»Genau das find ich ja so lästig«, rutschte es mir heraus. »Ich mag's nicht, wenn die Leute mich so angaffen. Es kommt mir immer so vor, als würden sie mir das Innerste nach außen kehren wollen. Weißt du, dass wir nicht einmal durch den Prater fahren können, ohne dass es einen Menschenauflauf gibt? Die Wiener machen mir Angst, wenn sie mich so arg bedrängen. Es kommt mir dann immer so vor, als würd ich keine Luft mehr bekommen.«

Nené sah mich prüfend an. »Meinst du nicht, dass du dich langsam daran gewöhnen solltest, dass dein Leben für die Öffentlichkeit interessant ist? Es macht dir nur noch mehr Kummer, wenn du immer darüber nachgrübelst, wie sehr es dich stört.«

»Ich kann's nicht, Nené!« Nur meiner großen Schwester gegenüber war ich so ehrlich. »Ich hab's wirklich versucht, aber es widerstrebt mir aus tiefster Seele. Sie haben ja alle kein echtes Interesse an meiner Person. Keiner von ihnen will wissen, wie sich die Sisi fühlt, es geht immer nur um die Kaiserin.«

»Musst du's so kompliziert machen?«, fragte Nené in ihrer bedächtigen ruhigen Art. »Du bist die Kaiserin.«

»Hast du dich mit Franz Josephs Mutter abgesprochen? Ihr habt euch immer gut verstanden. Sie sagt das Gleiche und begründet jede noch so dumme Vorschrift damit. Egal ob's nun darum geht, wie oft ich reite, oder ob ich ein Korsett tragen darf oder nicht.«

Nené lachte auf. »Du willst doch nicht sagen, dass sie dir das vorschreibt?«

»Und ob sie das getan hat«, ereiferte ich mich und fügte der Ehrlichkeit halber hinzu: »Na, es war nur in der Zeit, wo ich die Sophie erwartet hab. Sie hat Angst gehabt, dass es dem Kind schadet, wenn ich mich schnüre. Sie hat sogar Angst gehabt, dass es schadet, wenn ich mit dem Papagei spreche oder den Pferden ein Zuckerl bring.«

»Warum das denn?«

»Irgendein Dummkopf hat ihr eingeredet, dass ihr Enkelkind dann wie ein Papagei oder wie ein Pferd ausschauen könnt.«

»Das meinst du nicht ernst?«

»Aber ja«, nickte ich seufzend. »Du hast keine Ahnung, wie dumm die Leute bei Hofe sind. Sie interessieren sich nur für Klatsch und Tratsch. Wer mit wem verheiratet ist und wer wen betrügt, wer mit wem im Burgtheater oder in der Oper zu sehen war und wer so hoch verschuldet ist, dass sein Palais schon der Bank gehört. In das Theater gehen sie ohnehin nur, um ihre Kleider auszuführen und um nachzuschauen, welche Schauspielerin mit welchem Fürsten schläft. Wenn einer von denen ein Buch in die Hand nimmt, dann nur, weil er sich damit malen lassen möchte, und nicht, weil er es lesen will. Sogar dem Kaiser sind Bücher suspekt. Er sagt, er muss so viele

Akten lesen, dass er keinen Kopf für derlei Unsinn hat. Die Kaisermutter behauptet, dass meine Kopfschmerzen vom vielen Lesen kommen. Sie hat den Franzi aufgehetzt, dass er mir das Lesen verbietet, kannst du dir das vorstellen? Was hätte ich sonst tun sollen während der langen Zeit der Erwartung? Verrückt werden?«

»Sie hat dir bestimmt gut gemeinte Ratschläge gegeben«, vermutete Nené nicht zu Unrecht.

Ich nickte. »O ja! Wenn's nach ihr gegangen wär, hätte ich die ganze Zeit wie ein Fass auf zwei Beinen durch den Park laufen sollen. Vielleicht noch mit der Gräfin Krähe zur Gesellschaft, die mir das Hofprotokoll, in Saffian gebunden, hinterherträgt.«

»Du tust der Obersthofmeisterin schon ein bisserl Unrecht, Sisi«, warf Nené ein. »Die Gräfin Esterházy hat eine wichtige Aufgabe.«

»Und ob sie die hat! Sie hütet das Protokoll.« Schon das Wort reizte mich aufs Blut. »Immer geht's nur um diese dumme Etikette und die albernsten Vorschriften. Um die hohle Konversation und darum, dass niemand zurückgesetzt, beleidigt oder vergessen wird, der mindestens zwanzig hoffähige Ahnen hat. Aber wehe, man nimmt jemand zur Kenntnis, der vielleicht nur dafür zuständig ist, den Garten zu pflegen oder die Kamine zu säubern. Die Monarchie bricht zusammen, wenn man mehr als zwei Worte mit ihm wechselt. Der Weckbecker hat's mir auch eingetrichtert, den ganzen letzten Sommer lang.«

»Der Flügeladjutant des Kaisers? Was hat der damit zu tun?«

»Die Erzherzogin hatte ihn beauftragt, mich in höfischer Konversation zu schulen. Kannst du dir das vorstellen? Jeden

Abend saß er mit der Krähe an unserem Tisch, und ich musste belangloses Zeug plaudern, statt mich mit dem Franzi zu unterhalten. Und das alles nur, damit ich die gichtkranken Gesandten und verkalkten Generäle nicht mit Schweigen beleidige, wenn sie bei Hof empfangen werden. Kannst du mir sagen, warum ich mit einem von denen reden soll, wenn ich sie doch gar nicht kenne?«

»Weil du sie eben kennen lernen sollst«, entgegnete Nené ebenso energisch wie logisch. »Du steigerst dich da in Empfindlichkeiten hinein, die dir nicht gut tun, Sisi. Du musst vernünftiger werden, schon dem Franz Joseph zulieb. Du bist doch kein Kind mehr.«

Sie hatte Recht, ich wusste es. Wenn ich hier so saß und über die Rasenfläche zum See hinunterschaute, kam es mir ja selbst ein wenig übertrieben vor, was ich in Wien fühlte. Vielleicht waren es auch die hallenden, zugigen Säle der Hofburg, die so auf mein Gemüt drückten. Die ungemütliche Pracht der Goldverzierungen und schweren Samtdrapierungen, die einen förmlich erschlug, bis man dahinter kam, dass es weder ein Badezimmer noch andere vernünftige Einrichtungen gab. Es passte zum spanischen Hofzeremoniell. Nach außen beeindruckend, aber dahinter erschreckend leer. Im Winter zu kalt und im Sommer zu warm. Nie praktisch. Nie gemütlich.

Ich dachte an die kleine Erzherzogin, die dort in ihrer Wiege lag. Ich zweifelte nicht daran, dass es ihr gut ging. Von Großmutter, Amme und Kinderfrau umsorgt, würde ihr gar nicht auffallen, dass die eigene Mutter fehlte. Man hatte sie aus meinem Arm geholt, kaum dass ich das Gefühl kennen gelernt hatte, sie zu halten. Auch das mit dem Hinweis darauf, dass ich die Kaiserin war und Wichtigeres zu tun hatte als ein Neugeborenes zu umhätscheln.

Was war dieses Wichtige, das meinem Leben einen Sinn geben sollte? Auch Franz Joseph konnte mir diese Frage nicht beantworten, als er mich in Wien wieder in seine Arme schloss. Er hatte in diesem Sommer keine Zeit, mit der Erzherzogin und der übrigen Familie nach Ischl zu fahren. Die unsichere Allianz mit Russland, die Schwierigkeiten in Italien und vieles mehr veranlassten seine Ratgeber und Minister, auf seiner Anwesenheit in der Hauptstadt zu bestehen. Da ich jeden kostbaren Kilometer schätzte, der mich von seiner Mutter trennte, blieb ich an seiner Seite.

Wir nahmen Sommerwohnung in Laxenburg, denn die Augusthitze verwandelte die zugigen Gänge der Burg in einen Backofen. Ich bewunderte Franz Joseph, dass er unter diesen Umständen Tag für Tag in korrekt geschlossener Uniform seine Aktenberge abarbeitete, Bittsteller empfing und die dringlichen Berichte der Kabinettskanzlei durchsah. Gab es denn nichts, wobei ihm seine Kaiserin helfen konnte?

»Nein, das sind weiß Gott keine Sachen, die in deinen hübschen Kopf gehören, Sisi«, wehrte er während der Abendmahlzeit geradezu erschrocken mein Interesse ab. »Die Politik ist viel zu kompliziert für dich. Außerdem bin ich froh, wenn ich bei dir meine lästigen Probleme vergessen kann und nicht darüber reden muss. Erzähl' mir lieber, was du heute alles unternommen hast.«

Ein Widerspruch verbot sich von selbst. Die Obersthofmeisterin saß an unserem Tisch, und ich nahm an, dass sie jedes meiner Worte getreulich zur Erzherzogin weitertrug. Hinzu kam, dass ich Franz Joseph nicht durch lästige Hartnäckigkeit verärgern wollte. Er war inzwischen mein einziger Verbündeter, mein Halt, mein Mann, mein Freund und meine Familie. Ich tat alles, um ihm zu Gefallen zu sein.

Ich schrieb sogar regelmäßig äußerst höfliche Briefe an seine Mutter nach Ischl. Er hatte mich darum gebeten, sie über uns und Sophies Befinden auf dem Laufenden zu halten. Ich tat meine Pflicht und berichtete im Wesentlichen über Sophies kleine Fortschritte. Darüber, dass sich unsere heitere Kleine bestens entwickelte und mit jedem Tag kräftiger wurde. Danach fügte ich die üblichen Floskeln und Grüße hinzu und endete, wie es sich für die Dame gehörte: Mit dem Kaiser Ihre Hände küssend, bleibe ich Ihre ergebene Schwiegertochter Elise.

Ich war Elise geworden in dieser förmlichen Korrespondenz, denn ich brachte es nicht fertig, das Sisi mit ihr zu teilen, das Franz Joseph so liebevoll benutzte. Ich vermutete, dass sie mir im Geheimen ohnehin böse war, weil sie seine Gefühle mit mir teilen musste.

Wenigstens durfte ich nach Sophies Geburt auch in Laxenburg wieder reiten, und ich verbrachte täglich viele Stunden im Sattel. Ich hatte die Bewegung an der frischen Luft viel zu lange vermisst, während ich mein Kind erwartete. Meine eigene Schwerfälligkeit hatte mir Sorgen gemacht, und nun entdeckte ich beglückt, dass ich mich mit jedem Tag wieder geschmeidiger und gesünder fühlte.

Franz Joseph sah es halb besorgt, halb erfreut. »Muss das denn sein, dieses ständige Reiten und Turnen, Sisi? Wenn du es übertreibst, wirst du mir noch krank werden.«

»Seh ich so aus?«

Meine Frage war pure Herausforderung, denn ich konnte jeden Morgen im Spiegel sehen, dass meine Augen strahlten und mein Haar glänzte. Auch meine Gestalt war wieder schlank und mädchenhaft geworden.

»Du siehst wunderbar aus.« Franz Joseph begleitete sein Kompliment mit einem zärtlichen Kuss. »Das muss der reinste Jungbrunnen gewesen sein, aus dem du bei deinem Besuch in Bayern getrunken hast.«

»Du hättest mitkommen sollen«, lächelte ich. »Dann hätten wir gemeinsam jung sein können.«

»Aber das sind wir doch«, schmunzelte Franz Joseph zurück.

Ich wagte auch jetzt keine Gegenrede. Weihnachten würde ich 18 Jahre alt werden, aber an manchen Tagen kam es mir vor, als wäre mein Leben jetzt schon zu Ende. Was erwartete mich denn noch? Eine endlose Folge langweiliger Empfänge und strapaziöser Zeremonien, so sinnlos wie die Vorschrift, meine Schuhe nur einen Tag zu tragen und bei Festbanketten mit Handschuhen zu essen. Und natürlich Schwangerschaften.

Die zweite folgte so schnell auf die erste, dass ich es anfangs selbst nicht glauben wollte. Der kaiserliche Leibarzt Doktor Seeburger ließ jedoch keinen Zweifel daran. »Im kommenden Sommer wird es soweit sein, Kaiserliche Hoheit. Im Juli.«

Franz Joseph freute sich schrecklich über die Nachricht, die Erzherzogin wirkte zufrieden, die Gazetten verkündeten die frohe Botschaft in wohlgesetzten Worten, und Mama schickte gute Ratschläge aus München. Nur meine Begeisterung hielt sich in Grenzen. Immerhin wusste ich dieses Mal, was auf mich zukam.

Heimlich betete ich darum, endlich den ersehnten Thronfolger auf die Welt bringen zu dürfen. Aber die 21 Kanonenschüsse, die am 12. Juli des nächsten Jahres der Welt verkündeten, dass ich meine Arbeit getan hatte, waren weder für mich noch für meine Umgebung Grund zum Jubeln. Ich hatte Franz Joseph erneut eine Tochter geschenkt.

Die Erzherzogin schaute drein, als hätte ich das aus purer Bosheit bewerkstelligt. »Sicher ist nur deine unsinnige und unregelmäßige Lebensweise daran schuld, dass du auch dieses Mal keinen Buben bekommen hast!«, warf sie mir noch im Wochenbett gereizt vor.

Dann machte sie sich daran, auch über meine zweite Tochter zu bestimmen. Auf ihren Befehl hin wurde sie Gisela getauft, nach der Schutzpatronin von Ungarn. Die Geste sollte die aufrührerischen Ungarn besänftigen und dafür sorgen, dass sie ihrem Kaiser gewogener waren. Sie hatten ihm die Todesurteile nie vergessen, die er nach der letzten Revolution im Jahre 1849 unterzeichnet hatte.

Ich persönlich hätte für eine Aussöhnung mit Ungarn sinnvollere Maßnahmen als die Taufe eines kleinen Mädchens vorgeschlagen, aber mich fragte niemand. Ich war ja nur die Kaiserin, die ihre Pflicht versäumt hatte. Sogar die einfachen Menschen auf der Straße grollten mir dieses Mal. Bei der Geburt eines Thronfolgers hätte ein jeder von ihnen mit einer Spende des Kaisers rechnen können. Viele von ihnen litten so bittere Armut, dass sie ihre ganzen Hoffnungen auf diese Spende und den Thronfolger gesetzt hatten. Jetzt lasteten sie mir ihre bittere Not und ihren Hunger an, ohne dass ich mich verteidigen konnte.

Die Erzherzogin sorgte mit vielerlei Nadelstichen zudem dafür, dass ich über diese Enttäuschung der kaiserlichen Untertanen genau informiert wurde. Inzwischen hatte sie es völlig aufgegeben, wenigstens freundlich zu mir zu sein. Als ich mich dagegen auflehnte, dass sie auch Gisela zu ihrer kleinen Schwester in die Kinderkammer brachte, bedachte sie mich mit einem vernichtenden Blick.

»Ich bitte dich, Kind, sei nicht lästig«, erwiderte sie steif. »Es ist meine Aufgabe, die Erziehung der kaiserlichen Kinder zu bestimmen und zu überwachen. Du wärst damit völlig überfordert. Du weißt ja nicht einmal, wie sich eine Kaiserin zu benehmen hat, wie willst du dann die Kaisertöchter erziehen? Wir wollen doch nicht, dass sich dein Mangel an Haltung auf die armen Dinger überträgt.«

Das war dermaßen rücksichtslos, kalt und herzlos, dass mir keine Antwort darauf einfiel. Aber es war auch so bewusst verletzend, dass sich zum ersten Mal ernsthafter Widerstand in mir regte. Ich war inzwischen keine verschüchterte Sechzehnjährige mehr, die sich alles gefallen ließ. Ich war jetzt selbst Mutter. Was die Erzherzogin auch immer annahm, ich liebte die Kinder, die ich Franz Joseph geschenkt hatte, und ich trug Verantwortung für sie. Was würde aus ihnen werden, wenn sie Sophie von Habsburg nach ihrem eigenen eiskalten, gefühllosen Ebenbild erzog?

Franz Josephs Mutter hielt mein Schweigen für einen Sieg. Sie hatte keine Ahnung, wie es in mir arbeitete. Zum ersten Male wurde mir bewusst, dass sie mich unterschätzte. Die Tatsache, dass ich mich bisher nicht gegen sie aufgelehnt hatte, wog sie in dem irrigen Glauben, dass ich dazu nicht fähig wäre.

Sie sollte sich täuschen. Ich wartete nur auf den richtigen Zeitpunkt. Wenn ich mich wehrte, wollte ich es mit Franz Josephs Unterstützung tun.

***

> Ich bitte Sie jedoch inständigst, Sisi nachsichtig zu beurteilen, wenn sie vielleicht eine zu eifersüchtige Mutter ist – sie ist ja doch so eine hingebende Gattin und Mutter …

Ich verzog den Mund, während ich über Franz Josephs Schulter gebeugt den Brief mitlas, den er endlich an seine Mutter schrieb. Ich wagte indes keine Kritik an der Formulierung. Ich war viel zu froh, dass ich überhaupt erreicht hatte, dass er zur Feder griff.

Das Wunder gründete vermutlich auch darin, dass wir bei diesem Septemberbesuch in Kärnten, so fern von ihrer erstickenden und einschüchternden Person, ein wenig aufatmen konnten. Bejubelt von den Menschen in Dörfern und Städten, in der Nähe unserer geliebten Berge und in der freien Luft der Gipfel fanden wir die unbeschwerte Liebe wieder, die uns in Ischl zusammengeführt hatte.

Wien wurde für ein paar verzauberte Tage lang erfreulich unwichtig. Franz Joseph war verliebter denn je in mich, und er versprach, mir jeden Wunsch zu erfüllen. Als er von dem einen Wunsch erfuhr, den ich tatsächlich an ihn hatte, erschrak er zwar, aber er blieb tapfer bei seinem Versprechen. Widerstrebend, doch gutwillig schrieb er einen Beschwerdebrief an die

Erzherzogin. Er listete all meine Forderungen auf, obwohl er sie in viel zu wohlerzogene und höchst umständliche Formulierungen kleidete.

> Sie werden vielleicht unser peinliches Gefühl begreifen, unsere Kinder ganz in Ihrer Wohnung eingeschlossen mit fast gemeinschaftlichem Vorzimmer zu sehen, während die arme Sisi die Stiege hinaufkeuchen muss, um dann selten die Kinder allein zu finden, ja auch Fremde bei denselben zu sehen, denen Sie die Gnade hatten, die Kinder zu zeigen, was besonders mir auch noch die wenigen Augenblicke verkürzte, die ich Zeit hatte, bei den Kindern zuzubringen …

Nachdem er einmal damit begonnen hatte, meine Klagen zu Papier zu bringen, die ich in den vergangenen Tagen immer wieder vorgebracht hatte, war Franz Joseph nicht mehr zu bremsen. Allerdings vermochte ich nicht, die Hoffnung zu teilen, die er am Ende als eigenen Wunsch formulierte. Meinetwegen hätte die Kaisermutter gerne – wie sie es angedroht hatte – abseits der Hofburg Residenz nehmen können. Ich würde ihr keine Träne nachweinen, aber ich verstand dennoch, dass Franz Joseph dies weder als Sohn noch als Kaiser akzeptieren wollte.

> Nie würde ich es zugeben, dass Sie Ihre jetzige Wohnung verlassen oder gar, was ich nicht gelesen haben will, ganz aus der Burg ziehen würden. Ich hoffe noch immer, dass sich alles sehr gut machen wird; die Kinder bekom-

men eine viel bessere Wohnung, in der sie auch künftig bleiben können, und alles wird zufrieden sein.

Die ersehnte Zufriedenheit erstreckte sich, wie schon befürchtet, nur auf den Kaiser. Er nahm bei unserer Rückkehr beglückt zur Kenntnis, dass seine Töchter in meiner Nähe untergebracht waren und dass seine Mutter augenscheinlich nachgegeben hatte. Er bedankte sich mit vorbildlicher Sohnesliebe für so viel Verständnis, und die Erzherzogin gab sich nach außen hin versöhnlich.

In Wahrheit hatten die Ereignisse die Fronten zwischen Tante Sophie und mir auf unschöne Weise verhärtet. Wir begannen einen Kleinkrieg, der um so erbitterter geführt wurde, als wir nach außen hin und Franz Joseph gegenüber so taten, als wäre alles in bester Ordnung. Beide hatten wir trotz unserer Gegensätze das Gefühl, dass wir ihn nicht mit diesen speziellen Schwierigkeiten belästigen sollten.

Hinzu kam, dass die Erzherzogin Wien, die Hofburg, den Kaiser und seine Politik beherrschte. Kein Staatsbesuch wurde organisiert, kein Dekret verkündet, kein Urteil gefällt, ohne dass es ihre Billigung fand. Es hätte eine Armee von Verbündeten erfordert, auf allen Ebenen gleichzeitig gegen sie anzutreten. Ich stand allein auf diesem Schlachtfeld, und so nahmen sich meine wenigen Siege klein und unscheinbar aus. Dennoch waren sie mir kostbar. So konnte ich es durchsetzen, dass Sophie uns begleitete, als wir zu einem längeren Staatsbesuch in die italienischen Provinzen des Kaisers aufbrachen.

Die Aussicht, Monate im Süden fern von Wien verbringen zu dürfen, sorgte dafür, dass ich der Reise förmlich entgegenfieberte. Als wir endlich in Laibach den Zug verließen, um die Reise nach Venedig mit Kutsche und Schiff fortzusetzen, war ich so glücklich, dass es mir anfangs kaum auffiel, wie zurückhaltend die einheimische Bevölkerung auf diesen Besuch reagierte.

Venetien und die Lombardei fügten sich nur widerwillig unter die Herrschaft Österreichs. Graf Radetzky stand im Namen des Kaisers einer Militärregierung vor, die weder Opposition noch nationale Tendenzen erlaubte. Die Erzherzogin hatte ihn für diesen Posten empfohlen, denn er besaß genau die Art von kalter Beamtenseele und militärischer Engstirnigkeit, die sie schätzte. Schon deswegen lagen meine Sympathien eindeutig auf Seiten der armen Italiener, die natürlich Probleme damit hatten, den Nacken vor einem habsburgischen Kaiser zu beugen.

»Warum zeigst du ihnen nicht, dass du alle deine Völker liebst und Verständnis für ihren Nationalstolz hast?«, wagte ich zum ersten Mal Franz Joseph gegenüber eine politische Meinung zu äußern. »Die Aufstände sind so lang vorbei. Meinst du nicht, es wäre an der Zeit, die Schikanen der Militärregierung zu lockern? Erlaub den politischen Flüchtlingen, in ihre Heimat zurückzukehren, und heb die Beschlagnahme ihrer Güter auf. Du wirst sehen, du entwaffnest sie so, dass sie dir danken müssen.«

»Eine Amnestie für die Rebellen?« Franz Joseph runzelte verblüfft die Stirn. »Ich soll sie für ihren Ungehorsam auch noch belohnen?«

»Von belohnen kann keine Rede sein, Franzi, aber Gerechtigkeit haben auch die Menschen in Venetien und in der

Lombardei verdient. Außerdem ist bald Weihnachten, das Fest des Friedens und der Liebe. Welcher Zeitpunkt wäre besser, um christliche Vergebung zu üben?«

Fern von Wien und fern von seiner Mutter dachte Franz Joseph tatsächlich über meine Worte nach. Am 3. Dezember unterschrieb er das Amnestie-Dekret, und die Stimmung in Venedig besserte sich fühlbar. Jetzt konnte ich all die Kirchen, Paläste und Monumente dieser wunderbaren Stadt gefahrlos besichtigen, und sogar Franz Joseph räumte ein: »Du eroberst mir Italien besser, als es meine Soldaten und Kanonen tun könnten, Sisi!«

Unsere kleine Familie verbrachte ein harmonisches wunderschönes Christfest in Venedig. Sophie strahlte mit den Kerzen am Weihnachtsbaum um die Wette. Man hatte die Tanne extra für uns aus dem botanischen Garten geholt, und ich bedauerte lediglich, dass wir nicht auch Gisela bei uns haben konnten. So viele Wochen waren nun schon vergangen, seit ich meine jüngste Tochter zuletzt gesehen hatte. Ich zweifelte nicht daran, dass die Erzherzogin gut für ihre Gesundheit sorgte, aber wie stand es um die kleine Seele? Wurde das Kind auch geliebt und geherzt? Lehrte sie ihre Kinderfrau so herzhaft lachen, wie es Sophie inzwischen konnte? Sie war ein so gewinnendes kleines Mädchen, und sogar die mürrische Esterházy konnte nach Wien nur berichten, dass es ihr gut ging und dass ihre anfängliche Blässe längst verschwunden war.

Auf Venedig folgte Mailand, und es wurde April, bis wir Wien wiedersahen. Die Ankunft an einem regnerischen Frühlingstag in der Hofburg bestätigte meine schlimmsten Befürchtungen. Gisela brach in Tränen aus, als ich mich über ihre

Wiege neigte. Das Gesicht der eigenen Mutter machte der kleinen Erzherzogin Angst.

»Sie kennt Sie nicht, Kaiserliche Hoheit«, flüsterte die Kinderfrau Hände ringend. »Es wär vielleicht besser, wenn Sie ihr Zeit geben. Sie fürchtet fremde Gesichter.«

»Ich bin ihre Mutter!«, entrüstete ich mich gekränkt, aber ich wusste, dass die Monate, die ich fern von dem Kind verbracht hatte, uns beiden geschadet hatten. Das durfte nie wieder passieren. Künftig würden mich alle meine Kinder begleiten, wenn ich Wien verließ.

»Was für ein Unsinn«, erklärte die Erzherzogin knapp, als sie von meinem Vorsatz erfuhr. »Genügt es denn nicht, dass die Mailänder behaupten, der Kaiser habe seine Tochter nur nach Italien mitgeschleppt, um sich vor möglichen Attentätern zu schützen? Willst du deine Kinder solchen Gefahren und Gerüchten aussetzen?«

»Genauso wenig wie ich sehen möchte, dass man tatsächlich ein Attentat auf meinen Gemahl, den Kaiser, verübt«, widersprach ich heftig. »Wenn wir wirklich noch diesen Besuch in Ungarn machen müssen, dann werde ich meine Töchter mitnehmen. Egal, ob es den Ungarn oder ihrer Großmutter passt oder nicht.«

»Da ist ohnehin noch nicht das letzte Wort gesprochen«, verkündete die Kaisermutter von oben herab. »Außerdem hast du wichtigere Pflichten zu erfüllen. Wie ich sehe, bist du nicht wieder in der Hoffnung. Die Krone braucht einen Erben, hast du das schon vergessen?«

Oh nein, das hatte ich nicht. Alle Welt bemühte sich ja darum, mich ständig auf dieses Versäumnis hinzuweisen. Zwei zarte Töchter waren nicht genug für das Haus Hausburg. Man erwartete einen Sohn von mir, und allenthalben bekam ich Anspielungen und Ratschläge zu hören, obwohl ich weder das eine noch das andere nötig hatte. Meine Feinde gingen sogar so weit, eine alte Schmähschrift auszugraben, mit der vor vielen Jahren in Frankreich Marie Antoinettes vermeintliche Fehler gegeißelt worden waren.

In der Hofburg, wo jedes Papier, das keine Akte war, mit höchstem Misstrauen betrachtet wurde, fand sich plötzlich das alte Pamphlet auf meinem Tisch. Eine unbekannte Hand hatte nicht versäumt, die passenden Stellen auch noch rot anzustreichen: Die Bestimmung und der natürliche Beruf einer Königin ist es also, der Krone Erben zu schenken. Sobald Königinnen davon abweichen, werden sie zur Quelle der größten Übel.

Niemand hätte ohne die ausdrückliche Billigung von Franz Josephs Mutter solche Bosheiten an mich herantragen können. Die Damen des Hochadels, die sich in scheinheiliger Freundlichkeit um mich scharten und täglich eine böse Mauer aus schweigsamem Tadel und spitzzüngiger Etikette zwischen mir und der Welt aufrichteten, hatten vierundzwanzig Stunden am Tag nichts Besseres zu tun, als die Nase über mich zu rümpfen.

Kein Wunder, dass ich es mir angewöhnte, öfter mit meinen Pferden und meinen Hunden zu sprechen als mit ihnen. Die Tiere brachten mir wenigstens vorbehaltlose Zuneigung entgegen. Die Wärme eines Hundekörpers, der sich an meine Röcke schmiegte, half mir Haltung zu bewahren, wenn die Erzherzogin in meine Räume rauschte und von meinen Ausritten bis zu meiner täglichen Gymnastik jede Bewegung kritisierte, die ich mir erlaubte.

»Unstatthaft ist das und ungesund«, wiederholte sie immer wieder vorwurfsvoll. »Du bist die Kaiserin und keine Akrobatin. Dein Körper ist dafür da, den Erben zu tragen, und nicht um Kunststückerl im Sattel oder am Turngerät zu vollbringen. Das überlass gefälligst den Leuten vom Zirkus. Der Franz Joseph hat viel zu viel Geduld mit dir.«

Sie hatte keine Skrupel, die Hoffnungen ans Licht zu zerren, die ich Monat für Monat vergeblich hegte. Sie kränkte mich, aber die vergangenen Monate hatten mein Selbstbewusstsein gestärkt. In Italien war ich Franz Joseph eine echte Hilfe gewesen und nicht nur eine Bruthenne. Ich war zu mehr im Stande als nur zum Kinderkriegen.

»Der Kaiser weiß genau, was er an mir hat, Mama«, entgegnete ich rebellisch.

»Es wäre wichtiger, wenn du wüsstest, was du an ihm hast«, erwiderte sie kalt und betont. »Tu deine Pflicht. Du weißt, was mit Fürstinnen geschieht, die keine Söhne gebären können.«

Ich sah ihr entsetzt nach und war noch immer völlig außer mir, als Franz Joseph an diesem Abend zu mir kam. Dachte er wirklich daran, mich zu verstoßen, falls ich ihm keinen Sohn schenken konnte? Ich traute der Erzherzogin ohne weiteres zu, dass sie ihn dazu zwingen würde. Was sollte aus mir und meinen Töchtern werden, wenn sich der Kaiser von uns abwandte?

Franz Joseph lachte nur über meine jähen Sorgen. Er fragte nicht einmal, wer mich auf solche Ideen brachte, er nahm an, ich wäre selbst darauf gekommen.

»Was bist du doch für ein närrisches Dummerl«, sagte er halb gerührt, halb verblüfft. »Ich hab nicht den geringsten Zweifel daran, dass wir unsern Sohn bekommen werden. Du wirst schon sehen. Lass uns zu Bett gehen.«

Es hätte mir besser gefallen, wenn er mich in den Arm genommen und gefragt hätte, wer es wagte, mich in solche Unruhe zu versetzen. Wenn er verständnisvoll und geduldig auf meine Ängste eingegangen wäre. Aber das war eben nicht seine Art. Sollte ich ihm deswegen Vorwürfe machen? Ich kannte es ja nicht besser und hielt es wirklich allein für meinen Fehler, dass es mich so viel Überwindung kostete, Franz Josephs hitzige Leidenschaft zu erdulden. Trotzdem schwor ich mir im Stillen alles, wirklich alles auf mich zu nehmen, um diesen wichtigen Sohn endlich von ihm zu empfangen.

Niemand verstand, wie einsam, unsicher und hilflos ich mich fühlte. Wie sehr ich eines weiblichen Rats und liebevoller Unterstützung bedurft hätte. Aber sogar meine Mutter riet mir in ihren Briefen lediglich, mich endlich den »Forderungen der Verhältnisse« anzupassen.

Glücklicherweise rissen mich die Vorbereitungen für unsere Ungarnreise aus diesen düsteren Gedanken. Wir reisten zu Tante Sophies unverhohlenem Ärger am Ende doch mit beiden Töchtern. Mit Sophie und Gisela betrat ich im Mai 1857 zum ersten Mal das Land, das mir im Laufe der nächsten Jahre, mehr als Österreich und mein geliebtes Bayern, Heimat werden sollte.

Heimat aus den verschiedensten Gründen, denn kein Land hat mir so viel Glück, aber auch so viel Kummer beschert wie das ungarische. Wie gut, dass ich es nicht ahnte, als ich auf der ungarischen Königsburg zu Ofen zum ersten Mal das prächtige Kleid anlegte, das der Nationaltracht der Magyaren so nahe kam, wie es ein Galagewand nur tun kann. Die zarte weiße Bluse mit den duftig gepufften Ärmeln, der weite Faltenrock und die Spitzenschürze sowie das geschnürte Mieder erinnerten mich zudem auch ein wenig an die bayrische Landestracht, so dass mir das Lächeln leicht fiel, als wir uns dem ungarischen Hochadel präsentierten.

Wie weit dieses Lächeln die Ungarn eroberte und wie viel die Amnestie dazu beitrug, die Franz Joseph für die Rebellen im Gepäck hatte, vermag ich nicht zu sagen. Professor Majláth, der mir vor meiner Heirat in Possenhofen die Geschichte des Habsburgerreiches näher gebracht hatte, war ein Ungar gewesen. Sicher trug sein Unterricht heute dazu bei, dass ich verstand, weshalb man uns erst einmal mit so stolzer Zurückhaltung begegnete.

»Du hättest eine ungarische Uniform tragen sollen«, wandte ich ein, als sich Franz Joseph darüber beschwerte. »Es ist nicht grad diplomatisch, als österreichischer Marschall aufzutreten. Bist du nicht der ungarische König?«

»Das verstehst du nicht, Sisi!«

Wann hatte er diese Antwort seiner Mutter für sich reserviert? Sie verachtete die Ungarn, und wie es schien, hatte sie ihren Sohn damit angesteckt. Ich wollte nicht, dass Franz Joseph von diesen dummen Vorurteilen beherrscht wurde.

»Du verwechselt Stolz mit Hochmut, Franzi. Die Ungarn wollen doch nur, dass man ihre Tradition und ihre Werte respektiert. Sie werden es dir mit Loyalität und Hingabe danken, wenn du das berücksichtigst. Hab ich dich nicht auch in Italien gut beraten? Weißt du noch, dass du gesagt hast, ich kann ein Volk besser erobern als deine Soldaten?«

»Auf jeden Fall kannst du viel hübscher lächeln, Sisi«, entgegnete Franz Joseph liebevoll. »Die Ungarn liegen dir schon jetzt zu Füßen. Wir werden sehen, was sie sagen, wenn du morgen an meiner Seite die große Parade zu Pferd besuchst.«

Sie waren begeistert. Ihre Zeitungen rühmten mich als »Königin der Amazonen«, was mir sehr gut gefiel, denn ein solches Kompliment von einem Reitervolk will etwas heißen. Es ging mir so gut wie schon lange nicht mehr, als Doktor Seeburger sich unerwartet bei mir melden ließ. Die Erzherzogin hatte darauf bestanden, dass der kaiserliche Leibarzt zu unserem Gefolge stieß, damit er ein Auge auf Sophie und Gisela haben konnte. Sie machte sich ununterbrochen Sorgen um die Gesundheit ihrer beiden Enkelkinder, und ich zweifelte nicht daran, dass sie Doktor Seeburger ausdrücklich vor der Unvernunft der Kaiserin gewarnt hatte. Bildete ich mir die leise Genugtuung in Doktor Seeburgers Stimme nur ein, als er mich informierte, dass meine kleine Gisela seit heute unter Fieber und Durchfall litt, oder hörte ich richtig?

»Eine zwar harmlose Störung, aber die Prinzessinnen können unmöglich reisen, Kaiserliche Hoheit«, erklärte er für meinen Geschmack zu überheblich. »Zudem möchte ich nicht ausschließen, dass sich Erzherzogin Sophie bereits angesteckt hat und ebenfalls erkranken wird.«

Er sollte Recht behalten. Während sich Gisela schnell von ihren Beschwerden erholte, war bei Sophie auch nach zehn Tagen keine wesentliche Besserung zu erkennen. Ich zögerte, Franz Joseph auf der geplanten Rundreise durch die Provinzstädte zu begleiten, die schon um diese Zeitspanne verschoben worden war.

»Du kannst ohnehin nichts für die Kleine tun, Sisi«, behauptete Franz Joseph. »Sie ist bei Doktor Seeburger in den besten Händen. Ich brauche dich, es ist den Ungarn viel wichtiger, ihre schöne Königin zu sehen als ihren König, das weißt du doch. Du musst mit mir reisen.«

Die Umstände ließen mir keine Wahl, obwohl meine innere Stimme mich warnte. Die Depesche, die uns bereits kurze Zeit darauf erreichte, bestätigte meine schlimmsten Befürchtungen. Sie rief mich an das Bett der kleinen Sophie zurück. Meine Erstgeborene rang mit dem Tod. Der harmlose Durchfall war plötzlich nicht länger harmlos. Doktor Seeburger hatte plötzlich einen furchterregenden Namen für ihre Krankheit: Typhus!

Es gibt keine Worte, die meiner Verzweiflung, meinem Schmerz und meinen Selbstvorwürfen gerecht werden. Meine ganze Liebe vermochte Sophie nicht zu heilen, sie kämpfte einen jämmerlich vergeblichen Kampf gegen die schreckliche Krankheit. Am 29. Mai starb sie in meinen Armen, und ich wusste nur eines: Hätte ich sie in Wien gelassen, sie wäre sicher nie erkrankt!

Wir brachten einen Sarg nach Wien zurück, und die Umrisse der Hauptstadt verschwammen hinter dem Schleier meiner Tränen. Ich hatte keinen einzigen Tag auf Sophies Lächeln verzichten wollen, und nun hatte mich der Himmel für diesen Egoismus auf grausamste Weise bestraft.

Die folgenden Monate gehören zu jenen Zeiten meines Lebens, die ich gerne vergessen würde. Es kümmerte mich wenig, was um mich herum vorging. Nur Franz Joseph konnte mich manchmal aus meinen düsteren und quälenden Selbstvorwürfen reißen, die auch meine Gesundheit zu zerstören drohten. Ausgerechnet Doktor Seeburger, dem ich den Vorwurf nicht ersparen konnte, Sophies Leiden zu spät erkannt zu haben, kümmerte sich in dieser Zeit um mein Wohlergehen. Die Erzherzogin wollte nichts davon hören, auf seine Dienste zu verzichten. Sie gab nicht Doktor Seeburger, sondern mir die Schuld an Sophies Tod. Was Wunder, dass ich trotz seiner ständigen Bemühungen nur noch ein Schatten meiner selbst war, als ich im Dezember 1857 feststellen musste, dass ich erneut ein Kind bekommen würde.

Franz Joseph reagierte überglücklich auf die Botschaft. »Wie schön für dich, Sisi«, strahlte er in vollkommener Verkennung meiner Gefühle. »Dann musst du endlich nicht mehr unglücklich sein.«

»Du meinst, ich soll Sophie vergessen und gegen das neue Kind austauschen?«, vergewisserte ich mich, ob ich ihn auch wirklich richtig verstanden hatte.

»Die Sophie ist jetzt ein Engel, Sisi. Sie ist bestimmt glücklich. Und du wirst es auch wieder sein, wenn du endlich unseren Sohn in deinen Armen hältst. Alles wird gut.«

Franz Joseph sah mich mit so viel zärtlicher Sorge an, dass mir jeder Widerspruch im Halse stecken blieb. Das komplizierte Gemisch aus Trauer, Zukunftsangst, Selbstvorwürfen und Einsamkeit, das mich bedrückte und krank machte, war in seinen Augen nur eine typisch weibliche Laune. Eine Einbildung, die von der Schwangerschaft höchst praktisch davongefegt werden würde.

In einem behielt er Recht: Die Übel der ersten Monate setzten mir so zu, dass ich nur noch den Wunsch verspürte, es möge bitte endlich vorbei sein. Während der Hof die belgische Königstochter Charlotte feierte, die meinen Schwager Maximilian geheiratet hatte, versuchte ich jede noch so absurde Regel zu befolgen, damit es dieses Mal auch wirklich und wahrhaftig ein Sohn werden würde.

Und wenn nicht? Ich wagte kaum daran zu denken. Würden sie Franz Joseph zur Scheidung überreden? Ihm eine tüchtigere, bessere und gesündere Kaiserin zuführen? Zwischen Panik und Verzweiflung hin und her gerissen, fragte ich mich, was in diesem Falle aus mir werden sollte. Gisela würde bei ihrer Großmutter bleiben, das stand fest. Nach dem Fiasko der Ungarnreise hatte ich nicht gewagt, der Erzherzogin Widerstand zu leisten, als sie das kleine Mädchen wieder unter ihre Fittiche nahm.

Der Himmel hatte glücklicherweise ein Einsehen mit mir. Am 21. August 1858 brachte ich an einem brütend heißen Hochsommertag »Rudolf Franz Carl Joseph, des Kaiserthumes Österreich Kronprinz und Thronfolger, königlicher Prinz von Ungarn und Böhmen, der Lombardei und Venedigs, von Dalmatien, Kroatien, Slawonien, Galizien, Lodomerien und Illyrien« zur Welt, wie sein offizieller Titel in den Urkunden lautete. Schon bei seiner Geburt war das winzige Kind Erzherzog von Österreich, Ritter des Goldenen Vlieses und Inhaber des Infanterie-Regimentes Nr. 19. Kardinal Rauscher taufte den kaiserlichen Prinzen wie meine anderen Kinder ohne mütterliche Anwesenheit.

Es war die schwerste meiner Geburten gewesen, und die

101 Kanonenschüsse, die über Wien in den Himmel stiegen, entgingen mir ebenso wie der Umstand, dass sich Franz Joseph dieses Mal kaum um die Mutter, sondern ausschließlich um seinen ersehnten Sohn kümmerte. Ich hatte meine Pflicht getan. Nun mussten sie doch endlich alle mit mir zufrieden sein.

Wien 1858 – 1860
»Am besten ist es, nicht zu leben …«

Du solltest wahrhaftig froh sein, dass sich die Mama so hingebungsvoll um den Rudolf kümmert.« Franz Joseph ging ungeduldig im Zimmer auf und ab, und in seiner Stimme schwang ein gereizter Unterton, den ich noch nie bei ihm vernommen hatte. »Der Kleine wächst und gedeiht in den Armen seiner Amme.«

»Ich würd ihn so gern sehen …«, wagte ich einen neuerlichen vorsichtigen Einspruch.

»Du hast Fieber«, entgegnete Franz Joseph, als wäre ich selbst daran Schuld, dass ich so lange unter den Folgen der schlimmen Geburt des Prinzen litt. »Unmöglich, den Kleinen in deine Nähe zu bringen. Du könntest ihn anstecken.«

Ich senkte die Lider. Wie konnte ich ihm widersprechen? Ein Mal hatte ich es gewagt, und es hatte mit Sophies Tod geendet. Nein, ich hatte kein Recht zu protestieren. Ich fühlte mich in dieser Sache so verzweifelt schuldig, dass ich mir selbst die schlimmste Strafe auferlegte und mich stumm in das Unvermeidliche fügte.

Ich hatte das schreckliche Gefühl, diese Buße zu verdienen. Wie konnte ich mich unbeschwerten Herzens über den kleinen Jungen freuen, der an der prallen Brust seiner sorgsam ausgewählten Kinderfrau lag, während ein anderes meiner Kinder hatte sterben müssen?

Franz Joseph hielt mein trostloses Schweigen für Gehorsam. Er küsste mich gnädig auf die Stirn, versicherte mich seiner Liebe und schenkte mir Juwelen. Dann ging er davon, um die Politik zu machen, die alle Welt für so wichtig hielt. Was waren schon das Leid und die Einsamkeit seiner dummen Frau gegen das Schicksal eines ganzen Kaiserreiches?

Keiner ahnte, dass irgendwann in diesen Tagen das schleichende Fremdsein zwischen uns begann. Ich begriff, dass es keinen Sinn hatte sich aufzulehnen. Wichtig war nur, dass die Geburt des Thronfolgers meine Position gefestigt hatte. Man würde mich nicht in Schimpf und Schande nach Hause schicken, ich war die Mutter des künftigen Kaisers. Allein, was hielt das Leben jetzt für mich bereit? Ich stand kurz vor meinem einundzwanzigsten Geburtstag. Wie sah die Zukunft aus? Jenes Dasein, das mich auf ein hübsch gekleidetes Verzierstück reduzierte, das neben Franz Joseph stand und auf Kommando lächelte?

Seit Rudolfs Geburt bestanden meine Aufgaben ausschließlich im Vorhandensein, im Lächeln und im Plaudern von Belanglosigkeiten. Nicht einmal mein eigener Mann gestand mir mehr zu als dieses jämmerliche bisschen Hofzeremoniell. Dabei gab es weiß Gott viele Dinge, über die ich mit ihm reden wollte. Über das schreckliche Schicksal meiner kleinen Schwester Marie zum Beispiel. Man hatte sie 1857 »per procura« mit dem

Kronprinzen von Neapel-Sizilien verlobt, und die Wittelsbacher hatten sich ebenso wie die Habsburger über die weitere Krone in ihrer Familie gefreut. Niemand außer mir schien sich damals zu fragen, wie es einem jungen Mädchen ums Herz sein mochte, das von seinem Verlobten bisher nur ein juwelengeschmücktes Porträt gesehen hatte. Das »allgemeine Entzücken«, von dem Franz Joseph in diesem Zusammenhang gesprochen hatte, war bei mir völlig ausgeblieben.

Arme Marie, sie war nur eine weitere von Mamas Töchtern, die in zartestem Alter an den Meistbietenden verkauft wurde. Im Februar vor Rudolfs Geburt hatte sie ihren italienischen Kronprinzen geheiratet, und das diamantgeschmückte Bildnis hatte der Wirklichkeit eines schwächlichen, körperlich und geistig unvollkommenen Gemahls Platz gemacht. Ein Jahr später herrschte sie als Königin über ein Land, das von seinen Feinden bedroht, von Revolutionen zerrissen und von unfähigen Politikern zu Grunde gerichtet wurde.

Als ich Franz Joseph bat, ihr zu helfen, lehnte er ab, ohne sich die Mühe zu machen, diese Entscheidung groß zu erklären.

»Was plagst du deinen armen Kopf mit Dingen, die du eh' nicht verstehst, mein Engel«, fügte er jedoch hinzu, als er sah, wie gekränkt ich darauf reagierte. »Die Politik ist kein Geschäft für dich. Schon dich lieber, damit du dir deine kostbare Gesundheit erhältst. Ich will dich wohl und glücklich sehen und nicht vergrämt und sorgenvoll.«

»Ich versteh sehr wohl, dass der Garibaldi mit seinen Revolutionstruppen in Neapel einmarschiert ist«, widersprach ich gereizt. »Man muss etwas tun für Marie. Sie ist in der Festung

Gaeta eingeschlossen. Wenn du zu vermitteln versuchen würdest …«

Ich verlangte zu viel vom Kaiser. Die schlimmen Niederlagen von Solferino und Magenta, die er im vergangenen Jahr beim Krieg in Oberitalien erlitten hatte, nagten an seinem Stolz. Im Friedensvertrag hatte er nicht nur die Lombardei und Piemont an Sardinien verloren, nach seiner Rückkehr hatte er sich in Wien auch öffentlicher Kritik und vielen versteckten Vorwürfen stellen müssen. Ausgerechnet sein jüngerer Bruder, Erzherzog Maximilian, hatte sich zum Sprecher dieser Opposition gemacht. Franz Joseph war deswegen nicht nur als Kaiser, sondern auch als Bruder gekränkt.

»Schluss mit der Politisiererei, Sisi«, lehnte er jede Einmischung ausdrücklich ab. »Warum kannst du nicht einfach ein bisserl lieb zu mir sein? Ich will Frieden bei dir finden und keine neuen Probleme lösen müssen.«

Er sagte das so vorwurfsvoll, dass sich jedes weitere Wort von selbst verbot.

Ich war ohnehin schweigsam geworden in diesen letzten beiden Jahren. Schweigsam und einsam. Die Ärzte hatten Franz Joseph nach der schweren Geburt Rücksicht auf meine Gesundheit empfohlen. Aber obwohl es mir gefiel, dem schrecklichen Zwang zum Empfangen und Gebären entkommen zu sein, vermisste ich den Trost seiner Umarmungen, die Wärme seiner Zuneigung. Was blieb mir, wenn Franz Joseph mich nicht mehr liebte? Wenn ich den letzten Halt an einem kalten, feindlichen Hof verlor?

Ich war mir durchaus bewusst, dass ich im Zentrum der Kritik stand. Die Erzherzogin versäumte es nie, mich darüber zu informieren. Jede boshafte Bemerkung, jedes noch so kränkende Gerücht landete über sie oder ihre Damen direkt bei mir. So wusste ich, dass der kaiserliche Leibarzt im privaten Gespräch mit dem Polizeiminister behauptet hatte, ich entspräche weder als Kaiserin noch als Frau meiner Bestimmung. Dass ich mir auf dem Pferderücken und beim Turnen Bewegung verschaffte, war für ihn nichts anderes als das Bemühen, meine Gesundheit mutwillig zu ruinieren.

Er begriff ebenso wenig wie der Kaiser, dass ich Gefahr lief, meinen Verstand zu verlieren, wenn ich nicht regelmäßig der dumpfen Atmosphäre des Hofes entkam. Mit dem Wind um die Wette zu reiten, bis alle Begleiter zurückblieben und ich nur noch die rhythmische Bewegung des Pferdeleibes unter mir spürte, war Medizin für meine gequälte Seele. Völlige Erschöpfung schenkte mir Schlaf und bewahrte mich vor dem Nachdenken.

Weder Tante Sophie noch ihr vertrauter Doktor Seeburger vermochten außerdem zu begreifen, wie viel mir die vorbehaltlose Zuneigung meiner Tiere in dieser Zeit bedeutete. Meine Hunde und Pferde verlangten nichts von mir, sie liebten mich ohne Wenn und Aber. Die Erzherzogin hingegen rümpfte ein jedes Mal die strenge Nase, wenn einer meiner Hunde bloß in ihre Nähe kam.

Sie alle waren eifrig damit beschäftigt, meine Fehler zu entdecken. Wenn die schwarz gekleidete, einschüchternde Gestalt von Franz Josephs Mutter meine Räume betrat, kam es mir ein jedes Mal vor, als schöbe sich eine Gewitterwolke vor die Sonne. Sie brachte selten gute Neuigkeiten. So auch an diesem Tag.

»Du hättest den Franz Joseph zur Jagd nach Reichenau begleiten sollen«, kam sie nach ein paar nichts sagenden Floskeln zum Kern ihres Anliegens.

»Sie wissen, dass er mich nicht darum gebeten hat «, entgegnete ich in einem Anflug von Trotz.

»Er ist der Kaiser. Es ist deine Aufgabe, ihn zu bitten, weißt du das immer noch nicht? Aber dir macht es ja ohnehin nichts aus, getrennt von ihm zu sein …«

Was wollte sie damit wieder sagen? Eine neuerliche kritische Anspielung auf meinen Besuch in Bayern, im zurückliegenden Sommer? Immerhin hatte man mich dort mit offenen Armen empfangen, und ich hatte bei Ludwig und Henriette voller Neid gesehen, wie wundervoll eine Ehe fern von Zwang und Zeremoniell sein konnte. Mein großer Bruder Ludwig hatte auf sein Erstgeburtsrecht als Herzog in Bayern, auf Vermögen und Ehren verzichtet, um Henriette Mendel, die Mutter seiner Tochter, zu heiraten. Henriette war nicht nur eine Bürgerliche, sondern auch noch Schauspielerin. Der Skandal hatte seine Wogen bis zu mir nach Wien geschlagen. Dennoch hielt ich zu Ludwig und zu seiner schönen Frau. Ich beneidete sie um ihr Glück.

Die Erzherzogin beantwortete meine stumme Frage mit dieser strengen, kalten Stimme, die unseren wenigen privaten Gesprächen vorbehalten war. »Fragst du dich nicht manchmal, warum dein Mann so wenig Zeit mit dir verbringt? Warum ihm seine Familie nicht länger die Muße und die Freude schenkt, die er so dringend braucht, um seinem schweren Amt Genüge zu tun? Wer daran schuld ist, dass er seine Ablenkung bei anderen sucht?«

»Was wollen Sie damit andeuten, Mama? Was werfen Sie mir vor?«

Sie zuckte zusammen und warf mir einen eisigen Blick zu. So wenig wie ich ihren Tonfall mochte, so wenig schätzte sie den meinen. Wir hatten es längst aufgegeben, eine Zuneigung zu heucheln, die wir beide nicht hegten.

»Ein junger gesunder Mann wie Franz Joseph hat es wohl kaum nötig, eine Frau um ihre Gesellschaft und ihre Zuneigung zu bitten«, sagte sie dann grausam. »Er hat die Auswahl unter den schönsten Versuchungen von Wien. Es fragt sich nur, wie lange er ihnen noch widersteht. Genau genommen könnte man ihm auch keinen Vorwurf machen, wenn er sich ein wenig von der charmanten Zerstreuung gönnt, die ihm allenthalben geboten wird. Bist du nicht auch dieser Meinung, meine Liebe?«

Wie üblich ließ sie mich wütend, verwirrt und ratlos zurück. Hatte sie mir sagen wollen, dass Franz Joseph seine Zuneigung inzwischen einer anderen Frau schenkte? War ich ihm nicht länger jung genug, schön genug, schlank genug? Der Wirrwarr meiner Gefühle versank in heller Panik. Verlor ich gerade meinen letzten Halt?

Nachdem das Saatkorn des Misstrauens einmal gesät worden war, lieferte der bösartige Hofklatsch bereitwillig alle nötigen Einzelheiten, die es zum Keimen brachten. Franz Josephs Leidenschaft galt tatsächlich nicht länger mir, sondern einer jungen polnischen Gräfin, die seit geraumer Zeit im Mittelpunkt aller Aufmerksamkeit stand. Ein Geschöpf voller Temperament und Leidenschaft und von so glutvoller Schönheit, dass es sich ungestraft über alle moralischen Normen hinwegsetzen konnte.

Ich musste mich nicht einmal besonders anstrengen, um das Getuschel aufzufangen, das von den Kammermädchen bis zur Obersthofmeisterin meines eigenen Haushaltes weitergetragen wurde.

Ob die Gräfin Esterházy wusste, dass es meine Ohren erreichte, als sie sich in Laxenburg der Aufgabe widmete, eine neue Hofdame in ihre Aufgaben einzuweihen? Ich hatte keine Ahnung, ich war mir jedoch sicher, dass die andere ebenfalls von der Erzherzogin in ihr Amt berufen worden war. Noch eine Spionin, die jedes Wort und jede Geste an sie weitergab. Noch vor wenigen Tagen hätte ich mir nicht die Blöße gegeben, hinter einer halb offenen Tür zu lauschen. Inzwischen blieb mir keine andere Wahl mehr.

»Der Kaiser ist ein gesunder junger Mann, wer will's ihm verübeln, dass er Zerstreuung sucht? Schon vor seiner Heirat konnten die Wiener Komtesserln und die schönen Schauspielerinnen seinem Charme nur schwer widerstehen. Wo gibt's schon einen Monarchen, der so gut ausschaut?«

»Dann stimmt es, dass er die polnische Gräfin zur Jagd eingeladen hat? Wonach werden die beiden in Reichenau wohl gejagt haben?«

Albernes, leises Gekicher. Dann hörte ich wieder meine Obersthofmeisterin. »Was soll er denn tun, wenn sie ihm die Schlafzimmertür versperrt? Man weiß doch, wie die Männer sind, und am Ende ist auch ein Kaiser nur ein Mann, meine Liebe.«

Mir wurde übel. Der Raum drehte sich vor meinen Augen, und in meinen Ohren rauschte das Blut. Ich vergaß zu atmen. Das Bild Franz Josephs in den Armen der schwarzhaarigen

Polin drängte sich mit so bösartiger Deutlichkeit in meine Vorstellung, dass ich mich um ein Haar mitten im Salon übergeben hätte. Der Kaiser betrog mich in aller Öffentlichkeit und mit der Zustimmung des ganzen Hofes! Was sollte ich tun? Wie die Schadenfreude ertragen, mit der sich alle über mein Unglück lustig machten?

War es ein Fehler, dass ich am Ende gar nichts tat? Dass ich mich demütigen ließ und heimlich litt? Mein Stolz ließ nicht zu, dass ich mich auflehnte. Ich trauerte lediglich im Stillen um die Liebe, die Franz Joseph und mich einmal verbunden hatte. Ich schwieg auch weiterhin, während sich Wien das Maul darüber zerriss, dass die feurige Gräfin einer lebenslustigen Schauspielerin Platz machen musste und die wiederum der nächsten willigen Schönen. Die Unersättlichkeit meines Gemahls gab Anlass zur Bewunderung und nicht zum Tadel.

Wenn ich Franz Joseph bei den Mahlzeiten, bei Empfängen, großen Audienzen, Festen und offiziellen Ereignissen begegnete, bemühte ich mich, gelassen und unberührt zu erscheinen. Der Kaiser gab sich zwar freundlich, besorgt und liebevoll, aber es kam mir vor, als sei auch das nur Theater. Ich wurde immer mehr die Stumme, die Überflüssige, die Unfähige. Das Bild, das mir morgens aus dem Spiegel entgegensah, wurde trotz aller Ausritte und Turnübungen immer blasser und kränker.

Wien und die Hofburg raubten mir den Lebensmut.

***

»Eine seelische Krankheit? Ich bitte Sie, Doktor Seeburger, sagen 'S nicht so was, sonst denken die Wiener am Ende noch, die Kaiserin wär wirr im Kopf. Sie ist halt ein bisserl eigen, das war sie schon immer. Sie wissen, wie oft ich Ihnen mein Herz ausgeschüttet hab. Haben Sie denn nichts Körperliches, Greifbares gefunden?«

»Je nun, die Bronchien sind ein wenig angegriffen und vielleicht ...«

»Was fehlt mir, Doktor?« Ich konnte es nicht mehr ertragen, wie die Erzherzogin und der kaiserliche Leibarzt über mein Bett und meinen Kopf hinweg miteinander redeten, als hätte ich keinen Verstand und keine Ohren.

»Ein Lungenleiden, Kaiserliche Hoheit«, beeilte sich der Mediziner übereifrig zu antworten. »Eine vorübergehende Schädigung des Bronchialsystemes ...«

Diese Diagnose gab den Auftakt zu einer ganzen Reihe von Untersuchungen. Später sprachen die ebenfalls immer zahlreicher werdenden Ärzte auch von Herzaffektion, Blutarmut und Schwindsucht. Danach sagten sie gar nichts mehr zu mir, sondern besprachen sich nur noch mit der Erzherzogin und dem Kaiser.

Ich lag in meinem Bett und fühlte, wie meine Kräfte dahinschwanden. Was mit Schwierigkeiten beim Atmen begonnen hatte, wurde zum Fieber. Sobald ich Nahrung zu mir nahm, rebellierte mein Magen, und ich fragte mich immer öfter, ob ich nicht wirklich meinem frühen Ende entgegenging, ob es am besten wäre, nicht mehr zu leben ...

Der Tod hatte längst seinen Schrecken für mich verloren. Im Gegenteil, würde er nicht alle Probleme lösen? Der Kaiser hatte seinen Erben, die Erzherzogin meine Kinder. Was wollten sie noch von mir? Wen kümmerte es, was aus der verwelkten Rose aus dem Bayernland wurde? Meine Träume waren ausgeträumt.

»Du musst gesund werden, Sisi!«

Franz Joseph erwartete sowohl von mir wie auch von den Ärzten, dass wir uns seinen Befehlen beugten und gehorchten. Er war erstaunlich besorgt um mich. Er erschien regelmäßig an meinem Bett und gab sich jedes Mal von neuem darüber verwundert, dass ich immer noch nicht wieder auf die Beine kam.

»Ich kann doch nicht leben ohne meine Sisi«, sagte er zum Ende des Herbstes ratlos und sah auf meine schmale blasse Hand, als könne er dort lesen, was meine Stirn vor Fieber glühen ließ.

»Lebst du nicht ganz gut ohne mich?«, wollte ich ihn fragen, aber einmal mehr hielt mich mein vermaledeiter Stolz davon ab, mir die Kränkung einzugestehen, die er mir antat. Ich wollte keine Entschuldigungen hören. Was hätten sie noch geändert? Der Schaden war passiert.

»Du darfst deinen schlimmen Launen nicht so nachgeben«, riet Franz Joseph, als hätte er meinen mühsam unterdrückten Seufzer doch gehört. »Du bist meine Kaiserin, hast du das vergessen?«

»Schlimme Launen?« Die Herzlosigkeit dieses Verdachts riss mich für einen Moment aus meiner Apathie. Nahm er an, dass ich meinen armen Körper aus einer purer Dummheit so misshandelte? »Wie kannst du so etwas sagen?«

»Schau, wenn du dich halt etwas mehr zusammennehmen würdest …«, entgegnete der Kaiser mit einem Lächeln, das mich heimlich mit den Zähnen knirschen ließ. »Tu's für mich, Sisi! Unsere Diplomaten schreiben schon, dass man in allen Hauptstädten über das geheimnisvolle Leiden meiner Kaiserin die wildesten Gerüchte verbreitet.«

»Was wirfst du mir vor? Dass deine Gesandten dummes Zeug nach Wien berichten?«, stammelte ich fassungslos.

»Diplomaten sind keine dummen Leut, mein Engel«, erklärte Franz Joseph mit diesem kränkenden Unterton, der mir sagte, dass ich in seinen Augen immer noch das sechzehnjährige Kind war, das er geheiratet hatte.

»Diplomaten sind Männer,« erwiderte ich sarkastisch, aber Franz Joseph merkte nicht einmal, dass ich es spöttisch gemeint hatte.

Er nickte bestätigend. »Genau deswegen muss man ihnen auch glauben, mein Engel. Bemüh dich mehr um deine Gesundheit, versprichst du mir das?«

Er beugte sich über mich, küsste mich flüchtig und verschwand zu seinen Akten und seinen Diplomaten, ehe ich mich entschieden gegen seine Sicht der Dinge verwahren konnte. Er ließ mich mit meinen Gedanken allein.

Tat er mir denn wirklich Unrecht? Im hintersten Winkel meines Herzens wurde mir mit jäher Beschämung klar, dass ich meine Krankheit tatsächlich auch dazu nutzte, dem Hof und seinem enttäuschend langweiligen Einerlei zu entkommen. Das Getuschel hinter meinem Rücken, das scheinheilige Mitleid und die falsche Anteilnahme waren mir einfach grässlich geworden. Wenn mich Franz Joseph schon betrog, dann wollte ich wenigstens nicht dabei beobachtet werden, wie sehr ich darunter litt.

In der Stille der kalten Hofburg-Gemächer, während der herbstliche Wind über die Wiener Dächer pfiff, verschaffte mir meine Krankheit Muße zu strenger Selbstprüfung. War ich eifersüchtig auf die dummen Gänse, die in diskreter Reihe durch das Bett des Kaisers zogen? Schmerzte mein Herz unter dem Verrat des Mannes, dem ich meine Freiheit und meine Gesundheit geopfert hatte?

Was ich nach genauer Befragung meiner eigenen Gedanken herausfand, erstaunte mich selbst. Es tat weh, vom Gegenstand allgemeiner Bewunderung zu jenem des Mitleids zu werden, aber mein Herz war mehr enttäuscht als gebrochen. Hatte ich nicht schon immer geahnt, dass Franz Josephs Liebe jener Tiefe und Ausschließlichkeit entbehrte, welche die Poeten in so anrührenden Versen besangen?

Er liebte, soweit es ihm gegeben war, aber noch mehr als jeden Menschen liebte er das würdig strenge Phantom seiner Kaiserwürde. Das strahlende Bild der eigenen Unfehlbarkeit leitete ihn durch alle Katastrophen und Rückschläge. Er war der Kaiser, er konnte gar keine Fehler und Irrtümer begehen. Diese Einstellung verhinderte, dass er jemals auch nur darüber nachdachte, ob er Schuld an den Ereignissen auf sich geladen hatte. Sollte ich ihn dafür bewundern oder bedauern?

Was sollte ich überhaupt tun? Die Lösung meiner Probleme lieferte mir erstaunlicherweise ausgerechnet das lästige Kollegium der Ärzte, das mich nahezu täglich belästigte. Doktor Seeburger unterbreitete dem Kaiser und mir in gestelzten Worten eine Mischung aus medizinischem Rat und idealem Ausweg.

»Wir sind uns einig, dass es keinesfalls zu empfehlen ist, dass Ihre Kaiserliche Majestät den diesjährigen Winter in Wien verbringt. Das Klima ist zu rau für die geschädigten Lungen der hohen Frau. Wir raten einen Kuraufenthalt in einem milden kräftigen Klima anzutreten, das den Heilungsprozess der geschädigten Atmungsorgane unterstützt.«

Eine Reise? Allein die Aussicht darauf, Wien und die Hofburg verlassen zu können, beflügelte meine müden Sinne. Nicht einmal Franz Joseph widersprach, obwohl es doch bedeutete, dass er das kommende Weihnachtsfest ohne mich verbringen musste.

»Du könntest nach Meran gehen, Sisi«, schlug er vor. »Die italienische Adria, welche Doktor Seeburger vorschlägt, scheint mir denn doch zu weit entfernt. Aber wenn du lieber nach Abbazia …«

Ich machte lieber eigene Pläne. Franz Joseph rang um Beherrschung, als er von ihnen erfuhr.

»Nach Madeira willst du? Ich bitte dich, Sisi! Das ist tausende Kilometer von Wien entfernt!«

»Dreitausend, um genau zu sein, Franz Joseph«, nickte ich. »Aber dort herrscht ewiger Frühling. Dort ist es warm und die Luft mild wie bei uns im Sommer. Du wirst sehen, dort werd ich wieder gesund.«

»Musst du denn gar so weit von uns fort, Sisi? Und dann auch noch allein? Auf eine solche Reise kannst du unmöglich die Kinder mitnehmen.«

Meine Kleinen waren tatsächlich der einzige Wermutstropfen in diesem wunderbaren Plan. Aber ich konnte ihnen auch auf Madeira nicht ferner sein, als ich es in der Hofburg war. Das zähe Ringen um die Kaiserkinder hatte durch meine Krankheit endgültig zu Gunsten der Erzherzogin geendet. In den Kinderzimmern wurde kein Spielzeug ohne ihre Einwilligung bewegt, und wenn ich Gisela und ihren Bruder besuchte, blieb ich für beide eine Fremde.

Das stämmige kleine Mädchen knickste zwar ein jedes Mal wohlerzogen, aber dann blieb es stumm und sah mich nur aus großen blauen Augen an. Es glich dabei so sehr seiner Großmutter, dass ich es nicht einmal wagte, die kleine Person in die Arme zu schließen.

Mein Sohn hingegen liebte in dieser ersten Zeit seines Lebens ausschließlich seine Nahrungsquelle, die ungarische Amme. Sobald ich ihn von ihr entfernte, brach er in jämmerliches Geschrei aus. Ich konnte es ihm nicht verübeln. Vermutlich erschreckte ihn auch die blasse Frau mit den unglücklichen Augen, die sich über seine Wiege beugte. Er würde weniger weinen, wenn ich seinen Frieden nicht länger in den kostbaren Augenblicken störte, die mir seine Großmutter gnädigerweise mit ihm zugestand.

Der Abschied fiel mir schwer und leicht zugleich. Mit Ausnahme meiner Kinder gab es nichts, was mich in Wien hielt. Ich reiste mit leichtem Herzen, umso mehr, als es mir auch gelungen war, meine mürrische Obersthofmeisterin zurückzulassen. Ich gedachte nur für meine Gesundheit zu reisen, und deswegen war mein Hofstaat erfreulich klein. Ich hatte darauf geachtet, möglichst junge Damen für meine Begleitung zu wählen, und war selbst überrascht, dass niemand dagegen Einspruch erhob.

Vielleicht lag es ja auch daran, dass sich die Esterházy nicht den Strapazen der langen Reise aussetzen wollte. Ich weinte ihr keine Träne nach. Auch Franz Joseph nicht, der mich bis

Bamberg eskortierte und mir das Versprechen abnahm, mich gut zu erholen und ihm viele Briefe zu schreiben. Bis ich in Antwerpen an Bord der Yacht ging, welche mir die englische Königin freundlicherweise für die Reise nach Madeira zur Verfügung gestellt hatte, kam es mir schon vor, als könne ich leichter atmen.

Madeira 1860 – Venedig/ Bad Kissingen 1862 »Mein teurer Freund …«

Die Villa lag hoch über dem Meer, und das Rauschen der Wellen begleitete mich durch milde Tage und angenehme Nächte. Die Pracht der Blumen und Palmen, das sanfte Streicheln des Windes und die Bequemlichkeit des geräumigen Hauses wirkten wie Balsam auf meine überreizten Nerven. Ich hatte nicht geahnt, dass es Orte wie diesen gab. Plätze, an denen die Sonne wärmer schien und die Luft so behutsam in meine gequälten Lungen drang, dass schon wenige Tage nach meiner Ankunft der quälende Husten besser wurde, ehe er schließlich vollends verschwand.

Der Gedanke, dass Wien zur selben Zeit unter feuchtkaltem Nebel verborgen lag und seine Bewohner den winterlichen Rauch aus tausenden von Schornsteinen einatmeten, kam mir geradezu unwirklich vor. Die Schönheit der sonnigen Insel mit ihren duftenden Mimosenwäldern und das heitere Wetter waren so unwiderstehlich, dass auch meine Traurigkeit wie von selbst verflog. Das Leben, mit dem ich eigentlich schon abgeschlossen hatte, drang mit aller Macht in mein Bewusstsein zurück.

Als Erstes begann ich wieder zu lesen, nachdem ich hier weder Franz Josephs Ermahnungen noch die kritisch erhobenen Brauen seiner Mutter fürchten musste. Beide mochten es nicht, wenn ich Rousseau studierte, über den Gedichten meines Lieblingsdichters Heine die Zeit vergaß oder mich mit Dante und Byron beschäftigte.

Franz Joseph ließ sich nicht davon abbringen, dass ich vom Lesen dieser »überspannten Theorien« Kopfschmerzen und dumme Ideen bekam. Die Erzherzogin hielt es ohnehin für verschwendete Zeit. Beide lasen sie nur Akten, und das verdarb sie für alles, was nicht auf Kanzleipapier formuliert worden war. Es raubte beiden den Blick für die Schönheit des Wortes und die heilsame Kraft der Poesie.

Aber sie würden natürlich davon erfahren, dass ich viele Stunden des Tages ihr Verbot missachtete, dessen war ich mir gewiss. Auch wenn ich meine Begleiter noch so sorgfältig ausgewählt hatte, Wien blieb nahe. Ich machte mir allerdings nicht die Mühe herauszufinden, wer die Erzherzogin über meinen Tagesablauf informierte. War es die Gräfin Windischgrätz, die meine Obersthofmeisterin auf Madeira ersetzte? Die fröhliche Lily von Hunyady oder die Gräfin von Thurn und Taxis, deren Verwandtschaft bis in jene des Fürsten von Thurn und Taxis reichte, den meine Schwester Nené vor geraumer Zeit geheiratet hatte?

Eine von ihnen musste es gewesen sein. Denn Franz Josephs regelmäßige Briefe flossen über vor liebevollen Ermahnungen. Er wünschte, dass ich mich erholte und nicht überanstrengte.

Auch sollte ich meinen hübschen Kopf nicht allzu sehr mit Dingen belasten, für die ihn der liebe Gott nicht geschaffen habe. Ich gewöhnte mir an, diesen Teil seiner Briefe zu überfliegen und zu vergessen.

Bei einem Menschen konnte ich mir freilich absolut sicher sein, dass er mich nicht nach Wien verriet. Gräfin Lilys Bruder Imre, Husarenoberleutnant Graf Hunyady, bekleidete das Amt eines Hofkavaliers in meinem Tross. Er hätte vermutlich eher sein Leben hingegeben als mir zu missfallen. In seinen Blicken lag so viel mehr als nur der Gehorsam eines Ehrenmannes, der seiner Kaiserin mit Freuden diente.

Sosehr ich auch versuchte, Distanz zu wahren, in den vergangenen Tagen war ich nicht mehr so kühl zu ihm gewesen, wie es sich für die Kaiserin ziemte. So fern von Wien fühlte ich mich mit einem Mal wieder als Sisi und nicht als Elise oder Kaiserliche Hoheit. Es war schon viel zu lange her, dass mich jemand so uneingeschränkt bewundert hatte. Seine Ergebenheit war genau die Medizin, welche die Frau in mir benötigte.

Ich ertappte mich dabei, dass ich den feschen Grafen unter halb gesenkten Lidern verstohlen beobachtete. Seine geschmeidige Gestalt, die stolze Haltung und das glänzende Feuer seines Blicks machten ihn zum Idealbild eines ungarischen Helden. So hatte ich mir die Magyaren vorgestellt! Ein Volk der stolzen Helden, hoch zu Pferd, das seine Freiheit mehr als sein Leben liebte. Ein Volk, das die Fähigkeit zu wahren, leidenschaftlichen Gefühlen besaß.

Das schwüle Blumenmeer des Gartens betonte seltsamerweise die herausfordernde Männlichkeit seiner Erscheinung.

Mein schönheitsdurstiges Herz, das in Wien unter grauem Alltag und trostloser Traurigkeit erstickt worden war, fand Gefallen an diesem herrlichen Bild. Während es für jeden oberflächlichen Beobachter so aussehen musste, als sei ich vertieft in das schmale Bändchen mit den Shakespeare-Sonetten, das ich in den Händen hielt, betrachtete ich in Wirklichkeit den jungen Grafen.

Er hatte eine äußerst charmante Art, mir seine Bewunderung zu zeigen, ohne dass er je aufdringlich wurde. Stets befand er sich in Rufweite, bereit, einen lästigen Sonnenschirm zu tragen, einen Schal zu halten oder einen kaum gehauchten Befehl auszuführen.

»Es muss Ihnen langweilig sein, dieses beschauliche Dasein zwischen so vielen Frauen, Graf Hunyady«, begann ich nach vielen Tagen doch das Gespräch, das ich mir bisher stets verboten hatte.

Auch er musste warten, bis ich ihn ansprach, damit er in meiner Gegenwart die Stimme erheben durfte. Anfangs hatte mich dieser Punkt des Hofzeremoniells gestört, nun gefiel er mir. Ich hatte es in der Hand, ob ich ein Gespräch beginnen wollte oder nicht. Meistens wollte ich nicht. Aber es gab Ausnahmen, und der attraktive Graf war zweifellos eine davon.

»Wie kann es mir im Paradies langweilig sein, Kaiserliche Hoheit«, erwiderte er in seiner angenehmen Baritonstimme und trat einen winzigen Schritt näher. »Ich betrachte es als außergewöhnliche Gunst des Schicksals, meiner Kaiserin auf Madeira zu Diensten sein zu dürfen.«

»In der Tat?« Ich konnte der Versuchung nicht widerstehen, ihn ein wenig zu necken. »Wäre es Ihnen nicht lieber, in der kriegerischen Welt der Männer, auf dem Schlachtfeld, Ehren zu sammeln und Siege zu erfechten?«

»Und meine Kaiserin im Stich lassen? Nie und nimmer!«

Die unterdrückte Leidenschaft in seiner Stimme ließ mich heimlich erbeben. Ich bedachte ihn mit dem Lächeln, von dem Marie einmal gesagt hatte, dass es jeden Mann erobern würde. Ich hatte es noch nie bewusst eingesetzt, nicht einmal bei Franz Joseph. Er war von sich aus auf mich zugetreten. Nun indes machte ich zum ersten Male den echten Versuch, einen Mann ein wenig enger an mich zu fesseln. Es hatte den Anschein, als wolle es mir gelingen.

Erkennbare Röte stieg in die männlichen Züge. Die Lippen unter dem ansprechenden Schnauzbart öffneten sich in einer winzigen Bewegung, als wolle er etwas sagen, von dem ihn Erziehung und Gehorsam letztendlich doch abhielten. Ein tiefer Atemzug weitete seine Brust. Eine beachtlich breite Brust unter starken Schultern, wie mir in diesem Moment ebenfalls auffiel.

Unsere Blicke trafen sich und hielten sich fest. Sie sprachen auf eine geheimnisvolle Weise miteinander, wie ich es bei Franz Joseph nie kennen gelernt hatte. Er war meistens in Eile, und wenn er mich wirklich ansah, dann kam es mir eher so vor, als wolle er mich mit Blicken verschlingen, zu seinem Besitz machen, wie er es so gerne mit Provinzen und Ländern tat. Graf Hunyadys Blick war reine schrankenlose Verzauberung. Sein leidenschaftliches Herz lag offen vor mir, bereit dafür, dass ich es aufhob. Welch eine Versuchung!

Die gedemütigte Sisi, die von Franz Josephs Betrug gekränkt an ihrer eigenen Person gezweifelt hatte, die sich für nicht schön genug, nicht klug genug, nicht fürstlich genug gehalten hatte, wagte endlich, eine immens wichtige Frage zu stellen: War es möglich, dass es gar nicht ihre Schuld war, dass Franz Joseph seine Gunst auch anderen Frauen schenkte? Hätte er sich so oder so auch auf die Jagd nach anderen Schönen gemacht, weil er die Bestätigung seiner männlichen Anziehungskraft immer wieder von neuem und von anderen Frauen brauchte? Eine Bestätigung, wie sie mir in diesem Moment für meine Person aus den Augen des Grafen Hunyady entgegenflammte?

In einer Mischung aus Trotz und Mutwillen schlug ich das kleine Buch zu und erhob mich von meinem Lieblingsplatz auf der Steinbank unter den duftenden Mimosen. Mit einem Mal war ich es leid, von der Liebe und den zärtlichen Gefühlen nur zu lesen und sie nie zu erleben.

»Begleiten Sie mich, Graf! Man hat mir erzählt, dass es unten am Hafen einen Händler gibt, der Singvögel verkauft. Ich möchte die Villa mit ihrem Gesang und ihrer Fröhlichkeit füllen.«

Der junge Graf eilte an meine Seite. »Ich werde für Kaiserliche Hoheit und Ihre Begleitung den Wagen anspannen lassen!«

»Unsinn! Wir gehen zu Fuß!« Zum ersten Mal seit langer Zeit hatte ich wieder das Gefühl, Herrin meiner eigenen Kräfte zu sein. »Kommen Sie, Graf! Wir werden sehen, ob die Offiziere des Kaisers auch andere Dinge können, als mir Komplimente zu machen.«

Es war der erste einer Reihe von Ausflügen, die mir höchstes Vergnügen bereiteten. Kurz nach meiner Ankunft in Madeira hatte ich einen leichten Wagen und ein halbes Dutzend weiße Ponys gekauft. Beide kamen jetzt zum Einsatz. Wir eroberten die Insel, betrachteten ihre Naturschönheiten und Sehenswürdigkeiten, oder wir fuhren einfach drauflos, bis wir ein hübsches Fleckchen Strand oder Küste fanden, das uns zum Verweilen einlud.

Alle diese Exkursionen unternahmen wir natürlich in Begleitung meiner Damen. Dank Imres Schwester Lily schlich sich jedoch ein nie da gewesener unbeschwerter Ton in unsere Konversation. Ich fühlte mich an meine Sommer in Possenhofen erinnert. Man hätte meinen können, eine Gruppe von Schwestern oder Freunden genieße die Wohltat der Sonne in diesem südlichen Winter.

So wie den Winter hätte ich am liebsten auch das Weihnachtsfest und meinen Geburtstag vergessen, aber es war mir nicht vergönnt. Zu jäh brach die Sehnsucht nach meinen Kleinen in mir auf, welche dieses Fest ohne ihre Mutter feiern würden. Gisela war inzwischen vier Jahre alt, Rudolf ein ganzes und fast ein halbes Jahr. Würden sie sich nicht fragen, wo ihre Mutter blieb, und was würde ihnen die Erzherzogin antworten?

Ich suchte Trost, indem ich ihnen Briefe schrieb und jene beantwortete, die mir Franz Joseph in ununterbrochener Folge von seinen persönlichen Abgesandten überbringen ließ. Zum Weihnachtsfest und Jahreswechsel erreichte seine Aufmerksamkeit einen vorläufigen Höhepunkt. Graf Nobili brachte uns eine Tanne aus dem Wald von Laxenburg, damit es uns an nichts fehlte, aber es war dennoch ein trauriges Fest. Auf einmal vermisste ich den Winter, die klirrende Kälte eines Weihnachtsabends und den sanften Fall der Schneeflocken, die so untrennbar mit zum Christfest gehörten.

Meine wehmütigen Erinnerungen galten jedoch eher den fröhlichen Weihnachtsfesten, die ich im Kreise meiner Familie in München gefeiert hatte. Die steifen Zeremonien in der Wiener Hofburg hielten dem Vergleich mit ihnen ohnehin nicht stand. Beherrscht von der Erzherzogin, die von allen auch bei dieser Gelegenheit Bewunderung dafür einforderte, dass sie einen Kaiser zur Welt gebracht und höchst pflichtbewusst erzogen hatte, erstickte jedes Familienfest in Form und Etikette.

Meine armen Kleinen, wie gerne hätte ich sie davor bewahrt und ihnen Erinnerungen geschenkt, die den meinen glichen! Doch gleichzeitig schob sich das Bild des armen toten Engelchens in meine Gedanken, und ich versank von neuem in Trauer und Selbstvorwürfen.

Nur Graf Hunyady und seine fröhliche Schwester vermochten mich in dieser Zeit aus meinen trüben Stimmungen zu reißen. Ersterer besonders.

»Nach jedem trüben Tag geht einmal wieder die Sonne auf, Kaiserliche Hoheit«, beschwor er mich. »Sie können sich jeden Morgen aufs Neue davon überzeugen. Der Schmerz wird vergehen, er wird sich in Kraft und Hoffnung verwandeln.«

Ich dachte an seine Worte, als ich wenige Tage später, nach einer fast schlaflosen Nacht, in jenem magischen Zwischenreich der beginnenden Dämmerung erwachte. Der junge Morgen erinnerte mich an die Sommer in Possi. Wenn die kleine Sisi dort erwacht war, hatte sie sich einfach das nächstbeste Kleid übergestülpt und war zum See hinuntergelaufen, um die Sonne zu begrüßen.

Ohne lange zu überlegen, folgte ich der spontanen Regung, dies auch heute zu tun. Im Dunkel tastete ich nach einem

Gewand. Ich fühlte luftigen Batist und eine Knopfleiste im Vorderteil, die ich ohne Kammerfrau selbst schließen konnte. Unterröcke, Korsett und all das andere lästige Zeug ließ ich liegen. Der feine Stoff streichelte in unerwarteter Zärtlichkeit über meine Haut und verfing sich beim Gehen zwischen den Beinen. Meine Schuhe in der Hand, schlüpfte ich auf bloßen Füßen lautlos hinaus. Das Haus schlief. Keine Hofdame, keine Zofe und keine Dienerin sah mich über die Terrassen eilen.

Meine Sohlen waren das Barfußlaufen nicht mehr gewohnt. Die Steine fühlten sich rau und kalt an. Es tat ein wenig weh, aber es war gleichzeitig eine Bestätigung dafür, dass ich lebendig war, dass mein Herz in einem fühlenden Körper schlug. In meinem jähen Rausch aus Lebensfreude und Überschwang spürte ich weder die kühle Brise, die mich vom Wasser her anwehte, noch die ungewohnte morgendliche Frische. Nach den letzten Steinstufen kam der Sand. Weich und grob zugleich, mit kleinen zerstoßenen Muschelsplittern und trockenen Seegrasresten, die zwischen meinen Zehen hängen blieben.

Inzwischen war die Dämmerung dem neuen Morgen gewichen. Rosig zart und glasklar zugleich machte sich die Sonne auf ihren Weg über das hellblaue Firmament. Der Beginn eines neuen Tages, eines neuen Lebens. Als sich unweit von mir die Silhouette einer vertrauten Gestalt gegen das morgendliche Funkeln im Gegenlicht abzeichnete, war ich kaum überrascht. Hatten wir ein Stelldichein abgesprochen? Nicht mit Worten. So etwas tat eine Kaiserin nie. Dennoch überflutete mich die Freude, Graf Hunyady zu sehen, wie das Sonnenlicht den Strand.

»Mein teurer Freund.«

Ich streckte ihm die Hände entgegen, und er umfing meine Finger mit unerwarteter Wärme, ehe er sie in kühner Vertraulichkeit an seine Lippen hob.

»Meine Kaiserin.«

Sein Schnauzbart kitzelte auf meinem Handrücken, und der leidenschaftliche Druck seines Mundes setzte sich als Feuerspur bis tief in mein Herz hinein fort. Es war die vollkommene Ergänzung dieses hinreißenden Morgens, ihn mit einer Seele zu teilen, die dasselbe Entzücken wie ich empfand. Wir hatten keine Worte nötig. Wir waren einander enger verbunden, als ich es je bei Franz Joseph verspürt hatte.

In diesem blendenden Augenblick begriff ich auch, dass meine Liebe zu Franz Joseph der Traum eines ahnungslosen Kindes gewesen war. Fern jeder Wirklichkeit hatte ich mich in das Bild eines Traumprinzen verliebt, das nichts mit dem wahren Kaiser zu tun hatte.

Wieso hatte mich eigentlich niemand vor diesem Fehler gewarnt? Hätte nicht wenigstens meine Mutter erkennen müssen, wie ahnungslos und naiv ihr Kind einer Illusion nachjagte?

Eine dumme Frage. Kronen hatten es nun einmal an sich, dass sie eine Tochter des Hauses Wittelsbach blind für alles andere machten. Meine arme Schwester Marie, die so heldenhaft im belagerten Gaeta an der Seite ihres Gatten ausharrte, musste ebenfalls mit den bitteren Folgen dieser Blindheit leben. Eine Prinzessin von Bayern hatte kein Recht zu lieben. Nicht einmal so zart und unschuldig, wie es meine Gefühle zu diesem jungen schönen Offizier waren. Ich musste schnell erfahren, dass ich nicht einmal meine Sympathie und mein Lächeln verschenken durfte.

Wer die Begegnung am Strand und den respektvollen Kuss so eilig nach Wien getratscht hatte, sollte ich nie erfahren. Es musste ein Telegramm gewesen sein, so unmittelbar erfolgte die Reaktion darauf. Graf Hunyady wurde auf persönlichen Befehl Seiner Majestät des Kaisers aus Madeira abberufen. Es blieb ihm kaum die Zeit, seine Koffer zu packen und sein Unglück zu begreifen.

»Nun werden Sie es doch mit den Schlachtfeldern und den Siegen zu tun bekommen, liebster Freund«, wisperte ich traurig, als er ein letztes Mal meine Hände küsste. »Ich habe Ihnen kein Glück gebracht. Ich bringe niemandem richtig Glück.«

»Ich werde stets der treueste Diener Ihrer Kaiserlichen Hoheit sein«, schwor er leidenschaftlich.

Ich verbot mir, seinem Schiff nachzusehen. Ich musste lernen, nicht länger auf mein dummes Herz zu hören. Nicht mehr zu vertrauen, wo Misstrauen besser gewesen wäre, und nicht mehr wie ein Kind zu fantasieren. Der Geschmack an Sonne und Blütenpracht war mir vergangen. Die Luft ließ zwar nichts zu wünschen übrig, aber inzwischen bot die Insel kaum noch Zerstreuungsmöglichkeiten.

Die stundenlangen Kartenspiele mit meinen Hofdamen verloren ebenso an Reiz wie die Ausflüge zu längst bekannten Zielen. Einzige Abwechslung bot der Strom der Besucher, die alle in vielfacher Form dafür sorgten, dass ganz Wien über unsere Tage auf Madeira informiert wurde.

Die wenigsten waren mir so wohlgesinnt wie Graf Grünne oder meine große Schwester Nené, die zu meiner Freude im neuen Jahr auftauchte. Die Ehe mit dem Fürsten Thurn und Taxis bekam ihr gut. Sie hatte das Kunststück fertig gebracht eine Verbindung zu schließen, die sowohl für Mama wie für sie selbst akzeptabel war. Sie liebte ihren Gatten und war nur ohne ihn nach Madeira gekommen, weil Mama sie inständig darum gebeten hatte. Sie hielt mir eine so energische Standpauke, dass ich nicht mehr entscheiden konnte, an wen sie mich mehr erinnerte: an Mama oder an deren kaiserliche Schwester in Wien.

»Du musst mehr essen, Sisi. Wie willst du zu Kräften kommen, wenn du im Teller herumstocherst wie ein Spatz? Du sitzt kaum eine halbe Stunde zu Tisch, dann hebst du die Tafel wieder auf. Wer soll in dieser Zeit mehr als ein paar Bissen von vier Speisen und vier Desserts zu sich nehmen?«

»Mir genügt die Zeit«, erwiderte ich und wusste wohl, dass ich mich wie ein trotziges Kind anhörte. »Ich gehöre wenigstens nicht zu den Damen, die sich aus purer Langeweile vollstopfen, bis ihr Korsett bei jedem Atemzug quietscht.«

»Trotzdem musst du mehr auf dich achten, Sisi. Du hast versprochen, alles zu tun, damit du schnell wieder gesund wirst, hast du das schon vergessen? Du willst doch auch bald heim nach Wien.«

»Eigentlich würd ich viel lieber auf Reisen gehen«, gestand ich ihr ehrlich ein. »Es gefällt mir nicht, ständig auf einem Fleck zu sitzen. Es gibt so viele Länder, die ich gerne sehen möchte.«

»Geh, sei nicht kindisch, Sisi.« Nené scherte sich keinen Deut darum, dass ich eine Kaiserin war. Sie beherrschte noch immer die Kunst, ihre kleine Schwester zurechtzuweisen. »Deine Wiener wollen dich gerne sehen.«

»Du meinst, sie wollen die Nase über die Rose aus Bayern rümpfen.«

»Das würden sie nie wagen.«

»Ach, Nené, haben sie dir nicht gesagt, wie hinter meinem Rücken über mich getuschelt wird? Für langweilig, dumm und unfähig halten sie mich, weil ich lieber für mich bleibe, statt die alberne Hofpuppe zu spielen. Ins Gesicht hinein tun sie mir schön, und hinter meinem Rücken richten sie mich aus. In ihren Augen ist es schon ein Fehler, dass ich überhaupt existiere. Denkst du, ich sehne mich danach, diese Leute wieder zu sehen?«

»Aber du kannst nicht durch die Welt vagabundieren wie unser Papa. Es ist schlimm genug, dass er dir die Freude daran vererbt hat. Du musst deine Pflichten als Kaiserin und als Mutter erfüllen.«

Die Erzherzogin hätte ihre helle Freude an Nené gehabt. Eine so ernsthafte Litanei von Pflicht und Gehorsam hatte mir schon lange niemand mehr vorgebetet.

»Hör auf«, bat ich sie müde. »Der Franz Joseph braucht mich nicht, und die Kinder haben ihre Großmutter. «

Nené legte ihr ernstes, schönes Gesicht in noch strengere Falten. »Ach, Sisi, warum machst du dir das Leben so unnötig schwer? Warum kannst du nicht einfach hinnehmen, was geschieht? Warum musst du immer opponieren und deinen eigenen Kopf durchsetzen? Du könntest ein so gutes erfülltes Leben haben. Denk doch an den Rudolf und die Gisela und daran, wie sehr der Franz Joseph dich liebt.«

»Er liebt mich so sehr, dass noch jede Menge Liebe für polnische Gräfinnen, Schauspielerinnen und wer weiß welche Damen übrig bleibt. Glaubst du, ich weiß das nicht?«, fauchte ich gekränkt.

»Das ist doch wirklich nichts, worüber du dir den Kopf zerbrechen musst«, entgegnete Nené tapfer, obwohl sie errötete. »Männer sind halt so. Du musst darüber hinwegsehen, die Mama hat es doch auch getan. Ist sie uns nicht ein echtes Beispiel für Haltung und Würde?«

Ob Prinz Maximilian von Thurn und Taxis auch so war? Es gab Dinge, die man nicht einmal seine Schwester fragte. Dabei hätte ich so gerne einen Menschen gehabt, dem ich mich anvertrauen konnte. Aber nicht einmal bei Nené wagte ich es. Sie blickte so selbstgerecht über die schmale Wittelsbacher-Nase hinweg, die auch Mama und die Erzherzogin besaßen, dass mir klar wurde, dass sie vermutlich auch die dummen Gerüchte um den Grafen Hunyady vernommen hatte. Ein falsches Wort von mir, und sie würde ihre ehrenwerte Mission zu allem Überfluss auch noch mit einer Moralpredigt in Sachen ehelicher Treue krönen.

Was war das für eine Welt, die Mann und Frau so unterschiedlich beurteilte? Wien bewunderte den Kaiser für seine Lebensfreude und seine Bettgeschichten, aber gleichzeitig verurteilte es seine einsame Kaiserin für ein unschuldiges Lächeln.

Dennoch brachten mich Nenés sanfte, aber beharrliche Worte dazu, die Heimreise zu planen. Nach einem einsamen kühlen Osterfest verlor sogar Wien seinen Schrecken für mich. Ohnehin waren Frühling und Frühsommer die angenehmste Zeit an der Donau. Wenn es einen neuen Anfang für Franz Joseph und mich geben sollte, dann musste ich mich auf den Weg machen. Was blieb mir schon anderes übrig, als darauf zu hoffen?

Der Kalender zeigte den 28. April 1861, als ich – erneut auf der Yacht der englischen Königin – Madeira verließ. Dieses Mal wählte ich den Weg durch das Mittelmeer in die Adria, und ich fühlte mich wohl genug, um die Reise auf dem königlichen Schiff einige Male zu unterbrechen. Ich hatte ein wenig Angst vor dem Ankommen. Ich wollte es so lange wie möglich hinauszögern.

★★★

»Sisi, mein Engel!« Franz Joseph schloss mich so stürmisch in die Arme, dass ich mich an seinen Schultern festhalten musste, um nicht den Boden unter den Füßen zu verlieren. »Wie gut du ausschaust, wie der Frühling persönlich! Ich danke unserem Herrgott, dass er dich wieder gesund gemacht hat. Ist sie nicht eine Augenweide, Max?«

Letzteres galt meinem Schwager, Erzherzog Maximilian, der mich gemeinsam mit Franz Joseph in Lacorma erwartet hatte. Jetzt grüßte er mich mit seinem nettesten Lächeln und seiner schneidigsten Reverenz. Ich hatte Max gern, er war charmant, interessierte sich im Gegensatz zu seinem Bruder für viele Dinge und konnte äußerst fesselnd erzählen. Er hatte nur einen einzigen Nachteil: Er hatte eine Frau geheiratet, die ich nicht ausstehen konnte.

Charlotte von Belgien war nach dem Tod meiner kleinen Tochter an den Hof gekommen und hatte sich den Rang der ersten Dame angemaßt, weil ich zu krank und zu erschöpft gewesen war, um ihr Einhalt zu gebieten. Sie benahm sich, als wäre sie als regierende Königin auf die Welt gekommen, und sie verstand sich auf Anhieb blendend mit der Erzherzogin.

Dass jene mir die neue Schwiegertochter ununterbrochen als »Perle der Eleganz und Anmut« gerühmt hatte, hatte sie mir nicht sympathischer gemacht. Hinzu kam, dass ich Charlotte verdächtigte, die Quelle zahlreicher boshafter Gerüchte über mich zu sein.

Max trug inzwischen den Titel eines Vizekönigs von Italien und lebte mit seiner Gemahlin in der prächtigen Festung Miramar, die er hoch über der Adria für sich und seine Gemahlin hatte erbauen lassen. Ich hatte keine Lust, in Miramar unter Charlottes Dach zu bleiben, aber ich wurde nicht gefragt.

Schon die Begrüßung fiel kühl aus, aber die beiden Brüder waren offensichtlich froh, dass ihre Damen wenigstens in der Öffentlichkeit die Form wahrten. Als Franz Joseph jedoch zusammen mit Max nach Triest fuhr und mich in Miramar zurückließ, beschränkte ich mich ganz auf den Aufenthalt in meinen Gemächern. Ich gönnte mir die Muße, meine Blicke über das azurblaue Meer schweifen zu lassen, während ich die Bilder meiner Heimreise in Gedanken sortierte. Am besten hatte es mir auf Korfu gefallen. Ich wäre gern länger auf der griechischen Insel geblieben, hätte Franz Joseph nicht so energisch auf meine Heimkehr gedrängt.

Meinen Hunden, die es nun seit Monaten gewohnt waren, frei über Terrassen und durch Gärten zu streifen, gefiel das plötzliche Eingesperrtsein überhaupt nicht. Ich verstand sie nur zu gut. Aus diesem Grund nahm ich auch Shadow in Schutz, als er für neuen Ärger zwischen meiner Schwägerin und mir sorgte.

Sein Jagdinstinkt hatte ihn auf die Fährte des winzigen Schoßhündchens gebracht, das ständig um Charlotte herumschwänzelte. Der kleine bösartige Kläffer verstand das Interesse des großen Hundes falsch und stürzte sich fast so giftig wie seine Herrin in den Kampf mit dem Eindringling. Er endete natürlich mit Shadows Sieg, und Charlotte bekam einen hysterischen Anfall. Man hätte meinen können, mein Hund habe Königin Viktoria tödlich verletzt und nicht das Schoßhündchen, das sie meiner Schwägerin geschenkt hatte. Unser Abschied fiel dementsprechend kühl aus, und Max machte mir keine Komplimente mehr.

Die Wiener bereiteten mir einen ebenso begeisterten Empfang wie mein Gemahl. Sie drängten sich Mensch an Mensch auf meinem Weg zur Hofburg an den Straßenrändern. Sie reckten sich auf Zehenspitzen, um einen Blick auf ihre Kaiserin zu erhaschen, die todkrank im vergangenen November die Stadt verlassen hatte und nun wohl und gesund in ihrer Kutsche saß. Ich winkte ihnen freundlich zu und sagte mir tapfer, dass es nicht Sensationsgier, sondern liebevolle Sorge war, die sie erfüllte. Ich musste endlich aufhören, von allen nur das Schlechteste zu denken.

So lange meine Heimreise auch gedauert hatte, jetzt wollte ich plötzlich nicht eine einzige Minute versäumen. Ich freute mich so sehr auf meine Kinder, dass ich nicht warten konnte, bis mir Franz Joseph persönlich aus der Kutsche half. Ich raffte meine Röcke und war schon auf der großen Treppe, ehe er mich einholte.

»Sisi, so warte doch, wo willst du hin?«

»Zu den Kleinen«, rief ich über meine Schulter und stürmte weiter, ohne mich um die erstaunten Blicke zu kümmern, die mir folgten.

Im Kinderzimmer fand ich ein rundliches, blasses, blondes Mädelchen, so farblos und still, dass ich mich im Raum umsah, ob es hier vielleicht noch ein anderes Kind gab. Eines, mit dem dieses stumme Wesen gespielt hatte und das vielleicht die Ärmchen nach seiner Mutter ausstreckte und bei ihrem Anblick jubelte. Aber da war niemand außer der Kinderfrau und einer knicksenden Zofe, die eben das letzte Schleifchen am Kleid der Kleinen band.

»Gisela …«, stammelte ich, und meine Freude erstickte unter dem graublauen ernsthaften Blick des Kindes. Es machte einen Knicks vor mir, statt sich in meine Arme zu stürzen.

»Um Gottes willen! Kaiserliche Hoheit können doch nicht einfach hier so hereinplatzen!« Gräfin Esterházy segelte erregt schnaufend hinter mir in die Kinderkammer. Ich hatte ganz vergessen, wie staubtrocken und gouvernantenhaft sie dreinschauen konnte.

»Ihnen auch einen schönen Tag, Gräfin«, entgegnete ich spöttisch, weil ich wusste, dass sie völlig außer sich sein musste, um sich dermaßen über alle Etikette-Vorschriften hinwegzusetzen.

Sie nahm meine Ironie nicht zur Kenntnis, sondern lamentierte hechelnd weiter. »Ihro Gnaden, die Erzherzogin, erwarten Kaiserliche Hoheit im großen Salon. Die Etikette sieht vor, dass die Kaiserin zuerst die Familienmitglieder nach Rang und Namen begrüßt, ehe sie die Kinderzimmer aufsucht. Wenn Sie mir bitte folgen würden …«

»Willkommen in Wien, Sisi!«, sagte ich mir selbst und richtete mich auf. Adieu schöne Freiheit! Die Ketten des spanischen Hofzeremoniells und der Etikette legten sich scheppernd um meine armen Knöchel. Ich sah zu meiner Tochter, die mit niedergeschlagenen Blicken und ordentlich gefalteten Händen über dem primelfarbenen Kinderkleidchen vor mir stand. Sie sah jetzt aus, als wolle sie am liebsten davonlaufen. Ich unterdrückte einen Seufzer und folgte der Gräfin in den Salon.

Alles war wie immer. Eine raschelnde flüchtige Umarmung der Erzherzogin, neugierige Blicke und gemurmelte Begrüßungen vom Rest der Familie. Vor den Fenstern der Hofburg mochte die warme Maisonne auf Wien herabscheinen, dahinter wehte ein Eiswind.

»Du siehst gesund aus, das ist schön«, bemerkte die Erzherzogin zufrieden. »Ich sehe, dass du im Stande sein wirst, deinen Pflichten wieder nachzukommen.«

Ich beschränkte mich auf ein stummes Nicken, aber ein Lächeln wollten meine Lippen dazu nicht formen. Es schien, als wäre ich nie fort gewesen. Ehe ich mich umsah, stand ich juwelenglitzernd und im Schleppkleid im Empfangssaal und ließ den tötend langweiligen Cercle der hoffähigen ersten Damen über mich ergehen. Eine jede von ihnen erwartete ein paar persönliche Worte, und jede lauerte nur darauf, dass ich das Falsche sagte.

Wie ich diese sinnlosen Zeremonien hasste! Was war das für eine merkwürdige Ehre, der Kaiserin die Hand zu küssen, um dann ihre Frage nach dem eigenen Wohlergehen mit einer belanglosen Floskel zu beantworten? Warum bestanden sie darauf und warteten für diese paar Worte wie eine Herde Schafe, bis jede an die Reihe kam?

Einzig der kaum verhohlene Neid, mit dem ihre Augen über meine Gestalt und das neue Staatskleid glitten, verschaffte mir ein wenig Genugtuung. Die Monate auf Madeira hatten meiner Haut die rosige Frische der Gesundheit zurückgeschenkt. In der Muße dieser Zeit hatte ich auch damit begonnen, meiner äußeren Erscheinung mehr als früher Beachtung zu schenken. Viel zu spät hatte ich begriffen, dass meine Schönheit mir nicht nur Aufmerksamkeit sicherte, sondern auch eine gewisse Art von Macht schenkte. Eine Macht über meinen Gemahl zum Beispiel, die ich künftig besser zu nutzen gedachte.

»Das Aussehen der hohen Frau ist ein sehr gutes«, berichteten die Wiener Nachrichten zu meiner Genugtuung am nächsten Tag. Doch mein Wohlbefinden zerrann wie Wasser zwischen meinen Händen. Jeden Morgen präsentierte mir meine steife Obersthofmeisterin das Programm des Tages. Die Zahl der offiziellen Ereignisse, die meine Anwesenheit dringend erforderte, nahm erschöpfende Ausmaße an. Dazwischen blieb kaum Zeit, die Kleider zu wechseln und meine Kinder wieder kennen zu lernen.

Rudolf war aus dem zarten Säugling zu einem ernsthaften kleinen Jungen herangewachsen. Es brach mir fast das Herz, dass er mich nicht erkannte und sich zu den Röcken seiner Großmutter flüchtete, als ich ihn das erste Mal küssen wollte. Das Händchen in den steifen, schwarzen Atlasfalten verkrampft, den Daumen im Mund, hatte er mich von diesem sicheren Hort aus ängstlich angestarrt.

»Mein lieber Bubi, kennst du mich denn gar nicht mehr?«, fragte ich mit erstickter Stimme.

»Haben Sie ihm denn meine Briefe nicht vorgelesen?«, wandte ich mich vorwurfsvoll an die Kinderfrau, aber die Antwort bekam ich von der Erzherzogin.

»Sei nicht närrisch Sisi, wie soll ein Bub von noch nicht einmal zwei Jahren verstehen, was du ihm aus Madeira von den Blumen und den Wolken schreibst.«

»Ich hab ihm auch geschrieben, dass ich Sehnsucht nach ihm habe. Ich hab ihm Zeichnungen und Geschenke geschickt, wo sind sie?«

»Irgendwo in einer Truhe«, winkte Rudolfs Großmutter ab und klopfte die kleinen Fingerchen von ihrer Rockfalte. »Geh zu deiner Kinderfrau, Rudolf.«

»Wie können Sie ihn einfach davonschicken, wenn ich mit ihm spielen möchte«, wagte ich zu widersprechen.

Ich erntete einen kühlen Blick und die vernichtende Auskunft: »Eine Kaiserin hat wichtigere Pflichten, als mit einem kleinen Buben zu spielen.«

»Ich bin seine Mutter, haben Sie das etwa vergessen?«

»Das hab ich bei Gott nicht vergessen«, erwiderte sie eisig. »Aber dir scheint entfallen zu sein, dass du viele Monate nicht da warst. Was glaubst du, wer sich in dieser Zeit um ihn und seine Schwester gekümmert hat?«

»Sie brauchen mir nicht zu sagen, dass Sie es gewesen sind«, hielt ich ihren Vorwürfen trotzig stand. »Ich erkenne Ihre Handschrift auch so. Rudolf ist total verschüchtert, und Gisela so blass und leise, dass sie eher einem Gespenst gleicht als einer Prinzessin des Hauses Habsburg.«

»Es sind liebe Kinder, die Gehorsam gelernt haben, ganz im Gegensatz zu ihrer Mutter«, schnappte die Erzherzogin zurück. »Es tut mir Leid, dass meine arme Schwester so wenig Erfolg damit gehabt hat, dir Pflichtbewusstsein und standesgemäßes Benehmen beizubringen.«

Ich hätte am liebsten zusammen mit dem kleinen Jungen geweint, dessen ausgeprägte Unterlippe zitterte und der so aussah, als würde er jeden Moment in Tränen ausbrechen. Er war zu klein, um zu begreifen, dass seine Mutter hier gescholten wurde wie ein Schulmädchen. Aber seine ängstliche Miene zeigte mir, dass er trotz seines zarten Alters bereits den ärgerlichen Tonfall in der Stimme seiner Großmutter fürchtete.

»Sie machen ihm Angst«, warf ich ihr empört vor und nahm ihn in meine Arme.

»Dann muss er eben lernen, keine Angst mehr zu haben«, erwiderte sie hoheitsvoll. »Er ist der künftige Kaiser, je früher er das begreift, umso besser ist es für ihn. Nimm den Daumen aus dem Mund, Rudolf! Du bist der Kronprinz. Ein Kronprinz zeigt Haltung.«

Der kleine Daumen rutschte aus dem rosigen Mündchen, und ich hätte ihn am liebsten dahin zurückgesteckt. Armer Rudolf!

Bei Franz Joseph fand ich dieses Mal keine Unterstützung. Er wollte nichts über die Zustände im Kinderzimmer hören. Er wollte höchstens dafür sorgen, dass dort eine weitere Wiege aufgestellt wurde.

»Du machst dir zu viele Gedanken, Sisi«, wehrte er lächelnd ab und küsste mich stürmisch. »Die Mama weiß, was sie tun muss. Hat sie uns nicht fabelhaft erzogen, meine Brüder und mich? Komm schon, lass dir helfen. Dieses Kleid ist ganz wunderhübsch, aber ich find's noch hübscher, wenn du weniger anhast.«

»Nein, warte.« Verlegene Röte stieg mir in die Stirn, und ich entschlüpfte den viel zu geschickten Händen, die alle Geheimnisse weiblicher Kleidung zu kennen schienen. »Ich … ich hab schreckliche Kopfschmerzen.«

Es war keine Ausrede. Das erste Pochen hinter meinen Schläfen hatte sich im Laufe des Tages zu einer schmerzhaften Migräne ausgewachsen. Seit meiner Auseinandersetzung mit der Erzherzogin litt ich zudem wieder unter Atemproblemen.

»Aber du bist doch gesund, Sisi«, protestierte Franz Joseph unwirsch. »Der Doktor Seeburger sagt, du kannst sehr wohl noch weitere Kinder bekommen.«

»Na, wenn der Seeburger das sagt«, murmelte ich sarkastisch. »Dann soll er sie doch bekommen.«

»Wie soll das denn gehen?« Franz Joseph schaute irritiert. Mit Ironie konnte er nichts anfangen. Sein nüchternes Naturell hielt Ironie für verdächtig, für eine Eigenschaft von Oppositionellen und Rebellen. Beides verachtete er aus tiefstem Herzen. Er sah mich fragend an, und ich versuchte vergeblich den Hustenreiz zu unterdrücken, der mich bei diesem Blick überkam.

»Mir ist wirklich nicht gut, Franzi«, keuchte ich nach Luft ringend und presste die Hand auf mein jagendes Herz. »Ich glaub', ich bin ein bisserl erschöpft …«

»Das ist sicher die Stadtluft oder der Klimawechsel«, versuchte Franz Joseph eine harmlose Erklärung für dieses Unwohlsein zu finden. »Du wirst sehen, wenn wir erst wieder in Laxenburg draußen sind, geht es dir bestimmt gleich besser. Ich schick dir deine Kammerfrauen, dass sie sich um dich kümmern.«

Er floh so hastig aus meinen Räumen, dass es aussah, als fürchte er, entweder angesteckt zu werden oder das Falsche zu sagen. Halb tat er mir Leid, und halb war ich erleichtert, dass ich die Intimitäten unserer Ehe damit auf unbestimmte Zeit hinausgezögert hatte. Ich hatte mich daran gewöhnt, mein Bett wieder für mich alleine zu haben, und auch in den zärtlichsten Zeiten unserer Ehe hatte ich ein jedes Mal erleichtert aufgeatmet, wenn ich Franz Josephs ungestümes Drängen überstanden hatte. Ich vermisste nichts, denn trotz meiner vielen Jahre an seiner Seite war mir die Leidenschaft, die ihn beherrschte, ein Rätsel.

Schon am 29. Mai übersiedelten wir, nach diesem Vorfall früher als in den Jahren zuvor, nach Laxenburg. In der offiziellen Bekanntgabe des Hofes war davon die Rede, dass die Kaiserin Ruhe und Zurückgezogenheit benötige, um die gewonnene Gesundheit zu stabilisieren. Aber auch die Luft von Laxenburg brachte keine Besserung für meine neuerlichen Beschwerden. Tagsüber plagten mich Schwindelanfälle, nachts Hustenkrämpfe und Atemnot.

Doktor Seeburger beriet sich vergeblich mit Professoren, Kapazitäten und Wissenschaftlern. Am Ende zog er sogar unseren alten bayrischen Hausarzt Doktor Fischer zu Rate, weil er nicht mehr weiterwusste.

Die Schar der Mediziner einigte sich am Ende auf die Diagnose »drohende tuberkulöse Entzündung« und verschrieb mir neben zahllosen Tränken und Arzneien absolute Ruhe. Schonung des Körpers, des Geistes und der Nerven. Dass mich diese Anweisung vor den Tagesplänen der schrecklichen Esterházy bewahrte, war mein einziger Trost.

Sie verbot mir aber leider auch, zur Hochzeit meiner jüngsten Schwester zu reisen. Aus dem kleinen Spatz war inzwischen die große Prinzessin Mathilde geworden, die den Grafen Ludwig von Trani heiraten sollte. Ludwig war der Bruder des italienischen Königs, das bedeutete, Spatz und Marie würden nicht nur Schwestern, sondern auch Schwägerinnen sein. Ich beneidete sie heimlich um diese Nähe.

Die Tatsache, dass ich diese bayrische Familienfeier aus Krankheitsgründen versäumte, heizte die Gerüchte um meinen Gesundheitszustand von neuem an. Gazetten und Gesandte spekulierten in trauter Einigkeit über die lebensbedrohende Krankheit der österreichischen Kaiserin. Obwohl ich nur das Wenigste davon erfuhr, jagte es mir Angst ein. Stand es wirklich so schlimm um mich?

»Muss ich denn sterben?«, fragte ich Doktor Fischer, den ich seit meiner Kindheit kannte.

»Kaiserliche Hoheit sollten sich derlei düstere Gedanken energisch verbieten«, riet er mir, und ich genoss den vertrauten bayrischen Unterton in seinen strengen Worten. »Aber es wäre sicher vernünftig, wenn Kaiserliche Hoheit noch einmal eine Kur in einem milden, mediterranen Klima machen würden. Der Aufenthalt auf Madeira hat so viel bewirkt, vielleicht war er ja nur zu kurz.«

»Du willst mich schon wieder verlassen?« Franz Joseph reagierte entsetzt auf diesen ärztlichen Vorschlag. »Du bist doch grad erst nach Hause gekommen!«

Es hörte sich an, als wolle ich zu meinem Vergnügen verreisen, aber ich war zu erschöpft und zu teilnahmslos, um mich zu verteidigen. Trotz meiner schrecklichen Müdigkeit fand ich in den kurzen Juninächten kaum Schlaf. Ich lag mit brennenden Augen in meinem Bett und versuchte, nicht auf den drängenden Hustenreiz zu achten, der mich immer heftiger plagte. Warum dem drohenden Ende eigentlich so viel Widerstand entgegensetzen? Niemand würde mich vermissen, nicht einmal meine Kinder.

Doktor Fischer wollte freilich nichts von Aufgeben wissen. Er überzeugte seine Kollegen von der dringenden Notwendigkeit eines neuerlichen Aufenthaltes im Süden. Franz Joseph brachte mich am 23. Juni persönlich nach Triest, wo das Schiff wartete, das mich nach Korfu bringen sollte. Wie hätte ich bei meiner Abreise im Frühjahr ahnen sollen, dass ich so bald zurückkehren würde?

Die Trennung von meinem Gemahl fiel mir schwer, denn ich reiste mit dem verhängnisvollen Gefühl ab, dass ich Abschied für immer nahm. In Begleitung von Professor Skoda, der als mein Leibarzt mitreiste, betrat ich das Schiff, und mein Schwager Maximilian übernahm es, unsere Reisegruppe nach Korfu zu bringen und dort für meine Bequemlichkeit zu sorgen. Franz Joseph hatte ihn darum gebeten, und ich fragte Max lieber nicht, was Charlotte davon hielt, dass er sich so sehr um mich kümmerte.

Wie schon auf der Reise nach Madeira hatte das Meer auch dieses Mal verblüffend positive Wirkung auf meine Beschwerden. Schon nach wenigen Stunden kam es mir vor, als könne ich leichter atmen, und bis wir Korfu erreichten, vermochte ich das Schiff ohne Maximilians stützenden Arm zu verlassen.

»Eine recht wundersame Heilung«, stichelte er, der von Charlotte beeinflusst, nicht mehr so charmant wie früher mit mir plauderte. »Man könnt fast den Verdacht haben, du hättest ein wenig simuliert, um nicht den Sommer in Wien verbringen zu müssen, Sisi.«

Wenn wir unter vier Augen waren, nannte er mich beim

vertrauten Kindernamen und ersparte sich das »Kaiserliche Hoheit« des Zeremoniells. Ebenso wie ich mir die überflüssigen Höflichkeiten ersparte, als mir klar wurde, dass Charlotte aus seinen kritischen Worten sprach.

»Ich wünsch dir von ganzem Herzen, dass du nie erfährst, wie es ist, wenn man sich elend fühlt und keinen Grund dafür weiß. Aber so wie es ausschaut, wird deine liebe Frau schon dafür sorgen, dass auch du deinen Teil Kummer erleben wirst.«

Prophetische Worte, deren schlimme Wahrheit sich Jahre später erfüllen sollte, als er gemeinsam mit Charlotte nach der Kaiserkrone von Mexiko griff. Ein sinnloses, ehrgeiziges Abenteuer, das ihm ein schlimmes Ende im Kugelhagel der mexikanischen Rebellen bescherte. Ein jedes Mitglied unserer Familie hatte sein Schicksal zu ertragen.

»Nun, ich denke auf jeden Fall, dass du mich nicht länger brauchst«, erklärte Max an diesem Abend kategorisch und machte sich auf die Heimreise.

Er hatte ohnehin wenig genug für mich getan. Den größten Dank für meine Bequemlichkeit schuldete ich dem britischen Lordoberkommissar der Ionischen Inseln. Er stellte mir seine Villa »Monrepos« zur persönlichen Verfügung und sorgte zudem dafür, dass ich weder von Neugierigen noch von überflüssigen Salutschüssen behelligt wurde.

Meine unerwartete jähe Genesung war auch für mich ein Wunder. Ich hatte meine Beschwerden ebenso wenig simuliert wie ihre Heilung. Dass ich mit einem Mal wieder ohne Husten atmen konnte, tief und fest schlief und sogar meinen Appetit zurückfand, konnte ich mir ebenso wenig erklären wie Professor Skoda, der mich umgehend wieder verließ, weil ich ihn nicht mehr brauchte.

Meine Kräfte kehrten nach und nach zurück, und ich machte mich daran, meine Umgebung zu erforschen. Die verschwiegenen Buchten unterhalb von »Monrepos« luden zum Bad im warmen Meer ein, und ich entdeckte das längst vergessene Vergnügen des schwerelosen Schwebens im Wasser wieder. Immer weiter schwamm ich hinaus, ohne mich um die besorgten Rufe meiner Damen zu kümmern.

Ich hatte mich darauf vorbereitet, auf Korfu zu sterben, und nun war es mir, als beginne ich dort neu zu leben. Doktor Fischer kam zu Besuch und konnte nur bestätigen, was Professor Skoda bereits nach Wien und Possenhofen berichtet hatte: Ich war gesund!

»Ich begreif es ja selbst nicht, lieber Doktor«, teilte ich sein Erstaunen. »Manchmal kommt es mir so vor, als hieße meine Krankheit Wien. Sobald ich fortfahren kann, geht es mir besser.«

»Kaiserliche Hoheit darf sich nicht auf derlei Seltsamkeiten kaprizieren«, mahnte er mich väterlich. »Wir wissen viel über die Geheimnisse des menschlichen Körpers, aber längst noch nicht alles. Es ist auch möglich, dass dieses Mal die Heilung so schnell erfolgt ist, weil die Kur nicht so lange hinausgezögert wurde.«

»Und wenn es doch an Wien liegt?«, beharrte ich, weil irgendwo tief drinnen in mir etwas sagte, dass ich Recht hatte.

»Dann muss man halt dort die Umstände ändern, welche die Krankheit verschuldet haben«, entgegnete der Doktor knapp.

»Ob das möglich ist …?«

Er ging nicht auf meine Zweifel ein, und ich beendete das Gespräch, weil genau in diesem Moment ein Brief von Franz Joseph eintraf, den ich natürlich auf der Stelle lesen wollte. Wann würde er kommen? Ich hatte ihn dringend gebeten, mich zu besuchen und sich mit eigenen Augen von meinem Wohlergehen zu überzeugen.

Franz Joseph erwähnte meine Bitte um seinen Besuch nicht einmal. Er hatte Zeile um Zeile mit der Klage über seine viele Arbeit gefüllt und bemerkte geradezu nebenbei, dass er es sich nicht leisten könne, einem jeden eingebildeten Leiden nachzugeben. Zwischen den Zeilen war es nicht mehr und nicht weniger als eine Anklage. Jetzt glaubte auch er, dass ich meine Krankheit nur vorgeschützt hatte, um aus Wien zu entkommen. Tief gekränkt zerriss ich den unsäglichen Brief und ersparte mir jede Antwort.

Als sein alter Vertrauter, Oberstallmeister Graf Grünne nach Korfu kam, nahm ich zuerst an, der Kaiser habe sich besonnen und schicke ihn, mich um Verzeihung zu bitten. Aber ich irrte auf der ganzen Linie. Der Graf wagte gar, mir unerwünschte Ratschläge zu geben, die sich arg nach meiner lieben Schwiegermutter anhörten.

»Sie können's doch nicht leugnen, Kaiserliche Hoheit, dass Sie selbst ein gerüttelt' Maß der Schuld an dem desaströsen Zustand Ihrer Ehe tragen«, fügte er zu allem Überfluss geradezu gütig hinzu.

»Ich?« In meiner Empörung vergaß ich jede Zurückhaltung. »Wer hat denn den heiligen Schwur unserer Ehe mit polnischen Gräfinnen, Schauspielerinnen und dummen Komtesserln gebrochen? Denken Sie, ich wüsste nichts von den Aktivitäten meines Gemahls und den heimlichen Damenbesuchen in der Hofburg?«

»Je nun, der Kaiser ist ein Mann. Ein Mann mit Wünschen und Bedürfnissen«, erhielt ich zur Antwort. »Und wie man so hört, ist auch auf Madeira nicht alles von unschuldiger Heiterkeit gewesen …«

Der Raum drehte sich vor meinen Augen. Ich umklammerte mit beiden Händen die Lehnen eines Sessels, damit ich Fassung bewahrte. Ich zweifelte keinen Augenblick daran, dass er von dem armen Imre Hunyady sprach, dessen glanzvolle Karriere bei Hofe ein so unerwartetes Ende gefunden hatte.

»Wenn Sie es wagen, noch eine einzige weitere Silbe zu sagen, Graf«, zischte ich in mühsamer Beherrschung durch schmale Lippen, »dann werd' ich's Ihnen bis in meine Todesstunde nicht mehr verzeihen. Ich hab mich getäuscht in Ihnen. Ich lege keinen Wert darauf, Sie noch einmal bei mir auf Korfu zu begrüßen. Und was die Resultate Ihrer Reise betrifft, so glaube ich, dass sie weder für mich noch für den Kaiser eine Änderung der Lage bewirken könnten.«

Was immer er nach Wien berichtete, ich erfuhr es nie. Ich sah bloß, was seine Nachricht bewirkte. Die Erzherzogin machte meiner armen Mutter in Possenhofen erneut Vorwürfe, und die schickte einmal mehr die vernünftige, diplomatische und tüchtige Nené auf den Weg. Dieses Mal in Begleitung ihres Gatten, den sie in Wien beim Kaiser zurückließ, während sie allein nach Korfu weiterreiste. Fürst Max teilte Franz Josephs Jagdleidenschaft, sodass keiner von beiden seine Gemahlin groß vermissen würde.

»Mir scheint, du wirst noch so etwas wie die Familien-

Feuerwehr«, versuchte ich mit meiner großen Schwester zu scherzen, aber ihre schönen Augen ruhten ernst und fragend auf mir.

»Was ist passiert zwischen dir und dem Kaiser?«

Eine einfache Frage und doch so entsetzlich schwierig zu beantworten. Wie konnte ich es in Worte fassen, dieses Gefühl der Einsamkeit, des Unerwünschtseins und der Überflüssigkeit, das mich Tag und Nacht in Wien begleitete? Das unterschwellige Aufbegehren, wenn mir der Kaiser wieder einmal sagte, dass ich zu dumm und halt nur eine Frau war. Meine heiße Sehnsucht nach wahrer Liebe, die weder von ihm noch von meinen Kindern befriedigt wurde.

Nené schüttelte fassungslos den Kopf, als ich in wirren verzweifelten Sätzen all das heraussprudelte.

»Der Himmel hat dir so viele schöne Talente in die Wiege gelegt, Sisi. Warum verschwendest du dich im Trotz gegen Dinge, die du nicht ändern kannst? Du musst lernen, dich zu fügen. Du musst dir selbst Aufgaben schaffen, die dich befriedigen.«

»Wie kann ich das tun, wenn alle nur darauf lauern, dass ich einen Fehler mache? Nur wenn Krieg ist und sie keinen Dummen haben, der sich um die Versorgung der armen Teufel kümmert, die von den Kanonen und Gewehren in Stücke gerissen worden sind, bin ich gut genug«, erinnerte ich mich an mein tatkräftiges Engagement für die verwundeten Soldaten des Kaisers, die nach den Schlachten von Solferino und Magenta zu Hunderten nach Wien gebracht worden waren.

»Du kannst alles, wenn du nur richtig willst«, beschwor mich meine Schwester eindringlich. »Wenn du nur aufhören würdest, dir jede kleine Kränkung gleich so schrecklich zu Herzen zu nehmen.«

»Es sind große Kränkungen«, imitierte ich ihre Stimme böse. »Begreif doch, Nené! Sie wären nur entsetzt, wenn ich mir Aufgaben schaffen würde! Ich hab keinen Platz in ihren Plänen, und ich fürchte, dass ich auch in Franz Josephs Herz keinen Platz mehr hab.«

»Unsinn, du vermutest doch nur, dass er dir nicht glaubt. Ist das nicht albern, deswegen keine Briefe mehr zu schreiben und bös zu sein? Was willst du denn eigentlich?«

Unsere Gespräche drehten sich erfolglos im Kreis. Nené hatte ihre Stellung als gehorsame Gattin und liebevolle Ehefrau bereits mit der Muttermilch eingesogen. Sie verstand weder meinen drängenden Wunsch nach Freiheit noch die Panik, die mich überfiel, wenn man sie mir verweigerte. Sie überschüttete mich mit einer Fülle guter Ratschläge und bot sich an, mit Franz Joseph über die Dinge zu sprechen, die mir so am Herzen lagen.

»Du darfst nicht so verdreht mit ihm sein, Sisi. Er weiß doch auch nicht, was er von deinen Krankheiten halten soll. Aber er hat dich lieb, trotz deiner dummen Launen, das weißt du genau. Hör endlich auf zu schmollen.«

Zu meinem Erstaunen gelang es ihr tatsächlich, auch den Kaiser zu überzeugen. Im Oktober traf Franz Joseph auf Korfu ein. Mit kleinem Gefolge und so bemüht, mich zu versöhnen, dass ich gar nicht anders konnte, als ihm die Hand zu reichen.

»Du lieber Himmel, du hast dir einen anderen Bart wachsen lassen«, platzte ich dennoch mit dem Unwichtigsten zuerst heraus.

Der Backenbart machte ihn älter und so fremd, dass ich zweimal hinsehen musste, um meinen Franz Joseph zu erkennen. Die Zeiten des feschen Kaisers, der mich in Ischl so stürmisch umworben hatte, waren vorbei. Geblieben war ein besorgter Ehemann, der Nenés diplomatische Anweisungen buchstabengetreu befolgte.

»Ich will, dass du glücklich und gesund bist, Sisi, alles andere ist unwichtig«, schwor er so lange, bis ich gar nicht anders konnte als ihm zu glauben. Allein, wie sollte dieses Glück aussehen?

»Wie soll das gehen, wenn es in Wien wieder Winter wird?« Mit Schaudern und Besorgnis dachte ich an diese düstere Jahreszeit und die zugig kalte Hofburg. Was war, wenn ich wieder krank wurde?

»Es würd ja schon reichen, wenn du wenigstens in die Monarchie heimkehrst«, bot der Kaiser einen überraschenden Kompromiss an. »Was hältst du davon, den Winter in Venedig zu verbringen? Es hat dir doch damals so gut gefallen in der Stadt. Du könntest die Kinder zu dir nehmen. Es wäre ja nicht gar so weit von Wien entfernt, und ich könnte euch öfter besuchen.«

»Das würdest du erlauben?« Ich bekam vor Staunen große Augen. Ich wagte gar nicht danach zu fragen, was die Erzherzogin von solchen Plänen hielt.

»Wenn du mich wieder lieb hast und mich nicht mehr bös anschweigst?«, entgegnete er in einer anrührenden Mischung aus Frage und Bitte.

Was konnte ich da schon anderes tun als ihm dankbar um den Hals zu fallen? Ich schöpfte neue Hoffnung. Wenn Franz

Joseph dermaßen über seinen eigenen Schatten sprang, dann musste er mich lieben!

Als ich in Venedig eintraf, empfingen mich gleich drei Erzherzöge aus der Habsburger Verwandtschaft. Auf Befehl des Kaisers kümmerten sie sich in rührender Weise darum, dass ich gut untergebracht wurde und in angenehmsten Verhältnissen residierte. Die Venezianer selbst schienen sich allerdings nicht mehr an die Begeisterung zu erinnern, die sie mir einmal entgegengebracht hatten. Es dauerte einige Zeit, bis ich herausfand, was der Grund war. Das unerwartete Entgegenkommen des Kaisers hatte in Wirklichkeit sehr wenig mit der Sorge um meine Gesundheit und sehr viel mit politischen Notwendigkeiten zu tun.

Nach den italienischen Feldzügen hatte das Kaiserreich die Lombardei eingebüßt, und allenthalben spekulierte man anscheinend darüber, ob Franz Joseph im Sinn hatte, auch seine letzte italienische Bastion, Venetien, einzutauschen oder gar zu verkaufen. Die Anwesenheit der Kaiserin in Venedig war ein sichtbares Zeichen dafür, dass die Monarchie sich von diesen Vermutungen distanzierte. Solange ich meinen Wohnsitz in Venedig aufschlug, würde diese Provinz wohl kaum ihren Besitzer wechseln.

Die Erkenntnis, einmal mehr eine Schachfigur zu sein, kränkte mich umso heftiger, weil ich so viele Hoffnungen mit meiner Rückkehr verbunden hatte. Warum hatte mir Franz Joseph die Wahrheit verschwiegen? Was hielt ihn davon ab, mich offen um meine Hilfe zu bitten? Nichts hätte ich lieber getan, als ihn zu unterstützen. Hielt er mich für eine dumme Gans, die man in aller Ahnungslosigkeit unter die feindlichen

Italiener stellen konnte, damit sie mögliche Rebellen durch Unwissenheit und Liebreiz entwaffnete?

Immerhin hatte ich aus den vergangenen Wochen gelernt. Dieses Mal behielt ich meinen Kummer für mich. Ich widersetzte mich lediglich mit stillem Widerstand dem Missbrauch meiner Person. Ich schränkte meine Auftritte in der Öffentlichkeit nach Kräften ein. Die feuchte Luft der Lagunenstadt und die lästigen Nebel des Herbstes waren ohnehin nicht dazu angetan, große Spaziergänge zu machen.

Der November brachte jedoch trotz aller Düsternis einen hellen Lichtschein in mein trübes Dasein: Die Kaiserkinder trafen mit ihrem ganzen Hofstaat in Venedig ein.

Über allem schwebte in sauertöpfischer Missbilligung einmal mehr die strenge Gräfin Esterházy. Allem Anschein nach hatte ihr die Erzherzogin genaue Instruktionen gegeben, und sie maßte sich an, für die Unterbringung und den Alltag meiner Kinder Befehle zu geben, die den meinen völlig widersprachen.

Doch wir waren nicht länger in Wien! Ich zitierte die Dame zu mir und teilte ihr in aller Deutlichkeit mit, dass sie ihre Befugnisse überschritt.

»Kaiserliche Hoheit müssen bedenken, dass ich den genauen Anweisungen der Kaiserinmutter Folge leisten muss«, erwiderte sie in kriecherischem Gehorsam, während ihre Augen vor Feindseligkeit funkelten.

»Die Mutter des künftigen Kaisers bin ich, und Sie werden meinen Befehlen Folge leisten, Gräfin!«, erklärte ich mit aller Autorität, deren ich fähig war, und sah zu meinem Erstaunen, dass sie stutzte und gehorchte.

Danach vermied sie zwar die direkte Auseinandersetzung,

aber sie verursachte doch ständigen leisen Unfrieden. Ich bekam sie so satt, dass ich Franz Joseph ultimativ aufforderte, die Dame ihres Postens zu entheben. Ich litt nun seit meinem ersten Tag in Wien unter ihr und hatte mittlerweile genug von ihrer lästigen Gegenwart.

Indes dauerte es noch bis zum März des folgenden Jahres, ehe sie abreiste und endlich meiner neuen Obersthofmeisterin Platz machte. Paula Bellegarde, verheiratete Gräfin Königsegg, nahm ihren Posten bei mir ein, und ihr Gatte erhielt zur gleichen Zeit das Amt des Obersthofmeisters der Kaiserin. Endlich konnte ich mich meinen Kindern ohne Wiener Einmischung widmen!

Bin ich eine schlechte Mutter, wenn ich sage, dass mir Rudolf mehr ans Herz wuchs als Gisela? Sie war so ausschließlich das Kind ihrer Großmutter, dass sich in meine Liebe mehr Mitleid mischte, als uns beiden gut tat. Noch nicht sechs Jahre alt, konnte sie schon lesen und war von einer Bravheit und Sittsamkeit, die mir ungerechterweise auf die Nerven ging. Gisela war kein richtiges Kind, sie war eine kleine Erzherzogin. Der Vergleich mit meinen Geschwistern, die ich in ihrem Alter erlebt hatte, fiel ein jedes Mal zu ihren Ungunsten aus. Sie war fad', wie es die Wiener so vernichtend sagen, und es gelang mir nie, richtig Zugang zu ihrem stillen und ruhigen Wesen zu finden.

Hinzu kam, dass ich sie nicht ansehen konnte, ohne an die arme Sophie denken zu müssen. Jenes süße Engelchen, das sich so vertrauensvoll in meine Arme geschmiegt hatte, während seine Schwester steif widerstrebte und kaum die blassen Lippen auseinander bekam, wenn sie mir antworten musste.

Rudolf war da völlig anders. Zart, empfindsam und von träumerischer Melancholie erfüllt, schien er schon mit drei Jahren die besondere Stimmung dieser alten Stadt zu erfühlen. Wenn wir mit der Gondel durch die Kanäle fuhren, versuchte er nach den Nebelfetzen zu haschen, und wenn ich ihm Gedichte vorlas, saß er mucksmäuschenstill und lauschte jeder Silbe nach. Rudolf war das Kind, in dem ich mich selbst erkannte und das ich mit einer Heftigkeit liebte, die nicht frei von Angst um seine Zukunft blieb.

Nach unserer Heimreise feierte ich im April 1862 ein inniges Wiedersehen mit meiner Mama in Wien. Sie wollte sich mit eigenen Augen von meinem Zustand überzeugen und hatte Doktor Fischer mitgebracht, weil sie sich nicht nur auf den Anschein verlassen wollte.

Die ausgiebigen Untersuchungen ergaben keinerlei Anzeichen für eine neuerliche Schädigung meiner Lungen. Dass ich nach dem Winter unter lästigem Wasserandrang in den Beinen litt, schob der Doktor mehr auf Venedig als auf meine Veranlagung.

»Das Klima dieser Lagunenstadt ist nicht besonders geeignet für Kaiserliche Hoheit«, sagte er knapp. »Zudem besorgt mich eine gewisse Blutarmut. Wie ich höre, ernähren Sie sich nicht so umfassend, wie es sein sollte. Hungerkuren sind weiß Gott keine Medizin gegen …«

»Es sind keine Hungerkuren«, fiel ich ihm ins Wort. »Ich hab einfach keinen Appetit. Es wird mir übel, wenn ich so viel in mich hineinstopfen soll, und ich fühle mich nicht wohl, wenn meine Kleider spannen.«

Es war auch ein wenig Eitelkeit, aber das musste ich ihm ja nicht auf die Nase binden. Ich wollte nicht so werden wie die

Erzherzogin oder meine Mutter. Der Gedanke, als behäbige Matrone zu enden, versetzte mich in blanke Panik. Was blieb denn von mir, wenn meine Schönheit verging? Sie hatte ohnehin schon unter den Schwellungen der dummen Wassersucht gelitten. Ich hatte versucht, den Schaden durch Mäßigung beim Essen zu begrenzen, aber es war mir nicht gelungen.

»… auf jeden Fall regelmäßigere, gesündere Ernährung«, drang Doktor Fischers Stimme jetzt in meine Gedanken. »Und eine Kur in vertrauterem Klima vielleicht. Man hört seit einiger Zeit wahre Wunderdinge über Bad Kissingen, Kaiserliche Hoheit.«

»Und Sie sind sicher, dass mir Bad Kissingen helfen würde?«, forschte ich nach. »Ich möchte nicht jahrelang leidend von einem Bad ins andere reisen und die Meinen mit Kummer und Sorgen belasten, Doktor Fischer. In dem Fall wär' mir eine Krankheit, die mich schnell dahinrafft, dann doch lieber. Der Kaiser könnte sich eine neue Frau nehmen und wieder glücklich werden.«

»Aber, aber, Kaiserliche Hoheit!« Doktor Fischer räusperte sich auf eine Weise, die mir bewies, dass er in Wirklichkeit ein paar deutlichere Worte verschluckte. »Sie haben eine gute Konstitution, und je weniger Sie sich darauf versteifen sterbenskrank zu sein, umso gesünder werden Sie sich fühlen. Es ist da immer eine Verbindung zwischen Kopf und Körper, die man nie unterschätzen darf.«

»Wenn Sie das sagen …«

Die Aussicht, eine Kur in Bayern antreten zu können, beflügelte mich in meinen Plänen. Sie wurden schon im Mai umgesetzt, und Franz Joseph ließ es sich nicht nehmen, mich in meine alte Heimat zu begleiten. Die Kinder reisten mit ihrem Hofstaat wieder nach Wien zurück. Besonders Rudolf fiel der Abschied schwer. Er schlang seine dünnen Ärmchen um meinen Hals und weinte herzzerreißend, was seinen Vater dazu veranlasste, die kaiserliche Stirn kritisch zu runzeln.

»Man muss etwas tun, damit ein Mann aus dem Buben wird«, gab er der Erzieherin des Kronprinzen, Baronin Welden, mit auf den Weg. »Es geht nicht an, dass er wie ein Mäderl in Tränen ausbricht. Ein Bub muss Haltung haben und einen Abschied ertragen können.«

»Sei nicht so hart mit ihm«, bat ich den Kaiser inständig. »Er ist doch noch so klein und so zart.«

Ich vertraute auf die liebevolle Hand der Baronin, von der ich in den vergangenen Wochen einen guten Eindruck bekommen hatte. Dann nahm ich auch Abschied von Gisela, die einmal mehr im Hintergrund blieb. Still, stumm und brav, die blassblauen Augen unter der schmalen Krempe ihres Reisehutes ausdruckslos auf mich geheftet. Ich schämte mich dafür, dass ich mich zu einem Lächeln und einem Kuss für sie zwingen musste.

»Grüß mir die Großmama«, sagte ich gegen meine wahre Überzeugung, aber nicht einmal das entlockte ihr eine Antwort. Ernst, ruhig und viel zu erwachsen fasste sie nach der Hand ihres kleinen Bruders und führte ihn davon. Es kam mir vor, als greife Rudolf nach ihren Fingern wie nach einem letzten Anker.

Das Bild der braven einsamen Kaiserkinder schnitt mir ins Herz. Franz Joseph konnte nicht begreifen, warum mir Tränen in den Augen standen. Wie üblich hatte er keine Ahnung, was ich fühlte. Wir lebten bereits in unterschiedlichen Welten, auch wenn ich es nicht wahrhaben wollte.

»Schau doch nicht so traurig, Sisi«, mahnte er verdrießlich. Es hörte sich an, als wolle er mir die Fröhlichkeit befehlen, so wie er seinen Beamten das pünktliche Erscheinen zur Arbeit ans Herz legte, ehe er sie mit den besten Absichten unter Bergen von Akten begrub. Ich war kein Beamter, aber es hatte keinen Sinn ihm das zu sagen.

»Wirst du nach dem Rudolf und der Gisela schauen, wenn du wieder in Wien bist?«, fragte ich zum wiederholten Mal.

»Aber natürlich. Außerdem ist ja auch die Mama da, die sich um die Kleinen kümmert. Sie wird es ihnen an nichts fehlen lassen. Sie freut sich schon darauf, sie wieder in die Arme zu schließen.«

Die Mama, die Kaisermutter, natürlich! Franz Josephs wunderbare Ratgeberin und graue Eminenz, die allmächtige Erzherzogin, wie hatte ich sie nur vergessen können? Ich ersparte mir die Antwort. Jede Silbe war vergebliche Liebesmüh', wenn es um dieses Thema ging.

Possenhofen 1862 – Wien 1865
»Nun ist sie also wieder da ...«

Lag es an der bayrischen Luft oder an Doktor Fischers brummig-liebevoller Behandlung? Wie auch immer, der Sommer in Bad Kissingen stabilisierte meine angeschlagene Gesundheit auf das Vortrefflichste. Es wurde wieder Zeit, Pläne für die Zukunft zu schmieden. Ich wusste, dass ich in Wien erwartet wurde, aber ehe ich mich dieser Herausforderung stellte, suchte ich Kraft und Unterstützung in meinem geliebten Possenhofen.

Die idyllischen Sommertage am Starnberger See fielen jedoch aus den verschiedensten Gründen wesentlich kürzer und aufregender als geplant aus. So brach der kaiserliche Hofstaat, ohne den Franz Joseph mich nicht auf Reisen gehen ließ, mit so viel unverhohlener Arroganz und gerümpften Nasen über mein geruhsames Elternhaus herein, dass sogar meine arme Mama zum ersten Mal einen kleinen Geschmack von jener Impertinenz bekam, der ich in Wien tagtäglich ausgesetzt war.

Da der Hochadel Bayerns zudem mit jenem von Österreich durch zahllose Verwandtschaften eng verbunden war, fand jedes gehässige Wort auf wundersame Weise den Weg nach Possi zurück.

»Bettelwirtschaft« nannten die hochnäsigen Herrschaften mein Elternhaus naserümpfend. Sie nahmen den Stammbaum von Mamas Hofdamen unter die Lupe und gossen ihren Spott über Frauen aus, von denen mir jede Einzelne lieber war als der ganze hochwohlgeborene Wiener Haufen zusammen.

Sie verdanken mit einer Ausnahme Köchinnen, Kaufmannstöchtern und dergleichen ihr Dasein, notierte zum Beispiel Therese Fürstenberg boshaft. In ihren Briefen nach Wien mokierte sie sich zudem über den ständigen Lärm, die Tischsitten und am Ende sogar über die Hunde in Mamas Haus. Es schien, als wäre jeglicher Floh, den eines der Tiere im Pelz trug, absichtliche wittelsbachische Beleidigung der habsburgischen Monarchie. Die noble Landgräfin zog daraus denselben Schluss wie ihre Freundinnen: Wer konnte schon eine Kaiserin achten, die derartigen Verhältnissen entstammte?

Ich hätte meinen ganzen Hofstaat nach Wien zurückschicken müssen, um diesem Getuschel zu entgehen. Da das nicht möglich war, ignorierte ich die Damen eben. Darin hatte ich es in den vergangenen Jahren zu großer Meisterschaft gebracht. Ob es mir wohl je vergönnt sein würde, mich mit Gefährtinnen zu umgeben, die nicht im Dienst meiner Schwiegermutter standen?

In Possenhofen war ich glücklicherweise ohnehin nicht auf die Gesellschaft der Fürstenberg und ihresgleichen angewiesen. Meine »italienischen Schwestern«, wie man mittlerweile Marie – die jetzt die Exkönigin von Italien war – und Mathilde, die Gräfin Trani, nannte, boten mir wahrhaftig liebevollere und unterhaltsamere Ablenkung. Sie waren ebenfalls ohne ihre Ehemänner nach Possi gekommen, und wir nutzten die Tage, um unsere innige Zuneigung zu vertiefen.

Wir waren keine bayrischen Prinzessinnen mehr, aber unser Leben wies trotzdem viele Gemeinsamkeiten auf. Keine von uns dreien hatte in ihrer Ehe auch nur annähernd das Glück gefunden, das Nené und den Fürsten Thurn und Taxis oder Ludwig und seine bürgerliche Henriette einte. Man hatte uns mit Monarchen und Männern aus höchstem Adel verheiratet, aber hinter dem Glanz der großen Namen lag tiefe Einsamkeit.

So war Maries Gemahl von schwächlicher Gesundheit, und sie vertraute uns in peinlichster Verlegenheit an, dass sie kein normales Eheleben mit ihm führte, weil er dazu gar nicht fähig war. Sein königlicher Bruder, der Graf von Trani, hingegen machte das wett, indem er nicht nur Mathilde, sondern auch wahllos alle anderen Damen in seiner Umgebung mit seinen Aufmerksamkeiten verfolgte.

Sogar Mama ließ sich unter diesen Umständen zu einer höchst ungewöhnlichen Kritik an den italienischen Brüdern hinreißen. »Ich hätte mir für meine Töchter Männer gewünscht, die sie besser zu leiten verständen und mehr Charakter hätten«, seufzte sie bedrückt. »Die beiden Italiener sind keine Stützen für ihre Frauen.«

Ich schwieg und fragte mich, was sie erst sagen würde, wenn sie den vollen Umfang der Katastrophe erfuhr? Noch hütete Marie ihr peinliches Geheimnis, aber Doktor Fischer würde der Herzogin früher oder später sagen müssen, was wirklich hinter Maries vermeintlicher Schwäche steckte, die er auf ihren Wunsch hin behandelte.

Das Exil in Rom, das Marie mit ihrem Gemahl, ihrer Schwester sowie deren Mann teilte, hatte für das einsame Herz der Ex-Königin besondere Reize entwickelt. Speziell jene eines belgischen Grafen, der als Offizier in der päpstlichen Leibgarde Dienst tat. Armand de Lavayss war der Kommandant einer Zuaventruppe gewesen, die zum Schutz des Palazzo Farnese abkommandiert worden war, in dem Ex-König Franz II. mit seiner Gemahlin Marie Wohnung genommen hatte. Die ernüchterte Ex-Königin hatte dem verführerischen Lächeln des Belgiers kaum Widerstand entgegengesetzt. Immerhin war sie erst zweiundzwanzig und führte nur dem Namen nach eine Ehe.

»Ich bin nicht zur Nonne geboren, Sisi«, verteidigte sie ihre Schwäche in einer Mischung aus Stolz und Trotz vor mir. »Ich will leben und nicht lebendig begraben sein. Ich wollte wissen, wie sich die Liebe anfühlt.«

»Du hättest ihn doch lieben können, ohne ihn gleich in dein Bett zu nehmen«, rutschte es mir vorwurfsvoll heraus. »Wie konntest du so unbesonnen sein?«

Marie lachte, trotz ihrer verzweifelten Lage. »Was wär denn das für eine lauwarme fade Liebe, Sisi, wenn sie keine Erfüllung findet? Ich wollte die Leidenschaft kennen lernen, den totalen Rausch, der mich über die öde Langeweile meiner Tage hinwegtröstet.«

Etwas in meinem entgeisterten Blick verriet meinen Schwestern, dass ich keine Ahnung hatte, wovon Marie in diesem Moment sprach.

»Aber der Franz Joseph ist doch auch ganz fürchterlich in dich verliebt …«, murmelte Marie immer leiser werdend und tauschte einen viel sagenden Blick mit Mathilde, der mich ausschloss.

»Du kannst einen Kaiser nicht mit einem einfachen Garde-Offizier vergleichen«, brauste ich in meiner Verlegenheit schärfer als beabsichtigt auf. Ich mochte es nicht, wenn die beiden Jüngeren ihre vermeintliche Erfahrung herauskehrten.

»Warum nicht, Sisi? Beides sind Männer, und in der Liebe gibt es keine Unterschiede. Ein verliebter Kaiser fühlt sich bestimmt genauso an wie ein verliebter Garde-Offizier«, erwiderte Mathilde fast ein wenig schnippisch.

»Wie kannst du nur solche Sachen sagen, Spatz? Das gehört sich nicht, das ist gewöhnlich und lasterhaft. Hast du denn gar keinen Stolz?«

»Bei der Liebe hört sich der Stolz auf, Sisi!«, mischte sich Marie wieder in die Debatte.

»Erzähl das unserer Mama, wenn sie von deinem Kind erfährt. Ich möchte wetten, dass sie diese Angelegenheit anders sieht.«

Als die Herzogin in Bayern kurz danach mit Maries Problem konfrontiert wurde, war sie, wie erwartet, völlig außer sich. Ganz im Gegensatz zu Herzog Max, der darin lediglich die Krönung aller Misshelligkeiten erblickte, die ihn in diesem Sommer heimsuchten und seine gewohnte Ruhe beeinträchtigten. Der liebevolle geduldige Vater, der mich während meiner Kur in Bad Kissingen in jeder Beziehung unterstützt und begleitet hatte, wurde über Nacht zum brummigen Familientyrann, dem das »Gegacker« seiner Damen so fürchterlich auf die Nerven ging, dass er explodierte.

Vermutlich auch, weil ihn der beachtliche Tross meines

Hofstaates, der so weit es ging auf das Haus und dann auf das Dorf und die umliegenden Gasthäuser in Possenhofen verteilt worden war, schon seit geraumer Zeit verärgerte. Das Seufzen der drei im Unglück vereinten Schwestern, zu dem auch noch die schnell alarmierte Nené aus Regensburg herbeieilte, gab ihm endgültig den Rest. Possenhofen war sein Haus und keine Absteige für unzufriedene Ehefrauen und jammernde Töchter.

Er bekam einen jener Tobsuchtsanfälle, die wir schon als Kinder gefürchtet hatten, dann warf er uns kurzerhand alle miteinander hinaus. Erst viel später fiel mir auf, dass er in männlicher Selbstherrlichkeit den Grund für alle Ärgernisse ausschließlich auf weiblicher Seite vermutete. Dass Maries persönliche Katastrophe von einem Mann verursacht worden war, wollte er ebenso wenig wahrhaben wie den Umstand, dass er in höchst eigener Person seinen Segen zu dieser missglückten Ehe gegeben hatte.

Heute kommt es mir so vor, als wäre in jenem Sommer auch die Saat für den späteren Konflikt zwischen meinem Vater und mir gelegt worden. Er war nicht mehr der freiheitsliebende Held meiner Mädchenjahre. Er war ein Mann, der sich keinen Deut um die Gefühle von Frauen scherte. Weder um die seiner eigenen Gemahlin noch um die seiner vielen Töchter. Seine Existenz als Mann gab ihm das Recht dazu, aber war das die Gerechtigkeit, die er sonst so ungestüm für alle einforderte?

Was für die neugierigen Augen der Welt in jenen Tagen wie meine und Mathildes vereinte Besinnung auf Pflicht und Ehemänner wirkte, war in Wirklichkeit der despotische Befreiungsschlag eines gereizten Vaters, der seine Töchter als Last empfand. Marie suchte mit Mamas Hilfe Zuflucht in einem

Kloster, da sie ja schlecht nach Italien zurückkehren konnte. Während die Welt darüber spekulierte, ob die Ex-Königin von Neapel wirklich den Schleier nehmen wollte, brachte sie in aller Heimlichkeit ein kleines Mädchen zur Welt.

Meine unerwünschte arme Nichte fand Obhut in einer Pflegefamilie. Später erfuhr ich, dass Armand de Lavayss seine Tochter zu sich nahm und sie im Schutze seiner belgischen Familie aufwachsen ließ. Marie kehrte zu ihrem Gemahl nach Italien zurück. Man ließ ihr keine andere Wahl.

Zwar begab sich der Ex-König Jahre später in ärztliche Behandlung, und Marie schenkte kurz danach einer Prinzessin das Leben, aber auch dieses Glück sollte nur von kurzer Dauer sein. Maria Pia, das zweite und letzte Kind meiner lebenslustigen Schwester, verstarb schon nach wenigen Monaten durch die Schuld einer nachlässigen Kinderfrau.

Das Machtwort meines Vaters brachte auch mich in Schwierigkeiten. Die kaiserliche Familie befand sich gemeinsam mit der Erzherzogin wie jedes Jahr zur Sommerfrische in Ischl. Ich verspürte nicht den geringsten Wunsch, dieses despotische Idyll durch meine Anwesenheit zu vervollständigen. Ischl war Tante Sophies Terrain, und wenn ich dort auftauchte, kam es einer Kapitulation gleich. Diesen Triumph wollte ich ihr nicht gönnen. Wenn Franz Joseph seinen zweiunddreißigsten Geburtstag am 18. August gemeinsam mit mir feiern wollte, dann würde er das in Wien tun müssen. Ich versteckte diese Tatsache in einem liebevollen Brief an den Kaiser, aber es lief nichtsdestotrotz auf ein Ultimatum hinaus.

Franz Joseph entschied sich für mich. Er gab Befehl, die überstürzte Rückreise seiner Gemahlin nach Wien zu organisieren, und kam mir persönlich bis Freilassing entgegen. Er hatte sich sogar den Backenbart abrasiert, den ich nicht mochte, und strahlte, als er mich auf dem Bahnsteig in seine Arme schloss.

»Das ganze Reich liegt dir zu Füßen, Sisi«, begrüßte er mich überschwänglich und küsste mich zärtlich. »Du schaust wunderbar aus, so jung und gesund. Ich bin der glücklichste Mensch der Welt, dich so wohl zu sehen.«

»Mit Ausnahme von mir selbst«, stellte ich richtig und erwiderte seine Umarmung gerührt, ehe ich zurücktrat. »Es hat mir kein Vergnügen bereitet, so lange krank zu sein, Franzi. Ich werd alles tun, damit mir das in Zukunft nicht noch einmal passiert.«

»So blühend wie du ausschaust, besteht da sicher keine Gefahr mehr, Sisi. Wie machst du das nur? Du wirst nicht älter, nur schöner.«

Er überschüttete mich mit Komplimenten, dabei hatte ich Vorwürfe erwartet. Er schien nicht böse darüber zu sein, dass ich ihn aus Ischl geholt hatte. Er begrüßte auch meinen Bruder Gackel, den man nun natürlich bei seinem Taufnahmen Carl Theodor nennen musste, auf das Herzlichste.

Gackel war jetzt ein erwachsener junger Mann, der bald auf Brautschau gehen musste. Damit er ein wenig Weltläufigkeit und Übung beim Besuch fremder Höfe bekam, hatte ich ihn unter meine Fittiche genommen. Auch, um wenigstens ein Stückchen Bayern an meiner Seite zu wissen, wenn mich der Papa schon so rüde und egoistisch aus meinem Elternhaus vertrieben hatte.

»Wir werden dafür sorgen, dass du dich in Wien ein bisserl

amüsierst«, versprach Franz Joseph meinem Bruder freundlich. »Die Wiener Mäderln haben schon ihren Charme, wenngleich sie sich nicht an der Schönheit deiner Schwester messen können.«

»Er übertreibt schamlos, Gackel«, behauptete ich, obwohl mich Franz Josephs Liebenswürdigkeiten in Wirklichkeit entzückten.

»Tu ich nicht.« Der Kaiser küsste noch einmal meine Hände. »Du bist das schönste Juwel meines ganzen Reiches, Sisi! Kein Wunder, dass mich die Welt um meine anmutige Kaiserin bewundert.«

Nett hatte er das gesagt. Und wie er mich jetzt ansah! So, als ob er etwas ganz Wundervolles vor Augen hätte. Ich erinnerte mich noch zu gut an andere Blicke von ihm. Besorgte, gereizte, ungeduldige oder ratlose Blicke, die mir Angst gemacht hatten. Bei diesem Wiedersehen kam es mir so vor, als wolle er mich wie damals in unserer Verlobungszeit umwerben. Es gefiel mir. Es gab mir Kraft, dem Wiener Hof die Stirn zu bieten.

Es war mir natürlich klar, dass die Herrschaften des Hochadels meine Rückkehr nicht so begeistert wie der Kaiser begrüßen würden. Ich wusste, dass die ersten Familien des Landes ungenierter denn je ihre Nase über die Rose aus Bayern rümpften. Sollten sie doch! Zum ersten Male fühlte ich mich stark genug, ihnen allen zu trotzen.

Die Wiener Gazetten, die bis ins Detail über meinen Empfang in der Hauptstadt berichteten, waren sich immerhin darin einig, dass meine Heimkehr für das Volk Grund zum Jubeln bot. Sie fanden die schmeichelhaftesten Worte für meine Erscheinung, meine Haltung und meine Liebenswürdigkeit. Als ich die vorbereitete Rede auf dem Empfang des Bürgermeisters verschmähte und ihm mit meinen eigenen Worten antwortete, schlug mir so stürmischer Beifall entgegen, dass ich gegen meine alte Gewohnheit vergaß, nur mit geschlossenen Lippen zu lächeln.

Dass sich fünfzehntausend Menschen mit mir freuten, rührte und überraschte mich zutiefst. Am Abend zogen die Wiener in einem prächtigen Fackelzug zum Schloss Schönbrunn hinaus, wo wir vorerst Wohnung genommen hatten. Die Welle der Herzlichkeit, die mir aus dem einfachen Volk entgegenschlug, überwältigte mich so sehr, dass ich meine tief verwurzelte Angst vor großen Menschenmengen ausnahmsweise einmal vergaß.

Aus der eingeschüchterten Braut, die sich in ihrer gläsernen Kutsche vor ihren künftigen Untertanen gefürchtet hatte, war eine erwachsene Kaiserin geworden, die ihre Huldigungen mit Anmut entgegennahm. Auf dem Boden dieser Zuneigung wuchs auch das immer stärker werdende Pflänzchen meines neuen Selbstbewusstseins. Franz Joseph war der Erste, der es zu spüren bekam.

»Diese dummen Vorschriften, Rituale und Sitten des Hofprotokolls sind zu lästig«, überraschte ich meinen Gemahl mit offener Rebellion gegen das steife spanische Zeremoniell. »Ich will keine Regeln befolgen, die seit dem sechzehnten Jahrhundert nicht mehr geändert worden sind. Das meiste ist ohnehin völlig unsinnig. Warum soll ich meine Schuhe nur einmal tragen und mich bei deinem Obersthofmeister anmelden, wenn ich mit dir reden will? Was geht ihn das überhaupt an?«

»Ich bitte dich, Sisi, das gehört sich eben so.« Franz Joseph sah aus, als hätte ich ihm eben vorgeschlagen, den italienischen Rebellenführer Garibaldi in aller Öffentlichkeit herzlich zu umarmen. »Wenn wir keine Ordnung halten, geht alles drunter und drüber.«

»Dann möchte ich meine Ordnung künftig selbst bestimmen«, erwiderte ich unbeeindruckt und lächelte ihn an. »Du kannst dich darauf verlassen, dass ich dir in allem helfe, was nötig ist. Aber ich seh nicht ein, womit es die Monarchie stärkt, wenn ich mich fünfmal am Tag umziehe und üppige Mahlzeiten streng nach der Uhr einnehme, obwohl ich keinen Hunger hab.«

»Aber der Hof muss doch planen können, Sisi. All die Empfänge, Audienzen und Besprechungen kann man nicht einfach so ins Blaue hinein abhalten«, protestierte der Kaiser. »Du weißt, wie wichtig es ist, dass die Würde der Monarchie gewahrt wird.«

»Mein Obersthofmeister, Graf Königsegg, wird immer über meine Vorhaben und Wünsche Bescheid wissen. Der Hof soll sich mit ihm absprechen. Wenn ich in Wien leben und weiter gesund bleiben will, dann muss ich das auf meine Weise tun, Franzi.«

Ich hielt heimlich den Atem an und wartete auf Widerspruch. Der Kaiser liebte seine Normen und die verlässliche Einteilung seines Tages. Ich wusste, dass es ihm schwer fiel, meinen Wunsch nach Freiheit und Ungebundenheit auch nur zu verstehen. Würde er mich zur Ordnung rufen?

»So tu, was du tun musst. Ich will nur, dass du glücklich bist, Sisi«, erwiderte er jedoch nach einem tiefen Seufzer am Ende ergeben.

»Ich bin glücklich, Franzi«, bestätigte ich heiter und erwiderte den zärtlichen Kuss, den ich ihm nach diesem Geschenk natürlich nicht verweigern konnte.

Nachdem ich es auf diese Weise fertig gebracht hatte, meine Eigenständigkeit gegen den Hof abzugrenzen, machte ich mich daran, mir mein neues Leben einzurichten. So ließ ich unter anderem meinem Apartment in der Hofburg ein Turnzimmer hinzufügen, das genau nach meinen Vorstellungen ausgestattet wurde. Ich hatte gelernt, dass Bewegung und Geschmeidigkeit untrennbar zu meinem Wohlbefinden gehörten. Da ich ohnehin früher als alle anderen erwachte, wollte ich die Morgenstunden künftig nutzen, um an den Ringen und am Trapez meinen Körper zu stärken und zu trainieren.

Auch regelmäßige Massagen und Bäder standen auf meinem neuen Gesundheitsprogramm, und so befahl ich die Anschaffung eines Spezialtisches und die Einrichtung eines modernen Badezimmers in meinen Gemächern. Franz Joseph mochte sich mit Waschtisch und Leibstuhl zufrieden geben, ich wollte eine ordentliche Badewanne, fließendes Wasser und ein englisches Klosett mit Wasserspülung.

Natürlich fand dieser angebliche Hang zu »unverständlichem Luxus« jede Menge Neider. Dieses Mal war ich jedoch auf den niederträchtigen Klatsch vorbereitet. Es fiel mir sogar leicht, darüber zu lachen. In Franz Josephs Augen sah ich schließlich täglich, dass meine Schönheit, meine Beweglichkeit und meine jugendliche Figur seinen Beifall fanden. Er machte nicht den Eindruck, als gäbe es eine polnische Gräfin oder eine freizügige Schauspielerin, die ihm besser als seine eigene Gemahlin gefiel.

Meine Gestalt wog zu jener Zeit bei 172 Zentimetern Körpergröße schlanke 46 Kilo, und dabei sollte es bleiben, wenn es nach mir ging. Ich sah auch keinen Grund, weshalb meine Taille das Maß von fünfzig Zentimetern jemals überschreiten sollte, und ich begann meinen Kleidern und meiner äußeren Erscheinung mehr Aufmerksamkeit als zuvor zu schenken. Der Spiegel, dem ich bisher nur höchst flüchtige Aufmerksamkeit geschenkt hatte, wurde nun zur wichtigsten Kontrollinstanz meines Alltags.

Wann hatte ich mich aus dem zarten Mädchen, der kranken Frau und der müden Reisenden in die glanzvolle Kaiserin verwandelt? Ich wusste es nicht zu sagen, aber es gefiel mir, schön zu sein und für meine Erscheinung verehrt zu werden. Nach all der Kritik, der Mäkelei und den herabsetzenden Bemerkungen zog ich natürlich Befriedigung aus diesem neuen Beifall.

Der Kaiser war geradezu närrisch stolz auf seine Gemahlin. Er riet mir dazu, diese neumodischen Fotos von Herrn Angerer machen zu lassen, und es schmeichelte ihm, dass sie in vielfacher Ausführung an allen europäischen Höfen auftauchten. Er wurde gern von anderen Fürsten um seine schöne Kaiserin beneidet. Er hatte mich erobert, und diesen Sieg konnte ihm niemand streitig machen. Er tröstete ihn über die zahllosen politischen und militärischen Niederlagen der vergangenen Zeit hinweg. Schon aus diesem Grund sah er mir auch viele meiner »närrischen Grillen«, wie er es nannte, nach.

Es nahm geraume Zeit in Anspruch, täglich mein Gewicht und meine Maße zu kontrollieren, aber auf diese Weise konnte ich sofort einschreiten, sobald das festgesetzte Limit überschritten wurde. Es kam selten vor, denn ich kontrollierte meine Nahrung sorgfältig, und die beständige Bewegung sowohl im

Turnzimmer wie auch im Sattel meiner Pferde hielt meine Figur problemlos in Form.

Glücklicherweise verspürte ich ohnehin kein übermäßiges Verlangen nach üppigen Mahlzeiten und jenen zuckertriefenden Mehlspeisen, Kuchen und Pralinés, welche die Damen meines Hofstaates in reichem Maße verzehrten. Alles was über eine gewisse Menge hinausging, bereitete mir Magenbeschwerden, und ich mied es schon aus diesem Grund. Ein Glas warme Milch, ein wenig konzentrierte Rindsbrühe oder ein paar Früchte genügten mir, um mich wohl zu fühlen. Nun, wo ich dem Diktat der Familienmahlzeiten und dem Adlerblick der Erzherzogin entkommen war, leistete ich mir den Luxus, nur dann zu essen, wenn ich Hunger hatte und nicht wann es auf dem Plan stand.

Ich erschien lediglich zur Hoftafel, wenn es sich nicht vermeiden ließ. In solchen Fällen aß ich so wenig, dass meine Kritiker sich natürlich auf diesen vermeintlichen Fehler stürzten. Doch sie hätten auch etwas an mir auszusetzen gehabt, wenn ich wie ein Husarenleutnant nach einem Dreitagesritt gegessen hätte.

Der Hochadel, der sich aus Tradition und Machtgier um die Mutter des Kaisers scharte, übernahm in sklavischer Ergebenheit die Abneigung der hohen Dame gegen ihre extravagante Schwiegertochter. Die ewig Gestrigen, die das Abendland in Gefahr witterten, wenn ich beim Cercle die vorgeschriebenen Phrasen ohne das nötige Pathos herunterleierte, machten keinen Hehl aus ihrer Abneigung. Es wurde nachgerade zu ihrer Lieblingsbeschäftigung, meine angeblichen Fehler akribisch aufzulisten.

Ob ich nun bei Sonnenaufgang mit meinem englischen Stallmeister durch den Prater galoppierte oder meine Zeit mit Turnen verbrachte, ob ich meine Geschwister in Wien empfing oder mir einen neuen Hund kaufte, immer fanden sie etwas daran zu beanstanden. Verwunderlich war für mich nur die Fülle ihrer Informationen. Woher wussten sie so genau Bescheid über meine Tage?

Ich fiel aus allen Wolken, als ich den Grund dafür ausgerechnet auf dem Schreibtisch des Kaisers entdeckte. Ich hatte Franz Joseph aufgesucht, um mit ihm über Rudolf zu sprechen, der mir allzu ernst und allzu eingespannt in den täglichen Erziehungsmarathon des Thronfolgers vorkam. Aber als ich die Berichte auf Franz Josephs Schreibtisch entdeckte, vergaß ich alles andere.

»Du lässt mich von der Polizei bespitzeln?«, fragte ich fassungslos. Meine Augen flogen über eine haargenaue Schilderung meines Tagesablaufes, die jedes noch so kleine Detail erwähnte.

»Ich bitt dich, Sisi, was echauffierst du dich so, das ist doch ganz harmlos.«

Die gewohnte Floskel konnte mich an diesem Tage ebenso wenig besänftigen wie der bewundernde Blick des Kaisers, der über mein neues rosa Moirékleid mit den aufgesetzten dunkelrosa Schleifen glitt.

»Was gibt's da zu bitten?«, rief ich aufgebracht. »Erklär mir lieber, wie dein Herr Polizeiminister dazu kommt, seine eigene Kaiserin auszuspionieren!«

»Das hat doch nichts mit Ausspionieren zu tun, Sisi«, versuchte er mich zu beruhigen. »Es dient allein zu deinem Schutz.

Es ist die Aufgabe der Staatspolizei, ein Auge auf die Kaiserin zu haben. Wir leben schließlich in gefährlichen Zeiten. Rebellen, Anarchisten und andere Subjekte könnten sich dir nähern, um dir zu schaden. Es ist die Aufgabe der Agenten, dich vor ihnen zu schützen.«

»Das soll mich schützen?« Ich griff nach dem obersten Blatt und wedelte mit der Auflistung des gestrigen Tages vor seinen Augen herum. »Ein schöner Schutz, der sich seitenlang darüber ergeht, dass ich vor zwei Tagen mit eigener Hand Veilchenpastillen gekauft hab'. Ich will nicht, dass mir Polizeispitzel auf den Fersen sind, Franzi! Sorg' dafür, dass sie mich in Frieden lassen!«

Ich rauschte aus seinem Arbeitskabinett und warf die Tür so lautstark hinter mir zu, dass man es bestimmt durch die ganze Hofburg hören konnte. Ich war dermaßen entrüstet, dass ich nicht einmal einen Gedanken daran verschwendete, wie meine Feinde diesen stürmischen Auftritt interpretieren würden.

Mit einem Male glaubte ich zu wissen, wer all die zahllosen Indiskretionen, die mich so verwundert hatten, weitertrug. Baron von Kempen, der Polizeiminister, zählte ohnehin nicht zu meinen Freunden. Und wieder beschlich mich das dumpfe Gefühl, in der Hofburg nur mit Mühe atmen zu können.

Hinzu kam, dass auch Geschehnisse, die außerhalb meines Einflusses lagen, zusätzlichen Stoff für bösartigen Klatsch um meine Person lieferten. Die Tatsache, dass mein ältester Bruder auf seine Rechte verzichtet hatte, um eine schöne, aber nicht adelige Schauspielerin zu heiraten, kreidete man mir ebenso an wie Maries Ehe-Schwierigkeiten, die nun doch allgemein debattiert wurden. Von ihrer heimlichen Schwangerschaft wusste zwar noch niemand, aber ich lebte in ständiger Angst, dass auch dieser Skandal früher oder später aufgedeckt werden würde.

Es kam mir sogar zu Ohren, dass die Klatschmäuler Maries wohlbegründete Flucht zu unserer Mutter mit meinen Reisen nach Madeira und Korfu verglichen. Zwei Schwestern, die nichts Besseres zu tun wussten als ihren gekrönten Gatten zu entfliehen. Wie dumm die Menschen doch waren! Nicht einmal meinem ärgsten Feind hätte ich meine Schmerzen, meine schlaflosen Nächte und jenes grauenvolle Gefühl des drohenden tödlichen Erstickens gewünscht, das mich zu beiden Reisen veranlasst hatte. Ganz zu schweigen von Maries persönlichem Unglück.

Jeden Morgen belauerte ich mit zunehmender Angst mein Befinden. Ich prüfte sorgfältig die Funktionen meines Körpers und die Frische meiner Haut. Es ging mir in Fleisch und Blut über, schon das kleinste Alarmzeichen mit meinen Ärzten zu bereden. Ich bestellte sogar Doktor Fischer nach Wien, denn nur ihm vertraute ich genug, um mich sicher zu fühlen. Er bestätigte indes die Diagnosen seiner Wiener Kollegen bis ins Detail. Es gab keine Anzeichen für eine neuerliche Schädigung meiner Lungen, und bis auf die übliche Ermahnung, vernünftiger und ausreichender zu essen, fand er nichts an mir auszusetzen.

Franz Joseph fand meine Sorgen überspannt. Für ihn bestätigte Doktor Fischer nur, was er mit eigenen Augen täglich sah. »Ich wüsste nicht, was noch vollkommener und schöner an dir sein sollte, Sisi«, sagte er voller Überschwang und Zuneigung, als er vom Ergebnis der Untersuchung erfuhr. »Ich hab dich mit jedem Tag noch lieber. Am liebsten würd ich dich Tag und Nacht in meinen Armen halten.«

Es war das »Nacht«, das mich aufhorchen ließ. Seit Rudolfs Geburt hatte sich Franz Joseph nicht mehr ernsthaft auf seine ehelichen Rechte berufen. Ich versuchte, mein Widerstreben hinter einem Lächeln zu verstecken. »Da würden sich deine Minister und Beamten schön bedanken, wenn sie die ganze Arbeit allein tun müssten, Franzi.«

»Sie können viel von mir verlangen, Sisi, aber nicht alles. Ich bin nicht nur der Kaiser. Ich bin auch ein Mann. Dein Mann.«

Lieber Himmel, er meinte wirklich, was ich fürchtete. Ich biss mir auf die Unterlippe und zerbrach mir eilig den Kopf nach der richtigen Antwort. Aber außer »Nein!« und noch einmal »Nein!« wollte mir keine passende Entgegnung einfallen, die diplomatisch genug klang, um seinen empfindlichen männlichen Stolz zu schonen.

Franz Joseph fand mein Schweigen nicht verdächtig. Er erwärmte sich zunehmend für das gefährliche Thema und malte die Folgen der gewünschten Nähe in den buntesten Farben. »Es wär doch wunderbar, wenn unser kleiner Rudolf noch einen Bruder oder eine Schwester bekäme, Sisi«, sagte er unverblümt. »Würdest du nicht auch gern wieder ein Kleines in deinen Armen halten?«

Noch ein Kind, das die Erzherzogin mir entfremden und erziehen konnte? Wirklich nicht! Ich hatte Mühe, mein offenes Entsetzen zu beherrschen. Wie typisch für Franz Joseph, dass er in all den Jahren nicht gemerkt hatte, wie schwer es mir fiel, ihm meinen Körper auf so intime und ausschließliche Weise auszuliefern. Wenn er sich in den keuchenden, rücksichtslosen

Fremden verwandelte, der nur sein eigenes Vergnügen suchte, konnte ich nichts anderes als Abscheu und Qual bei diesem Akt empfinden.

Den Rausch, das Entzücken und das Vergessen, das Marie und Mathilde so rühmten, vermochte ich ebenso wenig zu fühlen wie die ruhige Gleichgültigkeit, die mir Mama schon vor meiner Hochzeitsnacht empfohlen hatte. Es handelte sich doch um meinen Körper, warum durfte ich nicht selbst darüber bestimmen, was mit ihm geschah? Wieso sanktionierte ein einfacher Eheschwur so viel Gewalt und Zwang?

Ich hatte die abscheulichen Intimitäten bis zu Rudolfs Geburt geduldig ertragen, weil es schließlich meine Pflicht war, einen Thronfolger zur Welt zu bringen. Aber nun? Wollte Franz Joseph den erschöpfenden Kreislauf von Zeugung und Geburt etwa so lange fortsetzen, bis die Natur ihm von selbst ein Ende machte? Ein fürchterlicher Gedanke!

»Du sehnst dich doch bestimmt auch danach, wieder richtig in meinen Armen zu liegen, Sisi«, beschwor mich der Kaiser trotz meines anhaltenden Schweigens. Es schien ihm gar nicht in den Sinn zu kommen, dass ich keineswegs verlegen, sondern völlig fassungslos war. Er zog mich so heftig an sich, dass mir der Atem fortblieb.

»Bitte, du tust mir weh …«, wisperte ich.

Umsonst. Er küsste meine Lippen, meine Wangen, meine Stirn, meine geschlossenen Augen, und ich erstarrte unter den fordernden Liebkosungen. Ich hatte mich in Sicherheit geglaubt. Welch verhängnisvoller Irrtum.

»Wir haben doch schon drei Kinder …«, versuchte ich erneut ihn aufzuhalten.

Dieses Mal reagierte er. Er hörte auf, mich zu küssen und musterte mich mit gerunzelter Stirn. Vermutlich war ich leichenblass.

»Wir haben nur einen Erben«, verbesserte er mich dann pedantisch.

»Die Krone kann ohnehin nur einer tragen«, erwiderte ich gereizter, als ich es beabsichtigt hatte.

Hatte ich nicht widerspruchslos viele Jahre meine Pflicht als Gattin und Kaiserin getan? Genügten ihm Rudolf und Gisela nicht länger? Lieber Gott, wie sollte ich sein Ansinnen ablehnen, ohne die Dinge zwischen uns von neuem zum Schlechteren zu wenden? Ich wusste, dass er außerordentlich empfindlich auf die kleinste Andeutung von Kritik an seinen männlichen Fähigkeiten reagierte. Zu Beginn unserer Ehe hatte ich ein einziges Mal den schüchternen Versuch unternommen, um mehr Zärtlichkeit, mehr Geduld zu bitten.

Seine herablassende Antwort hatte sich in mein Gedächtnis gegraben: »Vertrau mir nur, Sisi. Du hast natürlich keine Ahnung von der Liebe. Aber ich weiß, was ich tun muss. Bisher habe ich noch jeder Frau Vergnügen bereitet.« Ich konnte ihm doch nicht sagen, dass er sich in Bezug auf mich täuschte …

»Der Rudolf wird uns einmal dankbar sein, wenn er Brüder hat, auf die er sich in schweren Zeiten verlassen kann, Sisi«, hörte ich ihn jetzt sagen. »Ein Kaiser braucht eine Familie, der er vertrauen kann. Ich weiß nicht, was ich ohne meine Brüder getan hätte, Sisi.«

Mir fielen spontan ein paar Antworten ein, die sich alle nicht dazu eigneten, ausgesprochen zu werden. Weder Maximilian noch Karl Ludwig oder Ludwig Viktor zählten zu Franz

Josephs Ratgebern. Wenn er auf jemand hörte, dann höchstens auf seine Mutter und nicht auf seine Brüder. Sie verärgerten ihn höchstens, wenn sie es wagten, anderer Meinung als er zu sein.

Franz Joseph hielt mein Schweigen auch weiterhin für weibliche Scheu. Er tätschelte meine Schulter, als wäre ich ein kleiner Hund, den er auf diese Weise beruhigen konnte. »Du wirst sehen, Sisi, es gefällt dir, wenn wir wieder ein Kinderl bekommen. Ich freu mich schon drauf.«

Meine Freude hielt sich in Grenzen, und meine Abwehr steigerte sich zu höchster Panik. Als Franz Joseph an diesem Abend in mein Schlafzimmer kam, zitterte ich vor Fieber und litt unter unerträglichen Kopfschmerzen.

»Es tut mir so Leid, Franzi …«, wisperte ich nicht ganz ehrlich beim Anblick seines tief enttäuschten Gesichtes. Er sah ein wenig aus wie Rudolf, wenn man ihm sein liebstes Spielzeug fortnahm.

»Ich hoff nur, es ist nichts Ernstes, Sisi«, brummelte er halb besorgt, halb verärgert. »Hast du schon nach Doktor Fischer geschickt?«

»Morgen, Franzi«, versprach ich. »Gleich morgen Früh werde ich ihn holen …«

»Ich möchte dann gleich wissen, was er herausgefunden hat.«

Er ging davon, ohne mir eine gute Nacht zu wünschen oder mich zu küssen. Ich war ihm nicht böse. Ich war nur erleichtert, dass es mir wenigstens für diese Nacht erspart blieb, seine so genannten »männlichen Wünsche« zu erfüllen. Trotzdem konnte ich nicht schlafen. Je mehr ich nachdachte, umso steifer und kälter wurde mein Körper. Jetzt verwünschte ich die

Schönheit, Geschmeidigkeit und Anmut, die Franz Joseph verlockte. Wie hatte ich nur so dumm sein können.

Doktor Fischer befand sich noch in Wien. Er erschien in aller Frühe und untersuchte mich gründlich. Dann sah er mich aus seinen traurigen gütigen Augen an. »Kaiserliche Hoheit scheinen völlig gesund zu sein. Herzschlag und Puls sind in Ordnung, und auch von einem Leiden der inneren Organe kann ich nichts feststellen.«

»Ich weiß, es ist …« Ich spürte, dass mir die Röte glühend in die Wangen stieg.

Bei allem Vertrauen zu Doktor Fischer, wie sollte ich in Worte fassen, was mich bewegte? Zum einen brachte ich ohnehin keine Silbe über die Lippen, und zum anderen verbot die Anwesenheit einer Hofdame jede Andeutung, dass meine Probleme womöglich etwas mit dem Kaiser zu tun haben könnten. Was konnte ich sagen, um ihm wenigstens einen Hinweis zu geben?

»Seine Majestät wird denken, ich hätte mir das alles nur eingebildet. Aber fragen Sie meine Damen, ich hatte wirklich hohes Fieber …«

Genügte ihm die Andeutung? Vielleicht tratschte man in den Gängen der Hofburg ja bereits darüber, dass der Kaiser mein Schlafzimmer höchst unwillig nach wenigen Minuten schon wieder verlassen hatte? Es gab keine Geheimnisse unter diesem Dach.

»Kaiserliche Hoheit leiden lediglich unter einer vorübergehenden Schwäche des Blutkreislaufes«, beruhigte mich Doktor Fischer und sah so vielsagend auf meine Finger, die ich nervös ineinander verschlungen hatte, dass ich erneut errötete. »Keine

Seltenheit in Anbetracht des schweren Leidens, von dem Sie sich eben erst erholt haben. Es ist geradezu ein medizinisches Wunder, dass es nicht öfter passiert. Sie sollten diesen Heilungserfolg nicht durch zu große körperliche Belastungen aufs Spiel setzen.«

»Welche Belastungen?«, flüsterte ich enttäuscht, denn das hatte ich nicht hören wollen. Vermutlich würde er meine Gymnastik und meine Reitstunden einschränken.

»Kaiserliche Hoheit sollten zum Beispiel im Augenblick noch nicht das Risiko einer neuen Schwangerschaft eingehen«, entgegnete Doktor Fischer knapp.

Unsere Augen trafen sich, und plötzlich war da eine wunderbare Ruhe in meinem Kopf. Mein Herzschlag fand zu seinem normalen Rhythmus zurück, und ein tiefer Atemzug weitete meine Brust.

»Seine Majestät wird enttäuscht sein«, murmelte ich und bekämpfte den närrischen Wunsch zu lachen. »Der Kaiser hat so sehr gehofft …«

»Ich nehme an, dass Seine Majestät in erster Linie daran interessiert ist, die Gesundheit Ihrer Kaiserlichen Hoheit zu sichern«, entgegnete Doktor Fischer respektvoll.

»Aber ich will ihm doch keine Sorgen machen«, zwang mich mein schlechtes Gewissen zu erwidern. »Er hat ohnehin schon so viele Sorgen.«

»Wenn Kaiserliche Hoheit das wünschen, werde ich Seine Majestät persönlich aufsuchen und beruhigen«, bot er sofort an.

»Ja bitte, sagen Sie es ihm«, fiel ich ihm ins Wort. Je eher Franz Joseph seinen Wunsch nach weiteren Erben begrub, umso besser war es für uns beide. »Und Sie sagen ihm auch, dass es nicht meine Schuld ist, nicht wahr?«

Doktor Fischer verneigte sich erneut und verließ rückwärts, wie es das Zeremoniell vorschrieb, mein Gemach. Mit einem Mal waren auch meine Kopfschmerzen wie weggeblasen. Dennoch sank ich mit einem Seufzer in meine Kissen zurück und verzichtete darauf, augenblicklich aufzustehen. Ich war mir der Anwesenheit der Dienst habenden Hofdame nur zu bewusst. Ich konnte niemandem trauen. Es wäre sowohl für Franz Joseph als auch für mich höchst peinlich gewesen, hätte sie berichten können, dass die Kaiserin nach dieser vermeintlich deprimierenden Diagnose wie durch ein Wunder ihre Fröhlichkeit zurückgefunden hatte.

Einmal mehr ertappte ich mich bei dem Wunsch, dass es unter all diesen hochnoblen Damen mit dem makellosen Stammbaum wenigstens eine mir freundschaftlich gesinnte Seele geben möge. Eine Freundin, die meines Vertrauens würdig wäre und mit der ich meine Freude ebenso wie meine Not teilen könnte. Aber von den Damen des Wiener Hochadels durfte ich keine Freundschaft erwarten. Das bestätigte auch der folgende Winter, den ich dank Doktor Fischers Hilfe in erfreulicher Freiheit und Ungestörtheit verbringen konnte.

Der Hof respektierte mein Amt, aber nicht meine Person. Die Komtessen, Gräfinnen und Erzherzoginnen konnten nicht verstehen, dass ich das Einerlei des Hofes mit seinen Empfängen und Ehrungen, seinen Audienzen und Festen, seinen steifen Regeln und hohlen Phrasen als geisttötend und langweilig empfand. Die Tatsache, dass ich stattdessen lieber durch den Prater ritt, ein Buch las oder seit neuestem Ungarisch lernte, betrachteten sie als Angriff und als Kritik an ihren ererbten Positionen und Ämtern. Sie kreideten es mir an, dass ich meine öffentlichen Auftritte begrenzte, denn es beschränkte auch die ihren.

Unter ihren wohlfrisierten juwelengeschmückten Köpfen saß ein kärglicher Intellekt, der sich in erster Linie mit Familientratsch, Mode, Neid und der eigenen Wichtigkeit befasste. So verstanden sie nicht, dass ich Ungarisch lernte, weil mich die Sprache, das Land und seine abenteuerliche Geschichte schon fasziniert hatten, als ich in Possi zum ersten Mal davon hörte. Außerdem bewahrte ich in einem tief verborgenen Winkel meines widerspenstigen Herzens die liebevolle Erinnerung an Graf Imre Hunyady. Der charmante Ungar und seine schöne Schwester hatten die Tage in Madeira zu etwas Besonderem gemacht.

Franz Joseph, der seit seiner Kindheit Ungarisch sprach, amüsierte sich über meinen unerwarteten Ehrgeiz. »Wär's nicht besser, du würdest dein Französisch verbessern oder das Italienische? Es würde dir beim Empfang unserer Gesandten viel erleichtern.«

Die unterschwellige Kritik forderte meinen Widerstand zusätzlich heraus. Ich wollte Ungarisch lernen und keinen Nachhilfeunterricht absolvieren, damit mich irgendwelche Botschafter besser verstanden.

»Du empfängst auch manchmal Ungarn, mein Lieber«, entgegnete ich widerspenstig.

»Da hast du natürlich Recht«, räumte er friedfertig ein und wandte sich wieder seinen Akten zu. »Du wirst ohnehin bald merken, dass die Sprache ihre Tücken hat.«

Für meine Damen war Ungarisch gleichbedeutend mit Revolution und Aufruhr. Die Erzherzogin, noch immer das absolute Nonplusultra, wenn es darum ging was sich gehörte oder nicht gehörte, verabscheute die Magyaren von ganzem Herzen. Also war auch ihre Sprache ein Unding, das keine Dame über die Lippen bringen sollte. Wenn die Kaiserin sich damit abmühte, so war das nur ein weiterer Beweis für sie, dass meine »Grillen« jedes erträgliche Maß überschritten.

Aber genau diese allgemeine Haltung bestärkte mich in meinem Eifer. Jedes ungarische Wort, das ich mir erarbeitete, steigerte mein Interesse und mein Vergnügen. Die Magyaren und ihr Land wuchsen mir stetig mehr ans Herz. Ich konnte den Stolz der Ungarn und ihren Freiheitsdrang ebenso nachvollziehen wie das Misstrauen, mit dem sie dem habsburgischen Kaiser begegneten, den die politischen Wirren zu ihrem König gemacht hatten.

Seit der gewaltsamen und blutigen Niederschlagung der Revolution von 1848 wurde das Land zentral von Wien aus regiert und verwaltet. Ungarn hatte seine Sonderrechte verloren, sein Adel wurde außer Landes getrieben, war gedemütigt oder hingerichtet worden. Seitdem erstickte das kaiserliche Militär jeden Widerstand im Keim. Hinzu kam, dass Franz Joseph bisher keinen Wert darauf gelegt hatte, sich offiziell zum ungarischen König krönen zu lassen. Seine Gründe dafür lagen auf der Hand.

Eine Krönung setzte die Wiedereinsetzung der alten ungarischen Verfassung voraus, und davon wollte ihn Wien niemand etwas wissen. Die Kaisermutter und die meisten seiner Ratgeber rieten Franz Joseph dringend von jedem Zugeständnis an Ungarn ab. Sie waren Ungarns Feinde, so wie sie die meinen waren. Sie witterten hinter jeder Annährung Verrat, und ich war sicher, dass sie auch hinter Franz Josephs Versuch steckten, mir meine anfänglich nur belächelten Sprachstudien auszureden.

»Dieses östliche Idiom ist doch auf Dauer viel zu schwierig für dich, Sisi«, kleidete der Kaiser seine Kritik in vermeintlich besorgte Worte, als wir uns vor einem der zahllosen Empfänge kurz unter vier Augen sahen. »Du bekommst doch schon Kopfschmerzen, wenn du beim Cercle ein paar Sätze auf Französisch parlieren sollst.«

»Die Kopfschmerzen krieg ich nicht, weil ich Schwierigkeiten mit der Sprache habe, sondern weil das ganze Drumherum so schrecklich öde ist, Franzi«, wagte ich die ungeschminkte Wahrheit zu sagen. »Es ist ja nicht einmal höflich, zu jedem Menschen das Gleiche zu sagen. Wie geht es Ihnen? Gefällt es Ihnen in Wien? Wir freuen uns Sie zu sehen. Und das Ganze unzählige Male hintereinander, du lieber Himmel, das ist geisttötend!«

Der Kaiser reagierte wie immer. Er lächelte nachsichtig, als wäre ich ein dummes Kind, das nicht wusste, was es da plapperte. Mit einem Auge sah er schon zur Tür, die sich gleich zum großen Audienzsaal öffnen würde.

»Man muss keine Sprache können, um wie ein Papagei daherzureden«, versuchte ich dennoch seine Aufmerksamkeit zu gewinnen. »Eine Sprache beherrschen heißt ihre Poesie zu begreifen, ihre Dichtkunst, ihre Melodie …«

»Ach, Sisi, kein Wunder, dass dein armer Kopf so oft schmerzt. Du solltest ihm wirklich mehr Frieden gönnen. Ruh dich lieber aus, damit deine Schönheit nicht unter diesen Wolkenkraxeleien leidet.«

Die Tür ging auf, und meine Antwort wurde von der gut geölten Maschinerie des Hof-Protokolls einmal mehr erstickt. Ich tat einen tiefen Atemzug, um die plötzliche Enge in meiner Brust zu überwinden. Mehr als jedes Studium des Ungarischen strengte es mich an, ruhig zu bleiben, wenn Franz Joseph solche Dinge sagte. Manchmal benahm er sich exakt so, als wäre er nicht mein Gemahl, sondern mein Vater, und immer mehr sah er auch so aus.

Die Schwierigkeit, die vielen Völker seines großen Reiches in friedlichem Gehorsam zu vereinen, machte ihn oft gereizt und zeichnete bereits früh strenge Falten in seine Stirn. Auch an diesem Tag kam er mir viel älter vor, als er an Jahren zählte. Meine Zuneigung vertrieb meine Verstimmung, ehe sie von ungewohnter neuer Sorge überschattet wurde.

»Mir scheint eher, dass du dich öfter ausruhen solltest, Franzi«, versuchte ich ihn liebevoll zu mahnen, während wir unter dem Thronbaldachin unsere Plätze einnahmen und meine Damen die Schleppe des großen Staatskleides um mich drapierten. »Musst du denn schon täglich vor sechs Uhr früh über deinen Akten sitzen? Du hast doch Minister und Beamte, die für dich arbeiten können. Ich würde dir auch gern helfen. Vielleicht in den ungarischen Angelegenheiten. Ich hab schon so viel gelernt, und …«

»Du?« Die Ungläubigkeit in seinem Ton kränkte mich und seine folgenden Worte machten es noch schlimmer. »Was ist denn das für eine närrische Idee? Frauen haben keine Ahnung von Politik, Sisi. Du würdest nur alles durcheinander bringen.«

»So wie es deine Mutter tut?«, fragte ich empört, denn die Erzherzogin war schließlich auch eine Frau.

»Nun, das ist doch etwas anderes«, winkte der Kaiser herablassend ab. »Die Mama kannst du nicht mit normalen Maßstäben messen. Sie war gezwungen, gegen ihre Natur zu handeln, weil ihr unser Vater nie eine große Unterstützung sein konnte. Sie musste ganz allein dafür sorgen, dass ich die Kaiserwürde erhielt, und sie weiß mehr über Politik als alle Minister zusammen.«

»Der einzige Mann in der Hofburg«, murmelte ich erbittert, denn dieser Spruch der Wiener war natürlich auch bis zu mir gedrungen.

Franz Joseph lachte und winkte dem Zeremonienmeister zu, dass die Audienz beginnen konnte. »Wird schon etwas dran sein, an diesen Worten. Ich wüsst nicht, was ich ohne sie getan hätte. Und jetzt schenk dem amerikanischen Gesandten dein Lächeln, er soll doch über den großen Ozean berichten, dass ich die schönste Kaiserin von ganz Europa zur Frau hab.«

Ich verbarg meine Enttäuschung so gut es ging und setzte meine Sprachstudien mit verstärkter Energie fort. Gleichzeitig achtete ich indes sorgsam darauf, dass ich auch die glanzvolle Kaiserin blieb, die Franz Joseph an seiner Seite zu sehen wünschte. Beides ließ sich eigentlich gut verbinden. Ich repetierte meine Vokabeln, während mein Haar gebürstet wurde, und ich übte mich darin, mit dem Kammermädchen ungarisch zu sprechen, das mir bei meiner Toilette zur Hand ging und zuvor bei einer ungarischen Edeldame in Diensten gestanden hatte.

Es nahm täglich viele arbeitsame Stunden in Anspruch, dem

Bild zu entsprechen, das der Kaiser und alle anderen bei jedem öffentlichen Auftritt von mir erwarteten. Ihre Erwartungen stiegen von Mal zu Mal. Trotzdem gefiel es mir, wie meine Kritiker von der Begeisterung entwaffnet wurden, die mir allenthalben entgegenschlug. Der boshafte Tratsch erstickte in hymnischen Zeitungsberichten über meine elegante Erscheinung, meine anmutigen Bewegungen und meine ungewöhnliche Haarpracht.

Allein die Pflege dieser Haare, deren anfängliches Dunkelblond in den vergangenen Jahren zu einem goldenen Kastanienbraun nachgedunkelt war, benötigte erhebliche Mühe. Alle drei Wochen investierte ich einen ganzen Tag, damit die üppige Mähne, die mir mittlerweile bis zu den Waden reichte, gewaschen und sorgsam gepflegt werden konnte.

Für Geschmeidigkeit und Glanz sorgte eine regelmäßige Kur aus dreißig rohen Eidottern, die mit Branntwein verrührt wurden. In der Folge wurde die Mixtur mit einem Pinsel in die Haarsträhnen einmassiert, die ein Stubenmädchen zuvor über einem Tisch ausgebreitet hatte. Nach der Einwirkzeit von einer Stunde mussten sie wieder mit warmem Wasser gesäubert, mit dem Sud aus ausgekochten Walnussschalen gespült, mit Rosenwasser benetzt und schließlich getrocknet werden. Darüber vergingen Stunden. Mein Haarwaschtag wurde zum Ritual, das eine stattliche Reihe meiner dienstbaren Geister beschäftigte und auch meine Geduld stark strapazierte.

Dafür rühmte jedermann meine üppige Haarfülle. Meine Neiderinnen versuchten mit Hilfe von falschen Lockenteilen vergeblich, einen Effekt zu erzielen, den mir Natur und Veranlagung in die Wiege gelegt hatten.

Als mir anlässlich einer Theatervorführung im Burgtheater die aparte Frisur der Hauptdarstellerin Helene Gabillon auffiel, zögerte ich nicht, mich nach ihrem Frisör zu erkundigen. Zu meinem Erstaunen war es eine Frau, die derlei Wunderwerke aus Haar zaubern konnte.

»Franziska Angerer, Kaiserliche Hoheit«, berichtete die Hofdame, die ich auf Erkundigung ausgeschickt hatte. »Die Tochter eines Frisörs vom Spittelberg. Sie ist noch nicht lange Haarkünstlerin am Burgtheater.«

Sie sollte es auch nicht lange bleiben. Nachdem ich das Mädchen persönlich begutachtet und mich sowohl von ihren Fähigkeiten wie von ihrer flinken Intelligenz überzeugt hatte, berichtete die Wiener Morgen-Post im April 1863 darüber, dass »Fräulein Angerer der Ordnung der Coiffuren und Hofschauspielerinnen und dem dafür angesetzten Honorar entsagt«. Dafür empfing sie als kaiserliche Frisörin im allerhöchsten Dienste ab sofort eine jährliche Entschädigung von zweitausend Gulden. Zudem blieb ihr die Möglichkeit des »anderweitigen Kunstverdienstes«, soweit ich ihre Fähigkeiten nicht benötigte.

Ich zweifelte nicht daran, dass das Fräulein Angerer diese Gelegenheiten ebenso geschickt wie geschäftstüchtig nutzen würde. Es gefiel mir, wie dieses einfache Mädchen mit Hilfe seines Talentes und seiner Fähigkeiten ungestüm in Kreise drängte, die ihm normalerweise verschlossen geblieben wären. Sie war das beste Beispiel dafür, dass Franz Joseph irrte. Frauen hatten mehr Fähigkeiten als nur hübsch auszusehen und Kinder zu gebären.

Fanny trat ihren Dienst an und nahm sich mit unnachahmlichem Geschick meiner Haare an. Sie vermochte die Fülle so zu flechten und aufzustecken, dass sie wie eine natürliche Krone über meiner Stirn schwebte und ihr beträchtliches Gewicht meinen Nacken nicht allzu sehr belastete. Zudem verstand sie mich mit dem unterhaltsamsten Klatsch über meine Neiderinnen zu amüsieren. Sie entpuppte sich als Gewinn für meinen Hofstaat, und mehr als eine Dame versuchte, sie mir heimlich abzuwerben. Da sie alle keinen Erfolg hatten, rankte sich in kürzester Zeit der bösartigste Klatsch um Fanny Angerer. Dass sie mir dennoch treu ergeben blieb, war für mich ein weiterer Beweis ihrer angeborenen Klugheit.

Fannys meisterliche Kunst verschaffte mir bei Bällen und öffentlichen Auftritten noch mehr Beachtung, als es bis dahin ohnehin der Fall gewesen war. Nach der Fronleichnamsprozession, an der ich im Frühsommer teilnahm, wurde mehr über meine Garderobe und meine Frisur geschrieben als über den christlichen Sinn des Festes. Ich für meinen Teil hatte jeden Schritt des Zuges verabscheut. Die gewaltigen Menschenmassen, die sich am Straßenrand drängten, machten mir Angst. Sie standen keineswegs aus Frömmigkeit, sondern aus purer Sensationslust da.

Meine Migräne verstärkte sich nach diesem Ereignis so besorgniserregend, dass Doktor Fischer zur Wiederholung der Kur in Bad Kissingen riet. Auch der Kaiser verband hartnäckig gewisse Hoffnungen mit einer neuerlichen Kur, denn er nahm es selbst in die Hand, meine Reise in die Wege zu leiten. Begleitet von meinem umfangreichen Hofstaat, meiner neuen Frisöse und Franz Josephs besten Wünschen fuhr ich nach Bayern.

Ich wusste, dass mir Doktor Fischer nur einen vorübergehenden Aufschub verschafft hatte. Früher oder später musste ich meine Ehe vollständig wiederaufnehmen, aber ich schob den unliebsamen Gedanken noch weit von mir. In diesem Moment zählte nur die Gegenwart und sie befreite mich von den Zwängen des Hofzeremoniells und seinen öden Vorschriften. In Bad Kissingen stellte niemand Ansprüche an mich. Nicht einmal an meine Schönheit. Dem blinden Herzog von Mecklenburg war es egal, wie ich aussah, und dem armen Mister Collet im Rollstuhl genügte meine bloße Gegenwart. Ich entspannte mich an der Seite dieser wunderbaren und klugen Männer. Ich fand in den natürlichen Rhythmus eines normalen Lebens zurück, das nicht überwacht, verfolgt und beobachtet wurde.

Ich war dankbar dafür, dass Franz Joseph auf seiner Reise zum Fürstentag in Frankfurt nicht bei mir Station machte. Die Tatsache, dass der preußische Ministerpräsident Bismarck den König von Preußen davon überzeugt hatte, diesen Fürstentag zu meiden, würde Franz Josephs Stimmung nicht eben zuträglich sein.

***

Es lag für mich auf der Hand, dass Preußen die Macht im deutschsprachigen Europa anstrebte und schon aus diesem Grunde gegen den Kaiser stand, egal wie viele freundschaftliche oder verwandtschaftliche Bande zwischen den Völkern existierten. Ich ahnte auch, dass Franz Joseph dem diabolischen Verstand des Herrn von Bismarck nicht gewachsen war, aber durfte eine Frau ihren Gatten so klarsichtig kritisieren? Da der Kaiser mir ohnehin jedes politische Verständnis absprach, war es vielleicht gut, dass ich keine Gelegenheit bekam, meine Meinung zu sagen.

Auch Franz Josefs Bruder, Erzherzog Maximilian, und seine Gemahlin Charlotte ignorierten alle gut gemeinten Warnungen, als ihnen wenig später eine Abordnung mexikanischer Emigranten die Kaiserkrone von Mexiko antrug. Charlotte war so verblendet in ihrem Streben nach dieser ersehnten Krone, sodass sie nichts davon hören wollte, dass sie sich auf ein gefährliches Abenteuer mit ungewissem Ausgang einließen. Maximilian hingegen war schon immer ein Träumer ohne großen Bezug zur Realität gewesen. Beide brachen in eine so ungewisse Zukunft auf, dass ich sogar für die Erzherzogin Verständnis aufbrachte, die beim Abschied von ihrem Sohn ganz unerwartet in Tränen ausbrach. Es schien, als ahne ihr Mutterherz bereits, dass sie den Erzherzog und frischgebackenen Kaiser nie wieder sehen würde.

Mein Mitgefühl mit ihr erstreckte sich auch auf das tägliche Zusammenleben, und so verbrachten wir eine trügerische Zeit in ungewohnter familiärer Harmonie. Im Jahre 1864 mühte mich mehr denn je, den Anforderungen meines Amtes zu entsprechen, und sie respektierte es, indem sie ihre kritischen Bemerkungen einschränkte. Sie duldete sogar gnädig meine vorsichtigen Versuche, Einfluss auf meine beiden Kinder zu nehmen.

Gisela knickste bei jedem meiner Besuche auch weiterhin stumm und wohlerzogen. Sie steckte stets in makellosen Kleidchen, schien sich nie schnell zu bewegen und verströmte einen erwachsenen Ernst, der nicht zu einer Achtjährigen passen wollte. Es war sicher falsch, dass ich sie mit meiner lebhaften fröhlichen Erstgeborenen verglich, die mir der Himmel viel zu früh geraubt hatte, aber ich konnte nicht anders. Sie hatte auch keinerlei Ähnlichkeit mit mir und meinen Geschwistern. Der bloße Gedanke, dass Gisela ihrer Erzieherin einen Streich spielen konnte oder barfuß durch die Hofburg laufen würde, war nicht kurios, sondern schlicht absurd.

Falls sie ein wenig Liebe in ihrem kleinen Herzen versteckte, dann bewahrte sie dieses Gefühl ausschließlich für die Erzherzogin und ihren kleinen Bruder. Ihrer Mutter begegnete sie vollendet distanziert und gesittet. Wenn ich sie ansah, blickte ich in das ernste Mädchengesicht der Erzherzogin, das mich zu fragen schien, was ich von ihr wollte. Ich wollte sie lieben, aber je mehr ich es versuchte, um so schwerer fiel es mir.

Rudolf hingegen hatte in diesem Sommer zu seinem sechsten Geburtstag den Hofstaat eines Kronprinzen erhalten. Sein Obersthofmeister war Generalmajor Graf Leopold Gondrecourt, und er versah gleichzeitig das Amt eines Erziehers des Thronerben. Rudolfs Großmutter hatte den Grafen ausgewählt, und schon die Tatsache, dass ich Rudolf von diesem Moment an nur noch in Uniformen zu sehen bekam, machte mir den Herrn suspekt. Was war das für ein Erzieher, der meinen Sohn mit sechs Jahren zur Kinderausgabe eines kaiserlichen Offiziers machte?

Mein Herz litt für meinen feinnervigen sensiblen Kleinen, der viel zu empfindsam und zu ängstlich war, um Soldat zu spielen. Wenn Rudolf den Generalmajor nur halb so heftig verabscheute wie ich es tat, dann musste man ihn von dem

Grafen befreien. Allein, ich bekam keine Möglichkeit, helfend einzugreifen. Wenn ich mit Franz Joseph darüber reden wollte, winkte er ab und sprach von »soldatischer Härte«. Davon, dass Rudolfs »Charakter gefestigt« und seine Zartheit »männlicher Stärke« weichen müsse.

Was hätte ich noch tun können? Auch die Kaiserin war eine Frau, die ihrem Mann absoluten Gehorsam schuldete. Ich besaß lediglich die Rechte, die Franz Joseph mir einräumte. Rudolf trotzdem zu helfen hätte bedeutet, in offenen Widerspruch zum Kaiser zu treten. Es hätte auch bedeutet, alles aufs Spiel zu setzen, was ich an Einfluss und persönlicher Macht erreicht hatte. Half es dem Kronprinzen, wenn ich uns beide unglücklich machte?

Das Problem belastete mich so sehr, dass es mir schwer fiel, mich auf die alltäglichen Dinge zu konzentrieren. Zum Beispiel auf die ausführliche Liste der Damen aus altem ungarischen Adel, unter denen ich mir eine neue Hofdame aussuchen wollte. Eine Ungarin, die meinen Sprachstudien förderlich wäre und deren künftige Anwesenheit meinen Wiener Damen bereits jetzt ein hübscher kleiner Dorn im Auge war.

Der Hof hatte entsetzt auf meinen unverständlichen Wunsch reagiert, und es bereitete mir diebisches Vergnügen, ihnen allen ganz bewusst eine junge Ungarin aus niedrigstem Adel vor die Nase zu setzen. Zugegeben, es war eine kindisch trotzige Geste, aber sie sollte sich als größtes Glück für mich erweisen.

Im November trat Ida Ferenczy die Stellung als »Vorleserin Ihrer Majestät« bei mir an, denn die Etikette hatte natürlich herausgefunden, dass sie keine Hofdame werden konnte, da sie nicht über die entsprechend hoffähigen Ahnen-Generationen verfügte. Ich bestand auf meinem Wunsch, und die Beamten des Kaisers zermarterten sich ihre sturen Köpfe, bis sie auf den Ausweg verfielen, mir keine Hofdame, sondern eine Vorleserin an die Seite zu stellen.

Dabei besaß Ida einen Adel des Herzens, um den sie viele bei Hofe beneiden sollten. Sie ist mir die Freundin geworden, nach der ich mich gesehnt habe. Ich wusste auf den ersten Blick in ihre sanften Mädchenaugen, dass ich ihr vertrauen konnte. Sie war dreiundzwanzig Jahre alt, als sie zu mir kam, und es schien mir, als würde ich sie schon ein Leben lang kennen. Endlich hatte ich eine vertraute Seele, die verstand, was ich fühlte und dachte. Jemand, der von Alter und Herkunft ausschließlich auf meiner Seite stand und nicht auf jener der Kaisermutter, obwohl mehr als ein Versuch unternommen wurde, ihre Loyalität zu untergraben.

Mit Idas Hilfe stellte ich schon bald fest, dass meine Ungarisch-Kenntnisse inzwischen dazu ausreichten, ein Gespräch zu führen, das neugierige Ohren ausschloss. Außer uns beiden gab es, mit Ausnahme des Kaisers, in meiner Umgebung niemand, der die slawische Sprache sprach und verstand. Wir konnten ungeniert miteinander plaudern, während zum Beispiel Herr Winterhalter in endlos langen Sitzungen ein Porträt nach dem anderen von mir malte.

Er schien nicht genug von mir auf die Leinwand bannen zu können. Anfangs hatte es nur ein Gemälde sein sollen, das mich in legerer Morgentoilette zeigte und mit offenem Haar. Ein Geschenk für Franz Josephs Arbeitszimmer. Danach stellte er sofort die nächste Leinwand auf seine Staffelei. Dieses Mal stand ich im festlichen Hofkleid und mit Diamantsternen im Haar auf dem Podest, und nur dank Ida kam ich nicht um vor Langeweile und Ungeduld.

»Kaiserliche Hoheit sind ein wahrer Glücksfall für einen Maler«, erwiderte er, als ich mich über seinen Eifer wunderte. »So viel Schönheit muss einfach für die Nachwelt festgehalten werden.«

Er ließ sich keinen Einhalt gebieten. Es hatte sicher auch damit zu tun, dass ihn der Kaiser für jedes dieser Bilder fürstlich honorierte. Manchmal kam es mir so vor, als versuche Franz Joseph mit jedem neuen Gemälde auch ein Stück meiner Person in seinen Besitz zu bringen.

»Es gefällt mir eben, dass du mich anschaust, wenn ich am Schreibtisch sitze«, begründete er seine neue Leidenschaft für meine Porträts. »Ich hab doch momentan eh so wenig Zeit für dich.«

Das stimmte. Schon am frühen Morgen brannte das Licht in seinem Arbeitskabinett, und manchmal erschien er nicht einmal zum Abendessen. Seine Mutter hatte ihm ein Pflichtbewusstsein anerzogen, das ihn an seinen Schreibtisch bannte, bis auch der letzte, wenn auch noch so unwichtige Akt gelesen und mit seinem Schriftzug gezeichnet worden war.

Er überhäufte sich dermaßen mit Arbeit, dass er mich im folgenden Februar nicht einmal zu Carl Theodors Hochzeit nach Dresden begleiten konnte. Gackel hatte sich in Prinzessin Sophie von Sachsen verliebt, und nicht nur das junge Paar erwartete, dass der Kaiser und die Kaiserin mit ihnen feiern würden.

»Du musst allein fahren«, befahl er ein wenig unwirsch, als ich protestierte. »Du reist ja sonst auch ohne mich durch die Gegend.«

Ich verzichtete auf eine Antwort, sie wäre doch nur falsch gewesen. Manchmal kam es mir so vor, als spräche die Erzherzogin aus dem Munde des Kaisers. Hatte sie ihn wieder hinter meinem Rücken aufgehetzt? Früher oder später würde es zu einem schlimmen Zusammenstoß kommen, das ahnte ich bereits. Der vorübergehende Waffenstillstand begann an allen Ecken zu bröckeln. Allein, es sollte noch bis in den August hinein dauern, ehe die befürchtete Schlacht ausgetragen werden musste.

Gackels Hochzeit, die mich für meinen Geschmack in einen viel zu entnervenden Menschenaufruhr verwickelt hatte, lag ebenso hinter mir wie die jährliche Kur in Bad Kissingen und meine Begegnung mit meinem Cousin Ludwig.

Ludwig war nach dem Tode seines Vaters der zweite bayrische König dieses Namens, und ich muss gestehen, dass er zu diesem Zeitpunkt ein ausnehmend gut aussehender junger Mann war. Er amüsierte mich in seiner schwärmerischen Exaltiertheit, und ich lachte über seinen Hang zu Übertreibungen. Er hatte einen wahren Narren an mir gefressen, und ich musste ihn mehr als einmal darauf hinweisen, dass ich eine verheiratete Kaiserin war. Am Ende teilte ich ihm gedankenlos mit, dass ich noch eine unverheiratete Schwester besaß, und fuhr nach Ischl weiter.

Wie jeden Sommer hatte sich die Familie in der Kaiservilla um die Erzherzogin versammelt. Ich wollte die Zähne zusammenbeißen und mich einfügen, aber mein guter Wille versiegte abrupt, als ich meinen Sohn in die Arme schloss. Ich erkannte den armen Buben kaum wieder. Er war leichenblass, zuckte zusammen, wenn man ihn berührte, und reagierte so nervös, dass ich um seine geistige und körperliche Gesundheit fürchtete.

»Du musst doch keine Angst vor deiner Mutter haben, Rudolf«, murmelte ich entsetzt und strich über seinen viel zu schmalen bebenden Rücken. »Was ist geschehen? Sag, was ist passiert?«

Es dauerte eine Weile, aber nach und nach kam, von heftigem Schluchzen unterbrochen, die ganze, schreckliche Geschichte heraus: Gondrecourt war auf dem besten Weg, den Geist und Körper des Kronprinzen zu zerstören. Seine Erziehungsmethoden kamen direkt aus einer Kadettenanstalt. Die armen Burschen, die er vor dem Kronprinzen traktiert haben musste, taten mir im Nachhinein Leid. Meinen Sohn härtete er mit sinnlosen Kalt-Wasser-Güssen ab, erschreckte ihn mit nächtlichen Pistolenschüssen neben seinem Kopfkissen und hatte ihn im vergangenen Winter sogar in eisiger Kälte und ohne ausreichende Kleidung vor dem Zimmer seines Vaters im Schnee exerzieren lassen.

Als Krönung aller Grausamkeiten hatte er ihm im Lainzer Tierpark weisgemacht, dass ihn ein Keiler angreifen würde. Während Rudolf in halb wahnsinniger Angst vor dem Wildschwein gegen das verschlossene Tor hämmerte und um Hilfe flehte, wartete sein Erzieher, der mehr Folterknecht als Pädagoge war, darauf, dass dieses schreckliche Experiment mit der Angst den Mut des Kaisersohnes stärken sollte.

Kein Wunder, dass Rudolf ständig krank war. Aber das Entsetzlichste an seinem ersticktem Bericht schien mir zu sein, dass sowohl sein Vater als auch seine Großmutter von diesen Brutalitäten wussten. Sie billigten, dass der Generalmajor den einzigen Sohn des Kaisers wie einen verweichlichten Kadetten behandelte. Waren sie denn alle völlig wahnsinnig geworden?

»Das hat ein Ende, Rudolf, ich versprech es dir!«, tröstete ich meinen Sohn und ging schnurstracks zu seinem Vater.

Ich ersparte es mir, zuvor mit der Erzherzogin zu sprechen. Ihre Argumente kannte ich aus bösem Erinnern. Sie warf mir vor, dass ich meine Kinder im Stich gelassen hatte, als ich nach Madeira und Korfu gereist war. Sie hielt mich für verantwortungslos und unfähig, für Gisela und Rudolf zu sorgen, die eigentlich viel mehr »ihre« Kinder waren als die meinen. Sie nahm sich das Recht, für die Erziehung der Kaiserkinder zu sorgen, das hatte sie mir oft genug unter die Nase gerieben. Dieses Mal ging es freilich um mehr: Die geistige und körperliche Unversehrtheit meines Sohnes stand auf dem Spiel!

»Wenn du nicht einschreitest, wird dieser schreckliche Mann einen Trottel aus Rudolf machen«, sagte ich Franz Joseph auf den Kopf zu. »Ein Krepiererl, das sich in seiner schlimmen Verlorenheit nicht einmal mehr daran erinnern kann, wer seine Eltern sind.«

»Geh, du übertreibst mal wieder maßlos, Sisi.« Franz Joseph war entrüstet. Freilich mehr wegen meines Auftritts als wegen seines Sohnes.

»Gondrecourt übertreibt!«, rief ich völlig außer mir. »Denkst du, ein Kind, das mit Wassergüssen und Pistolenschüssen misshandelt wird, lernt auf diese Weise Tapferkeit? Es lernt höchstens, dass die Erwachsenen in seiner Umgebung brutale Narren sind.«

Noch nie hatte ich es gewagt, in diesem Ton mit dem Kaiser zu reden. Ich sah, wie ihm die Röte in die Stirn stieg, und es kam mir vor, als sträube sich der alberne Backenbart, den ich nicht ausstehen konnte, noch mehr als sonst. Trotzdem wich ich keinen Zoll zurück.

»Ich bin die Mutter deines Sohnes, ich möchte unumschränkt und vollständig bestimmen, was mit ihm geschieht, wo er wohnt und wer seine Erziehung leiten soll«, forderte ich unmissverständlich.

»Aber das hat bisher …«

»… alles deine Mutter bestimmt, das ist mir klar«, fiel ich ihm ins Wort. »Das muss sich ändern!«

Ein Blick in das Gesicht des Kaisers und mir wurde bis in die Fingerspitzen eiskalt. Würde er mich verraten? Seine Mutter über mich stellen? Ich konnte den Gedanken nicht ertragen, aber ebenso wenig ertrug ich das Leid meines Sohnes. Wie immer dieser Streit ausging, ich durfte nicht nachgeben. Alles in mir bäumte sich dagegen auf.

Ich verließ Franz Joseph ohne ein Wort des Abschieds. In meinen Gemächern setzte ich mich sofort an den Schreibtisch, um meine Forderungen schriftlich zu fixieren. Ich kannte meinen Gemahl gut genug, um seine Reaktion voraussagen zu können. Ohne dieses Schriftstück würde er versuchen, die Sache auf sich beruhen zu lassen. Für ihn galt nur Geschriebenes. Gut, er würde Geschriebenes bekommen. Er musste sich entscheiden: Gondrecourt oder ich! Meine Feder flog wie von selbst über das Papier:

> Ich wünsche, dass mir vorbehalten bleibe unumschränkte Vollmacht in allem, was die Kinder betrifft, die Wahl ihrer Umgebung, den Ort ihres Aufenthaltes, die kom-

plette Leitung ihrer Erziehung, mit einem Wort, alles bleibt mir ganz allein zu bestimmen bis zum Moment der Volljährigkeit. Ferner wünsche ich, dass, was immer meine persönlichen Angelegenheiten betrifft, wie unter anderem die Wahl meiner Umgebung, den Ort meines Aufenthaltes, alle Änderungen im Haus etc. etc. mir allein zu bestimmen und vorbehalten bleibt.

Elisabeth. Ischl, 24. August 1865.

Ich setzte alles auf eine Karte. Ich hatte allein die Macht meiner Schönheit, um Franz Joseph zur Einsicht zu bringen. Würde sie ausreichen, den Einfluss der Erzherzogin zu brechen?

Ich siegte, aber der Sieg, den ich für Rudolf errang, kommt mir in einer Nacht wie der heutigen zu teuer erkauft vor. Ja, ich frage mich sogar, ob ich ohne mein Eingreifen meinem geliebten Sohn nicht den Schmerz eines verpfuschten Lebens erspart hätte …

Gondrecourt wurde aus der Umgebung des Kronprinzen entfernt, und der Kaiser machte ihn zum Kommando-General des 1. Armeekorps. Muss ich noch hinzufügen, dass seine Männer in Königgrätz als Erste vernichtet wurden? Dass er nicht durch militärische Leistungen von sich reden machte, sondern durch den peinlichen Vorfall, dass er einem seiner Soldaten im Zorn das Ohr abhieb?

Die wichtige Position des neuen Erziehers besetzte ich mit Joseph Latour von Thurmburg. Der 44jährige Oberleutnant war Soldat genug, um die Billigung des Kaisers zu finden, aber er hatte auch Jura studiert und diente seit 1860 als Flügeladjutant der kaiserlichen Familie. Ich hatte seine Diskretion und sein angenehmes Wesen schätzen gelernt, und ich wusste, dass er der richtige Mann für meinen empfindsamen Sohn sein würde.

Ich sollte Recht behalten. Rudolf liebte den Mann, der seine naturwissenschaftlichen Begabungen förderte, seine Intelligenz schärfte und ihm damit unabsichtlich die Augen für die Fehler der Monarchie öffnete. Es war der Beginn jener Schwierigkeiten, die Rudolf und seinen Vater immer weiter auseinander trieben und meinen Sohn unglücklich und unzufrieden machten.

Damals indes war mir nur klar, dass ich mit meinem Eingreifen in aller Öffentlichkeit Stellung gegen die Kaisermutter bezog. Der Ton zwischen uns, ohnehin kühl, wurde vollends eisig. Sie warf mir vor, dass ich Franz Joseph mit meiner Schönheit an mich fesselte, um ihn dann zu manipulieren.

»Es tut mir in der Seele Leid, dass ich nachgegeben und diese Ehe erlaubt habe«, sagte sie mir ins Gesicht.

Ich gab ihr Recht, aber sie hätte es nicht verstanden, wenn ich es ausgesprochen hätte. Ich beschränkte mich auf eine höfliche Verneigung und behielt meine Gedanken für mich.

Wieso konnte sie nicht sehen, dass nicht Liebe, sondern Schwäche die Entscheidung ihres Sohnes beeinflusst hatte? Der Kaiser verabscheute es, wenn man ihn gegen seinen Willen zum Handeln zwang. Aber er würde immer demjenigen Recht geben, der ihm dennoch die Stirn bot und ihm keinen Ausweg ließ.

Wie sollte ich einen Mann lieben, der so schwach war?

Wien, Januar 1866 – Dezember 1866
»… zarte, unlösbare Bande an das Königreich Ungarn.«

Das also war Gyula Andrássy. Niemand musste ihn mir vorstellen. Er ragte aus den Reihen der ungarischen Delegation wie ein einsamer Fels aus dem Meer. Er trug das goldbestickte Gewand der Magyarenfürsten. Auf seinem edelsteinbesetzten Mantel funkelten die Goldstickereien, seine Sporen klirrten an glänzenden Stiefeln. Das Tigerfell über seiner Schulter machte ihn halb zum Zigeunerführer und halb zum Tartarenhäuptling.

Welch ein Mann! Dunkle glühende Augen standen unter dichten Brauen, ungebärdige schwarze Locken fielen ihm in die hohe Stirn. Ein glänzend schöner Bart konturierte das harte Kinn, und der federnde Schritt des trainierten Reiters vervollständigte das Bild eines Helden, der trotz seiner kriegerischen Attitüde auch die Ausstrahlung eines eleganten Künstlers besaß. Unter dem Arm trug er den federgeschmückten Kalpak mit dem Reiherbusch, an der Hüfte den juwelenverzierten Säbel, der zu diesem Prunkkostüm gehörte.

Gütiger Himmel, sah man mir an, dass mein Herz jähe Kapriolen schlug? Die Aufregung machte mich schwindeln, während mein Kopf sich all jener Dinge entsann, die mir Ida über den kühnen Vizepräsidenten des ungarischen Abgeordnetenhauses erzählt hatte. Sie schwärmte für ihn, und wenn man ihr glauben durfte, befand sie sich damit in Gesellschaft aller ungarischen Damen, von der Bauernmagd bis hinauf zur Edelfrau.

Andrássy zählte zu den ungarischen Revolutionären von 1848, die in Abwesenheit zum Tode verurteilt worden waren. Der Henker hatte die schwarze Tafel mit seinem Namen am Galgen befestigt und ihn damit »in effigie«, sozusagen bildlich und nicht in Person aufgehängt. Indessen lebte der fröhliche Tote bei bester Gesundheit im Pariser Exil, wo ihn die Damen »le beau pendu«, den schönen Gehenkten, nannten und sich um seine Gunst förmlich zankten.

Einer von ihnen, seiner schönen Landsmännin Katinka Kendeffy war es gelungen, sein Herz und seine Person in Fesseln zu legen. Ida hatte behauptet, er habe keine vierundzwanzig Stunden benötigt, um sich ihre Hand zu sichern. Dies erschien mir unglaublich, bis ich ihn sah. Er war ein Mann, der das Beste und das Schlechteste in einer Frau bewirken konnte. Männer wie ihn kannte ich bisher nur von Gemälden und aus Heldensagen.

Von Ida wusste ich auch, dass seine Mutter ihren ganzen beträchtlichen Einfluss in Wien und Ungarn geltend gemacht hatte, um seine Begnadigung zu erwirken. Seit er mit Frau und Sohn in seine Heimat zurückgekehrt war, dankte er es ihr, indem er sich vom ehemaligen Revolutionär zum geschickten Politiker gewandelt hatte. Er kannte augenscheinlich nur ein Ziel: Frieden für Ungarn! Dafür war er sogar bereit, sich mit einem Kaiser zu versöhnen, der sein Todesurteil unterschrieben hatte.

Erste Verhandlungen mit den ungarischen Liberalen hatten bereits im vergangenen Dezember stattgefunden, und der Besuch dieser Delegation, die gekommen war, um mir nachträglich zum Geburtstag zu gratulieren, war eine unmittelbare Folge dieser ersten Annäherung. Die Gruppe bestand aus den bedeutendsten Männern des ungarischen Oberhauses und des Reichstages. Sie wurde von dem ungarischen Politiker Franz Deák, dem ungarischen Kardinalprimas und Graf Andrássy angeführt. Ida hatte mir viel mehr von ihnen und ihren politischen Zielen erzählt, als Franz Joseph ahnen konnte.

Für den Kaiser handelte es sich lediglich um einen von vielen Empfängen zum neuen Jahr. Für mich war es mehr: Mein Studium der ungarischen Sprache, meine Gespräche mit Ida und mein Herz sagten mir, dass die Ungarn ein Recht auf ihre Nation und ihre Verfassung hatten. Ich war so sehr davon überzeugt, dass ich es gewagt hatte, auf höchst spektakuläre Weise für sie einzutreten.

Statt des üblichen Schleppkleides trug ich eine höfische Version der ungarischen Nationaltracht. Die weiße Bluse mit den weiten Ärmeln bauschte sich über einem schwarzen engen Mieder, das vor Perlenschnüren und Diamanten blitzte. Eine aparte Schürze aus kostbar gewebter Spitze lag über den Falten des weißen Seidenrockes, und das Diamant-Diadem in meinen geflochtenen Haaren hatte Fanny auf höchst anmutige Weise mit einem bändergeschmückten Häubchen gekrönt.

Eine Woge der Erregung lief bei meinem Anblick durch die Reihen der ungarischen Delegation, ehe sie als stummer Beifall zu mir zurückkam. Die Abgesandten begriffen ohne große Worte, dass die Kaiserin auf ihrer Seite stand. Der feurige Blick des stolzen Grafen Andrássy blieb unverwandt auf mir liegen und drang durch alle Schichten aus Juwelen, Spitze und Seide direkt in mein zitterndes Herz.

Während der Kardinalprimas in gewählten Worte die Loyalität der ungarischen Nation für Kaiser, Thronerben und Kaiserin beschwor, hatte ich Mühe, mich auf seine Rede zu konzentrieren. Ich fühlte den Blick des Grafen und wagte nicht, in seine Richtung zu sehen. Ich hatte keine Ahnung, was mit mir geschah. Wie sollte ich in diesem Zustand auch nur ein Wort des Dankes über die Lippen bringen?

Als es soweit war, diktierte meine Seele die Worte, ohne dass ich groß darüber nachdenken musste. Ich wandte mich auf Ungarisch an meine Gäste, und das Erstaunen in ihren Augen wich schon nach wenigen Worten mühsam gezügelter Begeisterung.

»Seitdem mich die Vorsehung durch Seine Majestät, meinen geliebten Gemahl, mit ebenso zarten wie unlösbaren Banden an das Königreich Ungarn geknüpft hat, war die Wohlfahrt desselben stets der Gegenstand meiner lebhaftesten Teilnahme.«

Die ersten Hochrufe klangen auf, aber ich sprach unverdrossen weiter. »Nehmen Sie meinen aufrichtigen, innig gefühlten Dank und entbieten Sie jenen, die Sie hierher gesendet, auch bis dahin meinen herzlichen Gruß, als es mir gegönnt sein wird, dem Wunsche des Landes entsprechend, an der Seite meines erlauchten Gemahls in ihrer Mitte zu erscheinen.«

Franz Joseph nickte bestätigend für so viel geschraubtes Hofpathos, während ihm die »Eljen!«-Rufe, die zur bemalten

Decke des Audienzsaales stiegen, vermutlich eher verdächtig vorkamen. Ungarn, die in Wien ihrer Begeisterung Ausdruck gaben, waren etwas völlig Neues. Normalerweise verliefen solche Audienzen in höchst steifer Atmosphäre. Die förmliche Einladung zur offiziellen Hoftafel am selben Abend musste der Zeremonienmeister mit erhobener Stimme vorbringen, damit man ihn überhaupt vernahm.

»Du wirst doch hoffentlich zur Hoftafel erscheinen?«, erkundigte sich der Kaiser besorgt, ehe wir auseinander gingen. Normalerweise drückte ich mich gern vor solchen Banketten. »Die Ungarn scheinen ein Faible für dich zu entwickeln, das müssen wir nützen.«

Nicht einmal auf dem Sterbebett hätte ich diese Hoftafel versäumen mögen, aber das sprach ich natürlich nicht aus. Ich beschränkte mich auf ein gehorsames »Wie du wünschst, Franzi!« und eilte noch schneller als sonst in meine Gemächer.

Ungewohnt bewegt von der ewig weiblichen Frage, was ich zu diesem Ereignis anziehen sollte, brachte ich meine Damen gehörig durcheinander, bis ich mich für ein weißes perlenbesticktes Schleppkleid entschied. Fanny flocht eine dazu passende schneeweiße Perlenschnur in meine Haare, und Ida wählte einen passenden Fächer aus, der mit weißen Schwanenfedern besetzt war. Wusste sie um meinen Wunsch, an jenem Abend besonders schön zu sein? Zu gefallen, zu glänzen, zu erobern?

Woher kamen diese neuen verwirrenden Sehnsüchte? Ich wollte nicht darüber nachdenken. Zu gefährlich war der Pfad, auf den meine Gedanken mich führen mochten. Schmückte ich mich nicht für meinen Gemahl, so wie ich es immer tat? Franz Joseph nahm es auf jeden Fall an. Er küsste mich geradezu ehrfürchtig auf die Stirn, ehe wir Arm in Arm zur Hoftafel schritten.

»Meine viel geliebte Kaiserin«, benutzte er eine gewohnte Floskel mit besonderer Betonung. »Du strahlst schöner als alle Kerzen in der Hofburg zusammen.«

Ich bedankte mich mit einer kleinen Reverenz für das nette Kompliment, aber ich hatte eiskalte Hände vor Aufregung. Ein Glück, dass die große Toilette Seidenhandschuhe vorschrieb und die zahllosen Kerzen in den Sälen der Hofburg zusätzliche Wärme verströmten. Was ich an diesem Abend aß oder trank, vermag ich nicht zu sagen. Die Stunden waren in einen Schleier aus goldener Aufregung und zitternder Erwartung gehüllt. Alles konzentrierte sich auf den einen besonderen Moment, in dem sich Gyula Andrássy über die Hand seiner Kaiserin neigte und sie küsste.

Ich stellte fest, dass ich keine Probleme hatte, für diesen Gesandten die richtigen Worte zu finden. Ich sprach natürlich Ungarisch, als ich ihn in Wien willkommen hieß und der Hoffnung Ausdruck gab, es möge ihm gefallen.

»Kaiserliche Hoheit sprechen das Ungarische mit einer Perfektion, die unglaublich ist«, lobte er meine Ausdrucksweise, während es mir vorkam, als würden seine Augen jeden Lebensfunken aus mir saugen.

»Es ist allein das Verdienst einer Landsmännin von Ihnen, Graf«, versuchte ich krampfhaft meine Bewegtheit zu verbergen. »Ohne meine liebe Ida Ferenczy hätte ich kaum so viel über Ihre Sprache, Ihre Heimat und Ihre Ziele gelernt. Ungarn ist mir durch sie ans Herz gewachsen. Sehen Sie, wenn des Kaisers Angelegenheiten in Italien schlecht gehen, so schmerzt es mich; wenn aber das Gleiche in Ungarn der Fall ist, so tötet mich das.«

»Die Ungarn werden ihrer Königin und Kaiserin zu Füßen liegen«, schwor er eindringlich. »Mein Volk wünscht sich nichts sehnlicher, als seine Herrscherin kennen zu lernen. Werden Kaiserliche Hoheit unsere Einladung annehmen? Buda und Pest erwarten ihre Fürstin!«

»So schnell als es uns möglich ist, Graf«, versprach ich und setzte meine ganze Überzeugungskraft ein, um auch Franz Joseph zu dieser Reise zu überreden. Ich wusste, dass er früher oder später nachgeben würde, wenn ich nur hartnäckig genug blieb.

Schon Ende desselben Monats waren wir nach Ungarn unterwegs, und die Partei um die Erzherzogin schäumte vor Wut darüber. Es war eine Sache, das Ende des lästigen Konflikts mit Ungarn zu fordern, aber eine ganz andere, dass ausgerechnet die von ihnen kritisierte Kaiserin die Lösung des Problems in Angriff nahm.

Die Berichte von unserem begeisterten Empfang in Buda und Pest, den Bällen in der Burg von Ofen und der Sympathie, die mir allenthalben in Ungarn entgegenschlug, missfielen der Kaisermutter und ihren Ratgebern. Aber seit dem Konflikt um Rudolfs Erziehung konnte ich der bösen Frau ohnehin nichts mehr recht machen.

Wien war weit weg in diesen Tagen, und obwohl ich zu Beginn der Reise Angst vor meinen traurigen Erinnerungen gehabt hatte, lenkte mich die Begeisterung der Ungarn auf erfreuliche Weise davon ab. Sophies Tod gehörte in die Vergangenheit, die Gegenwart und die Zukunft siegten über meine

Trauer. Zum ersten Male schien mir auch Franz Joseph ein wenig mehr zuzutrauen, als nur meine schöne Fassade zu präsentieren.

»Aus deinem schönen Mund hören sich die Ungarn manche politische Wahrheit einfach lieber an«, lobte er meinen Einsatz. »Ich muss schon sagen, so gut wie du das Ungarisch sprichst und mit der Aristokratie umgehst, bist du mir wirklich eine große Hilfe.«

Dieses Lob spornte mich natürlich noch mehr an, und ich bemühte mich, die zahllosen Empfänge, Feste, Gastreden, Besichtigungen, Paraden und Bälle, die auf dem Programm standen, ausnahmslos mit meiner Anwesenheit zu beehren. Dieses Mammutprogramm zehrte weniger an meinen Nerven als das ständige damit verbundene An- und Ausziehen. Zu jeder Gelegenheit musste ich in einer neuen Toilette erscheinen, die über zahllosen Unterröcken, über dem Korsett, der Krinoline und anderem Schnickschnack getragen wurde und unendlich viel Zeit zum An- und Ablegen benötigte. Manchmal war ich länger mit Ankleiden beschäftigt, als ich das Gewand selbst trug.

Was hätte es dem Verhältnis mit Ungarn geschadet, wenigstens einen Vormittag lang dasselbe Gewand zu tragen?

»Man würde es als Missachtung auslegen«, warnte Ida behutsam vor einer solchen Rebellion. »Man ist hierzulande höchst empfindlich, wenn es darum geht, von Wien gedemütigt zu werden.«

Ich beugte mich der Logik dieses Arguments, so wie ich mich daran gewöhnte, Graf Andrássy als guten Geist stets in meiner Nähe zu wissen. Auch der strengste Kritiker fand nichts an seinen Worten, seinen Taten und seiner respektvollen

Haltung aussetzen. Er war ein vollendeter Diener seiner Königin. Wenn er an meiner Seite aufragte, gab es keine Schwierigkeiten und keine unerwarteten Ereignisse. Zumindest keine sichtbaren …

Denn auf einer fernen, neuen Ebene meines Bewusstseins ahnte ich schon damals, dass dies nicht alles sein konnte. Die unausgesprochenen Signale seiner Gegenwart irritierten und beunruhigten mich, aber sie belebten mich auch wundersam. Schon deswegen wollte ich unseren Aufenthalt nicht bereits nach zehn Tagen wieder abbrechen.

»Wir können die Ungarn nicht so vor den Kopf stoßen, Franzi«, forderte ich eine Änderung der Pläne. »Ich weiß, dass der Herr von Crenneville zur Abreise rät, weil er den Franz Deák und seine Liberalen nicht ausstehen kann. Aber du bist der Kaiser, du bestimmst, was geschieht. Wenn du nachgibst, wird er denken, dass er den Kaiser manipulieren kann. Willst du das?«

Manchmal schämte ich mich ein bisschen dafür, wie leicht es mir in den letzten Wochen fiel, meinen Gemahl in eine gewünschte Richtung zu dirigieren. Die Jahre unseres Zusammenlebens hatten mir meine Illusionen geraubt, aber mir auch das Wissen um die Macht meiner Schönheit geschenkt. Solange Franz Joseph um mich warb und sich danach sehnte, wieder das Bett mit mir zu teilen, wagte er nicht, mich zu verärgern.

Dass Franz Joseph persönliche Konfrontationen scheute wie der Teufel den Weihwasserkessel, musste nun auch Generaladjutant Graf Crenneville schmerzhaft erfahren. Der Kaiser hielt ihn in ständiger Erwartung auf die Abreise, aber wir blieben fünf Wochen, ehe wir nach Wien zurückkehrten. Eine unglaublich lange Zeit für einen Staatsbesuch in Ungarn und ein deutliches Signal für eine künftige politische Weichenstellung.

»Werden Sie mir weiter über Ihre Bemühungen berichten?«, erkundigte ich mich bei Graf Andrássy, als er sich auf dem Bahnhof zum letzten Mal über meine Hand neigte.

»Wenn Kaiserliche Hoheit es wünschen«, entgegnete er viel sagend und schenkte mir einen dieser bedeutungsvollen Blicke, die stets meinen Herzschlag aus dem Takt brachten und mich schneller atmen ließen.

Seine Kühnheit faszinierte mich. Woher nahm er den selbstverständlichen Mut, seiner Königin auf so raffinierte Weise nicht nur als Politiker, sondern auch als Mann näher zu treten?

»Ich wünsche es, Graf«, erwiderte ich hoheitsvoll, aber so leise, dass es nur bis an seine Ohren drang. In diesem Fall war es von Vorteil, dass ohnehin alle daran gewöhnt waren, dass die Kaiserin ihre Stimme so gut wie nie erhob. »Sollten Sie mir indes Vertrauliches zu berichten haben, wäre es besser, Sie würden es meiner lieben Ida mitteilen. Eine innere Stimme sagt mir, dass es vielleicht doch kein Zufall gewesen sein kann, dass ich gerade sie unter meine Damen aufgenommen habe.«

»Ein hervorragender Gedanke, Kaiserliche Hoheit«, lobte er mich mit einem Lächeln, in dem ebenso viel Anerkennung wie Neckerei lag. »Wir Ungarn können dem heiligen Stephan nicht genügend danken, dass er uns eine Königin geschickt hat, die nicht nur wunderschön, sondern auch mit staatsmännischer Klugheit gesegnet ist.«

Wie immer fand er mit seinen Worten einen direkten Weg in mein Herz. Niemand hatte es bisher für nötig gehalten, meinen Intellekt zu loben. Meine Schönheit, meine Anmut ja, aber nie den Inhalt meines Kopfes. Wenn Ungarn so war wie dieser Mann, dann verdiente es jede Anstrengung für seine Freiheit.

»Sie schmeicheln mir«, wehrte ich dennoch spröde ab und befreite meine Finger, die immer noch in seiner Hand gefangen waren. Wie seltsam, dass es mich bei ihm nicht störte, wenn er mich berührte.

»Wie könnte ich einer Fürstin schmeicheln, die von Natur aus bereits mit allen Reichtümern hervorragendster Eigenschaften gesegnet wurde, Kaiserliche Hoheit. Ich spreche nichts als die Wahrheit.«

»Dann will ich hoffen, dass Sie der Himmel nicht für diese charmanten Lügen zur Rechenschaft zieht, Graf«, murmelte ich und achtete sorgsam darauf, dass er beim Lächeln meine Zähne nicht sah. »Bleiben Sie mir gewogen, bis wir uns in Wien wieder sehen.«

»Kaiserliche Hoheit wissen, dass ich gar nicht anders kann.«

Unsere Blicke trafen sich ein letztes Mal, dann erinnerte mich ein diskretes Hüsteln an meiner Seite, dass wir nicht allein waren. Man wartete, dass ich ein Ende fand. Ich stieg in den Zug, und der Abschied von Ungarn fiel mir plötzlich ebenso schwer wie sonst die Trennung von Possi. Etwas Wichtiges von mir blieb zwischen den Bergen von Buda und auf der weiten Ebene der ungarischen Puszta zurück.

Franz Joseph kannte derlei sentimentale Skrupel nicht. Er befasste sich schon auf der Heimfahrt mit einem anderen politischen Problem: Preußen.

Der preußische Ministerpräsident, Graf von Bismarck, hetzte

und schürte den Zwist, bis im April die Nachricht nach Wien drang, dass Preußen einen geheimen Vertrag mit Italien gegen Österreich geschlossen hatte. Wenn uns nun auch Frankreich in den Rücken fiel, waren wir verloren. Der Kaiser tat das einzig Richtige und schloss seinerseits ein Bündnis mit Kaiser Napoleon III. von Frankreich. Ein teurer Pakt, denn er musste Frankreich dafür die Provinz Venetien als Sicherheit bieten. Dennoch bewahrte uns diese Allianz nicht vor dem Schlimmsten.

Kurz darauf, am 15. Juni 1866, erklärte Preußen der Großmacht Österreich den Krieg. Es kümmerte seinen König nicht, dass es gegen eine vermeintliche Übermacht antrat. Die Gemeinschaft aus Österreich, Sachsen, Bayern, Württemberg, Baden, Hannover und Hessen-Kassel machte ihm keine Angst. Möglicherweise sah Bismarck früher als andere voraus, dass genau diese Vielzahl der Verbündeten am Ende unser Verhängnis sein würde. Man konnte sich nicht einigen, und die ganze vermeintliche Stärke stand nur auf dem Papier.

Die Hiobsbotschaften brachen so schnell über uns herein, dass ich die Kaiserkinder bei ihrer Großmutter in Ischl ließ und zu Franz Joseph nach Wien eilte. Ich fürchtete aus der Vergangenheit, dass es auch dieses Mal nötig werden würde, Verwundetenhospitale einzurichten. Ich sollte mich nicht täuschen. Sachsen und Böhmen wurden die ersten preußischen Opfer. Am 3. Juli 1866 trafen Österreich und Preußen auf dem Schlachtfeld bei Königgrätz aufeinander. Die unvorstellbare Zahl von 450 000 Soldaten stand an diesem Tag unter Waffen. Doch die Militärs des Kaisers und ihre Verbündeten erlitten trotz zahlenmäßiger Überlegenheit eine verheerende Niederlage.

Wir kannten die schrecklichen Einzelheiten anfangs nur aus Depeschen. Dann trafen die ersten Züge mit Verwundeten auf dem Nordbahnhof ein, und das volle Elend dieses Krieges brach über uns herein. Ich dankte dem Himmel, dass ich die Kinder in Ischl wusste, denn es hieß, dass die siegreichen preußischen Truppen in Richtung Wien vorrücken wollten. Wer es sich irgendwie leisten konnte, floh aus der Stadt. Alles war in schrecklichem Aufruhr, und sogar die Akten in der Hofburg wurden in aller Eile in zahllose Kisten verpackt und zusammen mit den kostbarsten Preziosen der Schatzkammer und der Bibliothek mit dem Schiff auf den Weg nach Buda und Pest in Sicherheit gebracht.

Es kam zu einem peinlichen Wirrwarr unter Franz Josephs Ministern, Generälen und Beamten. Befehle widersprachen sich, und die ganze Misere eines aufgeblasenen Verwaltungsapparates, in dem auch die Unfähigsten nur nach Posten und Titeln strebten, beschleunigte den allgemeinen Zusammenbruch. Die schwerfällige Administration der alten Männer, welche die Kaisermutter aufgebaut und beherrscht hatte, erwies sich als noch stümperhafter und hilfloser, als es ihre strengsten Kritiker vermutet hatten.

»Ich hab' eine unglückliche Hand«, beschuldigte sich Franz Joseph selbst, aber am Ende blieb ihm nichts anderes übrig, als dem Knebelfrieden des Preußenkönigs zuzustimmen. Er musste die Auflösung des deutschen Bundes akzeptieren und eine Neuordnung Deutschlands ohne Österreich unter preußischer Führung dulden. Trotzdem war die Gefahr noch nicht völlig gebannt.

Bismarck, der schlaue Stratege, unterstützte auch jene Kräfte in Ungarn, die gegen Andrássy und Deák arbeiteten und eine totale Loslösung von Österreich befürworteten. Diese Opposition fand mit jedem Tag mehr Anhänger. Falls es in Ungarn zur nächsten Revolution kam, würde ein zweiter Kriegsschauplatz entstehen, und das würde das ohnehin geschwächte Haus Habsburg nicht überleben. Meines Erachtens gab es nur eine einzige Möglichkeit, die Dinge im letzten Moment zu unseren Gunsten zu beeinflussen, und ich zögerte nicht, dem Kaiser meinen Vorschlag zu unterbreiten.

»Gestatte, dass ich mich mit dem Thronfolger und seiner Schwester nach Buda und Pest begebe. Die Ungarn mögen mich. Es appelliert an ihre Ritterlichkeit und ihren Stolz, wenn die Kaiserin und ihre Kinder sich unter ihren Schutz flüchten.«

Franz Joseph war so verzweifelt, dass er dem Plan ohne große Diskussion zustimmte. Rudolf und Gisela wurden aus Ischl nach Wien gebracht. Der Protest der Erzherzogin gegen unsere Reise verhallte ungehört. Der Kaiser hatte am Fall Königgrätz auch erkennen müssen, dass ihn seine kluge Mutter nicht immer zu seinem Vorteil beriet. All diese aufgeblasenen Aristokraten und Generäle, die auf dem Schlachtfeld und in der Diplomatie so kläglich versagt hatten, hatte sie ihm als vermeintlich kluge Köpfe und verlässliche Ratgeber ans Herz gelegt.

Wenn man alle Welt gegen sich und gar keinen Freund hat, so ist wenig Aussicht auf Erfolg. Aber man muss sich so lange wehren, als es geht, seine Pflicht bis zuletzt tun und endlich, mit Ehre, zu Grunde gehen, schrieb er an seine Mutter und handelte nach diesen Worten.

Ich musste ihn für diese ehrenwerte Haltung in all dem Unglück bewundern, aber meine Zuneigung wandelte sich mehr und mehr von der Liebe einer Gattin zum Mitgefühl einer Freundin. Am liebsten hätte ich ihn wie ein weiteres Kind mit nach Ungarn genommen und es der Erzherzogin übertragen, das Chaos in Wien zu ordnen, das sie doch mit verursacht hatte.

Es war mir arg, bei meiner Abreise die Fürsorge über die Verwundetenspitäler aufzugeben, aber die ungarische Angelegenheit wog schwerer. Ich würde mehr für diese Männer tun, wenn ich einen weiteren Krieg verhinderte, statt an ihren Betten zu sitzen und den schlimmen Erzählungen von Desorganisation und Unfähigkeit zu lauschen.

Auch mehr für Franz Joseph, dessen Beliebtheit bei der Bevölkerung in diesem verheerenden Krieg dramatisch geschwunden war. Man stellte sogar unverhohlen die Forderung nach seiner Abdankung. Es wurden Rufe nach Maximilian laut, der in Mexiko seine eigenen Probleme hatte. Ich versuchte, meine Loyalität zum Kaiser öffentlich unter Beweis zu stellen, indem ich ihm beim Abschied auf dem Bahnhof in Wien in aller Öffentlichkeit die Hand küsste.

Die spektakuläre Geste sollte ihm zeigen, dass ich zu ihm hielt, gerade in diesen schweren Tagen. Es empörte mich, dass all die Speichellecker und Duckmäuser, die sonst vor ihm herumkrochen, ihn jetzt zu kritisieren wagten. Diese Entrüstung teilten auch meine ungarischen Freunde, denn der aufrechte Franz Deák empfing mich auf dem Bahnhof mit den Worten: »Ich würde es für eine Feigheit halten, der ungarischen Königin im Unglück den Rücken zuzuwenden, nachdem wir ihr entgegengingen, als die Angelegenheiten der Dynastie noch gut standen.«

Während er sprach, spürte ich von neuem die intensiven

Blicke Gyula Andrássys auf mir. Er berührte mich mit seinen Augen, umfing mich und drang unter meine Haut. Es fiel mir schwer, meine Aufmerksamkeit bei Deák zu lassen und ihm mit wohl überlegten Worten für seine Freundschaft zu danken. Es würde später Zeit und Muße geben, mich mit dem faszinierenden Grafen auseinanderzusetzen, der trotz der bedrückenden Lage und der vielen Probleme dieses schrecklichen Jahres nie völlig aus meinen Gedanken verschwunden war.

Fürs Erste widmete ich mich jedoch energisch der dringlicheren Aufgabe, die Ungarn von den guten Absichten des Kaisers zu überzeugen. Wenn Deák und Andrássy die führenden Männer einer künftigen liberalen ungarischen Regierung von Franz Josephs Gnaden sein sollten, so musste man das zuerst ihrem eigenen Volk klarmachen. Wetterwendisch liebäugelten viele von ihnen plötzlich mit fast vergessenen Revolutionären, ohne zu begreifen, dass nur eine Einigung mit dem Kaiser echten Frieden versprach.

Es war ein Bemühen, das von zwei Seiten sabotiert wurde. Zum einen waren da die ungarischen Patrioten, die in Österreichs Konflikt mit Preußen eine jähe Chance zur völligen Selbstständigkeit witterten. Zum anderen mussten Franz Josephs Zweifel immer wieder von neuem ausgeräumt werden. Ohne mich war er schutzlos dem anti-ungarischen Einfluss des Hofes ausgesetzt. Er reagierte mit einem Male wieder auf jeden Vorschlag aus Ungarn, als sei eine liberale Regierung in Buda und Pest nur unwesentlich schlimmer als der endgültige Untergang der Habsburger Monarchie.

Allein die Vorstellung, einen Rebellen, den er 1849 persönlich zum Tode verurteilt hatte, in privater Audienz zu empfangen, war ihm unerträglich. Mein Vorschlag, Andrássy im Weiteren zum Außenminister einer neuen ungarischen Regierung zu machen, entsetzte ihn gar völlig. Ich solle mich nicht zu weit mit ihm einlassen, telegrafierte er hektisch nach Erhalt meines Briefes.

Ich musste meinen ganzen Einfluss aufbieten, um seine Bedenken auszuräumen. Ich ging sogar so weit, dass ich Rudolf ins Spiel brachte, dem ich schließlich einmal sagen wollte, dass ich nicht am Unglück seines Vaters schuld war. Franz Josephs Antwort klang ein wenig resigniert: »Also werd' ich ihn ruhig anhören und reden lassen und ihm dann fest auf den Zahn fühlen, um zu sehen, ob ich Vertrauen zu ihm fassen kann.«

Graf Andrássy neigte seinen schönen Kopf in Anerkennung meiner Bemühungen, als er davon erfuhr. »Die Vorsehung hat es gut mit meinem Vaterland gemeint, als sie das Auge des Kaisers auf die liebreizende Prinzessin aus Bayern lenkte.«

Ich sollte mich später daran erinnern, als allenthalben das Wort von der »schönen Vorsehung«, der Ungarn so viel verdankte, die Runde machte.

Wie nicht anders zu erwarten war, brachte das Treffen der beiden so unterschiedlichen Männer anfangs kaum mehr als einen rein diplomatischen Erfolg. Ich vermutete, dass die Erscheinung, der Stolz, das Feuer und das Charisma des Ungarn den Kaiser heftiger störten als seine politischen Pläne. Männer wie Gyula Andrássy lasen keine Akten, sie handelten. Aus ihrem Holz waren die Helden dieser Welt geschnitzt und nicht die vorsichtigen kaiserlichen Beamten. Franz Joseph musste vor so viel männlicher Energie und Kühnheit zurückscheuen, weil sie seinem eigenen Charakter zuwiderliefen.

So entwickelte sich in den folgenden Monaten ein eher mühseliges Hin und Her zwischen Wien und Buda und Pest. Ich versuchte die Geschehnisse zwar in meinem Interesse zu beeinflussen, aber der Erfolg ließ auf sich warten.

Obwohl inzwischen die unmittelbare Kriegsgefahr für die Stadt Wien gebannt war, wurde im Süden des Kaiserreiches noch gekämpft, und Böhmen litt auf das Ärgste unter der preußischen Besatzung. All diese Umstände lieferten mir die Argumente, in Ungarn zu bleiben. Die ersten Informationen über die Bedingungen, welche dem Kaiser aus Berlin diktiert wurden, verschlugen mir zusätzlich die Sprache.

Nicht nur, dass Österreich nun nicht mehr Deutschland sein sollte, es sollte auch noch zwanzig Millionen Taler für diesen blamablen Frieden zahlen. Ausnahmsweise teilte ich die Empörung der Wiener Aristokratie über diesen schmählichen Pakt ebenso wie die Trauer über das Ende unseres alten Vaterlandes. Keine Deutsche mehr zu sein schien mir unvorstellbar.

Jetzt begriff ich besser als je zuvor, weshalb die Ungarn so hartnäckig an ihrer nationalen Identität festhielten. Allein, es war kein günstiger Zeitpunkt, um dem Kaiser eine ungarische Denkschrift über die Neugestaltung der Monarchie zu überreichen, wie es Graf Andrássy gerne gesehen hätte. Franz Joseph sorgte sich in diesem Sommer mehr um Böhmen, das, vom Krieg verwüstet, unter Seuchen und Hungersnot litt.

Ich wusste, dass es meine Pflicht gewesen wäre, nach Wien, wenn nicht gar nach Böhmen zu eilen. Aber ich wusste auch, dass ich dort nicht viel bewirken konnte. Was die Menschen in Böhmen benötigten, war nicht Trost, sondern ein konkreter Friede. Nahrungsmittel und Ärzte, all das konnte ihnen auch der Kaiser verschaffen. Wenn ich jedoch ausgerechnet jetzt meinen Platz in Ungarn aufgab, versetzte ich allen Zukunftshoffnungen meiner Freunde den Todesstoß.

Dass man in Wien kein Verständnis für diese Haltung aufbrachte, war mir klar. Der Kaiserhof hatte sich daran gewöhnt, mich für einen hübschen Hohlkopf zu halten, der nichts von Politik verstand und nur an sein eigenes Wohlergehen dachte. Also ließ ich ihn tratschen und stand meinen Ungarn bei. Franz Joseph versuchte ich in langen Briefen und mit kurzen Besuchen davon zu überzeugen, dass ich in seinem Interesse handelte. Er wollte es nicht einsehen.

Statt auf meine Vorschläge zu antworten, füllte er seine Briefseiten mit persönlichen Ermahnungen: Schone deine Kräfte, achte auf deine Gesundheit, reite nicht zu viel, lies nicht zu viel, rede nicht zu viel mit den Ungarn, besuche mich bald, pass auf, dass ich mich nicht um dich ängstigen muss ... Ich wusste nicht, ob ich gerührt über seine Sorge sein sollte oder wütend, dass er meine Briefe nicht mit dem nötigen Ernst studierte. Manchmal kam es mir so vor, als läse er im Zusammenhang mit seiner Kaiserin nur, was seine Polizeiagenten und die Zeitungsschreiber zusammentrugen. Was sollte ich tun? Wie diese schreckliche politische Unentschlossenheit beenden?

»Geduld«, riet Andrássy, als ich ihm mein Leid klagte. »Vielleicht wäre es wirklich gut, wenn Kaiserliche Hoheit mit den Kindern wieder nach Wien reisen. Es hat doch keinen Sinn, den Kaiser zu verärgern. Es wäre vielleicht sogar ratsam, im Gespräch mit ihm für einige Zeit die ungarische Frage nicht zu erwähnen.«

»Sie wollen mich loswerden!«, warf ich ihm spontan vor und

errötete, als mir erst einen Herzschlag später klar wurde, dass eine Kaiserin so etwas nicht sagte.

Er bedachte mich mit einem jener langen glühenden Blicke, die mir stets den Atem raubten, ehe er kühn nach meiner Hand griff und sie an seine Lippen zog. Eine unerhörte Geste! Es gehörte sich nicht, die Kaiserin zu berühren, ohne dass sie selbst dazu die Erlaubnis gab. Aber – der Himmel möge mir verzeihen – es fühlte sich köstlich an!

Ich hatte ihn privat empfangen, also trug ich keine Handschuhe. Ich spürte das verhaltene Streicheln sinnlicher Lippen direkt auf meiner empfindsamen Haut. Die weichen Haare seines Schnurrbartes berührten meine zitternden Finger und sandten einen Schauer unbekannter Empfindungen bis in die tiefsten Schichten meiner Seele, ja sogar meines Körpers.

»Es gibt nur drei Dinge, die mir wichtiger als mein Leben sind: Meine Königin, mein Sohn und Ungarn!«, sagte er und presste die geküsste Hand zwischen seinen Fingern, als wolle er sie zermalmen.

Ich spürte keinen Schmerz, ich war viel zu gefesselt von der jähen unerwarteten Intimität dieser Minute. Es schien, als wären wir allein auf der Welt. Verstand ich das richtig? Er hatte seine Königin an erster Stelle genannt, und Katinka, seine Gemahlin fehlte auf der Liste.

»Sie sind närrisch, mein lieber Freund«, wisperte ich tonlos und befreite endlich meine Hand aus seinem Griff. »Sie wissen nicht, was Sie sagen.«

»Ich weiß es«, widersprach er mit tiefer, bedeutungsvoller Stimme, die wie eine raue Liebkosung über meine Sinne fuhr. »Und Kaiserliche Hoheit wissen es auch.«

O ja, ich wusste es, und gleichzeitig fürchtete ich es. Das war kein charmantes Geplänkel, kein harmloser Ballflirt, und dieser Ungar war kein netter Flügeladjutant oder sympathischer Erzherzog. Er war ein Mann, und zum ersten Mal wurde mir die ganze Bedeutung dieses schlichten Wortes klar. Liebte ich Ungarn so sehr, weil der Graf seine besten Tugenden verkörperte? Seinen Mut, seinen freien Geist, seine Abenteuerlust und seine Schönheit? Himmel, wohin verirrten sich meine Gedanken? Ich konnte und durfte nicht länger bleiben. Ich musste fort!

»Sie haben Recht, Graf Andrássy«, murmelte ich mit heiserer Stimme und versuchte, mein dummes Herz zum Schweigen zu bringen, das mir lauter als meine Stimme vorkam. Es protestierte gegen so viel Vernunft. Es hatte Angst vor der Einsamkeit, die ihm jetzt schlimmer als zuvor drohte. Freilich, wann hatte ich jemals auf mein Herz hören dürfen?

»Es ist an der Zeit, dass ich nach Wien zurückkehre. Der Kaiser wartet dort auf mich«, wisperte ich tonlos.

Dem war nichts hinzuzufügen. Ich fuhr nach Wien, damit der Kaiser seinen Geburtstag zusammen mit seiner Gemahlin und seinen Kindern feiern konnte.

***

»Man könnte meinen, sie habe einen Grund zur Affektion in Ungarn gefunden.«

»Die Kaiserin? Ich bitt Sie, meine Liebe. Die Frau hat doch kein Herz. Sonst könnte sie den armen Kaiser in so schwerer Zeit nie ständig allein lassen.«

»Ein Herz wird sie sicher haben, aber vielleicht schlägt es ja für den Ungarn. Man sagt, dass er ein Weiberheld ist, ein Bonvivant und routinierter Schürzenjäger. Graf Hübner kennt ihn aus Paris, und ich hörte, dass er ihn einen Spieler genannt hat. Kann es nicht sein, dass er mit einer Krone spielt? Man sollte diesem Schurken alles zutrauen.«

Die beiden boshaften tuschelnden Stimmen versanken wieder im allgemeinen Lärm des kaiserlichen Geburtstagsfestes, ohne dass es mir gelang, ihre Identität festzustellen. Obwohl ich um den Klatsch wusste, der ständig über mich verbreitet wurde, traf mich das Gift dieser neuen Gehässigkeiten besonders schmerzlich. Bisher hatte ich mich mit dem reinen Gewissen einer Frau, der man Unrecht tat, gekränkt fühlen können. Nun mischte sich eine Spur schlechtes Gewissen in meine Empörung. Das alte Sprichwort vom »Rauch, der immer ein Feuer verrät« kam mir in den Sinn.

Wer wen mit wem betrog war das absolute Lieblingsthema der Wiener Aristokratie, aber bisher hatte ich den spitzen Zungen nie tatsächlich Anlass geliefert, sich auch mit dem kaiserlichen Privatleben zu befassen. Ich hatte Franz Joseph niemals wirklich hintergangen, seit ich ihm in der Augustinerkirche vor vielen Jahren Treue und Gehorsam geschworen hatte. Man hatte mich dazu erzogen, meine Schwüre zu halten. Sah man mir jetzt schon an, dass ich verzweifelt gegen die Versuchung ankämpfte? Dass ein Teil von mir leider geneigt war, einen süßen, verbotenen Traum zu träumen?

Meine Rückkehr aus Ungarn stand insgesamt unter keinem guten Stern, auch wenn sich Franz Joseph schrecklich darüber gefreut hatte. Gisela war in die Arme ihrer Großmutter gefallen, als wäre sie seit Jahren von ihr getrennt gewesen, und der

Kronprinz hatte der Erzherzogin das charmante Lächeln geschenkt, das den ernsten Buben in einen reizenden Cherubin verwandelte. Es fiel mir schwer, meine mütterliche Eifersucht über so viel Wiedersehensfreude zu verbergen.

Ich konnte mich noch so sehr um Rudolf bemühen, er hatte viel zu früh verlernt, spontan und herzlich zu sein. Auch unter seinem neuen Erzieher blieb er still und zurückhaltend und sah mich aus großen Augen stumm an, wenn ich mit ihm sprach. Er sträubte sich, wenn ich ihn umarmen wollte, und wenn ich aufgab, blickte er wiederum so enttäuscht drein, als sei es mein Fehler, dass ich mir nicht mehr Mühe mit ihm gab.

Gisela hingegen hatte mir in Buda und Pest den enttäuschenden Eindruck vermittelt, dass sie überhaupt nichts empfand. Weder Freude noch Trauer, weder Begeisterung noch Interesse. Umso überraschter war ich über die Zärtlichkeit, die sie ihrem Vater und ihrer Großmutter in Wien entgegenbrachte. Es hatte den Anschein, als störe ich meine Kinder in ihrem Leben. Die Erzherzogin versäumte nicht, in der Wunde herumzustochern, als ich eine leichtsinnige Bemerkung in diese Richtung machte.

»Du wunderst dich darüber? Nun, das nenne ich wirklich kurios! Sie haben gelernt, dass ihre Mutter mit sich und ihren Krankheiten, ihren Reisen, ihren Pferden, ihren Haaren und ihrer Schönheit mehr beschäftigt ist als mit ihrer Familie. Was erwartest du von ihnen? Es sind kluge Kinder, die sehr wohl begreifen, was geschieht«, sagte sie so scharf und eisig, dass es mir vorerst die Sprache verschlug.

Es war das erste Mal, dass sie mehr als ein paar kühle Worte an mich richtete. Ich hätte umkehren sollen, als ich ihr bei

Gisela begegnete, aber man drehte der Kaisermutter nicht den Rücken zu, auch wenn man noch so viel Grund dazu hatte. Ich warf einen Blick zu meiner Tochter. Sie saß auf einem Schemel, die Hände brav im Schoß gefaltet, die Lider sittsam zu Boden geschlagen. Wollte die Erzherzogin vor ihren Ohren einen Streit vom Zaun brechen?

Der Anblick des teilnahmslosen Mädchens erstickte jeden Widerspruch in mir. Ich nahm das Kinn hoch und betrachtete Giselas Großmutter. Sie hatte sich verändert. Das immer ein wenig rundliche Gesicht hatte scharfe Züge und tiefe Falten bekommen. Aus der starken Erzherzogin war eine alte erschöpfte Frau geworden.

»Wenn meine Kinder so klug sind, wie Sie es sagen, dann werden sie auch erkennen, dass ich immer nur ihr Bestes wollte«, entgegnete ich stolz, machte meine Reverenz vor ihr und verließ den Raum.

Es war mir zu billig, auf diese Ansammlung dummer Vorwürfe einzugehen. Was gelangweilte Hofdamen und neidische Aristokratinnen über mich in die Welt setzten, kränkte mich längst nicht mehr.

Es herrschte keine angenehme Atmosphäre bei Hofe. All die geflüchteten Fürsten, Edelmänner und Generäle der deutschen Verbündeten, die vor den Preußen nach Wien geeilt waren, verbreiteten Unzufriedenheit und fiebrige Hektik. Jeder erwartete als Erstes die Lösung seiner Probleme von einem Kaiser, der nicht einmal wusste, wie er die eigenen Schwierigkeiten bewältigen sollte. Der in diesen Tage von solcher Langsamkeit des Denkens und des Handelns war, dass ich es mit der Angst zu tun bekam. Wenn er nicht endlich einsah, wie sehr er ein starkes, liberales Ungarn an seiner Seite brauchte, musste er bald überhaupt keine Entscheidungen mehr treffen.

Dennoch beherzigte ich den Rat, dieses spezielle Thema ausnahmsweise im Hintergrund zu halten. Einzig bei Ida wagte ich mein übervolles Herz zu erleichtern. Natürlich sprachen wir Ungarisch, während Fanny meine hochgesteckten Haare für die Nacht löste und draußen im Park von Schönbrunn ein fahler Mond am Himmel stand.

»Es wäre Wasser auf ihre Mühlen, wenn ich jetzt auch noch die Sache meiner Ungarn vertreten würde, aber es brennt mir unter den Nägeln, Ida! Er ist doch auf meine Hilfe angewiesen.«

Wir wussten beide, dass ich mit »er« nicht den Kaiser meinte.

»Geduld, Kaiserliche Hoheit«, riet meine junge Freundin. »Man darf dem Tratsch keine neue Nahrung geben, Sie erkennen es doch selbst.«

Meine ungeduldige Bewegung trug mir ein leises missbilligendes »Ts-ts.« von Fanny ein. Nur sie wagte es manchmal, mich zu behandeln, als wäre ich eine ihrer x-beliebigen Kundinnen. Je nach Stimmungslage lachte ich darüber oder ärgerte mich.

An diesem Abend seufzte ich resigniert. »Ach Ida, wie dürfen diese Frauen es wagen, sich die Mäuler über mich zu zerreißen, als wäre ich eine dumme Gans, die ihren Ehemann betrügt? Du weißt, dass nichts davon stimmt.«

»Kaiserliche Hoheit sollten sich nicht so echauffieren. Es ist halt einmal so, dass eine hohe Frau im Blickpunkt der Öffentlichkeit steht. Sie erregt Neid, und deswegen versucht man Fehler bei ihr zu finden.«

»Sie haben dennoch kein Recht dazu. Ich hab nur die Interessen des Kaisers in Ungarn vertreten. Eine Affektion nennen sie es, also ich bitt dich, Ida. Ich bin kein Kammermädel, das einen hübschen Grafen anbetet.«

»Kaiserliche Hoheit sind eine Frau, eine wunderschöne Frau, und er ist ein Mann, ein höchst anziehender Mann. Es ist eine Freude für jedes Auge, wenn Sie beide nebeneinander stehen, und es fällt eben auf, dass Sie ausschauen, als wären Sie füreinander geschaffen.« Ida dämpfte ihre Stimme und wurde sogar ein wenig rot, als sie zu ihrem Schluss kam: »Der Himmel wird sich schon etwas dabei gedacht haben.«

»Ach …«

Mehr wollte mir als Antwort nicht einfallen, und sogar Fanny, die kein Wort Ungarisch sprach, hielt verblüfft erneut inne. Sie konnte freilich nicht so ratlos sein wie ich. Mein Vertrauen in den Willen des Himmels war nicht besonders groß. Ein Himmel, der es zuließ, dass seine Kinder zu Tausenden auf dem Schlachtfeld zerfleischt wurden, verdiente in meinen Augen eher Kritik als ergebenen Glauben an seine gnädige Voraussicht.

Fanny bürstete weiter und ich prüfte mein Gesicht im Spiegel. Schmal war es, mit übergroßen dunklen Augen, ernst und faltenlos, schön. Auch wenn es ketzerisch war, in diesem Moment glaubte ich eher an die Macht dieser Schönheit als an den Himmel von Kardinal Plauscher.

Mit Hilfe dieser Schönheit gelang es mir auch, Franz Joseph die Erlaubnis dafür abzuschmeicheln, dass ich den Stephanstag, das große Fest des ungarischen Namenspatrons, der so unmittelbar dem Kaisergeburtstag folgte, wieder in Buda und Pest verbringen durfte.

Ausgerechnet Ludwig Kossuth, der gefährliche Kopf der ungarischen Emigranten, bestätigte mir, dass ich damit richtig handelte. Er wetterte in Italien gegen jede Annäherung an Österreich. Die Sympathie, die mir in seinem Heimatland entgegenschlug, missfiel ihm ungeheuer. Aus Ungarn vernahmen wir, dass er Brandbriefe an seine Anhänger schrieb und sowohl gegen Gyula Andrássy wie gegen Franz Deák Stellung bezog.

Wie konnte ich in einer solchen Lage den gewonnenen Boden aufs Spiel setzen, indem ich brav in Wien blieb, weil ich albernen Klatsch fürchtete?

Sogar Franz Joseph sah ein, dass ich mit dem Kronprinzen und seiner Schwester in Ungarn präsent sein musste. Doch schon in seinem ersten Brief, der mich kurz darauf in Ungarn erreichte, merkte er kritisch an, dass ich diesen neuerlichen Abschied viel zu »heiter« hingenommen hätte.

In einer höchst seltsamen Mischung aus Besorgnis, heimlichem schlechten Gewissen und dringender Notwendigkeit fielen meine Antwortbriefe nach Wien immer länger, liebevoller und freundschaftlicher aus. Der Kaiser durfte nicht den geringsten Grund finden, an meiner Zuneigung und Loyalität zu zweifeln oder gar eifersüchtig zu sein. Nur ich selbst wusste, dass er tatsächlich allen Grund dazu gehabt hätte.

Graf Andrássy war nicht nur die Verkörperung meiner heimlichen Mädchenträume, auch die Erfahrung, die ich als Frau gesammelt hatte, zog mich zu ihm hin. Bei ihm hatte ich zum ersten Mal die Gewissheit, dass er nicht nur die glänzende Fassade der Kaiserin bewunderte, sondern die lebendige vielschichtige Person dahinter. Er hielt sich weder mit einfältigen Komplimenten auf, wenn er mit mir sprach, noch setzte er voraus, dass ich als Frau von vornherein ohne Verstand auf die Welt gekommen war. Wenn er mir hübsche Dinge über mein Aussehen sagte, dann waren sie so ausgefallen, dass ich mich nicht nur darüber freute, sondern regelrecht geschmeichelt war.

Die Wiener Hofpartei, die mich so scheinheilig als »ungarisches Werkzeug« brandmarkte, hätte sich darüber gewundert, wie gerne ich als dieses Werkzeug arbeitete. Endlich würdigte jemand meine angeborenen und erlernten Fähigkeiten und setzte sie ohne zu zögern ein. Franz Joseph hatte es in den zurückliegenden zwölf Jahren unserer Ehe nur fertig gebracht, diese Talente gering zu schätzen.

Die letzten August-Tage im sonnig heißen Ungarn, die mich mit endlosen Festakten zum Stephanstag erschöpften und mir alle Kraft abverlangten, belebten gleichzeitig wie ein Wunder meine innere Stärke.

Aus Prag kam die Nachricht des endgültig unterzeichneten Friedensvertrages gemeinsam mit einem weiteren Brief von Franz Joseph, der mich dringlich dazu aufforderte, nach Wien zu kommen. Lass' mich nicht so lang' allein, schrieb er, und ich unterdrückte beim Lesen nur mühsam einen Seufzer..

Er war es doch, der mich allein ließ, sogar wenn ich in Wien mit ihm unter einem Dach lebte. Er saß schon um fünf Uhr in der Früh über den Akten, die ohnehin nur Dinge erzählten, die jedermann wusste. Er nutzte jede freie Minute, um zur Jagd zu gehen, statt sie mit mir zu verbringen. Die gemeinsamen Wanderungen, die Ausritte, die Gespräche unserer frühen Ehe waren nur noch Erinnerung. An den letzten gemeinsamen Theaterbesuch konnte ich mich schon gar nicht mehr entsinnen. Franz Joseph fand Theater nur interessant, wenn er eine möglichst hübsche Hauptdarstellerin in möglichst freizügigem Gewand präsentiert bekam.

»Geben Kaiserliche Hoheit den Befehl zu packen?«, erkundigte sich meine Obersthofmeisterin. Sie hatte den Brief nicht gelesen, aber sie konnte sich wie jedermann in unserer Umgebung unschwer ausrechnen, was darin stand.

»Noch nicht, Gräfin Königsegg«, murmelte ich und fing gleichzeitig einen Blick meiner Ida auf, der genau das Gegenteil empfahl.

Sie hatte Recht, ich wusste es, aber noch sträubte sich alles in mir, einen Abschied zu nehmen, der mir viel schwerer fallen würde als der von Franz Joseph. Hastig zermarterte ich mir den Kopf nach einem halbwegs vernünftigen Grund, die Abreise fürs Erste zu verschieben. »Ich habe versprochen, das Spital in Gödöllö zu besuchen, haben Sie das schon vergessen?«

Das Landschloss, eine Reitstunde von Buda und Pest entfernt, war zu einem Lazarett für die ungarischen Verwundeten von Königgrätz und Italien umgerüstet worden. Es stand leer, seit der letzte Besitzer ohne Erben verstorben war, und die Regierung hatte dankbar auf die Möglichkeit zurückgegriffen, die verletzten Soldaten in halbwegs komfortablen Umständen zu versorgen.

Jedermann hätte Verständnis dafür gehabt, wenn ich diesen eher nebensächlichen Besuch vergessen hätte, aber er war genau der Verwand, nach dem ich gesucht hatte. »Ida, bitte sagen Sie unserem Freund, dass ich bei diesem Ausflug gerne seine Begleitung hätte.«

Natürlich gab ich diesen Befehl auf Ungarisch, und ebenso natürlich vermied ich die Nennung eines unverkennbaren

Namens, der meiner Obersthofmeisterin Anlass zur Neugier geliefert hätte. Ich mochte Paula Königsegg wesentlich lieber als die Gräfin Esterházy, aber uneingeschränktes Vertrauen hatte ich nur zu Ida.

»Finden Kaiserliche Hoheit das ratsam?«, wagte sie einen vorsichtigen Einspruch.

»Nein«, räumte ich knapp ein. »Aber ich tu es trotzdem.«

Im Stillen fügte ich traurig zu mir selbst hinzu. »Ich kann nicht von ihm Abschied nehmen wie vom Kaiser, beobachtet von Hunderten von Augen und jede Bewegung kommentiert. Wenigstens das muss mir erlaubt sein!«

***

Auf dem Rücken eines Pferdes, die Weite der ungarischen Landschaft vor mir bis zum Horizont ausgebreitet und in so scharfem Ritt, dass meine Begleitung außer Hörweite zurückfiel, hatte ich eine Art von Leichtigkeit und Freiheit entdeckt, die mich besser als jede ärztliche Medizin belebte. Es war nicht annährend mit dem wildesten Galopp durch den Prater oder die Gegend von Laxenburg zu vergleichen. Es war pures Lebenselixier!

Alles um mich herum schien wie dazu gemacht, den Genuss eines Reiters zu erhöhen und sportliche Höchstleistungen auf diesem Gebiet zu vollbringen. Ganz davon abgesehen, dass mir dafür auch die wunderbarsten Tiere aus dem Stall des Grafen Andrássy zur Verfügung standen, seit er sich mit eigenen Augen davon überzeugt hatte, dass ich sie mit Meisterhand beherrschte.

Auch der feurige dunkle Rappe, der an diesem Tag für mich gesattelt worden war, kam von seinem Gestüt. Rassig, ungestüm und von feinnerviger Schönheit benötigte er eine feste Zügelführung und eine geübte Reiterin, die seine Wildheit im Zaum hielt. Dafür belohnte er mich mit Schnelligkeit und der Illusion grenzenloser Bewegungsfreiheit. Nur ein Reiter hielt mit ihm Schritt, und ich musste nicht den Kopf wenden, um zu wissen, dass er es war.

»Oh, wie werde ich unsere Ritte in Wien vermissen, mein Freund!«, rief ich ihm zu, als er aufholte.

Er antwortete mit dem Lachen eines Räubers, bei dem seine kräftigen weißen Zähne hinter dem Bart aufleuchteten und ein Kranz aus feinen Fältchen die nachtschwarzen Augen säumte. »Kaiserliche Hoheit sind auch die einzige Frau, welche diesen Teufel auf vier Beinen beherrschen kann«, hörte ich seine Stimme über dem Hufgetrommel.

»Ist er wirklich so schnell?« Der längst vergessene Übermut meiner Kindheit packte mich. »Ich will es ausprobieren. Lassen Sie uns um die Wette reiten. Wer zuerst den Wald dort am Horizont erreicht!«

Ohne seine Antwort abzuwarten, gab ich die Zügel frei und preschte los. Mit einem Mal war ich wieder fünfzehn Jahre alt und der Irrwisch, der seine Erzieherin und seine Eltern zur Verzweiflung brachte. Die Sisi, die barfuß über die Wiesen in Possi zum See hinunterlief und ohne Sattel auf dem Pferderücken balancierte.

Es war Ungarn, das diese zauberhafte Wirkung auf mich ausübte. Ungarn und Gyula Andrássy. Nur der Graf war verrückt und wild genug, eine närrische Kaiserin in voller Parade zu überholen und sie schon mit beiden Beinen auf dem Boden zu erwarten, als sie die sonnenbeschienene einsame Lichtung erreichte, die beide Pferde wie von selbst angesteuert hatten.

Ich glitt aus dem Sattel, atemlos, entzückt und auch ein wenig empört darüber, dass er es gewagt hatte, besser zu sein als ich. Noch nie hatte ich einen Mann getroffen, der exzellenter und riskanter im Sattel saß als ich. Nicht einmal der Kaiser hatte mich in diesem Sport bisher übertroffen.

»Sie sind wundervoll!«, rief er im selben Überschwang, den auch ich empfand. »Sie reiten wie die Amazonenkönigin persönlich!«

Ich legte meine Hände in seine ausgestreckten Finger, und aus der ersten Berührung wurde wie von selbst eine unbeherrschte leidenschaftliche Umarmung. Unsere Augen trafen sich. Ich beobachtete fasziniert, dass sich eine Spur von flüssigem Silber in das Dunkel seines Blickes stahl, wie Mondlicht auf einem nächtlichen See. Der poetische Vergleich stand in krassem Widerspruch zu der Kraft, die mich an einen sehnig harten Männerkörper presste, so heißblütig und eng, wie ich es noch nie erlebt und gespürt hatte.

Auf einer fernen Ebene meines Bewusstseins wunderte ich mich darüber, dass mich dieser ungezügelte wilde Gefühlsausbruch nicht abstieß. Im Gegenteil, ich bäumte mich dem Druck entgegen und ergab mich willenlos dem gierigen Kuss, der meine Lippen zerquetschte und einen Hunger in meinem Innersten aufbrechen ließ, den ich nicht kannte.

Einen solchen Kuss hatte ich noch nie empfangen. Ich vergaß, wer ich war, wo ich war und in welch leichtsinnige Gefahr wir uns beide begaben. Das also war es, wonach ich mich gesehnt hatte, wenn ich von Liebe träumte. Was mir gefehlt hatte in Franz Josephs rücksichtslosem Beherrschen meiner Person und meines Körpers. Hingabe, Rausch, Vergessen, Leidenschaft, plötzlich lebten die Worte und pulsierten durch meine Adern.

In dieser einzigartigen Umarmung war es nicht peinlich, einander zu berühren, zu fühlen, zu ertasten. Es wurde zur drängenden Notwendigkeit wie Atmen. All die Spannung, die ungesagten Worte und die verbotenen heißen Zärtlichkeiten, die wir uns bisher so standhaft versagt hatten, fluteten über die gebrochenen Dämme und mussten in diese Augenblicke hineingepresst werden.

Jetzt verstand ich, was meine Schwester Marie gefühlt haben musste. Warum sie mich mit jenem milden Lächeln angesehen hatte, als ich ihr Vorhaltungen machte, weil sie sich an ihre belgische Liebe verloren hatte. Ich weiß noch heute wirklich nicht, was geschehen wäre, wenn nicht er am Ende die Vernunft gefunden hätte, zurückzutreten und mich aus seinen Armen zu entlassen.

Ich taumelte, fror, schwankte und schlug im Aufruhr meiner Gefühle die Hände vor das brennende Gesicht. Wie üblich trug ich mehrere Paar Reithandschuhe übereinander, denn ich hatte die Gewohnheit, die Zügel sehr straff zu halten. Es grub hässliche Striemen in die Handflächen, wenn ich sie nicht doppelt und dreifach schützte. In diesem Moment fühlte sich das glatte Leder unerwartet kühl und fremd auf meinen Wangen an. Während ich um Fassung und Atem rang, hörte ich ein schreckliches Stöhnen, das dem meinen glich, und hob den Blick.

Das war nicht länger der gelassene, selbstbewusste ungarische Politiker, der da vor mir stand. Das aufgewühlte Antlitz trug seine Züge, aber der Schmerz in seinen düsteren Pupillen war neu und ungewohnt. Er glich der wilden Pein, die mich selbst erfüllte.

»Erzsebét«, drang seine heisere Stimme gequält an mein Ohr. »Mein Gott im Himmel, warum nur musst du eine Kaiserin sein?«

Hatte ich nicht in ferner Vergangenheit einmal einen ähnlichen Satz gesagt? Welch ein Hohn, dass er mich nun einholte. Ich brachte keine Silbe über meine Lippen, ich stand wie gelähmt und sah ihn an. Die ausschließliche, leidenschaftliche Vertraulichkeit dieses Erzsebét hatte mich schlimmer verletzt als der Kuss.

Noch eine Version meines Namens. Es kam mir vor, als gäbe es inzwischen ebenso viele Personen von mir wie Namen. Die Kaiserin Elisabeth, Tante Sophies Elise, Franz Josephs Sisi und nun diese ungarische überwältigte Erzsebét, deren Gefühle mir so fremd waren, dass sie mir regelrecht Angst einjagten.

Diese Erzsebét wollte mit »Gyula!« antworten, aber das hätte sie endgültig zum Leben erweckt. Durfte ich es riskieren, sie leben zu lassen? Was geschah, wenn ich es tat? Würde ich damit nicht vergessen, dass es Elisabeth, Elise und Sisi gab? Würde ich nicht das Todesurteil für sie alle sprechen und mein Leben auf den Kopf stellen?

»Bei allen Heiligen, verzeihen Sie mir bitte. Ich habe den Verstand verloren. Ich weiß, ich hätte das nicht tun dürfen. Ein unentschuldbarer Fauxpas«, sprach er nach einem schweren Atemzug weiter. »Aber auch wenn es mich den Kopf kostet, ich kann es nicht bereuen. Ich musste einmal, ein einziges, wunderbares Mal …«

»Schweigen Sie! Es ist ein Wahnwitz! Eine Ungeheuerlichkeit! Tollkühn, aber es darf nicht sein«, fiel ich ihm atemlos ins Wort. »Es ist nie geschehen. Es gibt nichts, was Erzsebét und den Grafen Andrássy verbindet. Absolut nichts! Ich bin die Kaiserin, wie konnte ich das vergessen?«

»Nichts? Erzsebét, wie kannst du unsere Liebe ein Nichts nennen!«

Die absolute Selbstverständlichkeit, mit der er um meine Gefühle so wie um die seinen wusste, machte die Antwort nur noch schwerer.

»Sie muss ein Nichts sein und bleiben, mein Freund, denn sie würde alles zerstören, wofür wir gearbeitet haben. Sehen Sie den Kaiser von Österreich dem Manne die Hand reichen, der ihm die Frau stiehlt? Sie würden sein Zögern in Zorn verwandeln und seine Bereitschaft zum Frieden zu Asche verbrennen.«

»Erzsebét!«

»Nein, nicht!« Ich trat einen Schritt zurück, damit er mich nicht von neuem in Versuchung brachte, mich in seine Arme zu stürzen. »Lassen Sie uns gemeinsam Ungarn lieben, mein Freund. Es wird uns auf immer verbinden und für immer das Einzige sein, das nur wir beide gemeinsam schaffen konnten. Ungarn ist unser Kind!«

»Und was bin ich für dich, Erzsebét?«

Einmal wenigstens verdiente er die Wahrheit. Die Wahrheit eines Herzens, das in diesem Moment in dumpfen schweren Schlägen zerbrach.

»Du bist ein Traum, Gyula Andrássy. Ein Traum von Liebe …«

Der bittersüße Schmerz dieser gestohlenen Minuten ist in meinem Herzen gefangen, und Schloss Gödöllö ist auf geheimnisvolle Weise mit diesem Ausnahmezustand meines armen Herzens verbunden.

In meiner Betäubung nahm ich kaum wahr, dass mir Andrássy wieder in den Sattel half und besorgt an meiner Seite blieb. Seine Erklärung zu unserem Wettrennen wurde in diesem Kreise nicht bezweifelt, außerdem tauchte ohnehin schon Gödöllo zwischen den Bäumen auf. Ich betrachtete das Gebäude mit brennenden Augen und fand seine schlichten Proportionen auf seltsame Weise tröstend. Obwohl weitläufig und behäbig, schien es das Versprechen von Geborgenheit und Ruhe unter seinem Dach zu tragen. Wie schön musste es sein, unter solchen Verhältnissen leben zu können!

Ich klammerte mich an diesen Gedanken, damit ich den Besuch in halbwegs akzeptabler Haltung durchstehen konnte. Vielleicht kam ich den armen Verwundeten von Gödöllö an diesem Tag nicht besonders herzlich vor, aber das Beste was ich zu Stande brachte, war auf den Beinen zu bleiben. In Buda und Pest wartete die nächste Komplikation auf mich: In der sommerlichen Hitze hatte sich dic Cholera ausgebreitet.

Während ich augenblicklich und hastig Befehl zur Abreise gab, damit die Kaiserkinder nicht in Gefahr kamen, kreidete man mir in Wien bereits an, dass ich sie überhaupt nach Ungarn gebracht hatte. Auch aus Franz Josephs Briefen klang jetzt eine Mischung aus Vorwurf und Resignation, die mir zeigte, dass meine Feinde meine Abwesenheit eifrig nutzten, um ihn zu beeinflussen. Es war aus vielen Gründen wichtig, dass ich sofort nach Wien zurückkehrte, aber der Abschied fiel mir schwerer denn je.

Mein letzter Blick aus dem Coupé-Fenster des davonfahrenden Zuges galt einer schlanken Männergestalt mit schwarzem Haar, deren Umrisse von den Dampfwolken verschluckt wurden.

»Die Mama weint«, stellte Rudolf verwirrt fest.

»Sie ist traurig, weil sie Ungarn verlassen muss«, antwortete ihm Ida Ferenczy sanft, ehe jemand anders das Wort ergreifen konnte.

»Ich bin auch traurig«, erwiderte Rudolf in einer rührenden Mischung aus Trostversuch und eigenem Unglück. Gyula Andrássy mit seiner abenteuerlichen Vergangenheit als Revolutionär gegen den Kaiser faszinierte meinen Sohn fast ebenso wie seine Mutter.

»Ich bin überhaupt nicht traurig. Ich freu mich auf Wien.« Das war Gisela, und auch ihre Antwort war typisch. Wenn sie schon sprach, dann nur das Gegenteil von dem, was ich hören wollte.

***

Die Ankunft in Wien bestätigte meine schlimmsten Befürchtungen: Franz Joseph befand sich wieder voll und ganz unter dem Einfluss der ungarnfeindlichen Partei. Die Erzherzogin ging bei ihm ein und aus und behauptete höchst ungeniert, dass ich eine gefährlich blinde Vorliebe für Ungarn entwickelt hätte. Sie bestärkte den Kaiser sowohl in seinem Zögern, sich für

Ungarn auszusprechen, als auch in seinem Misstrauen gegen die Generation der Revolutionäre, die sich jetzt liberal gab. Allerdings hatte Königgrätz vieles verändert. Franz Joseph hielt nicht mehr jedes Wort automatisch für klug und richtig, nur weil es von seiner Mutter kam.

Sobald ich das bemerkt hatte, machte ich mich in einer Mischung aus Hartnäckigkeit und milder Erpressung daran, das verlorene Terrain zurückzugewinnen. Franz Joseph fand, dass ich ihn »sekkierte«, aber da er gleichzeitig meinem Lächeln kaum Widerstand entgegensetzen konnte, war es nur eine Frage der Zeit, bis ich mein Ziel erreicht hatte.

Der Kaiser erklärte sich bereit, Graf Andrássy noch einmal in Privataudienz zu empfangen und ihm die Möglichkeit zu geben, seine politischen Pläne genauer zu erläutern. Sosehr ich um ein Gelingen dieses Treffens betete, so bewusst hielt ich mich von Andrássy fern. Je weniger man seinen und meinen Namen miteinander verband, um so besser war es für Ungarn. Es kursierten bereits anonyme Schmierereien, die ihn als eitlen Menschen bezeichneten, der unheilvollen Einfluss auf die Kaiserin ausübte.

Dabei war er weder eitel noch ein Fantast. Er hatte sogar sehr genaue Vorstellungen davon, wie die sogenannte Donaumonarchie aussehen sollte, die Österreich und Ungarn zu einer neuen starken Kraft einen konnte. Er schlug Franz Joseph nationale österreichische und ungarische Parlamente vor, die unter der Schirmherrschaft des Kaisers und Königs regieren sollten. Würde sich mein Gemahl auf so umwälzende Neuerungen einlassen?

Die Würfel fielen früher als erwartet. Franz Joseph entschied sich nach dem endgültigen Friedensschluss mit Preußen ohnehin zu einer radikalen Erneuerung der kaiserlichen Administration in Wien. Er ernannte am 30. Oktober keinen österreichischen Aristokraten, sondern einen sächsischen Baron zum neuen Staatsminister für äußere Angelegenheiten des Reiches.

Friedrich Ferdinand Beust hatte einen schweren Stand in Wien, aber er war klug genug, die Vorteile einer Versöhnung mit Ungarn zu erkennen. Allein, auch er gehörte nicht zu jenen Männern, die einer Frau politischen Verstand zubilligten. Mit Ausnahme der privaten Möglichkeit, auf Franz Joseph Einfluss zu nehmen, hatte ich in Wien mit einem Male kaum mehr Gelegenheit, mich für Ungarn einzusetzen. Ich erfuhr so gut wie nichts über die Entscheidungen, die im Arbeitskabinett des Kaisers getroffen wurden, und wenn ich ihn danach fragte, lachte er mich aus und wies mich auf meine Pflichten als Kaiserin und Ehefrau hin.

Besonders Letztere bereiteten mir mehr und mehr Kopfzerbrechen. Mein treuer Verbündeter Doktor Fischer war in München, und Franz Joseph sparte nicht mit eindeutigen Hinweisen darauf, dass einem neuen Kaiserkind nichts mehr im Wege stand.

»Du schaust einfach blendend aus, obwohl du in diesem Sommer nicht einmal Gelegenheit zur Kur gehabt hast«, freute sich mein Gemahl.

»Trotzdem sind es keine Zeiten zum Kinderkriegen, Franzi«, versuchte ich mein Widerstreben zu erklären. »Was passiert, wenn es doch noch Ärger mit Ungarn gibt? Wenn ich schwanger bin, kann ich nicht einfach hin- und herreisen und den Diplomaten für dich spielen.«

»Das wird sich bald klären, Sisi, das kann ich dir versprechen.«

Ich wagte kaum daran zu glauben, aber ich nutzte die viele freie Zeit, die ich mit einem Mal wieder hatte, um meine Fertigkeit in der ungarischen Sprache noch mehr zu perfektionieren und mein Wissen über Land und Leute zu erweitern. Andrássy hatte mir zu diesem Behufe einen seiner Freunde ans Herz gelegt. Max Falk war Journalist, arbeitete in Wien jedoch als Sparkassengehilfe, und er entpuppte sich als ebenso sympathisch wie gebildet. Es kam schnell dazu, dass wir vom normalen Unterricht abwichen und uns ungezwungen in ungarischer Sprache über Geschichte, Politik, Literatur und Poesie unterhielten.

Falk zögerte auch nicht, mir einige der verbotenen ungarischen Schriften und Aufsätze zur Kenntnis zu bringen, die nur im Wiener Untergrund kursierten. Hätte unser Polizeiminister einen Blick auf diese Lektüre getan, so hätte den Mann wahrscheinlich der Schlag getroffen. Falk war die Sorte von gescheitem Intellektuellen, die den meisten Regierenden ein Dorn im Auge ist. Er vertrat ungewöhnliche Theorien und konnte komplizierte Sachverhalte einleuchtend erklären. Ich hätte mir gewünscht, dass Franz Joseph mehr auf Männer wie ihn hören würde, statt auf seine verknöcherten konservativen Minister.

Zu meiner großen Freude brachte der November 1866 endlich die ersehnte Einigung: Österreich-Ungarn würde künftig eine Doppelmonarchie bilden, die vom kaiserlich königlichen Haus Habsburg in erblicher Dynastie regiert wurde. Beide Länder erhielten ein Volksparlament, und die Administration in Wien vertrat die auswärtigen, militärischen und finanziellen

Interessen beider Nationen. Das Datum der Krönung wurde für den kommenden Juni angesetzt.

»Sie bestehen darauf, dass du zusammen mit mir gekrönt wirst, Sisi«, berichtet Franz Joseph zufrieden. »Das hat's noch nie gegeben. Normalerweise wird die Königin ein paar Tage später gekrönt.«

»Es ist eine besondere Ehrung für Kaiserliche Hoheit«, lieferte Ida später eine Information nach, die Franz Joseph entweder nicht an mich weitergegeben hatte oder nicht besaß. »Ungarn hat Ihnen so viel zu verdanken, dass nur eine gemeinsame Krönung mit dem Kaiser diese Schuld abtragen kann.«

Die Planungen für das wichtige Ereignis begannen unmittelbar danach, und ich unterbreitete Franz Joseph vorsichtig ein Projekt, das mir schon seit dem vergangenen August aus unterschiedlichsten Gründen am Herzen lag. Die Gelegenheit würde nie günstiger sein.

»Jetzt brauchen wir aber wirklich eine Wohnung in Ungarn, Franzi. Die Königsburg in Ofen ist ein zugiger Kasten, auch wenn sie noch so ehrwürdig ist. Sommers wie winters friert man in ihren Mauern, und es fehlt am geringsten Komfort.«

»Wenn du mir jetzt wieder mit Gödöllö anfängst, Sisi ...« Franz Joseph hatte die Lobeshymne nicht gefallen, die ich ihm in meinem ersten begeisterten Brief noch aus Ungarn übermittelt hatte.

Es kam mir vor, als spüre er instinktiv, dass meine Liebe zu Gödöllö Gefühle enthielt, die nichts mit ihm zu tun hatten. Dabei hätte mir das schöne Landschloss mit den weitläufigen Stallungen auch ohne die damit verbundenen Erinnerungen gefallen. Großzügig inmitten lichter Wälder gelegen, hatte es sich seit Maria Theresias Zeiten im Besitz einer einzigen Familie befunden. Der letzte Fürst Grassalkovic war 1841 ohne Nachkommen verstorben. Ein Pferdenarr, wie man sich erzählte, der seinem Lieblingsschimmel sogar ein eigenes Denkmal errichtet hatte. Eine Geschichte, die mir ebenso gut gefiel wie der lockere Sandboden rund um das Schloss, der sich so wunderbar zum Galoppieren eignete.

Doch Franz Joseph hatte schon im August nichts davon hören wollen, Gödöllö für uns zu kaufen. Die enormen Kriegsentschädigungen, zu denen uns der Friede mit Preußen zwang, sorgten sowohl für Ebbe in der Staats- wie in der privaten Kasse des Kaisers.

»Natürlich spreche ich von Gödöllö«, erwiderte ich ein wenig scharf, obwohl ich schon ahnte, wie auch dieses Gespräch enden würde. »Du weißt, dass ich es mir mehr als alles andere wünsche.«

»Und ich weiß nicht, wovon wir es bezahlen sollen, Sisi«, erwiderte der Kaiser ungeduldig. »Ich hab doch schon die Ställe verkleinert und überall Einsparungen befohlen. Ich werde ja unglaubwürdig bei meinen Untertanen, wenn ich im selben Atemzug ein Schloss in Ungarn erstehe! Was sollen denn die Wiener von mir denken? Dass ich ein Verschwender bin?«

An den Verkauf so vieler Pferde wollte ich lieber nicht erinnert werden. Es hatte mich tief getroffen, dass der Kaiser zu so verzweifelten Maßnahmen griff. Wusste er denn nicht, wie viel mir diese Tiere bedeuteten? Gab es nicht genügend Juwelen, Kunstgegenstände und Kostbarkeiten, die man an ihrer Stelle zu Geld machen hätte machen können? Tote Dinge, die nicht atmeten und nicht geliebt werden konnten?

Vermutlich war es der Vorschlag der Erzherzogin gewesen, ausgerechnet bei den Ställen mit Sparen anzufangen. Sie hatte es noch nie gerne gesehen, dass ich so an meinen Pferden hing und so viel ritt. Der Gedanke an die Kaisermutter förderte nicht gerade meine Diplomatie.

»Kannst du nicht einmal das große Ganze sehen?«, fragte ich vorwurfsvoll. »Du musst doch auch berücksichtigen, was die Ungarn von uns denken. Sie sind ein stolzes Volk, sie wollen einen Kaiser, keinen Pfennigfuchser.«

»Du bist ungerecht, Sisi. Ich hab weiß Gott andere Sorgen als ein Schloss in Ungarn. Hast du schon davon gehört, wie schlecht es in Mexiko geht? Es ist nicht so rosig, wie Max es in seinen Briefen an die Mama darstellt, seine Aufständischen gewinnen an Macht und Einfluss. Charlotte ist in Paris eingetroffen. Sie will Napoleon bitten, dass er Max Soldaten zur Unterstützung schickt. Ich hoffe zu Gott, dass sie nicht auch noch zu uns kommt, wir haben wahrhaftig genügend andere Probleme.«

»Das war ja zu erwarten. Du hast sie beide vor diesem Abenteuer gewarnt«, erinnerte ich ihn ärgerlich. Franz Joseph beherrschte virtuos die Kunst, das Thema zu wechseln, wenn ihm meine Worte nicht passten. »Sollen sie doch selbst sehen, wie sie aus dem Schlamassel wieder herauskommen.«

»Das darfst du so nicht sagen, immerhin gehört Charlotte zur Familie. Wenn sie uns darum bittet, müssen wir einen Weg finden, ihr zu helfen.«

»Ich gehöre auch zur Familie, falls du das nicht vergessen hast. Ich bitt dich auch um etwas. Wo suchst du denn da einen Weg, mir zu helfen?«

Franz Josephs Augen wurden schmal, er presste die Lippen aufeinander und bekam jenen störrischen Ausdruck, der mir sagte, dass ich zu weit gegangen war.

Es tat mir Leid, aber gleichzeitig ärgerte ich mich auch schrecklich darüber, dass er sich in diesen Tagen so stur und verbohrt gab. Ich mied die Diskussion und auch die folgenden offiziellen Termine. Ganz im Geheimen gestand ich mir halb erleichtert, halb schuldbewusst ein, dass damit auch die Frage unserer ehelichen Gemeinschaft fürs Erste auf Eis gelegt worden war. In diesen Tagen wäre ich ohnehin nicht fähig gewesen, seine Annährungsversuche zu ertragen.

Der Winter in Wien hatte mit jedem Jahr ärgere Auswirkungen auf mein Wohlbefinden. Der Nebel, der von der Donau aufstieg und die Stadt in graue Schleier hüllte, drückte den Rauch aus den Kaminen nieder und verwandelte die Gänge der Hofburg in eisig zugige Tunnel. Er legte sich wie Blei auf meine Lungen und zehrte ebenso an meinen Kräften wie die gedrückte Stimmung bei Hofe.

Der Krieg hatte in vielen Familien schmerzliche Wunden hinterlassen, und auch die Glücklicheren, die keine Trauer trugen, fanden wenig Grund zur Fröhlichkeit. Von den Kammermädchen bis zur Obersthofmeisterin hatte jeder etwas zu beklagen.

Die hektischen Tage in Ungarn und Wien, die ich in den vergangenen Monaten mit zahllosen Audienzen, Gesprächen, Hin- und Herfahren, Briefe schreiben und beantworten gefüllt hatte, waren seit meinem Zwist mit Franz Joseph wieder dem lähmenden Einerlei des Hoflebens gewichen. Es fiel mir schwerer denn je, mich in das pompöse sinnlose Protokoll zu fügen.

Ich hatte so viel für Ungarn und den Kaiser erreicht – mit welchem Recht schob man mich nun wieder auf dieses Abstellgleis? Hatte ich nicht hinlänglich bewiesen, dass ich mehr konnte, als Kinder zur Welt zu bringen und hübsch auszusehen? Meine Enttäuschung drohte mich zu überwältigen, und ich versuchte mich abzulenken, indem ich mich mit verstärkter Gründlichkeit um meine Gesundheit, meine Figur und mein Aussehen kümmerte.

Noch längere Ausritte, noch mehr Turnen, noch raffiniertere Cremes und Masken, noch weniger Mahlzeiten.

Solange ich die schönste Kaiserin Europas blieb, würde Franz Joseph mich früher oder später wieder zur Kenntnis nehmen müssen.

Solange die Zeitungen mein Bild veröffentlichten, die Maler mich porträtierten und halb Europa darüber spekulierte, ob Kaiserin Eugenie von Frankreich der Kaiserin von Österreich das Wasser reichen konnte, durfte ich sicher sein, dass ich nicht in Vergessenheit geriet. Weder in Wien noch in Buda und Pest.

Winter 1867 – Frühjahr 1869
»Eljen Erzsebét!«

»Der Ludwig will die Sophie heiraten? Ist das eine Liebesgeschichte, oder hat die Mama das für die Kleine eingefädelt? Eine Krone für jede Tochter, ich trau's ihr zu, dass sie so denkt.«

Meine Schwester Mathilde, die vor wenigen Tagen ein kleines Mädchen zur Welt gebracht hatte, das auf den Namen Maria Theresia getauft worden war, räkelte sich zufrieden in ihren Kissen. Sie hielt geradezu Hof in ihrem Bett und wollte in allen Einzelheiten von mir wissen, was sich in den letzten Wochen in München und Wien getan hatte. Besonders Sophies überraschende Verlobung mit dem jungen bayrischen König erregte ihr Interesse.

Meine Reise hatte mich über München nach Zürich geführt, wo Spatz mit dem Grafen Trani jetzt wohnte, so dass ich ihr die verblüffenden Neuigkeiten aus erster Hand berichten konnte.

»Die Mama hat nichts damit zu tun«, erwiderte ich auf Mathildes Fragen. »Sie hätte Franz Josephs Bruder Ludwig Viktor vorgezogen, sie hat eine närrische Schwäche für die Habsburger. Aber du kennst ja Sophie. Sie hat ihren eigenen Kopf und setzt ihn auch durch. Anscheinend ist Cousin Ludwig genau der Mann, den sie haben möchte. Seine Vorliebe für die Musik von diesem Richard Wagner findet sie wunderbar, und bei seiner romantischen Werbung ist sie förmlich dahingeschmolzen. Nächtliche Bootsfahrten nach Possi, Rosenbuketts und romantische Brieferl, die ganze Tonleiter hat er für sie 'rauf und 'runter gespielt. Jetzt feiern sie ihre Verlobung. Im Sommer wollen sie heiraten. Ludwig wird am 25. August zweiundzwanzig Jahre alt, dann ist Hochzeit.«

»Die Glückliche«, seufzte Mathilde ein wenig melancholisch. »Ich kann mich kaum an den Ludwig erinnern. Sieht er wirklich so gut aus, wie alle Welt behauptet?«

»Er ist ein sehr ansprechender junger Mann«, musste ich zugeben. »Groß, dunkel, romantisch. Ich glaub fast, dass ich es gewesen bin, die ihn auf die Idee gebracht hat, sich die Sophie anzuschauen.«

»Du?« Mathilde runzelte die Stirn. »Wie das?«

»Er hat mich angeschwärmt wie ein junges Hunderl einen vollen Fressnapf. Da hab ich ihm gesagt, dass ich verheiratet bin, aber noch eine jüngere Schwester habe. Wer denkt denn, dass er das ernst nimmt?«

»Solang ihn die Sophie liebt, ist das doch egal. Oder hast du was an ihm auszusetzen?«

Ich zuckte mit den Achseln. »Arg unreif und jung ist er noch, wenn du mich fragst.«

»Alt wird er von allein«, winkte Mathilde in ihrer üblichen lockeren Art ab. »Und wie geht's der Gräfin Hohenembs?

Stimmt es, dass du inzwischen Ungarisch parlierst wie eine echtes Magyarenmädchen?«

Mathilde spielte auf das unverfängliche Inkognito an, unter dem ich nach Zürich gereist war. Es ermöglichte mir, meine Schwester privat zu sehen, ohne dass aus meinem Besuch eine Staatsaffäre wurde.

»Ich sprech's jetzt sogar besser als Franz Joseph, und der hat es immerhin von Kind auf gelernt«, erwiderte ich nicht ohne Stolz.

»Warum machst du dir die ganze Mühe?« Mathilde war weit davon entfernt, mich für diese ungewöhnliche Leistung zu bewundern. »Das ist eine Barbarensprache, die außerhalb von Ungarn kein Mensch versteht. Du hast es doch sonst nie mit dem Studieren gehabt.«

»Aber ich möchte in Ungarn leben«, verriet ich meinen geheimsten Wunsch. »Es ist viel schöner als Wien, und ich hab auch schon ein Schloss entdeckt, das mir gefällt …«

»Das wird dem Franz Joseph aber nicht gefallen.«

Was sollte ich darauf schon antworten? Dass ich den Kaiser manchmal am liebsten hatte, wenn wir nur Briefe miteinander wechselten? Dass mein dummes Herz voll von einem anderen war, nach dem ich mich zutiefst sehnte? Meine Schwester ahnte ohnehin schon etwas.

»Haben deine Pläne vielleicht etwas mit dem schneidigen Grafen Andrássy zu tun? Sein Name taucht verdächtig oft in deinen Briefen auf«, legte sie den Finger mitten in die heimliche Wunde. »Ist er nicht als erster ungarischer Ministerpräsident im Gespräch?«

»Was du für alberne Sachen denkst!«, verwahrte ich mich

gegen ihren Verdacht. Nicht einmal ihr konnte ich meine Gefühle anvertrauen. »Denkst du, ich poussier herum wie eine von den Wiener Komtessen? Ich bin verheiratet, und ich bin die Kaiserin.«

»Das schützt dich nicht vor der Liebe«, behielt Mathilde das letzte Wort.

Dummerweise hatte sie auch noch Recht damit.

Es schützte mich auch nicht vor Kummer, denn schon der März brachte eine schlimme Nachricht aus München: Meine junge Schwägerin, Prinzessin Sophie von Sachsen, hatte den Winter nicht überlebt. Obwohl sie nach der Geburt ihrer Tochter Amelie im vergangenen Sommer nie wieder richtig gesund geworden war, traf ihr Tod mit nur zweiundzwanzig Jahren Carl Theodor und die Familie völlig überraschend. Statt mit Franz Joseph nach Buda und Pest zu fahren, wo der ungarische Vertrag unterschrieben werden sollte, reiste ich zu Sophies Beerdigung nach München.

Die Familie wirkte wie betäubt von dem Schicksalsschlag, und der arme Gaçkel nahm kaum etwas wahr. Aber so seltsam es klingt, als ich an Sophies Grab stand, wehte mich bei allem Leid auch eine Spur von Neid an. War es denn wirklich so schlimm, auf dem Höhepunkt von Jugend und Schönheit, von allen ehrlich betrauert, zu sterben? Schlafen zu können, statt im Wachen nur zu leiden und älter zu werden?

Ich hütete mich, meine melancholischen Gedanken laut werden zu lassen, denn ich ahnte, dass mich niemand verstehen würde. Meine Traurigkeit speiste sich aus so vielen unterschiedlichen Quellen, dass ich ebenso viele Tränen um Sophie wie um mich selbst weinte.

Die Neuigkeiten aus Ungarn, die mich über Franz Josephs Kuriere erreichten, berichteten von einem geradezu überwältigenden Empfang für den Kaiser. Während die böhmischen und mährischen Landtage als Folge des Krieges geschlossen wurden, hob der Kaiser in Buda und Pest das neue Ungarn aus der Taufe und machte Graf Andrássy zum ersten Ministerpräsidenten dieses Staates.

Wie gerne wäre ich dabei gewesen! Wie gerne hätte ich das wunderbare Präsent selbst in Empfang genommen, mit dem Ungarn seinem König und seiner Königin den Dank für die neue Freiheit entbot. Ungarn schenkte mir Schloss Gödöllö!

Ich musste den Brief mehrmals lesen, um es wahrhaben zu können, dann jedoch setzte ich mich sofort an den Schreibtisch, um meine Freude mit Franz Joseph zu teilen. Nun würde alles gut werden. Ich erwarte kaum den Augenblick, wo es in Ordnung kommt und wir dort wohnen können, schrieb ich meinem Gemahl.

In der Stille der Nacht, die auf diese Freude folgte, richtete ich noch eine andere stumme Botschaft an Ungarn. Ich wusste, welcher Kopf dieses besondere Geschenk ersonnen und welcher Schwur es in meine Hände gelegt hatte. Ein Heim in Ungarn. Ein Ort, an den ich jederzeit zurückkehren konnte und der mir allein gehörte. Ich konnte es kaum erwarten, mit diesem Wissen nach Osten zu reisen. Aber es dauerte noch bis Mai, ehe ich Franz Joseph das Schloss zeigen konnte, das mir so unendlich viel bedeutete.

Inzwischen war das Lazarett verlegt worden, und in allen Räumen wimmelte es von Handwerkern. Stuckateure, Tapezierer, Maler und Schreiner schufteten Tag und Nacht, um

Gödöllö bis zur Krönung in das ungarische Paradies zu verwandeln, das ich mir ersehnte.

»Ist das nicht wunderbar, Franzi?« Ich zog ihn von einem Raum in den nächsten. »Wenn wir vor diesem Fenster unser Frühstück einnehmen, werden wir uns vorkommen, als würden wir im Garten sitzen. Franzi, was ist? Du schaust gar nicht richtig hin, immer nur zu mir. Was ist los, sitzt mein Hut plötzlich schief?«

»Ich schau halt lieber dich an als leere Zimmer, Sisi. Du bist so hübsch, wenn du dich freust.«

»Und was ist mit Gödöllö?«, forschte ich begierig. »Gefällt es dir?«

»Recht nett«, räumte er gnädig ein und zupfte an seinem Backenbart. »Aber eigentlich ist es viel einfacher, als ich es erwartet habe. Ich dachte, es ist etwas Besonderes, weil du gar so wild drauf warst …«

Einmal mehr fiel mir auf, wie wenig sich Franz Joseph die Mühe machte, meine Vorlieben und Abneigungen zu verstehen. Er stand in Gödöllö und sah nicht, dass es das Schloss eines Pferdenarren war, der seine Tiere liebte. Er begriff nicht, dass es genau diese ruhige Einfachheit und Einheit mit der Natur war, die mich ansprach. Mehr als all die überladenen und vergoldeten Rahmen und düsteren Samtvorhänge in seiner Hofburg.

»Wart nur ab, bis es fertig ist«, versuchte ich meine Enttäuschung zu verbergen. »Wenn erst Pferde in den Ställen stehen und der Hausstand eingerichtet ist, werden wir hier glücklich sein, Franzi! Ich spür's genau!«

»Ich bin überall glücklich, wo du es bist, Sisi«, entgegnete er so schlicht und überzeugend, dass ich gerührt meine Kritik an ihm vergaß.

Da ich mich um die Renovierungsarbeiten in Gödöllö kümmern wollte, reiste der Kaiser ohne mich nach Wien zurück, nachdem er eine umjubelte Thronrede im neuen ungarischen Parlament gehalten hatte. Die Krönungsfeierlichkeiten sollten am 6. Juni beginnen, und bis dahin war noch eine Menge zu tun.

Dieses Mal nahm ich jedoch nicht in der Königsburg zu Ofen Wohnung, sondern ich fand gastfreundliche Aufnahme auf Schloss Tokay. Seine Hausherrin war verreist, und so konnte ich mich in der trügerischen und gefährlichen Illusion wiegen, dass der Hausherr mir ganz allein gehörte. Das prächtige Heim des neuen ungarischen Ministerpräsidenten bot genügend Platz für meinen Hofstaat, so dass ich mich auch sicher vor bösen Gerüchten glaubte. Nicht einmal die boshaftesten Klatschweiber konnten annehmen, dass ich unter diesen Umständen und wenige Wochen vor meiner Krönung dem Ruf des Kaisers Schaden zufügen würde.

Nur zu bald sollte ich herausfinden, dass ich mich täuschte.

»Man verdächtigt die Kaiserin in aller Öffentlichkeit, dass sie eine heimliche Affäre mit dem Grafen hat. Das ist einfach skandalös!«

Der Zufall trug mir das Gespräch meiner Obersthofmeisterin, Gräfin Königsegg, mit einer anderen Hofdame zu, als ich in einem versteckten Gartenpavillon saß und die Briefe aus München und Regensburg las, die der Kurier an diesem Morgen gebracht hatte. Ich war offensichtlich nicht die Einzige, die einen ungestörten Platz aufgesucht hatte.

»Man muss sich nicht wundern, wenn wir hier Quartier nehmen«, erwiderte die andere, deren Stimme ich nicht genau einordnen konnte. Für mich klang der süßliche Wiener Singsang an manchen Tagen bei allen gleich. »Die Kaiserin sollte in Ofen wohnen! Was muss sie um diesen Ungarn herumscharwenzeln, dessen Vorfahren noch als Zigeuner über das Land gewandert sind?«

»Soll die Kaiserin jeden Tag von dort nach Gödöllö reiten? Sie reden Unsinn, meine Liebe, und wenn Sie einen guten Rat von mir annehmen, dann behalten Sie ihre Meinung über den Grafen für sich. Die Kaiserin mag es nicht, wenn man ihn kritisiert.«

»Begreift sie denn nicht, dass sie mit ihrem Verhalten böses Blut in Wien verursacht? Generaladjutant Crenneville hat nach dem Besuch des Kaisers Ungarn als ›Österreichisch Asien‹ bezeichnet.«

»Crenneville gehört bewiesenermaßen nicht zu den Freunden der Kaiserin, er wird immer etwas zu kritisieren finden, wenn sie im Spiel ist. Egal, ob das nun Ungarn oder Wien betrifft …«

Die Stimmen entfernten sich, und als ich den Blick hob, sah ich, dass auch Graf Andrássy dem Tratsch gelauscht haben musste. Er stand unter einem grünen Bogen aus rankenden Rosen und sah ungewohnt ernst drein, als er näher trat und mir stumm eine elegante Reverenz entbot.

Mein Herz hämmerte, als ich auf den gesenkten stolzen Kopf mit den rabenschwarzen Locken hinabsah. Es juckte mich in den Fingerspitzen, hineinzufahren, wie ich es bei Rudolf manchmal zärtlich tat. Es drängte mich, seine Umarmung zu suchen und mich an die hochgewachsene Gestalt zu schmiegen. Allein, alles was ich tat war, meine angehaltene Luft mit einem winzigen Seufzer freizugeben.

»Die Kaiserin ist auch nur eine Frau«, wisperte ich tonlos. »Gibt es denn keinen Ort auf dieser Welt, wo sie vor böser Nachrede und dummem Klatsch sicher ist? Ich will doch nur in Ruhe gelassen werden.«

»Vielleicht wird Gödöllö einmal dieser Ort«, erwiderte der Graf ernst. »Ich wünsche es Ihnen von ganzem Herzen, Kaiserliche Hoheit.«

»Und was raten Sie mir bis dahin, mein Freund?«

»Es gibt nur eine Möglichkeit, den Gerüchten Einhalt zu bieten.«

»Und die wäre?«

Er suchte meinen Blick, und unter dem düster bedrohlichen Glanz seiner traurigen Augen beschlich mich eine seltsame Ahnung davon, was er sagen wollte. Nein! Bitte nicht! Nicht das!

»Sie müssen aller Welt demonstrieren, dass der Kaiser und die Kaiserin einander in zärtlicher Zuneigung ergeben sind, egal was die Gerüchte sagen. Eine neuerliche Schwangerschaft vielleicht …«

»Sie wissen nicht, was Sie da von mir verlangen, Graf Andrássy!«, fuhr ich auf.

»Ich fühle es sehr wohl, denn ich stoße mir selbst das Messer in die Brust, Erzsebét!«

Wir führten das Gespräch auf Ungarisch, wie alle unsere vertraulichen Unterhaltungen. Ich hatte mir sogar angewöhnt, meine Briefe an Franz Joseph auf Ungarisch zu schreiben. Aber in diesem Moment fehlten mir die Worte, um auszudrücken, was ich empfand. Doch vermutlich hätten sie mir in jeder Sprache der Welt gefehlt. Was blieb, war nur eine Klammer aus Schmerz und Verzweiflung, die mein Herz jämmerlich zusammendrückte.

»Gibt es denn keinen anderen Ausweg?«, wisperte ich unglücklich.

»Keinen, der für sich spricht, ohne dass Sie sich gegen eine Anklage verteidigen müssen, die Sie nicht zur Kenntnis nehmen dürfen, Erzsebét!«

Seine Gestalt verschwamm vor meinen Augen, und als ich wieder klar sehen konnte, war er fort. Ungarn und eine Krone … Waren sie es wert, mit so viel Selbstüberwindung erkauft zu werden?

Sobald ich wieder vernünftig denken konnte, wurde mir klar, dass ich gar keine andere Wahl hatte, als das geforderte Opfer zu bringen. Sobald ich mich jedoch dazu durchgerungen hatte, fand ich einen eigenartigen Trost darin. Wenigstens konnte man mir keine Pflichtvergessenheit nachsagen. Vor den hohen Wertmaßstäben, die ich mir selbst auferlegte, hatte ich in letzter Sekunde doch nicht versagt.

Franz Joseph reagierte höchst selbstzufrieden darauf, dass ich seinem Werben endlich nachgab. Er hatte keine Ahnung von meinen schlaflosen Nächten und der Kraft, die es mich kostete.

»So sind die Frauen«, schmunzelte er gnädig, als wir die kaiserliche Hofhaltung vor der Krönung in der Königsburg zu Ofen etablierten. »Wenn sie ihren schönen Kopf durchgesetzt haben, benehmen sie sich so reizend, dass wir armen Männer gar nicht anders können, als ihnen zu gehorchen und sie zu lieben.«

Es klang, als wäre es eine Laune von mir und keine politische Notwendigkeit gewesen, Ungarn und Österreich aneinander zu binden. Ich hatte Mühe, meinen Widerspruch zu ersticken und ihm jenes halb abwesende automatische Lächeln zu schenken, das er ohnehin nie hinterfragte. Es genügte ihm schon, dass ich überhaupt lächelte.

Die Vorbereitungen für die viertägige Krönungsfeier im Juni 1867 nahmen uns jedoch beide so in Anspruch, dass ohnedies keine Zeit für überflüssige Gedanken blieb. Es gab eine unendliche Menge an uralten Zeremonien, Sitten und Gebräuchen, die befolgt werden mussten, damit das Glück dem künftigen Königreich hold sein würde.

Am absurdesten schien mir, dass Gisela und ich mit eigener Hand den Krönungsmantel und die Krönungsstrümpfe stopfen mussten, die Franz Joseph an diesem wichtigen Tag tragen sollte. Da diese bedeutsamen historischen Kleidungsstücke von Herrn Kossuth und seinen Anhängern bei ihrer Flucht im Jahre 1848 ziemlich hastig vergraben worden waren, sah man ihnen den mehrjährigen Aufenthalt in feuchter Erde nicht nur an, man roch ihn auch ziemlich deutlich.

Gisela rümpfte die Nase, und ich mochte sie deswegen nicht ermahnen. Glücklicherweise hatten wir ein paar geschickte Helferinnen, denn unsere eigene Arbeit zeichnete sich weder durch extrem feine Stiche noch durch besondere Fingerfertigkeit aus. Ich hatte Handarbeiten schon immer gehasst und entdeckte zu meiner Überraschung, dass meine Tochter ausgerechnet diese unweibliche Abneigung von mir geerbt hatte. Zum ersten Mal tauschten wir stumme Blicke wortloser Übereinstimmung, während wir unser Möglichstes taten, das gewünschte Glück in Mantel und Beinkleider hineinzusticken.

Erfreulicherweise musste ich für mein eigenes Krönungsgewand nicht Hand anlegen. Die prächtige Robe kam aus Paris, wo sie in den Ateliers von Monsieur Worth entworfen und genäht worden war. Es war das schönste und kostbarste Kleid, das ich jemals getragen habe. Weißer Seidenbrokat, über und über mit silbernen Blüten bestickt, das Samtmieder mit echten Perlen verschnürt, und die weißen Puffärmel mit feinster handgearbeiteter Spitze gerafft. Ein Krönungsmantel aus weißem Satin, mit königsblauem Samt gefüttert, vervollständigte das Ensemble.

Das exklusive Festkleid verriet die Hand des meisterlichen Modeschöpfers, obwohl es sich in Schnitt und Einzelheiten an der ungarischen Nationaltracht orientierte. Das passende Diamant-Collier stammte aus der Schatzkammer der ungarischen Könige, und meine Krone hatte schon Maria Theresia getragen.

Alles war bereit für das große Ereignis, das mit einem Empfang für die Mitglieder des Reichstages im Thronsaal der Ofener Burg seinen Anfang nahm.

Franz Joseph erschien dazu natürlich in Uniform, wenngleich er dieses Mal wenigstens die eines ungarischen Generals gewählt hatte. Rudolf trug ebenfalls ungarische Verschnürungen an seinem Anzug, während Gisela und ich in magyarischer Frauentracht auftraten.

»Ich seh aus wie eine blonde Ungarin«, hatte meine Tochter eher mürrisch ihre Erscheinung kommentiert.

»Du bist eine Ungarin«, hatte ich ihr geantwortet.

»Nein, ich bin eine österreichische Kaisertochter!«, hatte sie widersprochen.

»Und in ein paar Tagen bist du eine Prinzessin von Ungarn«, hatte Franz Joseph den beginnenden Streit erstickt, ehe er seiner Tochter freundlich übers Haar strich und sie damit zum Schweigen brachte.

Auch jetzt warf er ihr einen ebenso liebevollen wie stolzen Blick zu. Er mochte seine Fehler haben, aber er liebte seine Kinder. Er würde auch das nächste lieben.

***

Der Krönungstag am 8. Juni 1867 begann noch vor Sonnenaufgang mit 21 Salutschüssen von der Zitadelle. Schon um sieben Uhr setzte sich der Festzug zur Mathiaskirche in Bewegung, wo uns der Fürstprimas von Ungarn im Kreise seiner Bischöfe erwartete.

Wieder einmal fuhr ich in einer gläsernen, von acht schneeweißen Schimmeln gezogenen Kutsche durch eine jubelnde Menschenmenge. In Scharen säumten sie die Straßen: Magyaren, Banater, Serben, Slowaken und auch Kroaten, die Untertanen der neuen Donau-Monarchie und ein erkleckliches Aufgebot an Soldaten, Polizisten und Polizeiagenten, die verhindern sollten, dass Anarchisten oder unbelehrbare Revolutionäre den Festtag mit angedrohten Gewaltakten sprengten.

Das »Eljen Erzsebét!«, mit dem sie alle meinen Weg zur Kirche begleiteten, brauste über die gläserne Karosse hinweg und trug mich auf einer Wolke des Jubels vorwärts. Über die Köpfe der Ehrengarde hinweg konnte ich manchmal einen Blick auf Franz Joseph erhaschen, der weiter vorne auf einem prächtigen

Schimmel ritt. Der sorgsam gesäuberte und geflickte Stephansmantel lag über seinen Schultern, und das Zaumzeug seines Rosses funkelte vor Gold und Juwelen. Die Spitze des Krönungszuges gehörte jedoch Graf Andrássy. Seine Ungarn hatten ihm die Ehre zuerkannt, dem Kaiser die eiserne Stephanskrone aufzusetzen, um die sich so viele Legenden rankten.

Ob er in diesem Augenblick an mich dachte, so wie ich an ihn? Daran, dass wir an diesem Tag erreichten, was wir uns vom ersten Moment unserer Begegnung an erträumt hatten? Es war für mich von ganz besonderer Bedeutung, dass ausgerechnet er mir die Stephanskrone über die rechte Schulter hielt, während der Primas mich zur Königin seines Landes und seiner Nation salbte. Auch wenn uns das Schicksal nicht vergönnt hatte, unsere Liebe mit einem Gelübde zu segnen, so entschädigte es uns mit dieser bewegenden Zeremonie für Ungarn. Tränen standen in meinen Augen, und ich schwor dem Himmel in ungewohnter Frömmigkeit, mein Bestes für dieses Land und seine Menschen zu tun.

Wie gut, dass ich zu diesem Zeitpunkt nicht ahnen konnte, dass mir auch dieser Vorsatz wie Sand durch die Finger rinnen sollte!

In der Mathiaskirche war ich noch fest entschlossen, der jungen Donaumonarchie mit ganzer Kraft zu dienen. Unter den brausenden Klängen der »Krönungsmesse«, die Franz Liszt schon vor vielen Jahren für eben diesen Anlass komponiert hatte, endete das feierliche Hochamt.

Anschließend wand sich der glitzernde Festzug durch die Straßen zum so genannten Krönungshügel, der aus der Erde aller ungarischen Provinzen aufgeschüttet worden war. Franz

Joseph leistete einen weiteren feierlichen Eid, dass er Ungarns Verfassung gegen Gefahren aus allen vier Himmelsrichtungen verteidigen würde, und ich sah ihm von einer Tribüne aus zu.

Ein wahres Meer aus Farben erstreckte sich, so weit meine Augen schauen konnten. Die ungarischen Festgewänder, ohnehin schon prächtig, übertrafen zu diesem Anlass alles, was ich je zuvor gesehen hatte. Kostbare Pelze, Juwelen, Federn, glitzernde Degengehänge und polierte Spangen brachen das Sonnenlicht. Es war ein beeindruckendes Bild vergangener Größe und Herrlichkeit, das sich mit der Hoffnung auf eine noch prächtigere Zukunft verband.

Die anschließende Flut der Festbankette, Empfänge, Audienzen und Zeremonien war ebenso anstrengend wie ermüdend. Die Junitage brüteten in so gnadenloser Sonnenhitze über den Dächern von Buda und Pest, dass ich die kühlen Gemächer der Königsburg ausnahmsweise als äußerst angenehm empfand. Franz Joseph, hinter dem ein höchst anstrengendes und politisch enttäuschendes Jahr lag, genoss die überschwängliche Begeisterung seiner ungarischen Untertanen sichtlich. Er versäumte keinen einzigen Glückwunsch, und er mischte sich sogar an meiner Seite unter die Teilnehmer des großen Volksfestes vor der Burg, mit dem die Krönung endete.

Es war eine laue Sommernacht, und über riesigen Feuern drehten sich Hammel und Ochsen am Spieß. Der Wein floss in Strömen, und die Klänge der Zigeunergeiger mischten sich mit dem Stimmengewirr und den Hochrufen, die unseren Weg säumten.

»Wenn doch nur alle meine Untertanen in solcher Freude und solchem Frieden miteinander leben würden«, rutschte es dem Kaiser ungewohnt melancholisch heraus, als wir von so vielen fröhlichen Menschen umgeben waren. »Es hat viel zu viel Krieg und Blutvergießen gegeben, seit ich an der Macht bin.«

Selbsterkenntnis war so fremd und selten bei Franz Joseph, dass ich gerührt nach seiner Hand fasste und für einen Moment meinen Kopf an seine Schulter legte. »Du musst dir keine Vorwürfe machen, Franzi«, versuchte ich ihn zu trösten. »Du hast immer nur das Beste gewollt, es waren deine Ratgeber, die dich in diese schlimmen Konflikte getrieben haben. Jetzt, wo du nicht mehr auf sie hörst, wird alles anders werden.«

»Gebe Gott, dass du Recht hast, Sisi«, seufzte er und tätschelte meine Hand, die seine hielt. »In einer solchen Nacht könnt man an jedes Wunder glauben, meinst du nicht auch? Vielleicht schickt uns der Himmel ein Zeichen, dass er auf unserer Seite ist. Ein Prinz für Ungarn, wäre das nicht wunderbar?«

Die unverhohlene Anspielung auf die Fortsetzung dieser Nacht trieb mir das Feuer der Verlegenheit in die Wangen. Unwillkürlich suchten meine Augen im Gewühl des Festes nach der vertrauten breitschulterigen Gestalt mit den schwarzen Locken.

Ich entdeckte Andrássy im Kreise einer Gruppe von Festgästen, die sich um einen Gulaschkessel geschart hatte. An seiner Seite eine zierliche bildschöne Ungarin mit sprühendem Lachen. Gräfin Katinka Andrássy war eine auffallende Schönheit, der man weder die Jahre noch die Geburten ihrer Kinder ansah. Eben lächelte sie ihren Gemahl an, und ich sah seine weißen Zähne bei der Antwort aufblitzen. Auch wenn er mich liebte, verehrte und begehrte er seine Frau. Leben, lachen und tanzen würde er nur mit ihr! Natürlich hatte ich es immer gewusst, aber ich hatte die Bilder hartnäckig verdrängt. Jetzt sah ich es mit eigenen Augen, und es tat weh.

»Was meinst du, Sisi? Sollen wir gehen und uns ein paar Stunden stehlen, in denen wir nicht der Kaiser und die Kaiserin und nicht der König und die Königin sind?«

Was blieb mir anderes übrig? Ich nickte. Im Käfig einer Ehe gefangen, die ich als ahnungslose Fünfzehnjährige für den Himmel auf Erden gehalten hatte, blieb mir nichts anderes übrig, als mich auch weiter darin einzurichten. Vielleicht konnten wir ja wirklich von neuem beginnen und die alten Fehler vermeiden.

Vielleicht hatte Franz Joseph ja auch Recht. Wenn aus dieser Nacht oder einer anderen ein Prinz für Ungarn erwuchs, würde ich mehr für dieses Land tun als alle Politiker zusammen. Ihn in der Tradition dieses stolzen Volkes zu erziehen, so wie die Erzherzogin Franz Joseph zu ihrem Kaiser gemacht hatte, war eine Aufgabe, die mir Hoffnung und Zukunft versprach. An diese Vorstellung klammerte ich mich mit all meiner Sehnsucht und all meinen Wünschen, während ich Franz Joseph meinen schlanken, geschmeidigen Körper überließ, den er mehr begehrte als je zuvor.

Allein, die vergangenen Jahre hatten weder seine Zärtlichkeit noch seine Rücksicht gefördert. Wer immer die Damen waren, die er statt meiner beglückt hatte, sie hatten nichts bewirkt, um sein egoistisches Drängen zu verfeinern. Oder der Fehler lag bei mir. Seine Berührungen erzeugten kein Feuer unter meiner Haut. Ich blieb kühl und ungerührt. Die verhängnisvolle Schwäche, die mich bei einem einzigen Blick in

Gyula Andrássys Augen befiel, wollte sich nicht einstellen, wenn ich meinem Gemahl gehörte.

Dennoch ließ es sich nicht leugnen: Wir gehörten zusammen.

★★★

»Kannst du ihr nicht wenigstens in diesem schlimmen Moment verzeihen, Sisi?« Meine Mutter sah mich auffordernd an. »Über all dem Leid, das über uns gekommen ist, müssen wir die kleinlichen Missverständnisse der Vergangenheit doch vergessen. Das befiehlt uns die Christenpflicht.«

»An die Christenpflicht hätte sich die Erzherzogin vielleicht ein paar Jahre früher erinnern sollen, Mama«, wehrte ich mich gegen den Vorwurf der Herzogin in Bayern. »Ich will nicht abstreiten, dass das Schicksal ihr böse zusetzt, aber sie und Charlotte haben den armen Max in dieses Abenteuer hineingetrieben. Eine Krone musste es sein. Möglichst noch eine Kaiserkrone.«

»Eine Krone, die im Staub liegt, seit Max von diesen schrecklichen Rebellen hingerichtet wurde«, warf die Mama ein und bedachte mich mit einem Blick, als hätte ich diesen Mexikanern befohlen, etwas so Schreckliches zu tun. »Du bist selbst Mutter und hast schon eines deiner Kinder verloren. Du weißt, was meine Schwester fühlt und wie sehr sie unseres Trostes bedarf.«

»Max hätte sich rechtzeitig in Sicherheit bringen können, wenn ihn nicht seine eigene Mutter beschworen hätte, in Mexiko zu bleiben. Damals war ihr die Ehre wichtiger als sein Leben«, erinnerte ich trotzig.

Wenn es in diesem Drama eine Person gab, der mein ganzes Mitgefühl galt, dann war das erstaunlicherweise Charlotte von Belgien. Sie hatte wenigstens mit ihrer ganzen Kraft versucht, Max zu helfen, bis hin zur Aufgabe ihrer eigenen Gesundheit.

»Du urteilst zu hart, Sisi«, rügte meine Mutter, die sich anfangs so sehr gefreut hatte, als ich mit Franz Joseph direkt von der ungarischen Krönung nach Bayern eilte. Der Kaiser honorierte mein eheliches Entgegenkommen, indem er im Augenblick auch den kleinsten meiner Wünsche erfüllte. »Wie hätte sie denn ahnen sollen, dass er in solcher Gefahr schwebt?«

Ich ersparte mir die Antwort. Es kam mir scheinheilig und heuchlerisch vor, ausgerechnet jetzt auf die Erzherzogin einzugehen. Dabei fühlte auch ich den Schmerz um meinen Schwager und seinen sinnlosen und grausamen Tod.

Was mochte Ferdinand Maximilian von Habsburg gefühlt haben, an jenem Morgen vor seiner schmählichen Hinrichtung, die er angeblich mit so viel Haltung und Stolz erduldet hatte? Hatte er an seine geliebte Charlotte gedacht, die über dem Versuch, ihm zu helfen, in geistige Umnachtung verfallen war? Sie hatte dieses Anliegen voller Inbrunst und Eifer bis zum heiligen Vater nach Rom getragen, aber diese letzte Kraftanstrengung hatte sich als zu viel für ihre Gesundheit und ihre strapazierten Nerven erwiesen.

Das nüchterne Telegramm aus Rom, das Max die erschütternde Nachricht sandte, war auch in Wien bekannt geworden: Ihre Majestät, die Kaiserin Charlotte, ist von einer schweren Gehirnkongestion befallen und nach Miramar zurückgeleitet worden.

Karge Worte, die eine einstmals schöne, elegante Fürstin in

ein hilfloses Wrack verwandelten, das nicht mehr wusste, wer es war. Charlotte würde bis ans Ende ihrer Tage fremde Pflege benötigen, und ich war mir fast sicher, dass sie bei Vernunft Maximilians Ende dem ihren bei weitem vorgezogen hätte.

»Ach, es ist ein Elend«, drang der nächste Seufzer der Herzogin von Bayern an mein Ohr. »Alles weint nur noch in diesem Sommer. Der arme Gackel um seine süße Sophie. Nené um ihren armen Max und nun auch noch meine Schwester Sophie um ihren Lieblingssohn. Der Himmel meint es nicht gut mit uns bayrischen Schwestern.«

»Wie geht es Nené?«, versuchte ich Mama von der Erzherzogin abzulenken.

Meine große Schwester hatte vor wenigen Tagen die prunkvolle Beisetzung ihres 36jährigen Gemahls in der Regensburger Fürstengruft mit versteinertem Gesicht, in untadeliger Haltung hinter sich gebracht. Doch seit sie mit ihren vier kleinen Kindern in Possenhofen eingetroffen war, konnte sie gar nicht mehr aufhören zu weinen. Sie hatte Erbprinz Maximilian von Thurn und Taxis über alles geliebt und immer noch nicht ganz begriffen, wieso er so unerwartet von einer Nierenkrankheit dahingerafft worden war. Der Kaiser und ich waren gerade noch rechtzeitig eingetroffen, um ihr bei der Beerdigung in Regensburg beizustehen. Anschließend hatte Franz Joseph seine Sommerfrische in Ischl angetreten, während ich versuchte, Mama ein wenig zu unterstützen.

»Helene ist bei meiner Schwester. Die beiden Ärmsten trösten sich gegenseitig.« Mamas Kopfbewegung deutete ins Nachbarzimmer. Possi war bis unters Dach belegt, seit die Erzherzogin mit ihren Damen eingetroffen war. Wie seltsam, dass sie in ihrer tiefen Verzweiflung lieber bei ihrer Schwester Zuflucht suchte als bei ihren Freunden in Wien.

»Dann bin ich ja ohnehin überflüssig«, erwiderte ich und stand auf. »Sei mir nicht bös, Mama, aber ich werde abreisen, ehe der Papa wieder ein Machtwort spricht und uns alle hinauswirft. Er ist ohnehin schrecklich gereizt, warum eigentlich?«

»Ach, wegen dem Ludwig«, entgegnete sie mit einem weiteren Seufzer. »Ständig verschiebt er die Hochzeit mit der Sophie, aber dann taucht er wieder mitten in der Nacht auf und bringt riesige Rosenbuketts oder schickt Gedichte. Hoffentlich geht das alles gut!«

»Er ist ein Träumer, Mama«, verriet ich meine eigene Meinung über Cousin Ludwig.

»Er ist der König von Bayern«, korrigierte sie unwillig. »Er soll nicht träumen, sondern regieren, und er soll die Sophie heiraten, damit endlich alles seine richtige Ordnung hat. Man könnt meinen, er ist noch nicht erwachsen.«

»Meinst du wirklich, dass mit einer Eheschließung alles in Ordnung kommt?«, rutschte es mir heraus.

Die Herzogin bedachte mich mit einem strengen Blick. »Wenn sich beide Teile Mühe geben, kann das sehr wohl der Fall sein. Ihr versteht euch doch auch wieder besser, der Franz Joseph und du.«

»Wir haben uns nie schlecht verstanden, Mama«, wich ich der direkten Antwort aus.

»Es freut mich, das zu hören, Sisi. Der Kaiser ist ein höchst ehrenwerter und anständiger Mann. Du kannst glücklich sein, dass er dich so liebt und deine Fehler immer so großzügig entschuldigt.«

»Ich bin's ja, Mama …«, murmelte ich, um jede weitere Debatte abzukürzen.

»Dann kann ich mich darauf verlassen, dass du ihn künftig nicht mehr mit deinen dummen Empfindlichkeiten ärgerst?«

»Mama!« Sie brachte es fertig, dass sich die Kaiserin der Donaumonarchie mit fast dreißig Jahren wie ein ungezogener Fratz vorkam. »Was willst du damit sagen? Ist es vielleicht eine dumme Empfindlichkeit, dass ich zu meinem Gemahl nach Ischl reisen will?«

»Auch nach Bayern dringt eine Menge Klatsch, mein Kind. Aber ich freu mich, wenn du dich jetzt besinnst und zu deinem lieben Mann stehst.«

Sie endete so viel sagend, dass ich am liebsten mit dem Fuß aufgestampft hätte. Ich ahnte, worauf sie anspielte. Manchmal kam es mir schon kurios vor, dass mich alle Welt eines Betrugs verdächtigte, den ich nur in Gedanken, aber nie in Taten vollbracht hatte. Wann lernte ich es endlich, dass ich keinen Einfluss auf die Dinge hatte, die man über mich verbreitete?

»Es gibt keinen Grund, mich zu besinnen, Mama!«, behielt ich das letzte Wort und eilte davon, meine Reisekisten packen zu lassen.

***

Ischl ohne die Kaisermutter glich einem Paradies. Die meiste Zeit verbrachte ich ohnehin nicht in der riesigen Villa, sondern in Franz Josephs gemütlichem Jagdhaus. Auch als der Kaiser nach Wien eilte, weil ihn Termine und Audienzen riefen, blieb ich im Salzkammergut. Hier in den Bergen, die von Anfang an alles gesehen hatten, fand ich die Muße, nach all den Aufregungen an mich selbst zu denken. Auch die Kraft, den spürbaren Veränderungen meines Körpers ins Auge zu sehen. Nach drei Schwangerschaften hatte ich keine Zweifel.

Die schwülen Sommertage waren nicht besonders gut für lange Spaziergänge geeignet, aber ich unternahm sie trotzdem und ließ nur zu oft meine keuchenden Hofdamen weit hinter mir. Es endete damit, dass keiner mehr protestierte, wenn ich mit minimalstem Gefolge das Jagdhaus aufsuchte oder dort sogar allein durch die Natur streifte. Es war eine Art von Alleinsein, die mir gut tat und eine innere Ruhe schenkte, die ich dringend benötigte.

In der lähmenden Augusthitze erstarb jedes Leben im Wald, so dass ich die behutsamen Schritte, die mir an diesem Nachmittag folgten, nur zu bald vernahm. Einer von Franz Josephs Polizei-Agenten? Verfolgten sie mich sogar hier? In aufflammendem Zorn fuhr ich herum und entdeckte die hochgewachsene Gestalt im schlichten modischen Tagesanzug, die unter den Bäumen auf mich zu schritt. Ich träumte! Unmöglich! Es konnte nicht wahr sein!

»Erzsebét!«

»Woher …? Wieso …?« Meine Stimme versagte, und ich spürte in eigenartiger Klarheit einen Schweißtropfen, der zwischen meinen Schulterblättern hinunterrann. Gleichzeitig fand ich selbst die Antwort auf meine Fragen: Ida. Nur sie war die Brücke zwischen Ungarn und mir.

»Warum gehen Sie ein so verheerendes Risiko ein, mein Freund?«

»Wo ist das Risiko, wenn ich meiner Königin Nachrichten

aus Ungarn bringe? Es hat alles seine Ordnung. Ich bin in offizieller Mission hier, habe in allen Ehren in einem Hotel Quartier genommen und dem kaiserlichen Obersthofmeister meine Ankunft gemeldet.«

»Und das hier …?«, wisperte ich tonlos.

»… ist ein Spaziergang, den ein müder Reisender unternimmt, um Herz und Seele zu erquicken.«

Unsere Hände fanden sich wie unsere Augen.

Oh, dieser Meister der verführerischen Worte und Küsse aus meinem schönen Ungarnland! Er träufelte das Gift der Sehnsucht in mein Blut, während sich über uns grollend die täglichen Gewitterwolken ballten.

»Wie geht es dir? Bist du gesund und wohl?«, forschte er besorgt zwischen zwei Küssen.

»Ich hab dir gehorcht. Ich bin in der Hoffnung.«

Ich sah sein Gesicht erstarren, vernahm den gequälten Atemzug, ehe seine Antwort folgte. »Sei nicht traurig, es ist gut, es ist unser Kind. Ein Kind für Ungarn. Mein Land wird es lieben, und ich werde es lieben.«

»Ich wollte, du würdest mich lieben!«

Hatte ich es wirklich ausgesprochen? Ich hatte es doch nur denken wollen, nicht sagen. Unsere Blicke hielten sich fest, während die ersten schweren Regentropfen auf unsere Scheitel und Schultern fielen.

»Wir können nicht hier bleiben, du wirst nass bis auf die Haut. Wo ist dein Gefolge?«

»In Ischl. Ich konnte sie nicht länger ertragen. Aber die Jagdhütte des Kaisers ist ganz in der Nähe …«

Ich hüte das Geheimnis dieses Nachmittags tief in meinem

Herzen, das die Einsamkeit umso schmerzlicher empfindet, weil es einmal das wahre Glück erlebt hat. Ich entsinne mich wie gestern der Leichtigkeit und des Lachens. Des gewaltigen Unwetters, das sich über unseren Köpfen entlud, als wolle uns der Himmel selbst in seinen Fluten vor dem Rest der Welt schützen.

Es war nicht Sisi, nicht die Kaiserin und nicht Elise, die diese Stunden erlebte, es war Erzsebét. Sie fand Erfüllung und Liebe in der verbotenen Hingabe, in gestohlenen Küssen, erregenden Berührungen, wundervollen Umarmungen und nie gekannter Leidenschaft. Die entfesselten Elemente der Natur riefen ihr Echo im Schutze einfacher Holzwände wach. Geflüsterte ungarische Liebesworte verloren sich im Toben des Sturms, und als ich aus dem ungewohnten Rausch erwachte, wusste ich, dass ich mit offenen Augen geträumt haben musste.

Ich war krank vor Schuld und Einsamkeit, als mit Franz Joseph wieder die Wirklichkeit nach Ischl in die Kaiservilla kam. Voller Scham über die nie erlebte eigene Schwäche schwankte ich zwischen Reue und Trotz. Ich machte mir ebenso Vorwürfe, wie ich mein Handeln vor mir selbst verteidigte. Hatte ich nicht letztendlich nur getan, was mir alle ohnehin schon vorwarfen? Kam der Kaiser, weil er es trotz aller Heimlichkeiten herausgefunden hatte?

Er kam, weil der Staatsbesuch des französischen Kaisers und seiner Gemahlin Eugénie in Salzburg bevorstand. Napoleon III. wollte Franz Joseph persönlich sein Beileid zum Tode Maximilians überbringen. Die ständig zunehmende Macht des preußischen Kaisers in Berlin sorgte zudem dafür, dass Frankreich und Österreich enger zusammenrücken und ihre alten

Vorurteile vergessen wollten. Franz Joseph bestand darauf, dass ich ihn begleitete.

Dass ich mich nicht wohl fühlte, vielleicht sogar in der Hoffnung sein konnte, drang gar nicht richtig in sein Bewusstsein. Er war so besorgt um die politische Situation, dass er keine Zeit hatte, sich auch noch um seine Frau oder seine Ehe zu kümmern. Das anfänglich liebevolle Bemühen um meine Person war schneller als erwartet vom Alltag eingeholt worden. Er hatte ihm nichts weggenommen, was er vermissen würde.

»Du brauchst dich ja ohnehin nicht anzustrengen, Sisi. Du musst nur in Salzburg dabei sein. Es wäre unhöflich, wenn Napoleon seine Kaiserin mitbringt, während die meine daheim bleibt, weil sie Migräne hat. Ich möcht ihn keinesfalls verärgern.«

Nur dabei sein, natürlich. Er hatte keine Ahnung, wie viel verschwendete Liebesmühe es war, sich fünfmal am Tage umzuziehen, zu lächeln, bis einem die Mundwinkel weh taten, und hohle Floskeln zu plappern. Er musste auch keine alberne Schönheitskonkurrenz bestehen, die er nie gesucht hatte. Die Gazetten von Salzburg bis Wien, von Buda bis Paris, von London bis Madrid überschlugen sich schon im Voraus über dieses Gipfeltreffen der schönsten Kaiserinnen Europas.

Sosehr es mir widerstrebte, ihre Sensationsgier zu befriedigen, so wenig konnte ich natürlich zulassen, dass jene, die mich liebten, mit ansehen mussten, wie ich übertrumpft wurde. Ich glitzerte vor Diamanten, und mein Staatskleid gleißte in der Sonne, als der Zug mit dem französischen Kaiserpaar im Salzburger Bahnhof zum Halten kam.

Der erste Eindruck war enttäuschend. Eugénie und Napoleon traten in feierlicher schwarzer Trauer auf den Bahnsteig. Napoleon wollte damit Max die Ehre erweisen, aber die düstere Farbe machte die Züge seiner Kaiserin scharf und farblos. Die nächsten Tage nutzte die französische Monarchin jedoch redlich, den ersten Eindruck zu korrigieren. Sämtliche Zeitungsschreiber notierten die Einzelheiten der Aufsehen erregenden Roben, die Monsieur Worth persönlich für sie entwarf. Sie vermerkten auch die Kühnheit ihrer kurzen Röcke, die jedermann erkennen ließ, dass sie zierlich geformte hübsche Knöchel besaß.

Im privaten Gespräch entdeckte ich jedoch eine erfreulich geistvolle, sympathische Frau, die keinerlei Rivalität aufkommen ließ. Sie besaß eine Fähigkeit zur Ironie und eine Bildung, die ich bei vielen österreichischen Damen schmerzlich vermisste. Vermutlich hätten wir die endlosen politischen Debatten, die unsere Männer täglich führten, kürzer und Gewinn bringender abgeschlossen.

Da uns jedoch niemand darum bat, blieb uns nichts anderes übrig, als zu plaudern, unsere Maße zu vergleichen und uns mit Anstand zu langweilen. Es kam wenig bei diesem Besuch heraus, aber immerhin lud uns Napoleon am Ende zur Weltausstellung nach Paris ein.

Franz Joseph folgte dem Ruf Wochen später ohne mich, denn zu diesem Zeitpunkt stand längst fest, dass ich tatsächlich ein Kind erwartete. Beim vierten Mal machten weder der Hof noch der Kaiser besonders viel Aufhebens um dieses Ereignis.

»Es wird ein ungarisches Kind«, erinnerte ich Franz Joseph an unser Gespräch anlässlich der Krönungsfeierlichkeiten. »Das wolltest du doch?«

»Ich will nur, dass es dir gut geht und du hübsch gesund bleibst«, wich der Kaiser einer direkten Antwort aus.

Ich seufzte, als er mich verließ, und erntete einen merkwürdigen Blick von meiner lieben Ida.

»Was ist?«, erkundigte ich mich jäh gereizt.

»Kaiserliche Hoheit mögen verzeihen, aber …« Sie gab sich einen erkennbaren Ruck. »Es ist vielleicht nicht klug, das erwartete Kind als ein ungarisches zu bezeichnen. Es könnte Anlass geben zu Missverständnissen …«

Ich stutzte, ehe ich begriff, was sie damit meinte. »Du lieber Himmel! Wer würde so böswillig sein …?«

Eine dumme Frage natürlich. Halb Wien würde so böswillig sein, vielleicht sogar ganz Österreich. Der befohlene Ausgleich mit Ungarn hatte auf dem Papier, aber nicht in den Köpfen stattgefunden. Es war Franz Josephs Kind, ich wusste es, aber wenn ich diese Selbstverständlichkeit betonte, nahm ich den gemeinen Klatsch zur Kenntnis, und das wollte mein Stolz nicht zulassen. Mein Gemahl hatte viele Male vor mir getan, was ich ein einziges Mal auf mein Gewissen geladen hatte und noch dazu in einem Moment, in dem für seine Ehre keine Gefahr drohte. Ich konnte nur schweigen, und ich begann unverzüglich damit.

Je weiter die Monate meiner Schwangerschaft fortschritten, umso ruheloser wurde ich gleichwohl. Inzwischen plagte mich die Erzherzogin zwar nicht mehr damit, den Wienern meinen wachsenden Bauch zu präsentieren, aber es gab auch sonst wenig zu tun. Franz Joseph war wieder zu seinen Akten, Audienzen und Besprechungen zurückgekehrt, und wenn ich den Versuch machte, mit ihm über die Entwicklungen in der neuen

Donaumonarchie zu sprechen, tätschelte er meine Hand und lachte mich aus.

»Damit wollen wir deinen armen Kopf jetzt lieber nicht belasten, Sisi. Das fehlte noch, dass er dir weh tut und du des Nachts nicht schlafen kannst, wie es deinem armen Mann manchmal passiert.«

»Aber ich will dir doch nur helfen«, versuchte ich hartnäckiger als früher meinen Standpunkt zu vertreten. »Ich hab dir doch auch in Ungarn geholfen.«

»Das kannst du doch nicht mit normaler politischer Arbeit vergleichen, Sisi«, lehnte er nachdrücklich jede weitere Einmischung ab. »Die Ungarn sind ein Volk, das theatralische Auftritte liebt, das ist mehr Theater als Politik. Jetzt ist wieder Alltag, mein Engel, und du würdest dich nur langweilen, wenn ich dir mit meinen Akten käme.«

Noch mehr langweilen, als ich es ohnehin schon tat? Sollte ich Franz Joseph anbieten, für einen einzigen Tag mit mir zu tauschen? Die Liste von Graf Königsegg abzuknicksen, die zwar wegen meiner Schwangerschaft gekürzt, aber trotzdem noch erschöpfend genug war?

»Am besten hilfst du mir, wenn du dich fleißig um unsere Untertanen kümmerst und dich in den Armen- und Krankenhäusern anschauen lässt, Sisi. Auch die Waisen brauchen deinen Beistand …«

Was sollte ich anderes tun, als gehorsam nicken und seinen Rat befolgen? Der Kaiser würde nicht verstehen, dass es mich schrecklich deprimierte, Menschen in Not und Elend zu besuchen, ohne die Möglichkeit zu haben, wirklich zu helfen. Was die Armen von Wien brauchten, waren nicht mein Lächeln und ein Almosen, sondern soziale Reformen. Doch wenn ich Franz Joseph jetzt auch noch damit käme, würde er endgültig annehmen, ich wäre übergeschnappt.

Übergeschnappt wie mein königlicher Cousin in Bayern, der seine Verlobung mit meiner Schwester Sophie aufgekündigt hatte, indem er angeblich ihre Porträtbüste aus dem Fenster der Münchner Residenz auf die Straße hinauswarf. Papa schäumte vor Wut über diese Beleidigung, und ich konnte seine Empörung gut verstehen.

Gleichzeitig tat mir meine arme Schwester Leid, die mir so von ihrer Liebe zu ihrem schönen Verlobten vorgeschwärmt und für jede seiner Seltsamkeiten eine Entschuldigung gefunden hatte. Mama hingegen entrüstete sich über das rüde Benehmen des Königs, das ihre jüngste Tochter der Lächerlichkeit preisgab. Wer würde die verschmähte Braut des bayrischen Königs schon haben wollen, auch wenn sie noch so hübsch und unschuldig an den Vorkommnissen war? Ich versprach ihr, nach einer geeigneten Partie für die verlassene Sophie Ausschau zu halten. Sie war schön genug, um Anklang in den höchsten Kreisen zu finden, so wie Mama es wünschte.

Ludwig selbst, der mich von Zeit zu Zeit mit langen schwärmerischen Episteln bedacht hatte, unterließ es, mich mit eigener Hand von seiner geplatzten Verlobung zu informieren. Es sollte Jahre dauern, bis ich ihn wieder sah und ein wenig Verständnis für die tragischen Windungen seines persönlichen Schicksals aufbrachte. In diesem Herbst war ich ihm schlicht böse.

Waren wir Frauen denn bloß Spielbälle für schnöde Männerlaunen? Bewundert und verehrt, solange unsere Schönheit anhielt, vergessen und zur Seite geschoben, wenn das Alter kam oder eine andere Jüngere, Schönere, Interessantere?

Zusammen mit den üblichen Beschwerden meiner Schwangerschaft versetzten mich diese Überlegungen in einen Zustand immer tieferer Melancholie. Es fiel mir zunehmend schwerer, die Nadelstiche des Hofes und die feindselige Isolation in Wien zu ertragen. Nach der Bewunderung und Wärme, die ich in Ungarn kennen gelernt hatte, kam mir die Hauptstadt kalt und unfreundlich vor. Warum musste ich eigentlich bleiben und all das erdulden?

»Du kannst jetzt nicht nach Ungarn reisen«, reagierte Franz Joseph streng, als ich ihm von diesen Gedanken berichtete. »Weihnachten und dein Geburtstag stehen vor der Tür. Wie schaut das denn aus, wenn die Hauptperson aller Feiern nicht dabei ist?«

»Ach, ich würde ja doch niemand fehlen«, rutschte es mir heraus.

»Was ist denn das wieder für ein dummes Zeug?«, gab der Kaiser halb erschrocken, halb vorsichtig zurück. »Mir würdest du fehlen, mein Engel. Und natürlich auch dem Rudolf und der Gisela und der Mama und dem Papa und der ganzen Familie.«

Letzteres bezweifelte ich heftig, aber ich sagte es natürlich nicht. Franz Josephs gutmütige Zuneigung war doch alles, was ich hatte und was mich schützte. Nur Ida wusste, wie sehr ich mich nach Ungarn sehnte und wie verzweifelt ich auf die wenigen verstohlenen Zeilen wartete, die mich viel zu selten über ihre Adresse erreichten.

An manchen Tagen kam es mir vor, als hätte ich die wenigen

Stunden in Tokay, Gödöllö und Ischl nur geträumt. Die ungarischen Bücher und Gedichte waren kein Ersatz für die Weite der Landschaft, für die Ritte über den Sandboden, den Klang der Geigen und die Leidenschaft in glühenden, dunklen Augen.

Wenn es mir gar zu arg ums Herz wurde, versuchte ich an das Kind zu denken, das uns auf geheimnisvolle Weise verband. Ich versuchte meine Gefühle in Gedichtform zu fassen und schwärmte in poetischen Worten:

»Könnt' knüpfen ich mit euch ein inniges Band,
Euren Söhnen jetzt schenken den König.«

Doch vermutlich wusste ich schon damals in meiner grenzenlosen Traurigkeit, dass mir auch dieser innige Wunsch versagt bleiben würde. Es wurde Februar, bis ich Franz Joseph davon überzeugt hatte, dass unser Krönungskind in Ungarn zur Welt kommen musste. Ich bezog meinen Wohnsitz in Gödöllö, und Franz Joseph stieß gerade noch rechtzeitig zu mir, ehe am 21. April 1869 die Wehen einsetzten.

Am darauf folgenden Morgen erblickte erfreulich problemlos eine kleine Ungarin das Licht der Welt: Marie Valerie von Habsburg. Franz Joseph hatte nichts dagegen, mit der Tradition zu brechen und einmal keine Sophie, Maria Theresia oder Marie Louise zu taufen.

»Hauptsache, die Kleine ist gesund«, sagte er zufrieden, als man ihm seine neue Tochter präsentierte.

Das winzige kleine Wesen mit den tiefblauen Augen und dem kräftigen dunklen Flaum auf dem kleinen Köpfchen wurde allenthalben mit Zufriedenheit auf der Welt begrüßt. Auch in Wien, wo man den Prinzen für die ungarische Sache schon aus politischen Gründen gefürchtet hatte. Mit einer Prinzessin konnten sie alle leben.

Die Erzherzogin war in der Hofburg geblieben, und dieses Mal gehörte mein Kind ganz allein mir. Der Kaiser schilderte seiner Mutter selbstverständlich ausführlich und gehorsam die neue Tochter. Recht hübsch sei sie, wenngleich ihm der Duft, der aus ihren Windeln aufstieg, weniger behagte. Er zeigte mir den Brief, ehe er ihn dem Kurier übergab.

»Sie ist wunderhübsch«, verbesserte ich empört und richtete mich in meinen Kissen auf. Ich fühlte mich schon wieder stark genug, meine kleine Tochter gegen alle zu verteidigen. Selbst gegen den eigenen Vater.

»Wie sollte sie etwas anderes sein, bei dieser Mutter«, versöhnte mich der Kaiser augenblicklich mit einem Kompliment und küsste mich auf die Stirn. »Wir müssen entscheiden, wer ihre Taufpaten sein sollen, Sisi. Hast du schon darüber nachgedacht?«

»Natürlich!« Ich war auf diese Frage vorbereitet gewesen. »Was hältst du von meinen italienischen Schwestern? Exkönigin Marie und die Gräfin Trani sind wie geschaffen dafür.«

»Wenn du meinst …«

Franz Joseph legte keinen Widerspruch ein, und die Taufe wurde zu einem jener rauschenden ungarischen Feste, die in Wien so viel böses Blut und Neid hervorriefen. Das Freudenschießen der Ofener Schützen sah zudem Graf Andrássy als Sieger vor meinem Gemahl, was in Wien zu allem Überfluss auch noch als Undankbarkeit der ganzen Nation empfunden wurde.

Wie gut, dass ich so weit weg von allem war! Ich hatte überhaupt keine Eile, Ungarn zu verlassen. Marie Valerie war ja auch noch viel zu klein zum Reisen.

Bei diesem winzigen kleinen Wesen wurde mir zum ersten Male die Seligkeit bewusst, die Mutter und Kind verbindet. Wenn mich dieses reizende Geschöpf aus seinen ernsten blauen Augen ansah, schmolz mein Herz dahin, wie ich es noch nie zuvor erlebt hatte. Sie war so zart, so schutzbedürftig und hilflos, aber gleichzeitig schon so ganz sie selbst. Sie besaß einen eigenem Kopf, mit eigenen Wünschen, die mich zu Wachs in ihren rosigen Fingerchen machten.

Ich liebte meine Tochter ohne die kleinste vernünftige Einschränkung, mit einer ausschließlichen Hingabe, die ich – ich muss es gestehen – zum ersten Male in meinem Leben empfand. Marie Valerie war alles für mich: das zerbrechliche Gefäß, in das ich endlich jenes Übermaß an Zuneigung und Hingabe schütten konnte, das bisher so ungebraucht in mir geschlummert hatte. Dieses Menschlein durfte ich lieben, das konnte mir niemand verwehren, und ich würde im Austausch dafür seine Zuneigung erhalten.

Ich bezahlte dafür mit ständiger Sorge und Ängsten, die meinen Haushalt bei Valeries kleinstem Hüsteln in helle Aufregung versetzten. Ich litt mit jedem einzelnen Zahn, den sie bekam, und ich blühte bei jedem Lächeln auf, das sie dem Leben schenkte. Sie war mein Ein und Alles, meine Einzige, mein reinstes und wundervollstes Glück!

Weihnachten 1869 – Jahresende 1873
»Was haben Titel und Würden zu bedeuten …«

Der bedrückende Blick aus dem Fenster meines Salons trug nicht dazu bei, meine Stimmung zu beleben. Im Gegenteil, Wien im Dezember übte eine höchst lähmende Wirkung auf mich aus.

»Am liebsten würde ich so schnell wie möglich wieder abreisen«, seufzte ich leise.

»Aber Kaiserliche Hoheit sind doch gestern erst hier eingetroffen«, erwiderte meine liebe Ida und lächelte mich sanft an, um ihrem heimlichen Tadel die Spitze zu nehmen. Manchmal wagte sie jetzt, mich zur Ordnung zu rufen, und ich ließ es mir gefallen. Es war ihre Art zu zeigen, dass sie sich Sorgen um mich machte.

»Und es ist Weihnachten, ich weiß«, kam ich indes ihrem nächsten Einwand gereizt zuvor. »Aber ich würde trotzdem lieber dieses Fest in Ungarn feiern. Hier mögen sie mich weniger denn je, Ida. Ich spür's mit allen Fasern.«

»Majestät müssen sich halt erst wieder ein wenig einleben«,

schlug sie vor und rückte beflissen das Tintenfass auf meinem Sekretär zur Seite.

Ich hatte gerade begonnen, der Mama einen Brief nach München zu schreiben, aber die Unruhe hatte mich ans Fenster getrieben. Seit Sophies Hochzeit im vergangenen September mit dem jungen Herzog von Alençon hatten wir uns nicht mehr gesehen.

Sophie lebte jetzt mit ihrem Gemahl in London, und die Nachrichten, die ich von ihr erhielt, klangen recht erfreulich. Sie schien glücklich zu sein, wenngleich Mama es trotz allem lieber gesehen hätte, dass auch sie die Gemahlin eines Königs geworden wäre. Doch vom Wittelsbacher Ludwig sprach im Moment keiner mehr. Ich gönnte auch ihm einen Seufzer und kehrte wieder zu meinem Brief zurück.

Ich bin desperat, hier sein zu müssen, hatte ich der Mama mitgeteilt, und das war schlicht die Wahrheit. Die Feindseligkeit, die mir am Wiener Hof entgegenschlug, wurde auch von Franz Josephs Freude, mich und die kleine Valerie bei sich zu haben, nicht wettgemacht.

»Ihr wart so lang von mir fort«, hatte er gesagt und das kleine Mädchen geneckt, das mit seinen zierlichen Fingern respektlos nach dem Backenbart des Kaisers fasste und kräftig daran zog.

»Du verwöhnst sie viel mehr als die anderen Kinder«, hatte er auch noch hinzugefügt, weil ich ängstlich eingriff, als er sich viel zu grob von den kleinen Fingern befreite. Inzwischen forderte er sogar Respekt von einem Wickelkind, das noch nichts begreifen konnte.

»Um jemand verwöhnen zu können, muss man ihn erst einmal um sich haben, Franz«, hatte ich ein wenig zu scharf geantwortet. Das enge Zusammenleben mit Valerie hatte mir auf schrecklichste Weise bewusst gemacht, wie viel Mutterliebe ich durch das diktatorische Eingreifen meiner Schwiegermutter bei meinen ersten Kindern versäumt hatte.

Aber Franz Joseph überhörte derlei Anspielungen. Mochte auch das Fiasko des verlorenen Krieges den Einfluss der Erzherzogin geschwächt haben, er würde nie Kritik an seiner Mutter dulden. Nicht einmal von mir. Es blieb sein Geheimnis, ob er erleichtert oder traurig darüber war, dass sie sich sowohl aus der Politik wie aus dem Leben des Hofes immer mehr zurückzog. Er akzeptierte es, so wie er alle ihre Entschlüsse zeitlebens gebilligt hatte.

Für mich war lediglich wichtig, dass die Kaisermutter meine alleinige Befehlsgewalt in Valeries Kinderzimmer respektierte. Sie hatte das kleine Mädchen ohne großen Enthusiasmus bewundert, keine der üblichen Bemerkungen über Familienähnlichkeiten gemacht und sich weder nach ihrem Wohlbefinden noch nach meinen Plänen erkundigt. Das ungarische Kind war in ihren Augen mit dem Makel des Landes behaftet, in dem es zur Welt gekommen war.

»Ein Glück, dass es ein Mädchen ist«, hatte sie in ihrer schroffen Art gesagt und das Kinderzimmer umgehend wieder verlassen.

Ich tauchte die Feder ein, um weiterzuschreiben, während Ida die Dose mit den Veilchenpastillen näher rückte. Sie hoffte vermutlich, dass mich die kleine Nascherei in Versuchung führen und meinen Appetit anregen würde. Sie sorgte sich um mich, wenn ich Mahlzeiten ausließ, und dass mir Wien auf den Magen schlug, hätte sie auch ohne meine Stoßseufzer gewusst.

Sie las ebenso wie ich die Zeitungen und wusste, dass man mir auf krämerhafte Weise die Tage vorrechnete, die ich in Ungarn verbrachte. Zweihundertzwanzig waren es angeblich allein im letzten Jahr gewesen. Statt sich zu fragen, aus welchen Gründen ich Ungarn vorzog, ergingen sich die Journalisten lieber in bösartigen Vermutungen darüber, welche verheerende Wirkung es auf die jüngste Kaisertochter haben musste, wenn sie so ausschließlich von Ungarn gepflegt und in Ungarn aufgezogen wurde.

Es passte den Wienern ebenso wenig wie den Böhmen und allen anderen, die ungarischen Einfluss auf den Kaiser unterbinden wollten. Sie machten sich gar Sorgen, dass Ungarn ungerecht bevorzugt wurde, und sie schäumten vor Ärger, dass der neue Obersthofmeister der Kaiserin ebenfalls aus diesem Land kam.

Baron Franz Nopcsa stammte aus Siebenbürgen und war ein enger Freund von Graf Andrássy, was mir die Illusion vermittelte, jenem auch dann nahe zu sein, wenn er nicht bei mir war. Nopcsa löste Graf Königsegg ab, den ich mitsamt seiner Gemahlin, meiner obersten Hofdame, in Ehren entlassen hatte. Sie waren wie so viele andere in erster Linie treue Diener der Erzherzogin gewesen und nicht die meinen. Hinfort würde ich mich nur noch mit Menschen umgeben, die ich mir selbst aussuchte, und das waren nun einmal in erster Linie Ungarn.

Schließlich war mein Herz in Gödöllö geblieben, und jedes ungarische Wort, das ich in Wien vernahm, kam mir wie ein Gruß aus dieser Heimat vor. Ein Gedanke, der zu einem Problem führte, das mir seit dem Tag zuvor nicht aus dem Kopf gehen wollte.

»Und du hast wirklich keine Nachricht in deiner Wohnung vorgefunden, als wir ankamen, Ida? Nicht den kleinsten Brief unseres Freundes?«

»Es tut mir Leid, Majestät.«

Mit tat es auch Leid, und außerdem verärgerte es mich. War es denn zu viel der Mühe, mir wenigstens zu meinem Geburtstag ein Billet zu schicken? Einen persönlichen Gruß, den kein Spion las und der mich über meine treue Ida sicher erreicht hätte? Gerade an einem solchen Tag hätte ich doch gerne eine neuerliche Versicherung seiner Zuneigung empfangen, um den Trost mit in das neue Lebensjahr hineinzunehmen.

»Es ist nicht wichtig«, winkte ich ab und versuchte es zu glauben. Aber ich brach den Brief ab, denn Mama hätte aus jeder Zeile, die ich jetzt schrieb, herausgelesen, dass ich nicht so glücklich war, wie sie es von mir verlangte. Sie hatte mir nichts von ihrer eigenen Fähigkeit vererbt, sich aus weiblichem Gehorsam in das Unausweichliche zu fügen.

Ich suchte im Kinderzimmer Trost. Meine ungarische Prinzessin war jetzt alt genug, um mich anzulachen, wenn sie mich zu Gesicht bekam. Ich liebte ihr Strahlen mit einer Innigkeit, die mir das Herz abdrückte. Da war nichts Falsches, nichts Gekünsteltes und nichts Kritisches in diesem runden Kindergesicht mit seinen leuchtenden Augen. Nur erfreutes Willkommen.

Welch ein Unterschied zu meinen Ältesten. Es wollte mir nicht gelingen, jene bedingungslose Liebe, welche Valerie angeboren zu sein schien, in ihnen zu wecken oder gar meinerseits für sie zu empfinden. Nur mir selbst konnte ich eingestehen, dass sie mir fremd geblieben waren. Hinzu kam, dass mich mehr und mehr das schlimme Gefühl beschlich, ein böses Schicksal habe zu allem Überfluss auch noch die guten Anlagen dieser beiden jungen Menschen mutwillig vertauscht.

Da war die 13-jährige Erzherzogin, mit ihren streng aus der Stirn gekämmten Haaren und der steifen, fast soldatischen Haltung. Ihr eckiger Kinderkörper besaß jene Stämmigkeit, die eher an einem Buben gefallen hätte als an einem Mädchen, das bald schon eine Frau sein würde. Sie beunruhigte mich so sehr, dass ich mich inzwischen sogar scheute, das Mädchen in die Arme zu schließen. Ich gewann den Eindruck, als sträube es sich gegen jede Art von Nähe und Zärtlichkeit. Giselas eigensinniger, schweigsamer Widerstand machte es für mich unmöglich, mit ihr zu sprechen. Ich besaß eine Tochter, die mir völlig fremd war.

Im Gegensatz zu ihr war der Kronprinz liebenswürdig, begeisterungsfähig und geradezu rührend darum bemüht, es jedermann recht zu machen. In seinen glänzenden Augen standen Aufnahmefähigkeit, Feinfühligkeit und der sehnsüchtige Wunsch nach Aufmerksamkeit und Anerkennung. Er war für seine elf Jahre nicht besonders groß und viel zu oft krank, aber er tat sein Bestes, um alles zu werden, was der Kaiser von ihm verlangte: ein tüchtiger Jäger, ein schneidiger Reiter und vor allem ein tapferer Soldat. Schon jetzt trug er fast nur Uniformen, und wenn er grüßte, tat er es bereits mit militärischer Präzision.

Wie man mir sagte, machte er auch seinem Erzieher viel Freude und studierte fleißig all die komplizierten Dinge, die von einem Thronfolger des Hauses Habsburg verlangt wurden. Alle sagten nur Gutes über ihn, bis auf seinen Vater. Franz

Joseph fand immer wieder Gründe, an ihm herumzumäkeln. Sogar die Begrüßung der eigenen Mutter hatte ihm Gelegenheit dazu geliefert. Rudolf standen Tränen in den Augen, als er mich umarmte.

Der Kaiser sah es und runzelte augenblicklich die Stirn. »Du wirst nie ein Mann, Rudolf, wenn du bei jeder Gelegenheit gleich losheulst.«

Der arme Kronprinz war erst feuerrot und schließlich kreidebleich geworden. Danach hatte er sich so schnell verabschiedet, dass ich kaum zwei Worte mit ihm wechseln konnte.

Das Einzige meiner Kinder, dem ich ungestört und aus vollem Herzen liebevolle Aufmerksamkeit erweisen durfte, war dieses kleine Mädchen. Die »Einzige«. Der Hof hatte Marie Valerie diesen spöttisch gemeinten Spottnamen gegeben, aber für mich war er zum Kosenamen geworden.

»Du gehörst mir«, schwor ich dem zappelnden Wesen, das in meinen Armen selig gluckste. »Niemand wird mir deine Liebe nehmen, und die meine gehört dir ohnehin. Nur noch dir und niemand anderem.«

Auch Franz Joseph musste sich in diese Tatsache fügen. Alles in mir sträubte sich gegen seinen Wunsch, das gemeinsame Schlafzimmer wieder einzuführen.

»Hab' ich nicht meine Pflicht getan?«, verwahrte ich mich gegen seine männliche Arroganz, mit der er annahm, ich würde ihn auch noch begeistert in meinem Bett willkommen heißen. »Wir haben zwei gesunde Töchter und einen Thronfolger. Noch mehr verlangen heißt, das Schicksal herausfordern.«

Ich wandte mich ab, damit er nicht bemerkte, dass ich angstvoll meine Hände in den Falten meines spitzenbesetzten Negligés verkrampfte. Ich konnte schlecht dem Kaiser den Aufenthalt in meinem Schlafzimmer verbieten, er war mein Gemahl. Doch ich fürchtete, dass das zarte hübsche Kleidungsstück, welches ich zu meiner eigenen Freude trug, auf ihn die falsche Wirkung ausübte.

Die Spitzenrüschen ließen keine Zweifel daran, dass ich nach der Geburt wieder die gewohnt schmale Taille besaß. Das Dekolleté zeigte viel zu viel Haut, und tief in meinem Herzen hatte ich mir eben erst gewünscht, dass mich ein anderer so sehen könnte. Ich mochte inzwischen die Dreißig überschritten haben, aber man sah es mir nicht an.

Ich ahnte, dass der Kaiser diese Dinge ebenfalls registrierte. Ich hatte gelernt, das begehrliche Glitzern in seinen Augen zu fürchten. In der Vergangenheit hatte er sich oft genug in einer grausamen Mischung aus körperlicher Stärke und liebevoller Arroganz über meine Abwehr hinweggesetzt. Es wollte ihm nicht in den Kopf, dass es mich demütigte, wenn ich mich wehrlos ausliefern musste. Noch weniger konnte ich das Vergnügen teilen, das er dabei empfand. Nur gesundheitliche Notwendigkeiten und ärztliche Verbote vermochten ihn aufzuhalten. Beides konnte ich in diesem Moment nicht bieten. Nur Angst. Und Trotz.

»Es könnte doch einfach sein, dass ich dich in Liebe umarmen will, Sisi …«, sagte er in diesem Augenblick so ungewohnt bescheiden und demütig, dass ich mich erstaunt wieder umwandte.

»Dann tu's doch«, gestattete ich und kam mir dabei auch noch großmütig vor.

Mit einer Spur von Verlegenheit nickte er in eine bestimmte Richtung. »Ich meine im Bett, Sisi.«

Es kam mir nicht in den Sinn, dass ich vermutlich die einzige Frau war, die er jemals ausdrücklich um diese Gunst gebeten hatte. Ich war viel zu entsetzt über die unverblümte Aufforderung.

»Nein«, rief ich heiser und fügte eine Spur weniger heftig hinzu: »Nein, Franzi, bitte nicht. Einmal muss ein Ende damit sein. Ich will nicht wie meine Mutter in die Breite gehen und ein Kind nach dem anderen zur Welt bringen. Ich kann's auch nicht, du weißt, was die Ärzte sagen und wie elend es mir ergangen ist, als ich in drei Jahren dreimal hintereinander in der Hoffnung war. Es würde mich umbringen. Willst du das?«

»Gütiger Himmel, Sisi, was redest du denn. Du bist mein Liebstes! Mein Alles. Ich würd meine eigene Gesundheit geben, wenn ich dir damit helfen könnte«, sagte Franz Joseph so leidenschaftlich, dass ich gerührt nach seiner Rechten griff und sie gegen mein Herz presste.

Das war der Franz Joseph, in den ich mich so ahnungslos und dumm verliebt hatte. Den ich noch immer achtete, respektierte und dem ich in Freundschaft zugetan war, auch wenn er seine Fehler hatte und mich nie verstand.

»Dann erlaub mir, mein Leben künftig so zu gestalten, dass es mich freut, Franzi«, wisperte ich leise. Ich konnte selbst kaum glauben, dass ich endlich den Mut fand, klare Worte zu sprechen. »Ich schwör' dir, dass ich's dir immer danken und dir immer zur Seite stehen werde! Ich bin deine treue Gemahlin bis in den Tod.«

»Du weißt nicht, was du von mir verlangst, Sisi«, entgegnete er halb verwirrt, halb entrüstet. »Was soll ich denn tun, wenn du mich aus deinem Bett verbannst? Ich bin doch auch nur ein Mann.«

»Tu das, was die Männer in solchen Situationen immer tun«, murmelte ich so leise, dass ich nicht wusste, ob er mich gehört hatte oder nicht. »Du kannst dir gewiss sein, dass ich dir keine Vorwürfe machen werde.«

Es war immer schwierig, Franz Joseph vom Gegenteil zu überzeugen, wenn er einmal eine Entscheidung getroffen hatte. Er betrachtete es als persönlichen Angriff, als Missachtung seiner Position, wenn nicht sogar als Beleidigung Seiner Majestät. Seine Mutter hatte ihm das fatale Bewusstsein eigener Unfehlbarkeit anerzogen. Kein Rückschlag, kein Widerspruch konnte ihn in dieser absoluten Gewissheit erschüttern. Er war der Kaiser, und ich fürchtete, dass er auch dieses Mal auf seinem Recht als Fürst und Mann beharren würde.

Angstvoll wartete ich auf seine Antwort. Ich rang um Atem und versuchte vergeblich das nervöse Hüsteln zu unterdrücken, das mich immer befiel, wenn ich mich in die Enge gedrängt und hilflos fühlte. Unsere Blicke trafen sich. Ich weiß nicht, was er in meinen Augen las, aber am Ende war er es, der sich abwandte und meine Gemächer verließ.

»Ach, Sisi«, hörte ich ihn noch sagen, dann klappte die Tür und ich war allein.

Mit bebenden Knien sank ich auf einen der rot gepolsterten Stühle und suchte meinen eigenen Blick im Spiegel. Mein Gesicht war weiß. Meine Augen weit aufgerissen und riesig. Träumte ich? War Franz Joseph wirklich gegangen? Hatte er nachgegeben? Sich aus meinem allerprivatesten Leben zurückgezogen?

Ich vermochte es nicht zu glauben, und es sollte noch geraume Zeit dauern, bis ich begriff, dass ich wirklich gesiegt hatte. Wir erwähnten das Thema nie wieder, und alles, was später an Klatsch und Tratsch über Weißnäherinnen aus der Hofburg und Kaufmannstöchter aus Wien an meine Ohren getragen wurde, habe ich stets mit jener stummen Loyalität überhört, die ich Franz Joseph in dieser Nacht versprochen hatte.

⋆⋆⋆

»Du bist wunderschön, Sisi!« Franz Joseph beugte sich über meine Hand im dünnen Atlas-Handschuh und küsste sie in vollendeter Eleganz.

Ich sah auf sein sorgsam gekämmtes und gescheiteltes blondes Haupt hinunter. War es möglich, dass sein Haar am Hinterkopf bereits lichter wurde?

»Du schaust auch recht schneidig aus, Franzi«, revanchierte ich mich geschmeichelt mit einem Kompliment für ihn. Es war keine Lüge aus Höflichkeit. Die rote Uniform mit den goldenen Verzierungen und den Schulterstücken stand ihm noch genauso gut wie vor vielen Jahren.

»Du weißt gar nicht, wie dankbar ich dir bin, dass du heute an meiner Seite bist«, fügte der Kaiser hinzu, als wir uns in der Kutsche gegenüber saßen, die durch das morgendliche Wien zum Dom rollte. »Die Wiener werden ihrer schönen Kaiserin zujubeln.«

»Hoffen wir es«, murmelte ich höchst unbehaglich. »Ich

frag mich nur, weshalb sie so begierig darauf sind, mich zu sehen.«

»Na, warum wohl?« Der Kaiser beugte sich vor und suchte meinen Blick. »Sie sind stolz auf dich, Sisi, so wie ich es auch bin. Es schmeichelt ihnen, dass alle Welt sie um ihre schöne Kaiserin beneidet. Deswegen wollen sie dich von Zeit zu Zeit in vollem Glanz sehen, um sich an deinem Anblick zu erfreuen.«

Ich verzichtete auf eine Antwort, denn ich bereute bereits, dass ich mich auf dieses erschöpfende, protzige Zeremoniell eingelassen hatte. Die jährliche Fronleichnamsprozession war in Wien nicht das fromme Ereignis, an das ich mich aus Bayern erinnerte. In der Donaumetropole war es ein Reigen der Eitelkeiten. Ein Vorführen von Juwelen und Kleidern, das nicht nur die Kaiserin selbst, sondern auch alle Hofdamen und das gesamte kaiserliche Gefolge auf die Beine brachte. In den vergangenen Jahren hatte ich mich nach bestem Bemühen darum gedrückt, aber 1870 hatte es mir nicht gelingen wollen.

Schon früh vor Sonnenaufgang hatte ich mich in die Hände meiner Kammerfrauen begeben, denn es dauerte seine Zeit, die private Sisi in die Kaiserin zu verwandeln. Bis ich das malvenfarbige Schleppkleid trug, in dessen Silberstickereien Diamanten glitzerten und Fanny meine Haare gekämmt, geflochten und aufgesteckt hatte, waren gut und gerne drei Stunden vergangen. Da sich die Prozession jedoch schon um sieben Uhr morgens beim Stephansdom formierte, lag eine ungemütlich kurze Nacht hinter mir, und ich sandte einen höchst ungnädigen Gedanken an jenen Herrn, der mir dieses Spektakel eingebrockt hatte.

»Es richtet politischen Schaden an, wenn Ihre Majestät das siebte Jahr in Folge nicht erscheinen.«

Gyula Andrássy hatte seinen ganzen Einfluss aufgeboten, um mich zu überreden, als wir uns in Ida Ferenczys kleiner Wohnung gegenüberstanden. »Wollen Sie ganz Wien gegen sich aufbringen? Man hat Sie bei den Gründonnerstagszeremonien vermisst und bei der Eröffnung der neuen Wiener Oper. Dabei ist extra Ihretwegen der Termin verschoben worden.«

»Ich habe mich nicht wohl gefühlt«, hatte ich mich verteidigt. Schweißausbrüche und Magenbeschwerden hatten mich in letzter Minute davon abgehalten, die festliche Aufführung des »Don Giovanni« zu besuchen. Immer öfter ereilten mich diese Attacken des Unwohlseins, wenn ich mich Menschenmengen, Blicken und Gedränge ausgesetzt sah. Ich konnte ihnen nur entgehen, wenn ich ihre Ursache mied, wieso sah er das nicht ein? War er nur gekommen, um mich zu mahnen wie ein ungezogenes Kind?

»Ein Grund mehr, die Wiener durch Ihre Teilnahme an der großen Prozession zu versöhnen.«

»Täusche ich mich, oder kann es sein, dass Sie in der letzten Zeit die Angewohnheit haben, mir Vorschriften zu machen, mein Freund?«

»Es ist nur meine Sorge um meine Kaiserin, die diesen Eindruck erwecken kann«, hatte er sich diplomatisch aus der Affäre gezogen.

Ich dachte mit einem winzigen Erschauern an den glühenden Blick, der diese Worte begleitet hatte. Seine politische Bedeutung, seine Ämter und sein Ungarn beanspruchten so viel von seiner Zeit, dass kaum noch etwas für mich blieb.

Ich fühlte Franz Josephs Augen auf mir und hoffte inständig, dass er meine Gedanken nicht lesen konnte. Leicht gereizt prüfte ich mit den Fingerspitzen vorsichtig die Konturen meiner Frisur. »Ist alles in Ordnung? Du schaust so komisch.«

»Ich versuch mir dein Bild zu merken, Sisi«, entgegnete der Kaiser in jener erstaunlichen neuen Mischung aus Demut und Bewunderung, die seit geraumer Zeit seine Stimme prägte, wenn er mit mir sprach. »Willst du wirklich gleich wieder nach Bayern abreisen? Kannst du nicht ein wenig länger in Wien bleiben?«

»Ich hab Schloss Garatshausen gemietet«, bestätigte ich meine Pläne, dankbar für die Ablenkung. »Der Valerie wird es gut tun, den Sommer in Bayern zu verbringen. Besuch uns doch, Franzi, du könntest auch ein wenig Abwechslung vertragen.«

»Du weißt, dass ich die Mama in Ischl unmöglich allein lassen kann«, seufzte der Kaiser bedrückt. »Wieso kommst du nicht auch …«

»Nach Ischl? Mit deiner Mutter?« Mein Ton sagte so viel, dass Franz Joseph leicht errötete.

»Ich kriege dich und die Kleine kaum zu Gesicht. Entweder bist du in Ungarn oder in Bayern oder weiß der Himmel wo«, antwortete er vorwurfsvoll.

»Das sagt ausgerechnet der Kaiser, der im Herbst nach Ägypten und in den Orient reisen will«, versuchte ich ihn zu entwaffnen.

»Dann komm doch mit«, bot Franz Joseph sofort an. »Du reist doch sonst so gern.«

»Ich soll einen Staatsbesuch in Konstantinopel machen und dann zur Einweihung des Suez-Kanals fahren? Wie stellst du dir das vor? Wer soll sich um Valerie kümmern? Ich kann die Kleine unmöglich in solche Länder mitnehmen. Hast du schon vergessen, was damals bei diesem schlimmen Besuch in Ungarn mit Sophie passiert ist?«

»Du hast ja Recht«, entgegnete Franz Joseph resigniert. »Es fällt mir halt schwer, mich von allem zu trennen, was mir lieb ist. Ich hätte dich so gerne mit dabei.«

Glücklicherweise hatten wir in diesem Moment unser Ziel erreicht, so dass es mir erspart blieb, dieses private Gespräch fortführen zu müssen.

Franz Joseph mochte es in den vergangenen Monaten akzeptiert haben, dass ich mein Leben nach eigenem Geschmack einrichtete, aber er hegte dennoch die absurde Hoffnung, dass auch ich irgendwann jenen Zustand pedantischer Ruhe erreichen würde, der ihn in Wien und pflichtbewusst hinter seinem Schreibtisch hielt. Es war mir arg, ihn enttäuschen zu müssen, und deswegen stieg ich eilig aus, obwohl ich in Anbetracht der morgendlich kühlen Temperaturen besser noch ein wenig in der Kutsche geblieben wäre.

Begleitet von fröstelnden Hofdamen, Prinzessinnen, Fürstinnen und den wichtigsten Damen des Hochadels, nahm ich meinen Platz in der Prozession ein. Alle waren gleich mir tief dekolletiert und zitterten in einem kühlen Wind. Die Militärs in ihren hochgeschlossenen Uniformen und die Geistlichkeit in ihren prächtigen Roben hatten es da besser. Auch die Wiener, die sich zu Tausenden am Straßenrand drängelten und eine Mischung aus Raunen und Seufzen von sich gaben, wenn sie meiner ansichtig wurden. Sie alle trugen Umhänge, Mäntel und Jacken, während die Kaiserin und ihre Damen ihre bloße

Haut nur mit federleichten Seidenstoffen und kühlen Juwelen bedecken durften. Vermutlich würden wir am Ende dieses Tages alle krank sein.

Noch mehr als diese Aussicht erschreckte mich indes die Menschenmenge, die den Zug zu beiden Seiten begrenzte. Ein unendliches Meer aus Köpfen, Hüten und Hauben wogte, so weit das Auge sehen konnte. Ich wagte gar nicht daran zu denken, was geschehen würde, wenn in diesem Gedränge jemand in Panik ausbrach. Die anonyme Masse der Menschen würde über uns hinwegfluten wie ein Strom, der alles mit sich riss und zerstörte, was ihm in den Weg kam.

Als ich nach Stunden im »Geschirr« von Juwelen und Schleppe endlich wieder in meinen Gemächern eintraf, zitterte ich am ganzen Leibe und mir war schrecklich übel. Ich war nahe davor, mich zu übergeben. Wenn es nach mir ging, dann würde ich eine solche Tortur nie wieder auf mich nehmen. Weder für Franz Joseph noch für ihn.

⋆ ⋆ ⋆

»Eine Waffe? Du lieber Himmel, was soll ich mit einer Waffe, Graf Andrássy? Ich führe keine Kriege.«

Ich sah verblüfft auf das Kästchen, in dem auf Samt ein hübscher kleiner Damenrevolver blitzte, und dann auf den Mann, der mir dieses Geschenk überreichte.

»Es gibt wilde Hunde rund um Gödöllö, und es ist schon vorgekommen, dass sie Pferde angreifen und ihre Reiter in Gefahr bringen. Bei aller reiterlichen Finesse und allem persönlichen Mut, Majestät sollten für einen solchen Fall gerüstet sein.«

»Sie machen sich also Sorgen um mich, mein Freund?« Ich konnte der Versuchung nicht widerstehen, ihm jene Vorwürfe zu machen, die sich inzwischen bei mir angesammelt hatten.

»Wie kann Kaiserliche Hoheit daran zweifeln?«

»Vielleicht weil Sie es in der letzten Zeit an der Aufmerksamkeit für meine Person fehlen ließen ...«, trieb ich das gefährliche Duell an die Spitze, während ich die wunderschöne mit Gold eingelegte Waffe betrachtete. Ein Kunstwerk, auf dessen Lauf sogar das Zeichen gegen den bösen Blick eingraviert worden war.

Ich erhielt keine Antwort. Er sah mich nur stumm aus seinen dunkel glühenden Augen an. Es kam mir vor, als läse ich eine eigenartige Mischung aus Trauer und Ungeduld in ihnen. Die Trauer konnte ich nachvollziehen. Die Ungeduld weniger.

»Wagen Sie es nicht, das abzustreiten!«, warnte ich ihn. »In Wien hab ich Sie das letzte Mal gesehen, und nach Gödöllö kommen Sie nur, wenn der Kaiser Sie ausdrücklich herschickt.«

»Majestät tun mir Unrecht«, verteidigte er sich dennoch. »Es vergeht keine Stunde des Tages, in der ich nicht für meine Kaiserin und Königin das Beste gebe.«

»Auf dem politischen Parkett, in der Regierung, beim Kaiser, nur nicht bei mir«, schmollte ich und erkannte im selben Moment, wie kindisch ich mich anhörte. Schnell hob ich die Hand und unterband seine Antwort. »Sie müssen sich nicht rechtfertigen, Graf Andrássy. Haben Sie Dank für Ihre Sorge und für Ihr Geschenk. Ich werde es zuverlässig bei mir tragen, wenn ich ausreite.«

»Ich bete zu Gott, dass Sie es niemals brauchen werden, Majestät.«

Ich reichte ihm die Rechte zum Kuss, aber der Handschuh, den ich trug, betonte unsere neue Distanz ebenso sehr wie die Ereignisse, die schon längst über meinen Kopf hinweg entschieden worden waren.

Die Politik regierte inzwischen sein Leben, nicht seine Kaiserin und Königin. Er begleitete den Kaiser auf seine Orientreise, und der Klatsch zerpflückte genüsslich seinen angeblichen Flirt mit der Kaiserin von Frankreich, der er dort begegnete. Sollte er doch! Was kümmerte mich schon diese dumme Tratscherei der daheim gebliebenen Hofschranzen. Ich hatte Wichtigeres zu tun. Es gab Menschen, die meinen Beistand benötigten.

Meine Schwester Marie zum Beispiel, die endlich von ihrem Gemahl empfangen hatte und ihr Kind an Weihnachten erwartete. Ich reiste nach Rom, das ohnehin im Mittelpunkt der Aufmerksamkeit stand, weil dort ein Konzil stattfand, das die höchsten Würdenträger der katholischen Kirche um den Papst versammelte.

Es gelang mir nicht ganz, mein Inkognito zu wahren. Eine Papstaudienz im Vatikan und ein Besuch des heiligen Vaters im Palazzo Farnese, wo Marie und ihr Gemahl im Exil residierten, bescherte uns noch endlosere Zeremonien als am Wiener Hof und ein höchst befremdliches Herumrutschen auf den Knien.

Dann jedoch machte Maries Niederkunft dem offiziellen Programm glücklicherweise ein Ende. Meine kleine Nichte kam am Weihnachtstag zur Welt und war somit zugleich ein Weihnachts- und ein Geburtstagsgeschenk für mich. Es machte mich glücklich, Maries Freude zu sehen. Ich wagte sie nicht zu fragen, ob sie noch manchmal an das andere kleine Mädchen dachte, das irgendwo in Belgien aufwuchs. Besser nicht daran rühren, jetzt, wo sich alles zum Guten zu wenden schien.

Obwohl die riesigen kühlen Säle des Palazzo Farnese im Dezember und Januar einem Eiskeller glichen, gefiel es mir dort besser als in der winterlichen Hofburg, wo Franz Joseph nach seiner Rückkehr aus dem Orient mit dem Rest der Familie das Weihnachtsfest und den Jahreswechsel ohne mich feierte. Auch kam der Frühling am Tiber schneller als an der Donau, und ehe ich wieder nach Ungarn zurückkehrte, genoss ich im Kreise des römischen Adels die prächtige erste Jagd des Jahres.

In Ungarn hatte ich Gefallen an den sportlichen Reiterjagden gefunden. Sowohl die körperliche Bewegung wie auch die Bewunderung der ungarischen und der italienischen Nobelmänner, die mich dabei begleiteten, tat mir gut. Wenn ich über Gräben und Hecken flog, das Schnauben der Pferde und das Kläffen der Meute im Ohr, hinter mir die erstaunten Rufe meiner Begleiter, die weder meinen Mut noch meine Schnelligkeit überbieten konnten, dann fühlte ich mich auf eine Weise lebendig, nach der man geradezu süchtig werden konnte. Dass der Wiener Adel dies nicht verstand und heftig kritisierte, lag auf der Hand. Alles was nicht in Wien, am absoluten Nabel ihrer spießigen Welt stattfand, war ihnen suspekt.

Sollten sie doch! Ich richtete mich in Gödöllö ein und reiste im Folgenden nur nach Wien, wenn Franz Joseph mich ausdrücklich bat, ihn zu unterstützen oder ihm beizustehen. Das war selten genug der Fall, denn er suchte inzwischen ebenso wenig meinen Rat, wie das der Ministerpräsident der ungarischen Regierung tat. Ich war nicht länger politisch wichtig, für keinen von beiden.

»Ich hab meine Pflicht getan und meine Rolle gespielt. Jetzt wollen sie alle nicht mehr von mir, als dass ich schön bin und mich von ihnen bewundern lasse«, vertraute ich Ida meine resignierten Gedanken an. »Natürlich nur, wenn sie gerade einmal Zeit dafür haben und zufällig an mich denken. Wie mich das erbittert!«

»Majestät sollten nicht ungerecht sein«, flüsterte Ida sanft. »Beide Männer tragen eine große Verantwortung für das Kaiserreich, dafür opfern sie sogar ihre persönlichen Wünsche.«

»Und die meinen gleich mit«, murmelte ich spöttisch. »Ich hab' sie nicht darum gebeten.«

»Sie müssen Geduld haben, Kaiserliche Hoheit.«

»Muss ich das?«, zweifelte ich. »Und warum gerade ich? Wer bestimmt, dass Männer handeln und Frauen warten? Die Geschichte kennt viele gegenteilige Beispiele. Sogar in unserem eigenen Haus.«

»Das war in Notzeiten, Majestät.«

»Du meinst, dies ist keine, liebe Ida? Wolle Gott, dass du dich da nicht täuschst. Irgendwann wird das Volk begreifen, dass es keinen vernünftigen Grund dafür gibt, dass es hungert, während wir in Glanz und Luxus leben. Die Zeit der Kaiser und Könige ist bemessen.«

»Du lieber Himmel, wenn das die Geheimpolizei hört!« Ida schwankte zwischen Entsetzen und Faszination. »Das ist Anstiftung zum Aufruhr, Majestät! So dürfen Sie nicht sprechen.«

Was sollte ich stattdessen tun? Die Opfer bringen, die Ida zwischen den Zeilen auch von mir forderte? Wem würde meine Entbehrung nutzen? Dem Kaiserreich? Ungarn? Mir selbst?

Ich wusste keine Antwort, und das verstärkte die Unruhe, die mich zunehmend erfüllte.

Wann hatte mein Gehorsam je Sinn gehabt oder Erfolg gebracht? Meist hatte er nur noch schlimmere Verluste und noch strengere Einschränkungen bewirkt. Aufmerksamkeit, Bewunderung, Zuneigung und Freundschaft fand ich immer nur dann, wenn ich das Spektakuläre tat. Wenn ich alle verblüffte, verärgerte oder mit völlig Ungewohntem überrumpelte.

Sogar mein lieber pedantischer Franz Joseph gab am leichtesten nach, wenn ich ihn bezauberte oder überraschte. Ganz davon zu schweigen, dass auch Gyula Andrássy es verdiente, daran erinnert zu werden, dass ich nicht in gehorsamer Langeweile herumsaß und auf ein Fünkchen seiner gnädigen Aufmerksamkeit hoffte.

Mein trotziger Entschluss führte dazu, dass ich bei meinen Plänen weniger denn je auf andere Rücksicht nahm. Nur meine freundschaftlichen Gefühle, die ich für Franz Joseph hegte, brachten mich im Sommer für wenige Tage nach Ischl, wo ich gemeinsam mit der Familie auf seine Ankunft wartete. Wir warteten umsonst. Frankreich erklärte dem Königreich Preußen im Juli den Krieg. Der Kaiser, im Herzen auf Seiten der Franzosen gegen die übermächtigen Preußen, offiziell neutral, konnte natürlich in diesen Krisentagen weder seinen Schreibtisch noch seine Minister verlassen.

Er spielte sogar mit dem Gedanken, Frankreich beizustehen, so dass sich aus politischen Gründen auch die Weiterreise nach Bayern zu meiner Familie verbot, was ich ursprünglich geplant hatte. Hinzu kam, dass meine Brüder Ludwig und Karl Theodor auf der Seite Preußens im Feld standen und die Mama sich große Sorgen um sie machte. Da ich indes nicht die Absicht hatte, die folgenden Wochen unter alleiniger Aufsicht der Kaisermutter in Ischl zu verbringen, floh ich nach Neuburg an der Schneealpe.

Nur fünf Fahrtstunden von Franz Joseph getrennt, empfing ich seine Briefe, die mich über den endgültigen Sieg der Preußen in der Schlacht von Sedan und die Gefangennahme und Absetzung des französischen Kaisers informierten. Jetzt musste sich auch Österreich wohl oder übel mit dem starken Preußen arrangieren. Es wurde Zeit für einen grundlegenden Wechsel der kaiserlichen Außenpolitik.

Wenn ich indes gehofft hatte, dass sich der Kaiser in dieser Sache mit mir beraten würde, so sah ich mich enttäuscht. Während ich den Winter 1870 mit meinen Töchtern in Meran verbrachte, wieder nach Gödöllö reiste, den folgenden Sommer in Bayern und in Ischl erlebte, ehe ich im Oktober 1871 wieder Meran zu meinem Aufenthaltsort wählte, machte er nicht einmal den Versuch, meine Meinung in Erfahrung zu bringen.

Dass er sich schließlich ohne mein Zutun dafür entschied, Gyula Andrássy zum neuen Außenminister des Reiches zu ernennen und sich von Graf Beust zu trennen, überraschte nicht nur mich. Ich hatte ihm schon vor Jahren empfohlen, sich der diplomatischen Fähigkeiten und des geschickten Kopfes meines ungarischen Freundes zu bedienen, aber nun, da es geschah, empfand ich neben aller Genugtuung auch bitteren Kummer. Sie waren sich ohne mich einig geworden. Was wollte ich noch mehr an Beweisen für meine eigene Unwichtigkeit?

Es war an der Zeit, dass ich den Tatsachen ins Auge sah. Der Außenminister der habsburgischen Doppelmonarchie konnte

Freund und Vertrauter der Kaiserin sein, wenn er überhaupt je Zeit dafür fand, aber ihre verbotene Liebe gehörte jetzt endgültig der Vergangenheit an. Franz Joseph hatte ahnungslos eine Mauer aufgerichtet, die uns für immer trennte. Hinzu kam, dass man in Wien in dieser Ernennung allenthalben ohnehin meine Handschrift zu erkennen glaubte. Von der Kaisermutter bis hin zum konservativen Hochadel bejammerte alle Welt den Liberalismus, für den Graf Andrássy stand. Je weniger wir in Zukunft zusammen gesehen würden, um so eher würde sich der Tratsch legen und ihm eine vernünftige Arbeit erlauben.

Ob er meinen Schmerz, meine Einsamkeit ahnte? Möglicherweise, denn es war sicher seinem Einfluss zu verdanken, dass bei einem neuerlichen Wechsel meiner Hofdamen wieder eine Ungarin an der Spitze der Liste stand, die aus dem Kreise seiner politischen Freunde kam. Gräfin Marie Festetics von Tolna bezauberte mich vom ersten Sehen an. Ein Jahr älter als ich, war sie ebenso klug und geistreich wie eigenständig und liebenswürdig. Mit ihrer sanften Stimme und den schönen Augen wurde sie erst zu einer angenehmen Begleiterin und schnell zu einer engen Freundin.

Die Klatschweiber notierten in hellem Entsetzen, dass jetzt mit der Gräfin Goess und der Gräfin Schaffgotsch nur noch zwei »echte« Österreicherinnen in meiner unmittelbaren Umgebung Dienst taten, aber das berührte mich nicht. Ich mied den Hof ja ohnehin, bis mich Anfang des Jahres 1872 eine persönliche Bitte des Außenministers nach Hause rief. Immerhin erinnerte er sich meiner, wenn ganz Wien darüber zeterte, dass die Kaiserin Gödöllö, Meran oder München der Hofburg vorzog.

In Wien fand ich alles wie immer. Franz Joseph begrüßte mich in überschwänglicher Begeisterung, seine Mutter eiseskühl. Der Hof blieb steif und höflich, der eine besondere Freund, für den ich all die Mühe auf mich genommen hatte, verströmte freilich eine befremdliche Mischung aus distanzierter Höflichkeit und geradezu väterlichem Wohlwollen. Es kam mir vor, als würde er mich gar nicht sehen und mit seinen Gedanken schon woanders sein. Beim preußischen König, der sich in Versailles zum Kaiser hatte krönen lassen, zum Beispiel, oder bei irgendwelchen Konferenzen in London und Deutschland. Aber beileibe nicht bei einer dummen Kaiserin, die ihre tiefe Sehnsucht und ihre Einsamkeit aus lauter Stolz für sich behielt.

Nicht einmal beim Hofball vermochte ich seine tadellose Haltung zu erschüttern. Während wir uns im Walzer drehten, nahm er keine Kenntnis davon, dass ich eine wundervolle Robe mit eleganter Turnürenverzierung aus eisblauer Seide trug, die Monsieur Worth in Paris eigens für mich entworfen hatte. Seit die weiten Krinolinen den aufwendigen Faltenwürfen der Schleppen und Turnüren gewichen waren, nahm das Ankleiden noch mehr Zeit in Anspruch, aber für diesen Ball hatte ich gern alle Mühe auf mich genommen. Franz Joseph hatte mich »ganz bezaubernd« gefunden, meine Hofdamen »hinreißend und mädchenhaft«, aber Graf Andrássy? Der hielt es für wichtiger, mich auf meine versäumten kaiserlichen Pflichten hinzuweisen.

»Die Krone braucht Sie, Majestät. Wien ist nicht vollkommen ohne seine Kaiserin.«

»Reden ’S keinen Unsinn«, murmelte ich entrüstet. »Glauben Sie, ich weiß nicht, dass man mir Übles nachredet, dass man mich verleumdet und mich kränkt? Niemand legt Wert auf die Kaiserin. Und ich hab nicht den Ehrgeiz mich aufzudrängen.« Ich mied den Blick in seine dunkeln Augen und sah starr auf das Revers seines eleganten Abendanzuges. Es war mir schmerzlich bewusst, dass uns alle Augen im Saal belauerten.

»Sie haben einen Sohn, der einmal die Kaiserkrone tragen wird, Majestät«, fand er genau die richtigen Worte, um meinen trotzigen Widerstand zu besiegen. »Jetzt gilt es, das Fundament für den künftigen Frieden in Europa zu legen. Nur ein starkes und einiges Haus Habsburg kann diesen Frieden garantieren.«

»Wie stärkt es das Haus Habsburg, wenn ich mich in endlosen Zeremonien erschöpfe und meine so genannten Regentenpflichten in Krankenhäusern, Armenspitälern und bei steifen Diplomatenempfängen erfülle?«, erkundigte ich mich mit einem Unterton von Ironie, den er absichtlich überhörte.

»Solche Dinge künden von Stabilität und Sicherheit, von kaiserlicher Souveränität. Sie verbreiten Zuversicht und Hoffnung. Ich denke nicht, dass ich das meiner Kaiserin wirklich erklären muss.«

Ich seufzte. Er durchschaute mich noch immer, und ich musste ihn in einem Recht geben: Rudolfs Zukunft war jede Anstrengung wert.

»Sie sind dem Kaiser und seinem Sohn ein treuer Diener, Graf Andrássy«, wisperte ich resigniert. »Ich will mir ein Beispiel an Ihnen nehmen, ich versprech's. Aber verlangen Sie nicht, dass ich mich ganz vereinnahmen lasse. Ein wenig Freiheit für mich brauche ich, sonst kann ich nicht atmen in meinem Käfig.«

Der Walzer endete und damit auch die Möglichkeit, wenigstens ein paar Worte zu wechseln, die nicht für ungebetene Ohren gedacht waren. Der Graf brachte mich zum Kaiser zurück, und als ich ihm nachsah, musste ich an mich halten, ihn nicht zurückzurufen. Wie machte er das nur, dass er mir Zusagen abrang, die ich eigentlich gar nicht geben wollte?

Die Zukunft, die mich in den nächsten Tagen am meisten beschäftigte, war indes nicht jene des Kaiserreiches und seines Erben, sondern die meiner ältesten Tochter. Gisela hatte sich in den Kopf gesetzt zu heiraten. In den letzten Jahren war sie zu einer jungen Frau mit kräftigen Formen herangewachsen, nicht schön, aber wenn sie – was leider selten war – einmal lächelte, konnte sie sehr wohl anziehend und freundlich erscheinen.

Sie war jetzt sechzehn, und sie hatte sich in Prinz Leopold von Bayern verliebt, der eigentlich Prinzessin Amalie von Coburg heiraten sollte. Die Verhandlungen zu dieser Hochzeit liefen bereits. Gisela freilich versteifte sich in einer Mischung aus Naivität und einer Sturheit, die mich fatal an ihre Großmutter erinnerte, auf den jungen Bayern, den sie bei Familienfesten und Besuchen in Bayern kennen gelernt hatte. Ihn wollte sie haben und keinen anderen. Der Prinz aus dem Hause Wittelsbach war zehn Jahre älter als meine Tochter und weder ein Adonis noch eine glänzende Partie für eine Erzherzogin des Hauses Habsburg.

»Bist du sicher, dass du ausgerechnet den Leopold zum Mann haben willst?«, erkundigte ich mich ein wenig fassungslos, als sie mir ihren Wunsch unterbreitete. Noch nie hatte sie so viele Sätze auf einmal mit mir gesprochen. Jetzt war sie wieder verstummt und nickte nur energisch.

»Du bist doch noch so jung«, suchte ich nach Gründen, die Entscheidung hinauszuzögern. »Willst du dich schon jetzt unter die ausschließliche Befehlsgewalt eines Mannes begeben, den du nur von ein paar Besuchen bei der bayrischen Verwandtschaft kennst?«

»Ja.« Gisela nickte schon wieder. »Leopold ist der Richtige.«

»Es ist schon spaßig, dass du so jung deine Freiheit aufgeben willst«, murmelte ich entwaffnet von so viel Dickköpfigkeit. »Aber das, was man besitzt, weiß man eben nie zu schätzen, bis man es verloren hat.«

Meine älteste Tochter setzte so viel stummen, aber hartnäckigen Widerstand gegen solche Bemerkungen ein, dass Franz Joseph und ich binnen kurzem kapitulierten. Ich lud den bayrischen Prinzen nach Ofen und Gödöllö zur kaiserlichen Schnepfenjagd ein, und am Ende hatten wir eine Verlobung, die gerade noch an einer Kränkung von Prinzessin Amalie vorbeischrammte. Aber da mein Bruder Max Emanuel in Amalie verliebt war und sie wenig später auch heiratete, gab es kein böses Blut.

Ausnahmsweise teilte ich in diesem Fall die Meinung von Franz Josephs Mutter, die in ihrer knappen Art die Ereignisse auf das Wesentliche zusammenfasste: »Das häusliche Glück der Kleinen und des braven Leopold scheinen mir sicher, aber als Partie zählt diese Heirat nicht.«

Allein, was hätte meine Gisela für Alternativen gehabt? Es gab im Augenblick kaum heiratsfähige Prinzen in Europa, die für sie in Frage kamen. Ich hoffte für sie, dass sie wirklich ihr Glück finden würde. Immerhin würde sie in München leben, und schon darum beneidete ich sie.

Der Kaisermutter war es indes nicht mehr gegönnt, diese Hochzeit zu erleben. Ihr Gesundheitszustand war schon zu Beginn des Jahres nicht der beste gewesen, und im Mai musste ich einen Besuch im milden Meraner Klima abbrechen, weil die Erzherzogin in Wien Anlass zu großer Sorge gab. Ein Fieber, das sich zur Entzündung der Lungen auswuchs, zehrte an ihren Kräften, und die Ärzte befürchteten das Schlimmste. Ich wachte an ihrem Bett. Erst aus Pflichtgefühl und dann aus vielen anderen Gründen. Es berührte mich seltsam, dass diese ehrgeizige und mächtige Frau nicht länger den Wunsch hatte, zu leben.

»Es ist vorbei, Sisi«, gebrauchte sie zum ersten Male seit Jahrzehnten wieder meinen Lieblingsnamen. »Ich bin nicht traurig darum. Bedauern tu' ich höchstens die Fehler, die ich gemacht hab.«

»Jeder macht Fehler«, warf ich ein.

»Die Fehler der Mächtigen haben die schlimmsten Folgen«, erwiderte sie. Es war eines der letzten Gespräche, das wir miteinander führten. Danach folgten Stunden des Leidens, die jedes Wort verboten.

Seit der Hinrichtung Maximilians hatte sie nur Niederlagen und Enttäuschungen durchlebt. Auch die politische Isolation, in die sie sich halb freiwillig, halb gezwungen begeben hatte, zehrte sowohl an ihrem Stolz wie auch an ihrer Gesundheit. Es half ihr nicht mehr viel, dass Franz Joseph die Straße unter ihren Fenstern vor der Hofburg mit Stroh bestreuen ließ, damit der Lärm der Kutschenräder und Pferdehufe gedämpft wurde. Mit siebenundsechzig Jahren hatte sie sich niedergelegt, um nie wieder aufzustehen.

In dieser Situation waren alle Fehler und alle Kränkungen

vergessen. Jetzt war sie nur noch meine Tante Sophie, die einen schweren letzten Weg ging. Da Valerie ausgerechnet zur selben Zeit krank wurde, teilte ich meine Zeit, so gut es ging, zwischen beiden Lagern auf. Das bittere Sterben der Kaisermutter zog sich zehn Tage lang hin, und ich lebte in ständiger Angst, dass sie ausgerechnet dann für immer die Augen schließen würde, wenn ich gerade bei meiner Tochter war.

Das Zeremoniell bestimmte auch diese letzte Stunde. Es versammelte die wichtigsten Personen des Hofes um ihr Bett: die Minister, ihren Hofstaat, die Familie. Alle saßen da und warteten mehr oder weniger gelassen auf das Ende. Stundenlang, in offizielle Hofgewänder eingeschnürt und offensichtlich auch mit knurrendem Magen, sahen sie der einst so Mächtigen unbarmherzig beim Sterben zu.

Als indes am Abend verkündet wurde, dass die höchsten Herrschaften sich zum Diner begeben sollten, stürmten sie so erleichtert davon, als sei der Leibhaftige hinter ihnen her. Ich war froh, dass sie fort waren. Es ersparte mir das Geraschel der Kleider, die unterdrückten Seufzer, das Geflüster und die spürbare Ungeduld all jener, die ein Leben lang vor der armen Frau im Bett dort gekrochen waren. Jetzt konnte es ihnen gar nicht schnell genug gehen, sie loszuwerden, damit sie sich die Bäuche voll schlagen und sie vergessen konnten.

Doch es dauerte noch bis zum anderen Morgen, dann hatte sie endlich ausgelitten. Ich sah zu, wie ihre Atemzüge leichter wurden und schließlich ganz aufhörten. Ich verspürte einen jähen Anflug von Neid, als sie so ruhig und friedlich dalag, während Franz Joseph in seinem Schmerz wieder zum Kind wurde und bittere Tränen vergoss.

Hinter den Fenstern beschien die Sonne den 27. Mai 1872, den Todestag der Kaisermutter.

Die düster pompösen Rituale der kaiserlichen Beisetzung wurden buchstabengetreu nach dem spanischen Hofzeremoniell begangen. Jeder Schritt, jedes Wort und jedes Gebet wurden von der Etikette bestimmt. Man hätte den Eindruck gewinnen können, nicht die Mutter des Kaisers wurde zu Grabe getragen, sondern das Kaiserreich selbst.

***

Es war eine schwarz gekleidete, traurige Familie, die sich in diesem Sommer in Ischl traf. Sogar mich berührte es seltsam, die Kaiservilla ohne die beherrschende und beeindruckende Gestalt der Erzherzogin zu erleben. Ich floh, sobald es möglich war, nach Possenhofen, wo sich im September nicht nur meine Brüder, sondern auch Marie, Helene, Mathilde und Sophie einfanden. Aber auch dort gehörte die Unbeschwertheit der Kindertage längst der Vergangenheit an.

Nené lebte nach dem Tod ihres Gatten nur für Gott und ihre Kinder. Sie vernachlässigte ihre äußere Erscheinung und erschreckte mich mit einer seltsamen Mischung aus Frömmigkeit und leidenschaftlichsten Muttergefühlen. Die Verachtung der Äußerlichkeiten konnte ich nachvollziehen, aber nicht die fanatische Religiosität.

Marie hatte nicht nur durch die tragische Unachtsamkeit eines Kindermädchens schon im ersten Jahr nach der Geburt ihre kleine Tochter wieder verloren, sondern auch aus politischen Gründen das Exil in Rom aufgeben müssen. Nun hielt sie sich mit ihrem Gemahl mal in Paris, mal in Bayern auf. Sie kam mir ebenso rastlos und glücklos wie Mathilde vor, und auch Sophies neueste Nachrichten klangen nicht zufrieden: Sie hatte zwar 1868 ein kleines Mädchen zur Welt gebracht, aber inzwischen litt sie unter Depressionen und führte wohl ebenfalls keine besonders glückliche Ehe.

Unsere Mutter runzelte die Stirn, wenn sie dem gesammelten Lamentieren ihrer Töchter zuhörte, und atmete sichtlich erleichtert auf, als zumindest ich nach kurzer Zeit wieder die Koffer packte. Die wenigen schönen Stunden dieses Jahres erlebte ich, wie sollte es anders sein, in Ofen und Gödöllö. Die Jagdsaison lockte sogar Franz Joseph für kurze Zeit nach Ungarn, und unser ungarisches Heim wurde für einige sonnige Herbsttage zu jenem Paradies, das ich mir wünschte.

Der ordnende Erzengel dieses Paradieses war mein Stallmeister Harry Holmes, der meine Leidenschaft für Vollblutpferde teilte und die Ställe unter seiner Aufsicht hatte. Inzwischen hatte er das sechste Lebensjahrzehnt erreicht, aber ich konnte mir keinen anderen Mann vorstellen, dem ich meine vierbeinigen Freunde lieber anvertraut hätte. Er beurteilte auch meine Gäste streng nach ihren Fähigkeiten als Reiter und nicht nach ihren Adelstiteln. Männer wie Prinz Rudolf von Liechtenstein, Graf Nikolaus Esterházy, die Grafen Károly oder Batthyány imponierten ihm nicht wegen ihrer ruhmreichen Familien, sondern allein, weil sie schneidige Reiter waren und etwas von Pferden verstanden.

Ich hätte mir gewünscht, dass auch mein Sohn Rudolf von den Fähigkeiten dieser Männer profitierte, denen sich in diesem Herbst auch Gyula Andrássy beigesellte, aber es fehlte ihm am Reiterblut. Er war zu nervös und zu unruhig, und das übertrug sich auch auf das friedlichste Pferd. Ich sorgte mich, wenn ich ihn im Sattel sah, und so verbot ich ihm mich zu begleiten, was er in einer Mischung aus Stolz und mühsam unterdrückter Trauer hinnahm. Er tat mir Leid, aber was sollte ich tun? Wenn sich Rudolf bei einem Sturz vom Pferd verletzte, würde mir der Kaiser dies nie verzeihen.

Nach den schlimmen Monaten der Trauer und der Traurigkeit gab ich mich der puren Lust an der körperlichen Bewegung mit vollem Herzen hin. Es gefiel mir, der Planet zu sein, um den die Aufmerksamkeit all dieser couragierten jungen Sportsmänner kreiste. Ich schätzte es sogar besonders, wenn ich in den Augen eines gewissen Grafen einen Funken Eifersucht und Zorn entdeckte.

Er konnte nicht wissen, wie viel Mühe ich mir in der Abgeschiedenheit meiner Gemächer gab, das Bild der eleganten Amazone zu vervollkommnen, das er bewundern sollte. Ich ließ mir die schwarzen und dunkelblauen Reitkostüme mit dem schmalen Zobelbesatz so eng schneidern, dass sie wie eine zweite Haut saßen. Eine Näherin befestigte den Rock in der Taille erst dann mit winzigen Stichen, wenn das Oberteil faltenlos saß. Eine wahre Tortur, denn sie durfte bei dieser Arbeit meinen Körper nicht berühren, aber das Ergebnis lohnte die Mühe.

Dazu trug ich modische kleine Reitzylinder mit winzigen Schleierdrapierungen und mehrere maßgeschneiderte Handschuhe übereinander. Auch ein Fächer gehörte zu meiner Ausrüstung, denn ich hatte die Intimität schätzen gelernt, die mir der Schutz des dunkelblauen Leders schenkte, wenn ich nicht gesehen werden wollte. Natürlich erst dann, wenn ich genügend Bestätigung aus den bewundernden Blicken und tonlosen Seufzern meiner Begleiter gezogen hatte.

Am Ende war wieder ich es, die ihre Seufzer unterdrückte, als mich die Kutsche des Grafen Andrássy zur Bahn brachte, weil sich die Tage von Gödöllö ihrem unausweichlichen Ende entgegenneigten. Der untadelige Politiker, Familienvater und Diplomat saß mir gegenüber in den Polstern. Die Miene höflich, aber ungerührt. Keine Spur der Anbetung, welche die anderen so leidenschaftlich für mich demonstrierten. Weil er schon längst keine mehr empfand oder weil er die Versuchung mied?

Ich wagte nicht, zu fragen. Ich hatte Angst vor seiner Antwort.

* * *

»Warum muss denn diese Weltausstellung ausgerechnet in Wien stattfinden?«, murmelte ich erbittert und warf die Liste wieder zurück zwischen all die anderen Papiere, die fast die ganze Tischplatte bedeckten.

»Man verspricht sich große Gewinne von dem Ereignis«, erinnerte mich Marie Festetics an Dinge, die ich eigentlich schon wusste. »Jedermann, der ein paar Gulden aufbringen kann, investiert in Spekulationsgeschäfte, und man munkelt, dass Erzherzog Ludwig Viktor in Millionenhöhe daran beteiligt ist.«

»Das sieht dem Bruder des Kaisers ähnlich«, wunderte ich mich nicht im Geringsten über diese Neuigkeit. »Wieso hab ich mich nur dazu überreden lassen, an all diesen Ereignissen teilzunehmen? Der Trubel rund um Giselas Hochzeit hat mir wirklich gereicht. Ich bin noch ganz erschöpft von all den Empfängen.«

»Aber es war ein so wunderbares Fest!«, schwärmte die Gräfin Festetics. »Majestät waren eine so strahlende Kaiserin. Anmutig, mädchenhaft und großartig.«

Ich hatte nicht die Absicht gehabt, Giselas Ehrentag zu überstrahlen, aber alle Welt war zu der Ansicht gekommen, dass eher die 35-jährige Brautmutter im Mittelpunkt der Feierlichkeiten stand als die 16-jährige Braut. Trotzdem hätte Gisela nicht gar so erleichtert bei unserem Abschied auf dem Wiener Hauptbahnhof wirken müssen. Lediglich bei der Trennung von ihrem weinenden Bruder hatte sie ebenfalls Rührung erkennen lassen. Rudolf hatte eine höchst gefühlvolle Szene verursacht und sich dafür wieder einmal einen harschen Tadel des Kaisers eingefangen. Dabei war auch Franz Joseph der Abschied von seiner Ältesten erkennbar schwer gefallen.

»Haben Majestät schon etwas von der jungen Ehefrau gehört?« Marie war mir inzwischen so vertraut, dass sie wusste, wann sie sich über das Gebot hinwegsetzen durfte, die Kaiserin nicht von sich aus anzusprechen.

»Natürlich, sie hat sich pflichtbewusst gemeldet.« Irgendwo unter dem vielen Papier lag auch Giselas Brief. »So wie es aussieht, fühlt sie sich gut mit dem Leopold. Man wird sehen, ob es dabei bleibt. Anfangs ist ja immer alles noch voller Hoffnung.«

So voller Hoffnung, wie auch die wichtige Ausstellung am 1. Mai 1873 begann, die Gäste aus aller Welt in Wien versammelte. Wie befürchtet, entpuppte sich das Ereignis als grässliches Gedränge zwischen Pavillons, Festsälen und prächtigen

Empfängen. Reden, Hymnen, Bankette, Bälle und Höflichkeitsbesuche lösten einander in so unmittelbarer Reihenfolge ab wie die Besuche der gekrönten Häupter. Kaum hatten wir auf Wunsch des Kaisers das deutsche Kronprinzenpaar hofiert, folgte schon der König von Belgien. Danach die spanische Königin, zweifelhafte Fürsten aus östlichen Gebieten und nicht zuletzt der Zar von Russland, der sein Thronfolgerpaar, jede Menge Großfürsten und ein riesiges Gefolge mit nach Wien brachte.

Die Tage wurden zu einem einzigen erschöpfenden Feiern und Umziehen. Die drückende Hitze über Wien machte jeden Tag zur neuen Strapaze. Zudem gewann ich mehr und mehr den Eindruck, dass nicht die Weltausstellung das Interesse unserer Besucher weckte, sondern meine Person. Offensichtlich wollte sich auch noch der letzte Potentat aus orientalischen Wüsten davon überzeugen, dass ich tatsächlich Europas schönste Kaiserin war.

Sosehr ich mich bemühte den Erwartungen zu entsprechen, der sinnlose Trubel zerrte an meinen Nerven und an meiner Gesundheit. Immer dieselben Zeremonien, dieselben Reden, dieselben Gesten. Aber auch dieser oberflächliche Glanz konnte schon bald nicht mehr darüber hinwegtäuschen, dass die wirtschaftlichen Erwartungen nicht mit den gesellschaftlichen Ereignissen Schritt hielten. Eine erschreckende Pleitewelle zeichnete sich ab, während der Hochadel die Nächte auf Bällen durchtanzte. Die vermeintlichen Börsengewinne beruhten auf reinen Luftgeschäften. Aus reichen Männern wurden über Nacht arme Schlucker, und die ersten Selbstmorde schockten Wien.

Ende Juli wurde es mir endgültig zu viel. Ich nahm mein monatliches Unwohlsein zum Vorwand, um mich nach Payerbach bei Reichenau zurückzuziehen. Mir war nach Einsamkeit, nach frischer Bergluft und nach raschem Ausschreiten in freier Natur zu Mute. Es kümmerte mich nicht länger, dass die gekrönten Häupter mit ungenierter Selbstverständlichkeit von mir empfangen werden sollten. Wenn sich Franz Joseph diese Plage antat und dasselbe von Rudolf verlangte, so war das seine Sache. Ich hatte genug von pompösen Empfängen und albernen Komplimenten.

Ich weigerte mich schlicht, den Rummel weiter mitzumachen. Es gab nur eine Ausnahme, die ich halb entrüstet, halb neugierig schließlich machte. Es handelte sich um Nasr-ed-Din, den Schah von Persien. Er war mit einem gigantischen Gefolge nach Wien gekommen und wohnte in Laxenburg. Graf Crenneville hatte das zweifelhafte Vergnügen gehabt, das Schloss für den Potentaten, seine Verwandten, seine Haremsdamen und nicht zuletzt für vierzig Hammel, fünf Hunde, vier Gazellen und jede Menge Pferde vorzubereiten.

Man berichtete mir, dass der Graf inzwischen der Verzweiflung nahe war, weil der Schah keinen Termin einhielt, den nicht auch sein Astrologe gebilligt hatte, und zudem strikt darauf bestand, mich zu sehen. Ehe das nicht geschehen war, wollte er nicht abreisen. Sogar die Zeitungen mischten sich in den Streit, und die liberalen standen auf meiner Seite. Sie fragten, warum Europa dem Schah, der im Grunde nur ein machtloser Tyrann sei, dermaßen viele Ehrenbezeigungen gönne, und entdeckten in meiner Weigerung einen Hinweis darauf, dass auch er Sitte und Anstand nicht ungestraft verletzen dürfe.

Da indes die Gefahr bestand, dass der orientalische Fürst Wien noch monatelang entzweien würde, ließ ich mich überreden, bei seiner Abschiedssoirée zu erscheinen. Es wurde zu meiner Überraschung ein recht amüsanter Abend. Ich hatte einen rücksichtslosen Tyrannen erwartet und begegnete einem sprachlosen Mann, der seine goldenen Augengläser auf die Nase setzte und mich inspizierte, als stände ich auf dem Versteigerungsblock seiner Haremssklavinnen zum Verkauf.

Außer: »Ah, qu'elle est belle!«, brachte er kein Wort über die Lippen, und in der folgenden Unterhaltung, die er weiterhin auf Französisch bestritt, erinnerte er mich in seiner sanften Scheu ein wenig an Rudolf.

Seine Schüchternheit rührte mich, also schenkte ich ihm mein Lächeln und betrachtete an seiner Seite das große Feuerwerk in Schönbrunn.

Später berichtete man mir, er habe diesen Abend als den schönsten seiner Europa-Reise bezeichnet und meine Gestalt mit einer eleganten Zypresse verglichen. Da er am nächsten Morgen seine Heimreise antrat, hatte ich meine Pflicht getan und zog mich über den Sommer nach Ischl zurück. Gerade noch rechtzeitig, denn wenig später brach in Wien die Cholera aus.

Obwohl man sich bemühte, die Seuche geheim zu halten, setzte eine wahre Flucht des Adels aus Wien ein. Ich weigerte mich strikt, zum Empfang König Viktor Emanuels von Italien wieder nach Wien zu kommen. Schon wegen Valerie blieb mir keine andere Wahl. Sollte ich meine Kleine in Gefahr bringen, indem ich mich selbst ansteckte oder die Ansteckung zu ihr trug? Hinzu kam, dass mich weder der Kaiser noch sein Außenminister dazu bringen konnten, einem Manne zuzulächeln, der meine Schwester Marie und ihren Gemahl ins Exil gezwungen hatte.

Auch der deutsche Kaiser, der im Oktober eintraf, musste auf meine Anwesenheit verzichten. Erst Franz Josephs 25-jähriges Regierungsjubiläum im Dezember sah mich für wenige Tage wieder in Wien. Es brachte noch mehr Illuminationen und Feuerwerke, Festreden, Festmessen.

»Das alles dient doch nur dazu, neue Kleider, alte Familienjuwelen und die eigene Wichtigkeit zu präsentieren«, wehrte ich mich gegen das Ausgestelltwerden an der Seite des Kaisers.

»Du bist zu streng mit den Menschen, Sisi«, entgegnete Franz Joseph, während wir in unserer Kalesche zu einem weiteren Empfang rollten. »Sie lieben prächtige Ereignisse, die sie von ihrem Alltag ablenken, und sie lieben ihre schöne Kaiserin.«

»Das ist keine Liebe«, flüsterte ich so leise, dass es im Gepolter der Räder unterging und unser Gespräch erstarb. Wenn das Franz Josephs Meinung von Liebe war, dann musste ich mich nicht darüber wundern, dass uns unsere Wege immer weiter auseinander führten.

»Sie verstehen es nicht, dass du dich in geschlossenen Fahrzeugen versteckst, Schleier vor dein hübsches Gesicht hängst und dich ihnen nicht zeigst«, begann der Kaiser nach kurzem Überlegen von neuem. »Wenn du nur aufhören würdest, dich in diese seltsamen Empfindlichkeiten hineinzusteigern.«

Empfindlichkeiten. Wie schön, dass mich mein eigener Gemahl so gut verstand! Ich presste die Lippen schmal aufeinander, um nicht das Falsche zu sagen. Dieses Mal machte er keinen weiteren Versuch mich zu überzeugen. Der Rest der Fahrt verlief schweigend.

Die Bewegungsfreiheit, die ich in Gödöllö, in Ischl oder Meran so schätzte, war in Wien nach wie vor ein Ding der Unmöglichkeit. Sobald ich es wagte, ein paar Schritte außerhalb des höfischen Zeremoniells zu tun, endete es in einer Katastrophe. Ich konnte nicht einmal über die neue Wiener Ringstraße bummeln, ohne unerwünschte Aufmerksamkeit zu erregen.

Im Nu hatte sich eine Menschenmenge um mich und die Gräfin Festetics gesammelt. Anfangs schien sie freundlich gesinnt und jubelte mir zu. Dann indes drängelten die Hinteren nach vorne, und der Kreis wurde immer enger. So eng, dass mir die Gesichter vor den Augen verschwammen und ich keine Luft mehr bekam. Marie erkannte in letzter Minute die Gefahr, rief um Hilfe, und ein paar beherzte Männer befreiten uns aus der Umklammerung des Volkes.

Der Schock dieses Vorfalls setzte mir so zu, dass ich augenblicklich befahl, die Koffer zu packen, und nach Gödöllö flüchtete. Franz Joseph war traurig. Der Hof schnaubte entrüstet, der Herr Außenminister gab sich ratlos und die Zeitungen in Wien nannten mich »Die Kaiserin, die merkwürdige Frau«.

Was erwarteten sie von mir? Dass ich mich als Opferlamm erdrücken ließ und wie eine dumme Jahrmarktsmarionette an ihren Fäden tanzte?

Februar 1874 – Herbst 1875
»Nun folg mir zu den Maskenscherzen …«

Was ist so schlimm daran, Ida? Ich war noch nie auf einem dieser Bälle, und alle Welt schwärmt davon, wie unterhaltsam sie sind. Soll ich am Faschingsdienstag in der Hofburg sitzen und mich langweilen?«

»Majestät hasst Bälle«, erinnerte Ida.

Ich tat ihren Einwand mit einem Achselzucken ab und sah Fanny dabei zu, wie sie eine rotblonde Perücke auf meinem Kopf befestigte und zurechtkämmte. »Vielleicht gefällt mir dieser auch nicht. Dann kann ich ja wieder gehen, aber ich will mein eigenes Urteil fällen. Ich bin Großmutter geworden, ohne ein einziges Mal zum Fasching im Musikvereinssaal gewesen zu sein. Das ist nachgerade ein Skandal, findest du nicht auch?«

Meine Hofdame und meine Frisöse tauschten einen Blick, der mir nicht entging. Das kleine Abenteuer, das ich mir gönnen wollte, während Franz Joseph seinen lange geplanten Staatsbesuch in Russland ohne seine Kaiserin machte, beunruhigte die beiden.

»Jetzt hört schon auf«, unterbrach ich den stummen Sorgenaustausch meiner Vertrauten. »Es sind die närrischen Tage, und ganz Wien ist auf den Beinen, um zu feiern. Gibt es eine Vorschrift, die der Kaiserin verbietet, das Gleiche zu tun wie ihre Untertanen?«

»Aber wenn Majestät erkannt werden …«

»Wer soll mich denn so erkennen? Seh ich aus wie die Kaiserin? Die Kaiserin hat braune Haare und würde nie im gelben Seidendomino auf einen Maskenball gehen. Jetzt hört schon auf, solche Mienen zu machen, bloß weil ich mich auch einmal vergnügen will. Ich verspreche euch, die Maske kein einziges Mal abzusetzen. Solang du nicht vergisst, Gabriele zu mir zu sagen, liebe Ida, gehen wir kein unüberlegtes Wagnis ein.«

Ida zupfte nervös an ihrem roten Domino. Auf Gabriele hatten wir uns geeinigt, um auch das geringste Risiko auszuschließen. Eine meiner Kammerfrauen, die mir in Haarfarbe und Statur ähnlich sah, trug diesen für Wien ungewöhnlichen Vornamen. Für besonders Neugierige legten wir auf diese Weise eine falsche Spur, die zu ihr führte und nicht zur Gemahlin des Kaisers.

Die Hofburg lag in tiefem Schweigen, als wir durch die Gänge zum wartenden Fiaker huschten. Meine Begleiterin sah sich ständig um, aber zu dieser Zeit und an diesem Abend schienen wir allein im Palast zu sein. Niemand hielt uns auf.

»Jetzt beruhig dich schon«, mahnte ich Ida, als das bescheidene Mietfahrzeug an der neuen Oper vorbeifuhr und sie immer noch zitterte. »Kein Mensch in Wien rechnet damit, dass ich mich freiwillig zu einem Ball begebe, sogar wenn es sich um die vornehmste Redoute handelt.«

Das entsprach so sehr der Wahrheit, dass sich die Arme endlich entspannte. Ich behielt Recht. Niemand beachtete uns, als wir das Haus des Wiener Musikvereins erreichten und im Gedränge der Ballbesucher den Aufgang zur oberen Galerie suchten. Wir waren nur zwei Masken im Gewühl anderer Maskierter. Es gab Dominos wie Sand am Meer und in allen Farben, wenngleich die wenigsten Umhänge so kostbar und schwer wie der meine aussahen.

Im Schutze der schwarzen Spitzenmaske vor meinem Gesicht sah ich mich neugierig um. Es gefiel mir anonym zu sein. Ich bedauerte es ein wenig, dass wir uns darauf geeinigt hatten, den ganzen Trubel lediglich von der Galerie aus zu beobachten.

Anfangs unterhielt es mich, unter den fantasievollen Verkleidungen bekannte Gestalten und Gesichter zu entdecken. Der halbe Wiener Hof amüsierte sich heute Abend mit seiner Kaiserin, ohne eine Ahnung davon zu haben. Je mehr Kavaliere und Damen ich erkannte, desto unruhiger wurde ich freilich auf meinem Galerieplatz. Ich beneidete sie um die Unbeschwertheit ihres Lachens. Warum konnte ich nicht auch einfach tanzen und flirten?

Allein mit wem? Ich konnte weder mit dem Grafen Esterházy flirten noch mit einem der anderen schneidigen ungarischen Edelmänner, die den Fasching in Wien feierten. Der Klatsch würde aus dem harmlosen Vergnügen ein großes Drama machen und den Skandal in Windeseile dem Kaiser zutragen. Dennoch sehnte ich mich nach der gefährlichen Droge der Bewunderung. Seit Gisela mich im Januar zur Großmutter gemacht hatte, litt ich unter seltsamer Empfindlichkeit.

Großmutter! Allein das Wort genügte, dass ich mich alt und

verwelkt fühlte, wenngleich ich es nach außen hin mit Haltung trug. Ich hatte mich beim Besuch der jungen Mutter sogar bemüht, die nötige Würde meiner neuen Position zu zeigen, und fleißig offizielle Termine wahrgenommen. Franz Joseph hatte zwar gerügt, dass ich ausgerechnet in einem Cholera-Hospital gewesen war, um den armen Kranken Trost zu spenden, aber gegen den Besuch bei der Mutter des bayrischen Königs hatte er nichts einwenden können. Die arme Dame war mir ein wenig seltsam erschienen, und ich glaubte jetzt zu wissen, woher mein Cousin Ludwig seine Eigenheiten hatte.

Aber war ich jetzt wirklich zu alt, um in einem gut aussehenden jungen Mann stürmische Gefühle zu wecken? In einem wie dem da unten, der so elegant und allein am Rande des allgemeinen Trubels stand und keine Begleiterin zu haben schien?

»Ich könnt ihn ansprechen und heraufbringen«, schlug Ida vor, als ich sie auf ihn aufmerksam machte. »Bei einer Redoute ist das erlaubt, deswegen tragen ja alle Masken. Sie könnten ein wenig mit ihm plaudern, liebe Gabriele.«

»Und wenn er zum Hof gehört?«

»Ich werd es herausfinden«, versprach sie und ging hinunter, während ich in einer befremdlichen Mischung aus Vorfreude und Furcht auf das Ergebnis ihrer Bemühungen wartete. Ich wollte gefallen und hatte gleichzeitig ein wenig Angst davor.

Schon wenig später kam mein fremder Ritter an Idas Seite herangeschritten. Seine Jugend, seine Kraft und seine offensichtliche Begeisterung wirkten aus der Nähe noch verführerischer. Unsere Blicke trafen sich. Er stutzte, errötete und antwortete in einer ganz bezaubernden Mischung aus Atemlosigkeit und Bescheidenheit auf meine Fragen.

Die Tatsache, dass er nur ein kleiner Ministerialbeamter war und sich nicht in den ersten Kreisen des Hofes bewegte, machte mich mutig und leichtsinnig. Schon bald wagte ich zu erkunden, was er und seine Freunde vom Kaiserhaus, ja von der Kaiserin selbst hielten. Was sprachen sie von ihr? Was dachten sie über die hohe Frau? Noch nie hatte ich Gelegenheit gehabt, dies so unerkannt mit eigenen Ohren zu hören.

Seine Antwort war respektvoll und offen zugleich. Für schön und wunderbar hielt er seine Kaiserin, aber er erwähnte auch, dass sie sich für den Geschmack der Öffentlichkeit zu selten sehen ließ. Dass sie sich zu viel mit ihren Pferden und Hunden beschäftigte und zu wenig Zeit in Wien bei Hofe verbrachte.

Es verärgerte mich, die alten Vorurteile aus so jungem Munde zu hören, und als ich ihn bat, das Alter des gelben Dominos zu schätzen, an dessen Seite er saß, kam er mit der Zahl sechsunddreißig der Wahrheit unangenehm nahe. Sah ich tatsächlich schon so alt aus? Vielleicht war es doch besser, wenn ich ihn schnell wieder fortschickte? Was hatte ich mir nur bei diesem dummen Flirt gedacht?

Allerdings war ich für diesen Mann nicht die Kaiserin, deren kleinstes Stirnrunzeln genügte, damit man ihr gehorchte. »Das ist aber keine sehr liebenswürdige Art, die du da hast«, kritisierte er den gelben Domino ungeniert. »Erst schickst du deine Freundin, dass sie mich zu dir schleppt, und dann gibst du mir den Laufpass. «

Ich musste lachen, egal wie peinlich berührt Ida auch wirkte. »Du meinst, ich bin dir was schuldig?«

»Zumindest einen Händedruck, das gehört sich so«, trotzte er dem Abschied.

Ich übersah die Hand, die er mir hinstreckte, aber ich sagte kein zweites Mal, dass er gehen sollte. Im Gegenteil, ich wagte es sogar, mich von ihm durch die Säle begleiten zu lassen, obwohl Ida flüsternd und aufgeregt dagegen protestierte.

Am Arm dieses Jungen, von dem ich inzwischen wusste, dass er Friedrich List Pacher von Theinburg hieß, fühlte ich mich sicher, wenngleich wir als Paar augenscheinlich Aufsehen erregten.

Ich vertraute meiner Maske und der Perücke, bis ich dem erstaunten Blick des Grafen Esterházy begegnete. Er kannte mich gut, schließlich hatten wir unzählige Male zusammen gejagt, und er zählte zu meinen treuesten Bewunderern. Wie oft hatte er sich in wahren Elogen darüber ergangen, dass es keine Frau im Kaiserreich gab, die sich so anmutig zu bewegen wusste wie ich.

Zudem war er im Stande, meine Augen auch hinter einer Maske zu erkennen. Ich zweifelte keinen Augenblick daran, dass er liebend gerne die Stelle von Friedrich eingenommen hätte. Gemeinsam mit dem jungen Elemér Batthyány und dem Prinzen Lichtenstein gehörte er zu meinen hartnäckigsten Verehrern. So wie er sich jetzt den Kopf verdrehte, würde er jede Dummheit begehen, um das Rätsel zu lösen, das ihm ein paar goldgesprenkelte Augen hinter einer schwarzen Spitzenmaske in diesem Moment aufgaben.

Hastig zog ich meinen Begleiter weiter, denn Graf Esterházys Gesellschaft hätte mir sicher nicht das Vergnügen bereitet, das ich in der Nähe dieses offenen und ritterlichen jungen Beamten fand. Er erinnerte mich an meine erste schwärmerische Liebe: an Richard, den schneidigen jungen Offizier, der mich zum Träumen und zum Weinen gebracht hatte. Was dachte er seinerseits von mir? Für wen hielt er mich unter meiner Maske?

»Was denkst du, wer ich bin?«, forschte ich in leichtsinniger Fröhlichkeit.

Die Antwort verblüffte mich. »Du bist eine Dame der großen Welt«, sagte er kühn. »Eine Fürstin von Rang. Dein Wesen verrät den Adel wie deine Augen eine noble Seele.«

Das ging ein wenig zu weit, auch wenn es mir gefiel, ihn so sprechen zu hören. Zudem sandte mir Ida ununterbrochen Signale, dass es an der Zeit war, dieses Abenteuer abzubrechen.

»Bitte geh nicht«, flehte er, als er meine Absicht erkannte. »Ich möcht dich doch so gerne richtig kennen lernen.«

»Das ist unmöglich«, wehrte ich ab. »Ich bin viel unterwegs und nirgendwo richtig zu Haus …«

»Ich komme zu dir, wo immer du bist.«

»Ich schreib dir«, versprach ich aus der übermütigen Laune dieses Abends heraus und um ihn zu beruhigen. Ich ließ mir seine Adresse geben. Ich gestattete auch, dass er mich bis zum Wagen begleitete, den Ida bereits vor die Tür bestellt hatte.

»Versprichst du mir, dass du nicht mehr in den Saal zurückgehst«, beschwor ich ihn im Angedenken an Esterházys neugierige Blicke. »Ich möchte in dem schönen Wissen nach Hause fahren, dass du einzig für mich auf diesem Ball gewesen bist.«

Er versprach es in meine Hand, und dann ging alles sehr schnell. Ida vereitelte seinen frechen Versuch meine Maske zu verschieben, indem sie erschrocken dazwischensprang. Die Wagentür flog auf, ein letztes »Adieu!« und ich entzog meine Finger und meine Person dem Abenteuer.

Durch das Rattern der Kutschenräder drang erstickter Laut. Meine Freundin und Vorleserin war mit ihren Nerven am Ende.

Aber auch in meinem unterdrückten Kichern schwang eine Spur von Hysterie. Was wäre geschehen, wenn ich erkannt worden wäre? Wenn Friedrich meinen Namen gerufen hätte? Lieber Himmel, hoffentlich hielt er sein Versprechen, nicht wieder in den Saal zu gehen. Hoffentlich trieb er die Tollheit nicht auf die Spitze und versuchte uns zu folgen.

»Wir müssen einen Umweg fahren«, bat ich Ida erschrocken. Ich überließ es ihr, dem Kutscher mitzuteilen, dass er die Hofburg in einem Bogen über die Vorstädte ansteuern sollte.

Das erregende Abenteuer des heimlichen Balles half mir im Folgenden über viele ereignislose Tage hinweg. Einmal glaubte ich Friedrich bei einer Ausfahrt im Prater zu erkennen. Doch meine Kutsche war zu schnell vorbei, als dass ich mehr als ein Gesicht, einen respektvollen Gruß erkennen konnte.

Eigentlich hatte ich gar nicht vorgehabt, ihm wirklich zu schreiben, aber je mehr ich darüber nachdachte, umso verlockender wurde die Idee. Wem taten diese Briefe schon weh? Und wie viel Balsam waren sie für mein einsames Herz, das sich so sehr nach wirklicher Liebe sehnte!

Eine Reise nach München gab mir Gelegenheit, das versprochene Lebenszeichen zu senden, ohne dass die Geheimpolizei des Kaisers ihre Nase in meine Angelegenheiten steckte. Es bereitete mir höchstes Vergnügen, auf unsere Unterhaltung anzuspielen.

Mit tausend Frauen und Mädchen haben Sie schon gesprochen, sich auch zu unterhalten geglaubt, aber Ihr Geist traf nie auf eine verwandte Seele …

Kühne Worte, die augenblicklich Erwiderung von seiner Seite fanden, weil ich ihm die Möglichkeit einräumte, mir postlagernd nach München zu antworten. Er schickte Fragen über Fragen. Er wollte wissen, wo ich war, was ich tat, mit wem ich meine Zeit verbrachte und ob seine Eifersucht gerechtfertigt wäre. Was für ein bezaubernder, jugendlich ungestümer und gleichzeitig unschuldiger Brief. Ich konnte ihn nicht unbeachtet lassen, obwohl mir Ida auf das heftigste davon abriet.

»Es könnte völlig falsch ausgelegt werden«, warnte sie. »Und wenn dieser junge Mann gar herausbekommt, wer ihm da die Ehre persönlicher Zeilen gibt …«

»Ich sorge schon dafür, dass er es nie erfährt«, wehrte ich ihre Bedenken ab. »Es macht mir Spaß, ein Leben für ihn zu erfinden, das es nicht gibt. Ich muss ihm falsche Spuren legen. Fremde Reiseziele, andere Vorlieben. Ich könnte zum Beispiel erwähnen, dass ich Hunde nicht leiden kann. Alle Welt weiß, dass die Kaiserin ihre Hunde über alles liebt.«

Meine liebe Ida blieb jedoch bei ihrer panischen Angst vor dem möglichen Skandal. Ich musste mir die Hilfe meiner Schwester Marie von Neapel sichern, um mit Friedrich in Kontakt zu bleiben. Wenn sie die Briefe aus England an ihn absandte, wohin sie als Nächstes reisen wollte, während ich in Wirklichkeit in Wien oder München war, würde er in seinen kühnsten Träumen nicht auf die Idee kommen, dass er mit der Kaiserin in höchsteigener Person korrespondierte.

Auf diese Weise flogen einige Episteln hin und her, die ich mit spöttisch leichter Hand zu Papier brachte. Sie berichteten von Familienangehörigen und Ereignissen, die es nur in meiner Fantasie gab. Ich war mir so sicher, dass ich sogar die Frage, ich könne möglicherweise gar nicht Gabriele heißen, mutwillig beantwortete.

Haben Sie eine Aversion gegen diesen schönen Erzengelnamen, fragte ich ihn und bat ihn gleichzeitig, zu prüfen, ob er England nicht für seine Ferienreise in Betracht ziehen könne, damit wir uns sahen.

Auch wenn ich wusste, dass ich ihn am Ende enttäuschen musste, wollte ich ihm die Hoffnung auf dieses Wiedersehen schenken. Warum nicht für eine Weile eine bezaubernde Illusion miteinander teilen? War nicht das Träumen, das Warten, das Hoffen schöner als jede Gewissheit? Hatte er nicht seine Hinneigung zur Poesie erwähnt? Welche Poesie könnte herzergreifender und erhabener sein als jene der reinen, unschuldigen Liebe?

Ich verewigte meinen Flirt im gelben Domino in eigenen Versen und schmückte die Ereignisse auf das vergnüglichste noch weiter aus. Es gefiel mir, die Möglichkeiten und die Ereignisse nach eigenem Geschmack zu drehen und zu wenden, und ich hoffte auf viele weitere Anregungen in den Briefen von Friedrich.

Allein, er war wohl zu jung und zu ungeduldig, um diese Art melancholischer, romantischer Neigung wirklich zu schätzen. Schon der folgende Brief klang anders. Jetzt las sich selbstbewusste männliche Herausforderung zwischen den Zeilen. Für ihn hieße ich weder Gabriele noch Frederike, sondern

Elisabeth, wagte er zu schreiben und auch noch Antwort und Rechenschaft zu fordern.

Das Blut stieg mir in den Kopf, als ich diese Botschaft von Marie erhielt. Wie konnte er es wagen? Warum war er so ungestüm, so wenig diplomatisch und vorsichtig? Es kam nicht länger in Frage, zu antworten und weitere Briefe zu schreiben. Ich hüllte mich in Schweigen.

Es endete wie alle Lieben meines Lebens. In Enttäuschung, Einsamkeit und vergeblichen Träumen. Der gelbe Domino verschwand in den Tiefen meiner Kleidertruhen und wurde nie wieder getragen.

⋆⋆⋆

»Nach England?« Franz Joseph sah mich an, als habe ich ihm soeben mitgeteilt, ich wolle die hintere Mongolei bereisen. »Was willst du in England, Sisi? Den Floh hat dir die Marie ins Ohr gesetzt, nicht wahr?«

Der Besuch meiner Schwester war Franz Joseph ohnehin ein Dorn im Auge. Es gab keinen vernünftigen Grund dafür, es sei denn, er mochte die Art nicht, wie sie mich nachahmte. Im Grunde taten das alle meine bayrischen Schwestern, aber bei der Ex-Königin von Neapel machte es den perfektesten Eindruck.

Marie war mir am ähnlichsten, und sie betonte diese Tatsache in Haltung, Frisur und Kleidung noch zusätzlich. Die wechselvollen Tücken ihres Lebens hatten ihrer Schönheit nicht geschadet, und wenn es einen echten Unterschied zwischen uns gab, dann höchstens ihre unverblümte Art, frei heraus zu sagen, was sie dachte. Auf diese Weise hatte sie die Wiener und den Hof schon einige Male in größere Aufregung versetzt.

»Die beste Art als Königin zu leben, ist als Ex-Königin zu leben«, hatte sie dem Kaiser zwar im Familienkreis, aber höchst vergnügt an den Kopf geworfen. Ich brachte Verständnis dafür auf, dass er Maries Einfluss fürchtete und das Ende ihres Besuches herbeisehnte.

»Und wenn es so wäre?«, entgegnete ich gleichwohl provozierend. »Soll ich lieber in Wien bleiben, wo sich die politischen Gruppen darin üben, an allem der Kaiserin die Schuld zu geben? Wär es nicht so ärgerlich, man könnte grad drüber lachen. Für die Böhmen bin ich die böse Frau, die verhindert, dass du dich in Prag zum König von Böhmen krönen lässt. Für die Zentralisten der Grund, dass deine Mutter nicht mehr lebt, und der Kirche bin ich ein Ärgernis, weil ich nicht ständig zum Beten renne. Sicher findet sich auch noch eine Partei, die mich dafür verantwortlich macht, wenn es beim Maikorso zu regnen anfängt.«

»Jetzt bist du aber wirklich ungerecht, Sissi«, rügte der Kaiser in seinem trockensten Beamten-Tonfall.

»Das mag sein, aber ich hab die Streitereien satt. Vielleicht hat sich die Lage wieder beruhigt, bis ich nach Hause komme. Außerdem tun der Valerie die Seebäder in England bestimmt gut. Sie war mir viel zu oft krank im vergangenen Winter. Man muss ihre Gesundheit stabilisieren.«

Da ich keinen Einwand gelten ließ, musste der Kaiser die Reise wohl oder übel billigen. Es sollte jedoch kein Staatsbesuch mit offiziellen Terminen werden, sodass ich einmal mehr als Gräfin Hohenembs mit meiner Tochter Wien verließ. Via Strassburg und Le Havre steuerten wir die Insel von Wight als erstes Ziel auf englischem Boden an.

Was ich Franz Joseph nicht verraten hatte, war, dass Marie mir in den buntesten Farben von den Parforceritten, den Jagschlössern und den aufregenden Bräuchen der Fuchsjagd im englischen Königreich vorgeschwärmt hatte. Sie besaß seit neustem dort ein Jagdhaus und schwor, dass ich nicht einmal rund um Gödöllö so ideale Reitmöglichkeiten finden würde.

Sie behielt Recht. Schon nach der ersten Fuchsjagd in Belvoir, dem Schloss des Herzogs von Rutland, hatte ich Feuer gefangen. Sowohl für den Sport wie auch für die Menschen, die ihn betrieben. Zu meiner Überraschung traf ich viele alte Bekannte bei Rutland. Zum Beispiel die Brüder Baltazzi, die auch zu meinen Gästen in Gödöllö gezählt hatten und Gestüte in England, Österreich und Ungarn besaßen. Dank ihnen fühlte ich mich im Kreise der waghalsigen Reiter und kühnen Sportler auf Anhieb zu Hause.

Die harmloseren Vergnügungen meines London-Besuches gerieten schnell in Vergessenheit. Gegen die Faszination der famosen englischen Reitsport-Kreise war das eigene Bild im Wachsfiguren-Kabinett nur ein harmloser Spaß. Aber auch die tragischeren Erlebnisse bei meinem Besuch in der großen Irrenanstalt von Bedlam gerieten ins Hintertreffen. Pferde interessierten mich noch mehr als die neuesten medizinischen Erkenntnisse über Geisteskrankheiten.

Während Franz Joseph den größten Teil dieses Sommers bei irgendwelchen Manövern verbrachte, besuchte ich die englischen Ställe, machte gemeinsam mit Valerie eine Badekur und versuchte die offiziellen Einladungen von Queen Victoria so gut es ging abzulehnen. Ich verspürte nicht den Wunsch, mich bei ihr in Schloss Osborne tödlich zu langweilen, und ich wurde vom Kaiser sogar darin bestätigt. Allerdings schrieb er auch, dass er keine Zeit finden würde, für zwei Wochen nach London zu kommen und selbst die Queen in Schottland zu besuchen. Ich solle mich in meinen Plänen nicht genieren lassen und alles für meine Erholung tun.

Ich nutzte den Freibrief des Kaisers augenblicklich, obwohl er mit Erholung wahrscheinlich kein verschärftes Reittraining gemeint hatte. In Gödöllö und Wien hatten mir so hervorragende Kunstreiterinnen wie Elise Renz oder Emilie Liset Reitstunden gegeben, aber diese Fähigkeiten reichten noch längst nicht aus, um an der Spitze einer englischen Fuchsjagd zu reiten. Und wenn ich wiederkam, würde ich nur an der Spitze reiten!

Ich brachte ein Jagdpferd und ein wunderbares neues Ziel mit nach Wien. Ich hatte meinen sportlichen Ehrgeiz wiederentdeckt! Plötzlich konnte der Tag gar nicht genügend Stunden für mich haben. Bei einer Reiterjagd querfeldein setzte man in Großbritannien über Hindernisse, die wesentlich höher als jene in Gödöllö oder Böhmen waren. Das erforderte einen tadellosen Sitz im Sattel, jede Menge Mut und noch mehr Übung und Erfahrung. Den Sitz und den Mut besaß ich. Was Übung und Erfahrung anbetraf: Ich würde so lange trainieren, bis ich sie besaß.

In Wien konnte man nur auf dem Rennplatz in der Freudenau solche Hindernisse errichten. Aber schon nach wenigen Tagen war ich dort nicht mehr alleine mit meinem Stallmeister.

Die halbe Stadt machte sich einen Zeitvertreib daraus, ihre Kaiserin beim Hindernistraining zu beobachten. Sie kamen in Scharen auf den Rennplatz.

Wenn sie sich damit begnügt hätten, wäre es schon unangenehm genug gewesen, aber sie wagten es auch noch, meinen sportlichen Ehrgeiz zu kritisieren. Zeitungsartikel, Gerüchte, Tratschereien und boshafte Bemerkungen ließen mir nur einen Ausweg: Gödöllö.

»Du kannst mir nicht vorwerfen, dass ich schon wieder nach Ungarn fahre«, wehrte ich mich gegen Franz Josephs Bitte, in Wien zu bleiben. »Ich will nicht den Kasperl für die Leute machen. Es ist mir völlig ernst mit meinem Bemühen, und wenn das niemand versteht, dann trainier ich eben woanders.«

»Warum musst du überhaupt solche Hindernisse überspringen können?«

Was sollte ich darauf antworten? Weil es mir gefällt? Weil ich für Sekunden das Gefühl habe, frei zu sein und fliegen zu können? Nichts davon konnte eine so nüchterne Natur wie der Kaiser verstehen, also schwieg ich.

Wie üblich gab er am Ende nach, und ich widmete mich in Gödöllö meiner selbst gestellten Aufgabe. Ich wollte es meinen Kritikern zeigen. Ich würde nicht nur die schönste Kaiserin Europas sein, sondern auch die vollendetste Reiterin des Kontinents. Die »Königin der Amazonen«, wie es mein teurer Freund einmal so schön formuliert hatte.

Jener, der seine Gefühle jetzt so ausschließlich auf die Politik konzentrierte und mir eine Freundschaft widmete, in der die Leidenschaft von einst den väterlichen Ermahnungen von heute gewichen war. Wahrhaftig, es gab viele traurige Gedanken, vor denen ich fliehen wollte und denen ich nur auf dem Rücken meiner Pferde entkam.

Das kommende Frühjahr brachte einen neuerlichen Todesfall in unserer Familie. Einen, der niemand groß schmerzte, denn der Ex-Kaiser Ferdinand, der in Prag kinderlos entschlummerte, war schon lange aus dem Gesichtskreis der Menschen und seiner Familie entschwunden. Dennoch bildete sein Tod einen merklichen Einschnitt in meinem Leben. Er hatte Franz Joseph zum Universalerben seines riesigen Vermögens bestimmt, und mit einem Male war es vorbei mit den Spar-Appellen meines Gemahls. Der Kaiser verdreifachte meine Einkünfte und erfüllte mir fortan jeden Wunsch.

Pferde standen an erster Stelle auf meiner Liste, denn nie hatte ich die Kränkung verwunden, dass, auf Anregung der Erzherzogin, nach Königgrätz ausgerechnet meine Ställe reduziert worden waren. Gleichzeitig kümmerte ich mich jedoch auch darum, mein plötzlich gestiegenes Einkommen sinnvoll zu vermehren. Ich kaufte Pfandbriefe und Aktien der Staatsbahnen, der Donaudampfschifffahrtsgesellschaft und legte mehrere Sparbücher an.

Da sich der Kaiser nie der Mühe unterzog nachzuforschen, was ich mit meinem Geld machte, wäre er vermutlich überrascht gewesen, hätte er herausgefunden, wie hübsch sich meine Depots in den folgenden Jahren vermehrten.

Meine neuen Pferde indes ließ ich mir mit einem Hauch von Rache aus der kaiserlichen Kasse bezahlen. Die besten sollten es sein, die in ganz Österreich und Ungarn zu finden waren. Ehe ich sie nicht vollendet beherrschte, würde ich mich den kritischen Augen meiner Sportsfreunde nicht stellen. Meine eigenen Qualitätsmaßstäbe waren so hoch, dass ich im folgenden Jahr auf die Reise nach England verzichtete, weil es mir trotz intensiver Bemühungen noch an der absoluten Perfektion fehlte.

Da ich indessen Geschmack an den Meerbädern und der Kanalküste gefunden hatte, beschloss ich, ein Seebad in der Normandie aufzusuchen. Mein Haushofmeister machte Sassetôt les Mauconduits für mich ausfindig. Ein einfaches Schloss mit einem riesigen Park, wie geschaffen für englische Hindernisse und ungestörtes Reittraining. Dass der Kaiser gegen diese Reise Einspruch erhob, traf mich völlig unvorbereitet.

»Unsere Beziehungen zu Frankreich sind nicht die besten, Sisi«, sagte er besorgt. »Man duldet in Frankreich diese Anarchisten, und du könntest in Gefahr sein. Außerdem wird man es in Berlin nicht gerne sehen, wenn die Kaiserin von Österreich in der Normandie Urlaub macht.«

»Also ich bitte dich, Franzi«, entrüstete ich mich. »Was kümmert es den Kaiser in Berlin, wo ich Urlaub mache? Sassetôt liegt völlig einsam am Meer, und außer ein paar Bauerndörfern hat es keine Nachbarschaft. Ein jeder Anarchist würde dort auffallen wie ein bunter Hund. Außerdem hab ich nun wirklich genügend Leute um mich, so dass gar nichts passieren kann.«

Der Kaiser musste nachgeben, und am letzten Julitag des Jahres 1875 kam mein persönlicher Zug in Fécamp an. Schon die Ankunft hätte mir zu denken geben sollen, denn niemand hatte meinen Wunsch nach Diskretion berücksichtigt. Der Bahnhof war extra für mich gesperrt worden, die Kutschen warteten, und viel zu viele neugierige Franzosen begutachteten meinen Haushalt.

Valeries Spielkamerad, der kohlschwarze kleine Mohr Rustimo, den mir der Schah von Persien geschenkt hatte, erregte ebenso viel Aufsehen wie die Karawane des Haushaltes. Sie reichte von der ungarischen Suppenköchin über die Zuckerbäcker, Köche, Küchenjungen bis hin zu den Kammerfrauen, Wäscherinnen und Dienern. Neben dem Stallpersonal, das für die Vollblüter sorgte, die wir aus Wien mitgebracht hatten und über das mein Stallmeister herrschte, gab es auch noch das offizielle kaiserliche Gefolge: Zeremonienmeister, Ehrendamen, Kammerherren, Arzt, Priester, Sekretär, Schatzmeister und noch viele mehr. Der ganze lästige Hofstaat eben, ohne den eine Kaiserin der Donaumonarchie, nach Meinung der Wiener Hofkanzlei, nicht lebensfähig war.

Zweiundsiebzig Personen mussten in Sassetôt jeden Tag mit Essen versorgt werden, wobei mein Anteil vermutlich die geringste Mühe machte. Meist begnügte ich mich morgens mit etwas Kaffee oder Tee und einem kleinen Stück Gebäck. Während des Tages nahm ich höchstens ein weich gekochtes Ei, ein wenig Brühe, frisch gepresste Säfte oder kühle frische Milch zu mir. Aber Valerie liebte die Meisterwerke des kaiserlichen Zuckerbäckers ebenso wie die Wiener Bonbons, die er für sie herstellte und die sie großzügig mit anderen Kindern teilte.

Sie war zu einem liebenswürdigen kleinen Mädchen von sechs Jahren herangewachsen, das ständig seine böhmische Puppe mit sich herumschleppte und mir nur Freude bereitete. Je älter sie wurde, um so mehr fand ich eine gewisse Ähnlichkeit mit Gisela in ihren Zügen, aber Valeries Linien waren glücklicherweise feiner, ihre Gestalt zierlicher. Sie besaß das bezauberndste Lächeln, und wenn sie es mir schenkte, schmerzte mein Herz vor lauter Liebe zu ihr. Sie war die Sonne meines Lebens.

Die Tage in Sassetôt bekamen eine hübsche Regelmäßigkeit, wenngleich anfangs das Wetter nicht oft zum Baden einlud. Auch störte es mich, den Strand von Petites Dalles, wo ein kleines Badehaus für mich errichtet worden war, mit so vielen anderen Menschen teilen zu müssen. Die hübsche Landschaft dagegen lud zu weiten Ausritten ein, aber die unfreundlichen Reaktionen der Einheimischen verdarben mir bald den Spaß daran. Bauern und Fischer mochten den Adel nicht. Reiter waren in ihren Augen aristokratische Ärgernisse, denen sie Beschimpfungen und Erdbrocken nachwarfen.

Sie ahnten nicht, dass ich im Grunde auf ihrer Seite stand. Ich kam großzügig für die Schäden auf, die bei meinen Ausritten entstanden, und ich spendete immer wieder Geld für die Armen der umliegenden Gemeinden und die notleidenden Fischer. Ich hatte Verständnis für das Aufbegehren des Volkes gegen die Monarchie und den Adel. Ich sah die drohenden Wolken am Horizont unseres Lebens, deren Existenz Franz Joseph so hartnäckig verweigerte. Vielleicht weil er nie etwas anders las als seine Akten und es seiner Geheimpolizei überließ, die aufrührerischen Schriften zu verbrennen, die ihn möglicherweise aufgerüttelt hätten.

Inzwischen war jedoch die Hindernisbahn bereit, die mein Stallmeister für mich im Park errichtet hatte, und ich nahm mein Sprungtraining auf. Schon bald genügten die wenigen Pferde nicht mehr, die wir mitgebracht hatten, und neue wurden geordert. Mit einem dieser neuen Pferde passierte ein Unglück, das bis nach Wien für Aufregung sorgte.

Im Augenblick des Ereignisses selbst fühlte ich nur einen Ruck, der mich aus dem Sattel zog, einen Herzschlag lang Orientierungslosigkeit und einen so gewaltigen Schlag auf den Hinterkopf, dass ich die Besinnung verlor.

Als ich die Augen wieder aufschlug, blickte ich in besorgte Gesichter. Die Gräfin Festetics hatte gar Tränen auf den Wangen. Ausgerechnet meine gelassene, liebenswürdige Marie so aufgelöst und verzweifelt zu erblicken erstaunte mich unendlich.

»Was ist geschehen?«, fragte ich. »Wo bin ich?«

In diesem Moment eilte Doktor Widerhofer mit fliegenden Rockschößen heran. Er war völlig außer sich, weil ich mich nicht an den Sturz erinnern konnte, ja nicht einmal daran, wo ich mich im Augenblick befand.

Dafür blitzten die Erinnerungen an Bedlam und die anderen Irrenanstalten, die ich in der letzten Zeit besucht hatte, durch meinen Verstand. »Werd ich jetzt ein Trottel bleiben, Doktor?«, wisperte ich und sorgte mich im selben Moment um meinen armen Franz Joseph. »Bitte nichts dem Kaiser berichten.«

Die heftige Erschütterung meines Kopfes hatte eine Nacht voll grässlichster Schmerzen zur Folge. Der Arzt suchte mir mit Eisbeuteln und Umschlägen Linderung zu verschaffen, aber mir war so übel, dass ich mich am liebsten pausenlos übergeben hätte. Erst später verriet mir Marie, dass er in seiner Verzweiflung sogar davon gesprochen hatte, mein Haar zu opfern, damit der Kopf leichter wurde. Es war zum Glück nicht nötig. Nach ein paar Tagen Ruhe fühlte ich mich sogar fähig, die aufgeregten Briefe des Kaisers zu beantworten.

Was sollte ich in der Welt ohne dich, den guten Engel meines Lebens, schrieb er mir besorgt.

Er riskierte sogar eine Auseinandersetzung mit seinem Außenminister, weil er mich – ungeachtet der schwierigen politischen Lage – augenblicklich besuchen wollte. Doch eine telegrafische Entwarnung beugte dem diplomatischen Chaos rechtzeitig vor. Ich übermittelte dem Kaiser mein Bedauern darüber, dass ich ihm einen solchen Schreck bereitet hatte. Ich war schließlich eine Reiterin. Ein dummer »Rumpler« raubte mir weder meinen Mut noch meine sportlichen Fähigkeiten. Davon konnte sich der Hofarzt, den mir der Kaiser in seiner Sorge geschickt hatte, mit eigenen Augen überzeugen.

Doktor Widerhofer verbot mir für die nächsten Tage jegliches Training. Mit einem Mal war Sassetôt öde und unbequem geworden. Ich gab Anweisungen zur Rückreise, während die Zeitungen in Wien nichts Besseres zu tun hatten, als über den »Spazierritt der Kaiserin« zu spekulieren. Die kritischen Journalisten geißelten den Reitsport als teuren Zeitvertreib der vornehmen Welt. Er stünde einer Kaiserin, die dem ganzen Volk gehört, nicht wohl an. Ich zuckte die Achseln darüber, in Wien erregten sich die Gemüter.

»Es ist schade, dass ich wieder zu mir gekommen bin, sonst könnten sie meinen Nachruf schreiben und mich endlich in Frieden lassen«, sagte ich zu Marie, die sich vor lauter Entsetzen gleich bekreuzigte.

»Gott bewahre, Kaiserliche Hoheit! So etwas dürfen Sie nicht sagen. Nicht einmal im Scherz.«

Ich ersparte mir die Antwort und wandte mich wieder dem Brief des Kaisers zu, der nicht nur diese Neuigkeiten enthielt, sondern auch die Bitte, meinen Heimweg über Paris zu nehmen. Er ahnte wohl, dass ich nach dem Aufruhr, den ich verursacht hatte, nicht den Mut aufbrachte, ein solches Ansinnen abzulehnen.

Dennoch bemühte ich mich, die offiziellen Termine in Paris weitgehend einzuschränken. Ich hatte weder die Absicht, mit dem Präsidenten der französischen Republik, Marschall Mac Mahon zu plaudern, noch Empfänge zu geben oder mich in der Oper anstarren zu lassen. Stattdessen besichtigte ich die Stadt und den Louvre zu Fuß. Ich besah mir zu Maries Entsetzen den Bois de Boulogne aus dem Sattel eines Pferdes und registrierte zufrieden, dass mein Kopf auch beim schnellen Galopp nicht mehr schmerzte. Hatten sie wirklich erwartet, dass ich nie wieder reiten würde? Kannten sie mich so wenig?

Auf der weiteren Reise machte ich Halt bei Gisela in München. Die Ereignisse waren mir vorausgeeilt, und meine Tochter bekundete ihr Missfallen so kalt und steif wie ihre selige Großmama. Ihr gefiel weder der Sturz in Sassetôt noch mein Verhalten in Paris. Nicht weil sie mich liebte, sondern weil sie fürchtete, dass man ihr das Benehmen der eigenen Mutter anlasten würde, bat sie mich inständig: »Sie sollten wirklich nicht mehr reiten, Mama!« Dabei klang sie nicht wie meine Tochter, sondern wie Valeries englische Erzieherin Miss Trockmorton, der ich den Laufpass gegeben hatte, weil sie meine geliebte Jüngste völlig falsch erzog.

Gisela provozierte mich derart, dass ich unwirsch entgegnete: »Wär's nicht besser, du erziehst deine Kinder und nicht deine Mutter?«

Sie reagierte mit böse zusammengepressten Lippen und erhob keinen Einspruch, als ich sofort nach Wien weiterfahren wollte.

Von dort ging es nach Gödöllö zu den Herbstjagden, an denen in diesem Jahr sogar Franz Joseph und Graf Andrássy teilnahmen. Ich rechnete auch mit ihrer Kritik, doch von Franz Joseph wurde ich angenehm überrascht: Der Kaiser war einfach glücklich, dass ich wieder an seiner Seite ritt und dass mir der Unfall in der Normandie nicht auf Dauer geschadet hatte.

Gyula Andrássy hingegen ließ mich seinen Unmut spüren. Es bedurfte geschickter Planung und der diskreten Hilfe meiner vertrauten Ungarinnen, damit ich ihn unter vier Augen sprechen konnte, ohne dass gleich alle Welt davon erfuhr und böse Gerüchte die Runde machten.

Dann indes machte er keinen Hehl aus seiner Entrüstung. »Denken Sie denn so gar nicht an jene, die Sie lieben, Majestät?«, fragte er vorwurfsvoll. »Warum setzen Sie so waghalsig Ihr kostbares Leben aufs Spiel?«

»Jeder Reiter fällt früher oder später einmal aus dem Sattel, mein Freund«, entgegnete ich. »Warum macht man ausgerechnet bei mir eine solche Staatsaktion daraus?«

»Vielleicht weil Sie unersetzlich sind, Majestät?«

»Für wen, Graf Andrássy?«, murmelte ich mit einem Hauch von Provokation und erwartete die übliche Aufzählung von meiner Tochter über den Kaiser, den Thronfolger bis hin zu ihm, dessen Gefühle mir doch immer so wichtig gewesen waren.

»Die Kaiserin ist keine Privatperson, Majestät«, antwortete er nach kurzem Zögern. »Die Kaiserin ist ein Symbol. Wenn sie stürzt, erschüttert dies die Monarchie. Die Zeiten sind schwierig, man sollte der Monarchie jede überflüssige Erschütterung ersparen.«

»Der Monarchie«, hauchte ich entsetzt und versuchte zu begreifen, was ich da eben gehört hatte. »Ihre Sorge gilt also ausschließlich der Monarchie, Graf Andrássy. Wie schön, das zu wissen.«

Er mied meinen Blick. Er schaute so konzentriert zu den Kuppeldächern von Gödöllo hinüber, die wir auf diesem Spaziergang über den Buchenwipfeln erkennen konnten, dass ich den Eindruck größten persönlichen Unbehagens gewann. Wie schön. Er sollte ruhig ein wenig leiden, wenn er mir diese bittere Medizin schon so großzügig verabreichte.

Ich musste lange warten, ehe er sich zu einer Erwiderung entschloss. »Ist es klug, immer wieder alte Wunden aufzureißen, Kaiserliche Hoheit? Können wir nicht Freunde sein? Gute Freunde, die einander vertrauen und die ehrlich miteinander sind? Es wäre mir so viel daran gelegen.«

Eine Hand streckte sich mir entgegen, halb auffordernd, halb bittend. Die schmale Hand eines Reiters. Ich sah hinauf in das kantige Magyarengesicht mit dem Bart und den dunklen, lockigen Haaren. Zum ersten Male entdeckte ich einen Schimmer von Silber an den Schläfen und auch im Bart. Die einst so attraktiven Linien in den Augenwinkeln und auf der Stirn waren zu tiefen Falten geworden. Wann war aus dem wilden ungarischen Abenteurer meiner Träume dieser gesetzte, sorgenvolle Herr geworden? Kannten wir uns wirklich schon so viele Jahre?

Halb gerührt, halb entsetzt griff ich nach seiner Hand und umfing sie heftig mit allen zehn Fingern. Sie fühlte sich kühl und unerwartet zerbrechlich an. »Sie müssen mich nicht darum bitten, mein Freund. Ich bin es, und ich werde es immer sein. Aber auch ein Symbol braucht manchmal das Gefühl von Freiheit und Leichtigkeit. Ich versprech Ihnen jedoch, dass ich vorsichtig bin. Ich hab sogar Valerie das Versprechen abgenommen, dass sie nie ein Pferd besteigt. Ich verstehe Ihre Sorge, aber bei mir ist sie übertrieben.«

Er küsste meine Finger und ließ mich in einem wirren Zustand zwischen Empörung und Sorge zurück. Ein Symbol war ich also für ihn geworden. Nicht mehr Erszebét, sondern eine Schachfigur der politischen Pläne. Ein Symbol auch für eine Liebe, die für ihn allem Anschein nicht das bedeutet hatte, was sie für mich trotz allem immer war und immer bleiben würde.

Das Gespräch hinterließ einen bitteren Geschmack, und ich prüfte an diesem Abend mein Gesicht im Spiegel mit eindringlicher Gründlichkeit. Fanden sich auch bei mir Spuren des Alters? Hatte meine Haut an Frische eingebüßt, an Spannkraft und an Schimmer? Entdeckte Fanny beim Auskämmen mehr tote Haare als früher in ihrem Kamm? Ging meine Taille in die Breite?

»Ich glaube, ich komm in die Jahre, Marie«, seufzte ich, als meine liebste Hofdame eintrat, und erntete ein leises Lachen von der Gräfin Festetics.

»Sie machen Scherze, Majestät. Sie sind so schön wie nie. Schauen Sie nicht in den Spiegel, sondern in das Gesicht des Kaisers. Er ist Ihnen so ergeben, dass er schon glücklich ist, wenn er nur Ihren Arm berühren darf.«

»Ich bleib lieber beim Spiegel, Marie. Er ist unbestechlicher. Findest du nicht, dass meine Haut ein wenig zu braun geworden ist? Ich muss eine Quark-Maske auflegen, und ich denke, ich werde heute nichts zu Abend essen. Höchstens ein Glas frische Milch …«

Ich verstärkte die Bemühungen um meine Schönheit. Es wurde nötig, egal was Marie sagte. Ich musste nur Valerie ansehen, die langsam eine junge Dame wurde. Ganz zu schweigen von Rudolf, der eine geradezu magische Anziehungskraft auf meine Hofdamen, gleich welchen Alters, auszuüben begann.

Er war jetzt siebzehn, und es amüsierte mich, dass er mit einem Blick, einem Lächeln so viel Begeisterung entfachen konnte. Er selbst nahm es nur am Rande zur Kenntnis, denn er sah allein seine junge Tante. Er verehrte Erzherzogin Maria Theresia, die zweite Gemahlin des Kaiserbruders Karl Ludwig. Sie war Anfang zwanzig und die schönste der schönen Braganza-Schwestern. Eine kleine, zierliche Person mit seelenvollen Augen und einer Flut pechschwarzer Haare. Man hatte sie mit einem zweiundzwanzig Jahre älteren Mann verheiratet, der sie bewachte wie der Drache seinen Schatz. Kein Wunder, dass Rudolf sich versucht fühlte, den Ritter zu spielen. Er war dabei, ein Mann zu werden.

Ich versuchte mein aufkommendes Unbehagen mit aller Kraft zu bekämpfen. Nein, ich war noch nicht alt! Würde ich sonst so federleicht im Sattel sitzen? Lägen mir sonst die fabelhaftesten Reiter wie der Prinz von Liechtenstein, die Larisch-Brüder oder Fürst Kinsky zu Füßen? Ein Wort, ein Lächeln, und ein jeder von ihnen würde Ehre, Vermögen und Familie fahren lassen, um ausschließlich mir zu dienen.

Ihre Bewunderung und ihre Komplimente wurden zur Nahrung für meine Seele, auch wenn es vielleicht besser war, dass ich ihren Wahrheitsgehalt nie überprüfte. Es waren diese Freuden, die ich dringender benötigte als die Speisen aus der Hofküche, die sich ohnehin nur auf meinen Hüften niederschlugen.

Die Wertschätzung meiner ungarischen Kavaliere richtete keinen Schaden an. Im Gegenteil, sie hielt die schwarzen Schatten der Melancholie fern, die plötzlich am Rande meines Bewusstseins aufgetaucht waren und wie Nebelschwaden näher trieben, als mein Lieblingshund Shadow im November starb.

Alle die mich ohne Einschränkung liebten, verließen mich …

England 1876 – 1878
»Warum muss ich in den Käfig zurück?«

Du bist hier nicht in Gödöllö, Sisi, auch wenn du deinen ganzen Reiterharem mit nach England geschleppt hast. Hier brauchst du einen Piloten, wenn du bei einer Jagd ganz vorne mitreiten möchtest«, erklärte meine Schwester Marie mit einem so belehrenden Unterton, dass ich nicht wusste, ob ich darüber lachen oder verärgert sein sollte.

Von Zeit zu Zeit liebte sie es, jene Überlegenheit herauszustreichen, die ihr der Verkehr mit der mondänen Welt in Paris und England verschafft hatte. Ganz besonders, wenn auch noch die Gräfin Festetics bei uns saß und regelrecht zusammenzuckte, weil ihre Kaiserin so schwesterlich rüde abgekanzelt wurde.

»Und was soll dieser Pilot für einen Zweck haben?«, überging ich die Provokation gelassen. Im Gegensatz zu meiner Hofdame nahm ich Marie meistens nicht ernst. »Ohnehin geht mir diese Warterei langsam auf die Nerven. Ich bin nach England gekommen, um Jagden zu reiten. Stattdessen sitz ich hier herum, muss Besuche bei der Queen machen und wie eine zimperliche englische Lady darauf warten, dass mich irgendein Lord pilotiert. So hab ich mir das nicht vorgestellt!«

»In Gödöllö kennst du vielleicht jeden Stein, aber hier brauchst du erst einmal jemanden, der dich auf der Jagd begleitet«, erklärte Marie blasiert. »Er wählt den Weg für dich. Er steht dir zur Seite, wenn Schwierigkeiten auftauchen, und geht dir zur Hand, falls du stürzt. Wir haben Oberst Hunt in die engere Wahl gezogen, er ist der beste Steeplechase-Reiter von England. Captain Bay Middleton wäre noch besser, aber der ist nicht bereit, jemand zu pilotieren, nicht einmal eine Kaiserin.«

»Ach ja? Warum nicht? Und was heißt Bay? Was ist das für ein Name?«

»Captain William George Middleton«, wiederholte Marie noch einmal korrekt. »Sie nennen ihn Bay, weil er rotbraune Haare hat. Er ist Schotte und einer der geschicktesten Fuchsreiter der Insel. Allerdings auch ein schwieriger Charakter.«

»Er muss sich nicht um mich bemühen«, entgegnete ich spitz. »Ich kann ein bisserl reiten, Marie. Und ich hab's mir auch nicht zur Regel gemacht, in Zukunft öfter vom Pferd zu fallen. Sag deinen Freunden, dass ich ihre Sorge zu schätzen weiß, aber selbst zurechtkomme.«

»Jetzt sei nicht gleich eingeschnappt, Sisi«, lachte Marie und nahm einen Schluck aus ihrer Teetasse. »Morgen geht es ja schon los. Du wirst sehen, es wird dir in Easton Neston gefallen. Der Herrensitz ist wunderschön, der Park ein Erlebnis, und wir sind fast Nachbarn. Dann kannst du mit mir zanken, sooft du willst, und die englischen Lords können sich mit eigenen

Augen davon überzeugen, dass es in unserer Familie zwei Frauen gibt, die reiten können.«

Sie hatte nicht zu viel versprochen. Das endlose Weideland mit seinen Hecken, Bächen und vereinzelten Zäunen, den lichten Wäldern und den wenigen Straßen war wie geschaffen für den gestreckten Galopp auf dem Rücken eines Vollblüters. Ich brannte vor Ungeduld, bis die Exkönigin von Neapel mit der Nachricht erschien, dass Captain Middleton sich letztendlich doch dazu herabgelassen hatte, der Pilot der Kaiserin zu werden.

»Angeblich hat er gesagt: ›Was soll ich mit einer Kaiserin?‹«, erzählte meine Schwester ein wenig boshaft. Kein Zweifel, sie wollte mich gegen Captain Middleton aufhetzen und ihm Schwierigkeiten machen. Weshalb eigentlich?

»Hat er sonst noch was gesagt?«, erkundigte ich mich ohne jeden Hauch der erwarteten Empörung.

»Wie er dazu komme, auf dich Acht geben zu müssen, und dass er viel lieber seinen eigenen Weg suchen würde«, fügte Marie vielsagend hinzu und wartete auf meinen Wutanfall.

»Ein Rüpel also«, fasste ich die Tatsachen stattdessen nüchtern zusammen und fühlte mich erstaunlicherweise davon nicht abgestoßen, sondern fasziniert. Würde es mir gelingen, diesen schwierigen Schotten von meinen Reitkünsten zu überzeugen? Die bevorstehende Jagd bekam einen zusätzlichen Reiz, der über das sportliche Abenteuer noch hinausging.

Marie runzelte flüchtig die Stirn und beugte sich vertraulich in meine Richtung. »Es wird dem Captain missfallen, wenn deine ungarischen Kavaliere um dich herumflattern. Er nimmt seinen Sport sehr ernst, und du musst dich darauf gefasst machen, dass er nicht besonders höflich zu dir ist. Stell dich auf einen Kraftprotz ein, der Geldstücke verbiegt und raue Witze reißt. Hinter seinem Rücken nennen sie ihn auch Tell. Du weißt schon, to tell, sprechen.«

Da war sie wieder, Maries aufblitzende Eifersucht und der alberne Versuch mich zu ärgern. Ich winkte ab und versuchte, mein Gespanntsein auf den schottischen Grobian nicht zu zeigen.

Der erste Eindruck war enttäuschend. Der Mann im straff sitzenden Jagdrock war groß und tatsächlich sehr kräftig. Schön fand ich ihn nicht. Das glatte rotbraune Haar glänzte vor Pomade, der buschige Schnauzer verbarg die Oberlippe. Das kantige sonnengebräunte Gesicht wurde von einer langen Höckernase beherrscht, die ihm zusammen mit der finsteren Miene und dem dunklen Ton der Haut etwas Bedrohliches, Unwirsches verlieh. Dass er der Jüngere von uns beiden war, sah man ihm wirklich nicht an.

Immerhin wahrte er anfangs die Höflichkeit eines Gentleman. Er überzeugte sich gewissenhaft davon, dass mein Pferd mitsamt dem Sattel seinen hohen Ansprüchen genügte. Doch er kam mir dabei nahe genug, dass ich die mühsam beherrschte Ungeduld in ihm spürte, den Ärger über seine Rolle als »Kindermädchen« einer Kaiserin.

Während ich aufsaß und im Damensattel meine weiten, eleganten Röcke richtete, die so vielen Reiterinnen beim Sturz zum Verhängnis wurden, weil sie sich in Zügeln oder Sattelzeug verhängten, entdeckte ich nur gelangweilte Reserve in seinem Blick. Ihm imponierte weder mein perfekt sitzendes Reitkleid noch meine anmutige Haltung. Er erwartete sich nichts von dieser Kaiserin, die sich in den Kopf gesetzt hatte, eine richtige Fuchsjagd zu reiten. Er würde sich wundern!

Ohne mich groß um ihn zu kümmern, stürmte ich zusammen mit der nahezu hundert Mann starken Jagdgesellschaft beim ersten Hornsignal der kläffenden Meute los. Es war ein unbeschreibliches Gefühl! Ich passte mich mühelos dem Rhythmus meines Pferdes an und flog über Hecken und Gräben, als gälte es, die fahlblaue Kuppel des Märzhimmels mit dem Schleier meines Reitzylinders zu berühren.

Das intensive Sprungtraining, das ich zur Vorbereitung auf diesen besonderen Tag absolviert hatte, kam mir augenblicklich zugute. Meine Schwester und ihre englischen Kavaliere fielen zurück. Auch die Reihen der Ungarn und Österreicher wurden lichter, nur einer klebte wie Pech an der Kruppe meines Pferdes, nachdem er den ersten Vorsprung, den ich ihm zu seiner Verblüffung abgerungen hatte, wieder aufgeholt hatte.

Welch ein begnadeter Reiter dieser Captain Middleton doch war! Ein Zentaur, mit seinem Pferd verwachsen, ausdauernd und von zäher Kraft. Wie wohl sein Urteil über mich ausfiel?

Das Ende der Jagd sah von den mehr als hundert Menschen, die aufgebrochen waren, nur noch eine Hand voll. Marie war natürlich unter ihnen, Nicky Esterházy und Prinz Liechtenstein, Lord Spencer und andere, aber ich sah nur Captain Middleton.

Er sprang vom Pferd, um mir aus dem Sattel zu helfen. Er war nicht der Mann, der ausgefallene Komplimente drechselte, aber seine barschen Worte erfüllten mich mit wildem Stolz. »Ich kenne keine Frau in ganz Europa, die so reitet wie Sie,

Majestät«, sagte er knapp. »Es wird mir eine Ehre sein, Sie wieder zu pilotieren, wenn Sie das wünschen.«

»Das wünsche ich mir in der Tat, Captain«, erwiderte ich ebenso kurz wie er. »Sie scheinen mir genau der richtige Mann für schwieriges Gelände zu sein.«

Marie hatte es gehört und machte mir prompt Vorwürfe, als wir ohne Zuhörer aufeinander trafen.

»Also bist auch du auf den ungehobelten Charme unseres Schotten hereingefallen?«, spöttelte sie. »Du weißt, dass er verlobt ist? Mit Lady Charlotte Baird, einer sehr vermögenden jungen Dame.«

»Was sollte mich das stören?«, wunderte ich mich über ihren Hinweis. »Ich bin auch verheiratet, oder ist dir das entfallen? Ich schätze ihn als Reiter, mehr habe ich damit nicht sagen wollen.«

»Dann erklär das deinen ungarischen Kavalieren, die sind nicht gut auf Bay zu sprechen.«

Es war mir zu dumm, um darauf zu antworten. Manchmal wurde mir Maries Klatsch einfach zu viel. Sie fand besonderes Vergnügen daran, über andere Leute herzuziehen, aber sie machte in der letzten Zeit dabei keinen Unterschied zwischen meinen Freunden und meinen Feinden.

Ich dagegen fand es sinnvoller, mich mit meinen Pferden zu beschäftigen. Meine ersten Jagderfahrungen sagten mir, dass die Vollblüter, die ich von zu Hause mitgebracht hatte, im englischen Gelände Probleme hatten. Ich brauchte Pferde, die hier trainiert worden und auf Parforce-Ritte und Jagden spezialisiert waren. Captain Middleton beriet mich beim Kauf, und er gewann auch den silbernen Pokal, den ich für ein Steeplechase-Rennen gestiftet hatte.

Die wüste Hindernisjagd über kantig gestutzte Hecken und Wassergräben war ein Sport nach meinem Herzen, wenngleich ich darauf verzichtete, selbst mitzureiten. Die Verletzungs- und Sturzgefahr war noch größer als bei der Jagd, und Franz Joseph hätte es mir nie verziehen, wenn ich meine Gesundheit dabei riskierte.

Man trug mir ohnehin schon genügend Kritik vom Kaiserhof zu. Die kleinliche Aufrechnung meiner Reisekosten – angeblich über einhunderttausend Gulden – machte ebenso die Runde wie die das gehässige Gerücht, ich hätte eine höchst unkaiserliche Vorliebe für einen rothaarigen Schotten gefasst.

Wie ich es verabscheute, in dieses Wespennest aus Gehässigkeiten und Kleinlichkeiten zurückkehren zu müssen! Hatten sie sich etwa darüber entsetzt, als der Kaiser meine Pferde verkaufte, um die Kriegsentschädigungen zahlen zu können? Hatten sie mich bedauert? Dieses Opfer registriert? Niemals. Aber jetzt, wo unser Privatvermögen meine Wünsche deckte, machten sie sich plötzlich Sorgen. Egal was ich tat, es war immer falsch.

Trotzdem musste ich wieder nach Wien in meinen Käfig zurück.

Beim Abschied lud ich Captain Middleton zu den Herbstjagden in Gödöllö ein. »Sie dürfen mich nicht umsonst warten lassen«, beschwor ich ihn und reiste mit seinem Versprechen ab, dass er mich nicht enttäuschen würde.

Die Zeit bis dahin wollte kaum vergehen. Ich nutzte die Sommerzeit in Ischl, um dort mein Sprung- und Reittraining fortzusetzen. Im September machte ich mit der »Miramar«

einen Abstecher nach Korfu, das ich aus schlimmen Zeiten in so guter Erinnerung hatte.

Am 9. September liefen wir auch Athen an, und ich lernte die Freiheit schätzen, die mir die neue kaiserliche Yacht jetzt schenkte. Endlich konnte ich die beeindruckenden Spuren der antiken Vergangenheit mit eigenen Augen bewundern. Die reinen, klaren Formen entsprachen so sehr dem Schönheitsideal meiner eigenen Seele, dass ich meine Augen am liebsten nie wieder mit dem überladenen Plüsch und Pomp der Wiener Salons beleidigt hätte.

Sie kamen sich dort alle so modern und elegant vor, so gebildet. Dabei waren sie doch nur kleinlich und eingebildet, in ihrem kümmerlichen Protz, der so wenig mit wahrer Kultur und echter Schönheit gemein hatte. Vielleicht sollte ich in Griechenland leben? Möglicherweise würde ich mich dort leichter, wohler fühlen. Der Gedanke geriet wieder in Vergessenheit, als sich in Gödöllö endlich die ersehnte Jagdgesellschaft einfand.

Auch mein Bruder Ludwig, seine Frau Henriette und ihre 18-jährige Tochter Marie waren unter den Gästen. Ich hatte Marie bei verschiedenen Besuchen in Bayern lieb gewonnen. Manchmal erinnerte mich ihr Benehmen an die ungestüme, lange vergessene Sisi, die in Wien zur ungeliebten Kaiserin domestiziert worden war. Aber Marie war stärker als die naive Sisi. Sie trug den feinen Kopf mit den rotblonden Haaren selbstbewusst auf schmalen Schultern. Sie wusste sich zu benehmen und hatte unbestreitbar eine große Anziehungskraft auf einige meiner männlichen Gäste.

Den vergessenen Skandal um Ludwig und seine schöne Schauspielerin wagte niemand mehr aufzuwärmen. Marie war jetzt Freiin von Wallersee und die Nichte der Kaiserin. Sie zählte zur Familie, und ich vertraute ihr schon aus Gründen des Blutes mehr als vielen anderen. Da sich normalerweise jedoch nur Damen in die Nähe der Kaiserin wagen durften, die über mindestens 16 hochadelige Ahnen verfügten, blieb ihre Anwesenheit in meinem Kreis nichtsdestotrotz eine Provokation, die ich sehr vergnüglich fand.

Dass sich auch Marie unter die Schar der seufzenden Gänse einreihte, die Rudolf anhimmelten, als er zusammen mit dem Kaiser und seinem Tross nach Ungarn kam, war keine Überraschung. Sollte ich ihr sagen, dass sie weder seinem Schönheitsideal entsprach noch überhaupt für ihn in Frage kam? Oder sollte ich ihr den bittersüßen Traum von ein paar schönen Oktoberwochen gönnen? Ich entschied mich zu schweigen. Ich würde mich später kümmern müssen, sie mit dem passenden Mann zu verheiraten. Einem, der alt und reich genug war, um über den Schatten auf ihrem Stammbaum hinwegzusehen.

Captain Middleton erschien als Letzter meiner Gäste, und es bereitete mir tiefe Genugtuung zu entdecken, dass die vergangenen Monate unserer Reiter-Freundschaft nicht geschadet hatten. Er war mir treu geblieben. Da stand noch dieselbe Verehrung in seinen funkelnden blauen Augen, und der gesträubte rote Schnurbart in seinem sonnenverbrannten Gesicht verkündete Unternehmungslust und Lebensfreude. Viele meiner hochadeligen Begleiter kamen mir blasiert und eitel neben ihm vor. Aber auch jene, die ich für meine Freunde hielt, reagierten höchst eigenartig auf sein Auftauchen in Gödöllö.

An ihrer Spitze Graf Nikolaus Esterházy, der seinen Platz als

Erster in der Jagd geradezu kindisch eifersüchtig verteidigte. Während der Kaiser Bay sehr freundlich behandelte und sich über seine Art amüsierte, glaubte Nicky Grund zur Eifersucht haben zu müssen. Ich war ebenso verblüfft wie entrüstet darüber. Es ging nicht an, dass er mir vorschreiben wollte, wem ich meine Freundschaft schenken durfte. Seine offen demonstrierte Animosität gegen alles Englische war geradezu lächerlich. Für wen hielt er sich? Für einen Mann, der seiner Kaiserin Vorschriften machen wollte?

»Man sieht mich hier nicht gerne«, durchschaute mein Gast aus Großbritannien die Stimmung, die sich auf so unterschwellige Art und Weise gegen ihn richtete.

Ich wusste, dass er Recht hatte. Auch ich hatte vor über zwei Jahrzehnten diese spezielle Fähigkeit des Wiener Kaiserhofes kennen gelernt, Fremde auszuschließen, obwohl man so tat, als würde man sie willkommen heißen.

»Das ist lächerlich«, erwiderte ich dennoch und ließ es offen, ob ich mich dabei auf Esterházys Feldzug gegen ihn oder auf seine Vermutungen bezog. »Die Ungarn sind es nur nicht gewohnt, dass ihnen jemand im Sattel das Wasser reichen kann. Sie müssen noch lernen, wie faire Sportsmänner zu reagieren, aber Sie sollten sich davon nicht beirren lassen. Es hat mehr mit mir zu tun als mit Ihnen. Meine Ungarn mögen es nicht, dass ich in England jage, das ist alles. Sie sind so stolz auf ihr Land, dass sie nichts anderes gelten lassen wollen. Sie beneiden Sie um meine Freundschaft, Bay.«

»Für diese Freundschaft bin ich bereit, jeden Preis zu bezahlen, Mylady«, entgegnete er, und es klang wie ein Schwur.

»Solange Sie mir Ihre Begleitung und Ihre Zuneigung erhalten, bin ich glücklich«, antwortete ich mit einem Lächeln, das ihm die Röte in die Stirn trieb.

»Ich würde ohnehin nur abreisen, wenn Sie mich ausdrücklich darum bitten, Majestät.«

»Nun, darauf können Sie ebenso lange warten wie meine ungarischen Freunde«, scherzte ich.

In seiner Gegenwart lachte ich ohnedies mehr als sonst. Seine trockene Art, die Dinge zu sehen und entsprechende Bemerkungen zu machen, seine Leidenschaft für harmlose, derbe Scherze und seine manchmal übertriebene Tollpatschigkeit amüsierten mich ungemein. Er besaß nicht diesen hochempfindlichen ungarischen Nationalstolz, der jede Silbe auf die Goldwaage legte und überall Verrat witterte. Er war bodenständiger, ehrlicher, und er vermittelte mir das Gefühl, dass er für mich durchs Feuer reiten würde, ohne aus der Angelegenheit gleich ein Drama um Leben und Tod zu machen.

Die Ruhe und Sicherheit, die er ausstrahlte, schätzte ich auch bei den ungarischen Jagden, sodass ich es immer öfter vorzog, ihn an meiner Seite zu sehen und nicht Graf Esterházy oder Elemér Batthyány. Letzterer tröstete sich, indem er oft an Maries Seite zu finden war, aber Nicky Esterházy benahm sich wie ein Junge, dem man sein Spielzeug gestohlen hatte.

»Er nimmt sich zu viel heraus. Man könnte meinen, ich hätte eine Affäre mit ihm gehabt und mich jetzt für Bay entschieden«, rutschte es mir bei meiner vertrauten Gräfin Marie Festetics heraus.

Sie antwortete ungewohnt ernst auf die spöttisch gemeinten Worte. »Nun, das liegt vielleicht daran, dass Majestät die kleine Wallersee ein wenig zu oft fortschicken, wenn Sie mit dem

Engländer unterwegs sind. Gerüchte entstehen aus dem Nichts, und die unschuldigsten Unternehmungen können falsch interpretiert werden, wenn jemand Böses entdecken will.«

»Fangen Sie mir nicht wieder mit den intimen Diners an, Marie«, warnte ich ein wenig ungehalten über so viel Ehrlichkeit.

Ich wusste, dass es ihr nicht gefiel, wenn wir im engen Kreis der Jagdgesellschaft am Abend ohne Zeremoniell tafelten. Der Kaiser war von diesen Soupers ausgeschlossen, denn er hätte es nie geduldet, dass in seiner Gegenwart auf das dumme Zeremoniell verzichtet wurde. Er hätte nicht einmal ein Gespräch bei Tisch geduldet. Diners mit ihm waren eine steife, gähnend stumme Angelegenheit, die einem so auf den Magen schlugen, dass man sie schnell hinter sich bringen wollte.

Unsere fröhlichen Jagdessen hingegen waren pures Vergnügen. Wir debattierten über die verschiedensten Ereignisse, über Dichter und Denker, über Sportarten und Reisen, über Erfindungen und Wissenschaften. Keiner hatte Vorrang und niemand musste warten, bis ihn die Kaiserin ansprach. In diesem Kreis konnte ich endlich einmal sagen, was ich dachte, ohne dass mir jemand »Wolkenkraxeleien« vorwarf und mich mahnte, meinen Kopf nicht mit Denken zu überanstrengen.

»Es geht nicht um die Mahlzeiten allein«, brach Marie in meine Gedanken ein. »Es ist auch etwas an dem Verhalten des Engländers, das nicht schicklich wirkt. Er lässt keinen Zweifel daran, dass er Sie anbetet, Majestät. Ein Lächeln, ein Blick von Ihnen, und er sieht aus, als habe er in den Himmel geschaut, was bei einem Menschen, der sonst so derb und ungehobelt sein kann, schon zu denken gibt.«

Der Vergleich brachte mich schon wieder zum Lachen. »Ich glaub nicht, dass im Weltbild unseres schottischen Freundes Platz für solche Frömmigkeiten ist, Marie. Aber sag mir, warum sollte ich ihm verbieten, mich zu verehren? Ich hab' so viele Feinde um mich herum, da wirst du mir doch wohl auch ein paar Freunde gönnen können.«

Sie widersprach nicht. Sie senkte den Blick, und ich widmete mich wieder den Versen Heinrich Heines, die ich zu meiner Entspannung las. Da ich nun jedoch wusste, dass sie meine Affektion für Bay nicht billigte, nahm ich in Ida Ferenczys Wohnung von ihm Abschied, als er Gödöllö verließ.

Ich wollte ihm nicht unter den Augen der anderen Adieu sagen, weil es mir in der Seele weh tat, dass er ging. »Wir sehen uns zu den Jagden im nächsten Jahr«, versprach ich, während er meine Hand mit einer Zärtlichkeit küsste, die man diesem rauen Sportsmann nicht zugetraut hätte. »Das heißt, wenn Sie mich im nächsten Jahr wieder pilotieren wollen.«

»Nur ein Dummkopf würde es ablehnen, die Königin der Meute zu pilotieren«, entgegnete er barsch.

Tief in seinen Augen stand ein Schmerz, der dem meinen glich, und ich bekämpfte meine Tränen. »Gute Reise, Bay, und vergessen Sie nicht, nach den passenden Pferden für mich Ausschau zu halten. Ich will derweil fleißig trainieren, damit ich Ihnen keine Schande mache, wenn wir uns wieder sehen.«

Sein Bild verschwamm vor meinen Augen, als er ging. Aber erst als ich die Tür hörte, wagte ich meinen Tränen freien Lauf zu lassen.

Es gab nicht mehr viele Männer in meinem Leben, die mir so tiefe Gefühle entgegenbrachten wie Captain Middleton. War es eine Frage der Jahre, dass ihre Zahl immer geringer wurde? Lag es an mir? Wurde meine Schönheit geringer?

Was blieb mir, wenn diese Schönheit verblasste? Wer würde sich dann noch um mich kümmern und sich um mich sorgen? Franz Joseph? Er war mir innig zugetan, er würde es vielleicht sogar schätzen, wenn ich als würdige Matrone die Frühstückskipferl mit ihm teilte und unaufhaltsam in die Breite ging, bis ich aussah wie eine Kopie meiner Mutter oder Tante Sophies. Aber die bloße Vorstellung dieser Möglichkeit ließ mich frösteln. Wenn so meine Zukunft aussah, wollte ich sie nicht haben.

Die Angst davor mischte sich mit meiner Trauer um Middletons Abreise, und meine Tränen flossen heftiger denn je. Umgeben von einem Hofstaat aus unzähligen Menschen fühlte ich mich jämmerlich einsam.

* * *

»Das ist unmöglich, Sisi!«

Es kam dermaßen selten vor, dass Franz Joseph meinen Plänen ein so knappes Veto entgegensetzte, dass ich stutzte und ihn prüfend anschaute. Er sah müde aus. In das Blond seines Bartes mischte sich eine Spur von Grau, und der Haaransatz war weit auf die Stirn hinaufgerutscht. Seine Augen lagen tief in den Höhlen, und das einstmals so leuchtende Blau wirkte matt und grau.

»Das meinst du nicht ernst, Franzi …«

»Und ob ich das tu'! Was meinst du, wie das auf die übrige Welt wirkt? Das Verhältnis zwischen England und Österreich ist wahrhaftig nicht so, dass die Kaiserin eine Vergnügungsreise dorthin machen kann.«

»Ich halt mich heraus aus der Politik. Du hast selbst gesagt, dass du es nicht möchtest, wenn ich mich in die Politik einmische«, erinnerte ich ihn gekränkt.

»Dann bleib dabei und fahr nicht nach England«, nickte er, als habe ich damit bereits eine Entscheidung getroffen, die mir fern lag.

»Und unsere Reisevorbereitungen?«, fragte ich gereizt.

»Die brichst du halt ab, Sisi. Was soll daran schlimm sein? Ich denke, es gibt in Wien genügend zu tun für dich. Du wirst keine Langeweile haben.«

Es kam so gut wie nie vor, dass wir miteinander frühstückten. Ich hätte mir gleich denken müssen, dass der Kaiser für diese unübliche Unterbrechung seiner und meiner Tagesroutine einen Grund haben musste. Ich sah zu, wie er umständlich in seinem Kaffee rührte und sich so wenig wohl in seiner Haut fühlte, dass ich Mitleid mit ihm gehabt hätte, wäre es nicht um mich und um meine Freiheit gegangen.

»Man wartet auf mich in England«, wagte ich noch einmal zu widersprechen. Ich zählte längst die Tage bis zu meiner Abreise.

»Es wäre ein politischer Skandal erster Güte, wenn du bei den Engländern jagst, das sagt auch der Andrássy.«

»Das denk' ich mir«, rutschte es mir böse heraus. Man hätte meinen können, ganz Ungarn führe einen gemeinsamen Feldzug, damit die Kaiserin nicht mit Bay Middleton zur Jagd ritt.

»Die Mama freut sich aber auf die Jagd in England«, piepste

Valerie dazwischen, die bisher so mucksmäuschenstill mit am Tisch gesessen war, dass ich ihre Anwesenheit fast vergessen hätte. »Sie fühlt sich wohl, wenn sie dort reiten darf.«

»Ach, Kinderl«, Franz Joseph sah seine Tochter in einer Mischung aus Zärtlichkeit und Verblüffung an.

Weder Rudolf noch Gisela hätte es gewagt, in seiner Gegenwart von sich aus das Wort zu ergreifen. Aber keiner von beiden verfügte auch über dieses süße Valerie-Lächeln, das den Kaiser entwaffnete.

Es wunderte mich immer wieder, wie innig das Verhältnis der beiden war, obwohl sie sich so selten sahen. Da ich meine Tochter kaum aus den Augen ließ, begleitete sie mich auf den meisten meiner Reisen, und ihre Erzieherinnen und Lehrer taten das ebenfalls. Dennoch verstanden sich Franz Joseph und Valerie auf einer Ebene, die mir fremd blieb.

Auch jetzt bedachte der Kaiser seine Tochter mit einer Erklärung, die er mir vermutlich sonst nie gegeben hätte. »Die Kaiserin muss Rücksicht auf die politische Lage nehmen, Herzerl. Wenn die Mama jetzt nach England fährt, wird alle Welt denken, es wäre ein Signal, dass wir unsere politischen Ziele denen der Queen angleichen, das wär fatal, das darf nicht sein. Wir haben Bündnisse, die wir berücksichtigen müssen, und Freunde, denen wir nicht in den Rücken fallen dürfen. Verstehst du das?«

Valerie nickte mit der ganzen Ernsthaftigkeit ihrer acht Jahre, ohne zu bemerken, dass mir Franz Joseph eine regelrechte Predigt gehalten hatte. »Freilich, ich bin ja auch immer ehrlich zum Rustimo. Er ist mein Freund.«

Eine Bewegung zeigte mir, dass der Kaiser die Lippen im

Gestrüpp seines Bartes zusammenpresste. Im Fall des kleinen Mohren war er auf der Seite meiner Kritiker. Dass er mir nicht auch noch vorwarf, dass Valeries hübsche blasse Haut durch den Kontakt mit Mohren ebenfalls schwarz werden würde, wunderte mich nahezu. Manchmal konnte er so abergläubisch und altmodisch wie der letzte Fiakerkutscher sein.

»Dann weißt du ja, was sich gehört«, versagte er sich jedoch jede abfällige Bemerkung vor den Ohren seiner jüngsten Tochter und strich ihr sanft über die braunen Haare. »Ich denk, deine Mama hat auch verstanden, was ich gesagt habe.«

Natürlich. Meine Freunde zählten ja nicht. Sie waren nicht wichtig in Wien. Ich neigte den Kopf, und der Kaiser hielt es für Zustimmung.

»Dann ist's ja fein«, sagte er, legte seine Serviette zur Seite und stand auf. »Ihr entschuldigt mich? Ich tät ja gern länger mit euch plaudern, aber heute ist Audienztag. Sei brav bei deinen Lehrern, Valerie. Meine Verehrung, Sisi.« Er beugte sich über mich und küsste meine Wange. »Hab ich dir heute schon gesagt, dass du wieder ganz besonders schön aussiehst? Magst du mir nicht ein Lächeln zum Abschied schenken?«

Ich spürte nur Bart und Abwehr. Er hatte mir keinen Grund zum Lächeln gegeben. Die dicken Mauern der Hofburg waren der Käfig meines Lebens. Die Politik und die Etikette die Bänder, die mich wie Prometheus unbeweglich an diesen Wiener Felsen schmiedeten. Ich wandte den Kopf ab und schwieg, bis er fort war.

»Sie müssen nicht traurig sein, Mama«, meldete sich Valerie, die mit feinen Sinnen erspürte, dass ihr Vater mir Kummer gemacht hatte. »Es gibt auch in Wien viel Schönes. Der Papa ist da und der Rudolf. Und sicher freut sich auch die Frau Renz, wenn Sie zu ihr zum Reiten kommen.«

Das gute Herz meiner Kleinen machte eifrig Pläne, um meine Stimmung zu heben. Ich schloss sie in die Arme und bemerkte dabei mit jähem Schrecken, dass sie gar nicht mehr so klein war. Im April würde sie neun werden, und dann ging es mit Riesenschritten vom Kind zum jungen Mädchen und zur Frau. Was würde sein, wenn sie mich allein ließ?

Was sah Franz Josephs schreckliche Politik für meine Einzige vor? Würde ich die Macht haben, ihr Kummer und Tränen zu ersparen? Das Ende in einer Ehe, die ihr die Flügel stutzte und sie zum Eigentum eines Fürsten degradierte, der nach Belieben mit ihr verfahren konnte?

»Weinen Sie nicht, Mama«, flüsterte Valerie, und ich blinzelte hastig gegen das Brennen in meinen Augen an.

»Deine Mama weint nicht, meine Einzige. Das wär ja noch schöner, wenn mich der Papa zum Weinen brächte.«

»Es geht nicht, weil Sie ihn lieb haben, nicht wahr?«

Ich brachte es nicht fertig, diese unschuldige Seele zu belügen. Ich schwieg und flüchtete mich aus meinen Besorgnissen und Ängsten in eine geradezu hektische Betriebsamkeit. Tag um Tag füllte ich mit Beschäftigungen, die mir halfen, die Stadt und das geistlose Einerlei des Hofes zu ertragen. Es galt die Zeit zu nutzen, um sowohl meine körperliche Beweglichkeit wie auch die Schönheit zu erhalten, die inzwischen jedermann als selbstverständlich voraussetzte. Es war die einzige Pflicht, die ich akzeptierte, weil ich wusste, dass für die Welt um mich herum nur das Äußere zählte.

Ich trachtete danach, mich in Wien an einen genauen Stundenplan zu halten, um die Gleichförmigkeit der sinnentleerten Tage zu unterteilen. Da es in den Frühling hineinging, stand ich täglich gegen fünf Uhr morgens auf, bürstete meinen Körper von Kopf bis Fuß vor dem offenen Fenster, ehe er mit einer Spezialmixtur aus Rindergalle, reinem Alkohol und Glyzerin massiert wurde. Danach nahm ich ein Bad in lauwarmem destillierten Wasser und begann mit meiner täglichen Gymnastik im Turnzimmer.

Beim Frühstück traf ich mit Valerie zusammen, und wenn die Kleine zu ihren Lehrern ging, kam Fanny, um mich zu frisieren. Während sie sich meiner Haarfluten annahm, las ich oder schrieb fällige Briefe. Fertig frisiert ging es ans Ankleiden, was ebenfalls geraume Zeit in Anspruch nahm, selbst wenn es sich nur um ein einfaches Hauskleid handelte. Es kam mir nicht in den Sinn, meine Gemächer zu verlassen, solange ich nicht dem Bild entsprach, das sich alle Welt von der Kaiserin machte.

Demzufolge verflogen die Vormittagsstunden gut ausgefüllt. Das Mittagessen nahm ich meist alleine ein, so dass ich meiner Vorliebe für flüssige Nahrung frönen konnte, ohne dass mir Franz Joseph mit unerwünschten Ratschlägen den Appetit verdarb. Es ging nicht in seinen Kopf, dass sich meine Vorstellungen von gesunder Ernährung so sehr von den seinen unterschieden. Weil er auch in diesem Fall davon überzeugt war, dass er als Kaiser automatisch im Recht war, ging ich den Debatten lieber aus dem Wege.

Am Nachmittag suchte ich meinen Drang nach frischer Luft und Bewegung, je nach Witterung und Zeit, mit einem forschen Ritt oder einem ausgiebigen Marsch zu befriedigen.

Nach der Strapaze kleidete ich mich von neuem um, und Fanny kam, mich wieder zu frisieren. An normalen Tagen folgte ein weiterer Besuch Valeries, ehe sich gegen sieben Uhr abends die Familie zum Diner setzte.

Ich verlebte keine besonders aufregende Zeit, aber ich mochte es trotzdem nicht, wenn ihr Ablauf von jenen völlig unnötigen höfischen Zeremonien gestört wurde, deren Sinn und Zweck sich mir mehr denn je verschloss. Ich war nicht die Fürstin Metternich, deren Selbstzweck es zu sein schien, juwelenbehängt, gepudert und geschminkt bei jedem Empfang eine tonangebende Rolle zu spielen und den Hochadel zu beherrschen. Sie waren mir lästig, all diese Barone, Grafen, Fürsten und Prinzen. Es musste schon einen besonderen Grund geben, damit ich sie genauer unter die Lupe nahm. Marie Wallersee und ihre Zukunft waren ein solcher Grund.

Ludwig zeigte sich hoch erfreut, als ich bei meinem Sommerbesuch am Starnberger See Heiratspläne für seine Älteste verschlug. Natürlich konnte sie nicht erwarten, eine Partie aus dem Hochadel zu machen, dazu wog der Makel ihrer Geburt zu schwer. Dennoch glaubte ich in einem schlesischen Edelmann, dessen Familie dem Kaiserhof seit undenklichen Zeiten diente, den idealen Kandidaten für sie gefunden zu haben. Georg Larisch war reich genug, um meiner Nichte ein schönes Leben zu bieten, aber auch reif genug, um jenen Hang zum Übermut und zum Abenteuer, den ich ebenfalls an ihr bemerkt hatte, zu kontrollieren.

Die Hochzeit fand im Oktober in Gödöllö statt, aber auch dieses prächtige Fest machte aus der vergangenen Jagd kein großes Ereignis. Ich vermisste Bay Middletons Begleitung, und meine ungarischen Kavaliere konnten bei allem Bemühen diesen Verlust nicht wettmachen.

Mehr denn je hoffte ich auf ein Ende der diplomatischen Verwicklungen mit England. Die sparsamen Briefe, die ich mit Middleton tauschte, enthielten kaum ein persönliches Wort. Nur Neuigkeiten über Pferde, Jagdfreunde und sportliche Einzelheiten, doch wusste ich mit untrüglicher Sicherheit, dass er die Tage bis zu unserem Wiedersehen ebenso zählte wie ich.

***

»Du willst doch wohl nicht den Rudolf ständig an deiner Seite haben?« Meine Schwester Marie schritt unruhig durch den Salon meiner Suite im Londoner »Claridge-Hotel« und wirkte eigenartig nervös.

»Was hast du gegen den Rudolf? Er ist jetzt neunzehn und ein höchst erfreulicher junger Mann. Ich hab mich gefreut, dass wir diese Reise zusammen machen konnten«, entgegnete ich ein wenig verblüfft, während ich meine Schwester beobachtete.

»Er nimmt sich zu viel heraus«, antwortete Marie beleidigt. »Als Nächstes verlangt er noch, dass ich den Hofknicks vor ihm mache!«

»Er ist der Thronfolger, er wird einmal der Kaiser der Donaumonarchie sein«, erinnerte ich sie entrüstet. »Man kann ihm schlecht vorwerfen, dass ihm diese Tatsache in Fleisch und Blut übergegangen ist.«

»Ich bitt dich, Sisi! Noch ist er nicht der Kaiser. Er ist nicht einmal ein Mann.«

»Das sehen die Wiener Komtessen aber ganz anders«, erwiderte ich gereizt. Wie kam sie dazu, Rudolf so ungerecht anzugreifen?

»Bitte vergleich mich nicht mit diesen dummen Gänsen«, schnaubte meine Schwester.

»Echauffier dich nicht so, Marie.« Ich versuchte, vernünftig zu klingen, weil ich unser Wiedersehen nicht gleich mit einem Streit belasten wollte. »Rudolf ist mit seinem Lehrer Professor Carl Menger nach England gekommen, um hier seinen Studien nachzugehen. Er interessiert sich für die neuen Industrien, und außerdem hat er ein breit gefächertes Bildungsprogramm. Er bleibt in London, wenn wir nach Northamptonshire reisen. Er wird mich irgendwann besuchen, aber garantiert nicht bei einer Jagd mitreiten. Es wäre viel zu gefährlich für ihn. Er sitzt inzwischen ganz hübsch im Sattel, aber für das Querfeldein nach dem Fuchs ist er nicht ausgebildet.«

»Immerhin …« Marie zupfte nervös an ihrem extravaganten Gewand und unterbrach sich, weil Marie Festetics zusammen mit der jungen Gräfin Larisch eintrat. Sie erwiderte ihre Grüße mit einem kaum merklichen Nicken des Kopfes, und ich fragte mich, wie sie Rudolf Hochmut vorwerfen konnte, wenn sie selbst meine gute Marie und ihre eigene Nichte wie Luft behandelte.

»Du willst also so schnell wie möglich nach Cottesbrooke Park weiterreisen?«, erkundigte sie sich, ohne auf die beiden zu achten.

»Captain Middleton wartet dort mit meinen Pferden auf mich«, nickte ich und spürte wieder jene unterschwellige Erregung, die mich seit dem Augenblick begleitete, in dem Franz

Joseph endlich diese Reise erlaubt hatte. »Ich bin zu neugierig, welche Tiere er für mich ausgesucht hat.«

»Er hat immer noch nicht geheiratet, weißt du das?« Marie dämpfte ihre Stimme. »Es würde mich interessieren, was seine Verlobte dazu sagt, dass er ständig für dich unterwegs ist.«

»Dann frag sie halt«, fuhr ich sie ein wenig zu heftig an. »Mich lass damit in Frieden. Ich will nichts davon hören. Middleton pilotiert mich, sein Privatleben kümmert mich nicht.«

Eine kühne Behauptung, die Maries Stirnrunzeln durchaus verdiente. Immerhin verzichtete sie darauf, das Thema weiter zu verbreiten. Ich musste jedoch an ihre Worte denken, als ich, ein Jahr später als geplant, vor Bay Middleton stand.

»Mylady«, murmelte er mit jenem rauen Unterton schottischen Grollens, der seiner Stimme das ganz besondere Timbre verlieh. Aber seine Blicke sagten noch eine ganze Menge mehr.

Unter meinem eng sitzenden dunkelblauen Reitkleid pochte mein Herz so sehr, dass ich fürchtete, man würde die Bewegung im Stoff sehen.

»Captain Middleton«, wisperte ich und reichte ihm meine Finger. Sie verschwanden in seinen kräftigen Reiterhänden, ehe er den Kopf darüber neigte und sie eine Spur zu lange und zu fest küsste.

»Willkommen in meiner Heimat, Mylady.«

Es schien, als wären wie nie getrennt gewesen. Die Pferde, die er für mich ausgesucht hatte, hätte ich selbst nicht besser wählen können, und an seiner Seite war mein Leben mit einem Male wieder heller, fröhlicher, spannender und aufregender.

Jeder Satz über Hecke oder Wassergraben war auch ein Sprung ins Ungewisse, ins Abenteuer. Für manche aus meiner

Begleitung auch ein demütigender Sturz ins Wasser oder gar auf die Behandlungsliege eines Arztes. Dennoch verspürte ich keine Angst, nur das wundervolle Glück vollkommener Stunden. Eine Heiterkeit des Herzens, die es leicht machte, fröhlich und unbeschwert zu reiten, während die Hunde um uns herum kläfften, der Fuchs floh und die Hufe über das Land donnerten.

Die Abende verbrachte ich bei zwanglosen Zusammenkünften auf den umliegenden Landsitzen, in Gesellschaft von Freunden und in einer solchen Fülle des Lachens und der Harmonie, dass ich mir manchmal sogar wünschte, Franz Joseph könne ebenfalls diese wunderbare Zeit erleben. Er würde sie genießen, fern seiner lästigen Pflichten und des freudlosen Wiener Hofes. Ich hielt England für ein Paradies auf Erden, bis Rudolf mir zeigte, dass auch dieses Paradies eine Schlange beherbergte.

Bisher hatte ich nur erfreuliche Nachrichten von ihm erhalten. Er genoss seinen Aufenthalt und hatte mit seinem Charme sogar die Queen erobert. Dass er auf einem Ball im Carlton House einen ausgewachsenen Skandal verursachte, traf mich völlig unvorbereitet. Ich erfuhr keine Einzelheiten, nur die Tatsache, dass er Captain Middleton bei dieser Gelegenheit vor dem versammelten englischen Hochadel brüskiert hatte, drang zu mir durch. Warum, um Gottes willen?

Ich war verletzt und tief gekränkt. Ich wollte ihn weder sehen noch von ihm hören. Wie konnte er es wagen, meine Freunde vor den Kopf zu stoßen? Was war aus dem kleinen Rudolf geworden, der seine Mutter anbetete? Was aus dem reizenden jungen Kavalier, der mir auf der Herreise so unterhaltsame Gesellschaft geleistet hatte?

Die Gräfin Festetics war es schließlich, die sich an meiner Stelle der Sache annahm und Rudolf zur Rede stellte. Er schätzte sie seit vielen Jahren, und er vertraute ihr seine Gründe schließlich an.

Sie weigerte sich standhaft, mir die genauen Einzelheiten weiterzugeben. »Es ist das Beste, die dummen Verdächtigungen zu vergessen, Kaiserliche Hoheit«, wand sie sich verlegen. »Es würde ihnen sonst eine Wichtigkeit verleihen, die sie nicht verdienen.«

»So einfach ist das nicht!«, widersprach ich empört. »Wenn Rudolf einen Grund hat, meine Freunde zu beleidigen, so will ich ihn wissen.«

»Es war ein Irrtum. Ein dummes, falsches Gerücht, Kaiserliche Hoheit. Tratsch, den er in jugendlicher Leichtfertigkeit geglaubt hat, weil er aus einer Quelle kam, der er absolut vertraute.«

»Er hat dummem Klatsch mehr geglaubt als seiner Mutter? Wem sollte er so vertrauen, damit er etwas so Ungeheuerliches tut?«

»Seiner Tante, Ex-Königin Marie«, entgegnete die Gräfin tonlos, ehe sie mich tapfer ansah. »Der Thronfolger wog sich in dem Glauben, Ihrer bayrischen Schwester volles Vertrauen schenken zu können.«

Marie! Meine Schwester Marie, von der ich inzwischen wusste, dass sie selbst einmal darauf gehofft hatte, von Bay pilotiert zu werden. Er hatte sie abgelehnt, und seitdem würzte sie ihre Bemerkungen zum Thema Middleton mit dem perfiden Gift der Eifersucht. Allein, es war der Gipfel der Unverfrorenheit, auch meinen Sohn für solche Spiele einzuspannen. Rudolf mochte seine Tante, auch wenn er sie nicht wie die regierende Königin eines großen Reiches behandelte. Hatte sie sich auf diese Weise auch an ihm rächen wollen?

Es kam zu einer heftigen Auseinandersetzung zwischen meiner Schwester und mir. Nur die Tatsache, dass ein völliger Bruch den Skandal noch mehr angeheizt hätte, hielt mich davon ab, für alle Zeiten mit ihr zu brechen. In der Öffentlichkeit bewahrte ich Haltung, aber meine Liebe und meine Freundschaft hatte sie sich für immer verscherzt.

Sie hatte aus dummer Eigensucht nicht nur mein Vertrauensverhältnis zu Rudolf zerstört, sie hatte mir auch die Tage in England vergällt. Wie sollte ich Captain Middleton jemals wieder unbefangen gegenübertreten können? Ich kürzte mein Programm, legte ungeplante Ruhetage ein und überreichte ihm einmal mehr den verdienten Siegerpokal für das Abschiedsrennen.

In all dieser Zeit sprachen wir nie über den Vorfall im Carlton House, denn im Gegensatz zu meiner Schwester besaß der Schotte Adel und Herz. Er ahnte, wie sehr ich mich kränkte, und er tat alles, um mir zu zeigen, dass ich keinen Grund dazu hatte.

Unsere Freundschaft, ja unsere Zuneigung war ein hauchzartes Gebilde, das keiner Worte bedurfte. Es genügte, zu wissen, zu spüren, zu sehen. Wir mussten nicht alles aussprechen, um Sicherheit zu haben. Wie treffend, dass Rudolf dieses kostbare empfindsame Gebilde ebenfalls ohne jede Silbe so mühelos zerstört hatte.

Wien, Frühling 1878 – Dalmatien 1882 »Das Glück ist kein Dauerzustand …«

Man könnt meinen, du hast mich vermisst«, scherzte Franz Joseph, als ich mich am 23. Februar bei meiner Rückkehr nach Wien geradezu in seine Arme flüchtete. Diesmal war es mir egal, wie viele Menschen auf dem Bahnhof Zeuge dieses Gefühlsausbruches wurden.

»Das hab ich auch, Franzi«, gab ich offen zu.

Franz Joseph war zu einem zuverlässigen Halt in meinem Leben geworden, von dem ich an manchen Tagen das Gefühl hatte, dass es mir wie Sand durch die Finger rann. »Es gibt niemand auf der Welt, der es so gut mit mir meint wie du!«

»Und niemand, der dich so lieb hat«, fügte er akkurat hinzu und sah mich genauer an. »Blass bist du, erschöpft und gar nicht so erholt, wie ich es mir gewünscht hätte. Bist du auch ganz gesund?«

»Aber ja «, winkte ich ab und fügte besorgt hinzu: »Gefall ich dir etwa nicht mehr? Bin ich alt und hässlich geworden?«

Franz Joseph küsste mich vor all den neugierigen Menschen, ehe er mir tief in die Augen sah. »Du bist noch genauso schön wie damals in Ischl, Sisi. Meine Gefühle für dich haben sich nie geändert. Du bist doch mein einzig geliebter Engel.«

Es war Balsam für meine verletzte Seele, dass der Kaiser so ungeniert vor aller Welt seine treue Zuneigung zu mir bekundete. Sogar die Zeitungen berichteten über das liebevolle Willkommen, das er seiner Gemahlin bereitet hatte, und der Hof nickte säuerlich dazu. So richtig konnte wahrscheinlich keiner begreifen, weshalb er mir so zugetan war. Aber auch nicht, weshalb ich so großzügig über sein Verhältnis mit der schönen Anna hinwegsah, das mir der Klatsch innerhalb kürzester Zeit zugetragen hatte.

Dabei war doch alles ganz einfach. Meine Liebe zum Kaiser hatte sich zu Freundschaft, Kameradschaft und Verständnis gewandelt. Franz Joseph dagegen liebte neben meiner Person auch die Tatsache, dass ihn alle Welt um seine Kaiserin beneidete. Dieser Neid schmeichelte seinem Stolz und die bürgerliche Anna seiner Männlichkeit. Beides zusammen machte ihn glücklich. Ich hätte gerne ebenfalls so schlicht gefühlt und gelebt. Doch sosehr ich es auch versuchte, es wollte mir nicht gelingen.

Am 24. Dezember des vergangenen Jahres hatte ich meinen vierzigsten Geburtstag gefeiert. Ich hatte vierzig Jahre gelebt und was erreicht? Die Möglichkeit, noch weitere vier Jahrzehnte zu leben? Alt zu werden, gebrechlich und krank? Stand ich schon am Rand des Abgrunds?

»Aber Majestät sind doch glücklich«, erwiderte meine liebe Ida mitfühlend, als ich ihr diese düsteren Gedanken gestand.

»Das Glück ist kein Dauerzustand«, schüttelte ich den Kopf. »Es ist höchstens ein Moment zwischen Kummer und Schmerz. Ich wollte, jemand könnt mir sagen, wozu wir das alles erdulden müssen.«

Ich suchte die Antwort in Büchern, bei Philosophen und Dichtern, aber ich fand sie nirgends. Wenn Ungeduld und Furcht so schrecklich miteinander im Wettstreit lagen, dass ich am liebsten aus der Haut gefahren wäre, fand ich nur auf dem Rücken eines Pferdes oder im schnellen Marsch Befreiung von meinen eigenen Dämonen.

Da mir der Spiegel freilich verriet, dass meine makellose Haut an Spannkraft verlor, gewöhnte ich mir an, sie vor zu viel Sonne und rauer Witterung zu schützen. Dichte Schleier, dunkle Sonnenschirme und Hüte wurden mir zu Gewohnheit. Sie verschafften mir auch Schutz vor den Gaffern, die ihre Kaiserin in Wien bei jedem öffentlichen Auftritt unausweichlich verfolgten.

Die politischen Ereignisse ließen das Interesse an meiner Person jedoch für geraume Zeit in den Hintergrund treten. Franz Joseph hatte sich entschlossen, die Türken aus Bosnien und der Herzegowina zu vertreiben.

Gyula Andrássy war die treibende Kraft hinter diesem Entschluss. Er konnte sich seit dem Berliner Kongress auch sicher sein, dass Bismarck den Einmarsch billigte. Dummerweise traf der Feldzug trotz der fünfundsiebzigtausend österreichischen Soldaten, die Baron Philippovich anführte, auf den erbitterten Widerstand der einheimischen Freiheitskämpfer. In Wien lastete man die Verluste aus diesen Kämpfen logischerweise dem Ungarn Andrássy an.

Er hatte kühn behauptet, er könne den ganzen Feldzug mit einer Kompanie Husaren und einer Regimentskapelle gewinnen. Der österreichische Hochadel, der die meisten Offiziere stellte, schäumte über diese vermeintliche Unverschämtheit. Erst die Erstürmung von Sarajewo Mitte August beruhigte die Gemüter. Jetzt feierte Österreich seinen ersten militärischen Erfolg seit Königgrätz, und niemand sprach davon, dass es diesen einem Ungarn verdankte.

Mir blieben einmal mehr die armen Teufel, die in diesem Krieg verwundet worden waren und mit zerfetzten Gliedern in den Hospitälern lagen. Ich tat mein Möglichstes, sie nicht nur mit schönen Worten zu unterstützen. Ich regte die Gründung eines patriotischen Frauenvereines an, der sich um die Kriegsgeschädigten und die entlassenen Soldaten kümmern sollte, und besuchte die Verwundeten in den Spitälern. Niemand ahnte, wie viel Kraft es mich täglich kostete, so viel Elend zu sehen, und wie beschämt ich mich fühlte.

Wer waren wir denn, wir »Mächtigen«, dass wir uns das Recht herausnahmen, diese Menschen in den Tod zu schicken? Sie zu Krüppeln zu schießen und ihre Familien um die Männer und Söhne zu betrügen? Wie konnten wir uns zu Diners und Tee-Einladungen setzen, Bälle feiern und Hochzeiten anstiften, während sie für uns starben? Noch so eine Frage, die mir keiner beantworten konnte.

Die goldene Hochzeit meiner Eltern war eine kurze, hektische Unterbrechung in diesem Kriegselend. Die ganze Familie fand sich am Tegernsee zusammen, und sogar mein Vater, der in der letzten Zeit nicht besonders häufig an der Seite seiner Gemahlin zu finden gewesen war, musste sich brummig in den

Festtrubel fügen. Es gab nicht mehr viel, was mich mit meinem Vater verband, seit ich durchschaut hatte, wie wenig er sich aus den Frauen seiner Familie machte. Seine Abneigung gegen Trubel und hochtrabende Reden indes teilte ich aus ganzem Herzen.

Erst in Gödöllö konnte ich wieder unbeschwert aufatmen. Die Jagden standen an, und aus England waren nicht nur Lord und Lady Spencer meiner Einladung gefolgt, sondern auch Captain Middleton. Marie Larisch und ihr Gatte waren ebenfalls eingetroffen sowie der übliche Tross meiner Reiterfreunde. Mein dringender Wunsch, dass auch der Kaiser nach Gödöllö kommen möge, traf jedoch auf taube Ohren.

»Das ist nicht vernünftig«, mahnte ich ihn bei unserem Abschied. »Alle schickst du in Urlaub, aber an dich denkst du nicht.«

Wenn ich ehrlich sein sollte, ich hätte es auch geschätzt, den Kaiser als Bollwerk zwischen Rudolf und Captain Middleton einzusetzen. Selbst wenn sich unser Missverständnis geklärt hatte, so war ich ein wenig unsicher, wie Rudolf auf die Anwesenheit meines englischen Jagdbegleiters reagieren würde. Vielleicht trug diese latente Beunruhigung dazu bei, dass ich sogar an der Seite Captain Middletons keinen Moment lang vergessen konnte, wer ich war und wo ich mich befand.

Als die Jagdsaison zu Ende ging, fühlte ich mich müde und seltsam enttäuscht, obwohl Rudolf sich untadelig verhalten hatte und alle anderen voll des Lobes über die vergangenen Wochen waren. Alle, nur nicht ihre Kaiserin.

»Sie sollten sich neue Ziele suchen, Mylady«, erwiderte Bay, als ich mit ihm darüber sprach. »Die wahre, unverfälschte Jagd benötigt ein Land, das ebenso natürlich und wild ist wie dieser Sport. Ich kenne nur eine Insel, auf der dies noch uneingeschränkt möglich ist.«

»Ihre Heimat, Bay?« Ich seufzte. »Der Klatsch und die Anwesenheit meiner Schwester haben mir die Jagden in England verdorben, Sie wissen es doch.«

»Ich rede nicht von England, Mylady. Ich rede von der grünen Insel. Von Irland.«

Auch Lord Spencer schwärmte in den höchsten Tönen von den irischen Reiterjagden. Es bedurfte nicht viel, um meine Träume erneut zu wecken. Gab es wirklich noch ein Land, in dem ich die wundervollen Stunden der ersten Jagden mit Bay von neuem erleben konnte? Eines, das weit genug abgelegen war, um keine zufälligen Besuche des Kronprinzen zu erlauben? Auch eines, das fern aller österreichischen Interessen lag?

»Ich werde darüber nachdenken«, versprach ich, und Bays Schmunzeln sagte mir, dass er mich durchschaute. Ich hatte längst Feuer gefangen.

»Ihre Queen wird nicht begeistert sein, wenn ich nach Irland gehe«, dämpfte ich seine Hoffnungen.

»Was kümmert es Queen Victoria, wenn die Gräfin Hohenembs auf Reisen geht?«, entgegnete der Captain unbeeindruckt. »Sagen Sie mir, wann Sie kommen, Mylady, und ich werde Ihre Pferde für die irischen Hindernisse trainieren.« Er setzte mir die Unterschiede zwischen hohen englischen Gattern und breiten irischen Wällen auseinander, und als er abreiste, nahm er meine genauen Anweisungen mit.

»Aber die Aufstände!« Franz Joseph war wie erwartet gegen

den Plan. »Irland ist ein einziger Unruheherd, Sisi. Ich möchte nicht, dass du dich in Gefahr begibst.«

»Damit hab' ich doch nichts zu tun«, fegte ich seine Einwände einfach davon. Ich wollte weder hören, dass Irland vor einem gewaltsamen Aufstand gegen England stand, noch dass in Bosnien noch gekämpft wurde. Wenn ich daheim blieb, half ich weder den Iren noch unseren Soldaten. Ich verspürte ein so dringliches Bedürfnis, Wien hinter mir zu lassen, dass ich keinem vernünftigen Argument zugänglich war. Ich würde ersticken, wenn ich blieb.

Ich wusste, dass ich Franz Joseph verärgerte, den Hof empörte und die Diplomaten ins Schwitzen brachte, aber ich begann erst aufzuatmen, als sich der Dampfer »Shamrock« in Dover in Bewegung setzte. Er trug mich erst durch den Kanal und dann über die winterliche irische See.

Dieses wunderliche, dringende Gefühl, etwas zu versäumen und hinter einem Phantom herzuhetzen, trieb mich in der letzten Zeit immer öfter in sprunghafte Entscheidungen. Das neue Jahr erschreckte mich. Im April 1879 würden Franz Joseph und ich fünfundzwanzig Jahre verheiratet sein. Silberhochzeit. In Wien wurden bereits die Vorbereitungen für die Feier getroffen, und genau genommen war das auch der Grund für meine Flucht. Ich wollte nicht ständig daran erinnert werden, dass die Tage meiner Jugend, vielleicht sogar meine besten Tage, vergangen waren.

In »Summerhill« erwarteten mich Lord Langford, der zu den Freunden von Lord Spencer und Captain Middleton gehörte, sowie der übliche Jagdtross, der mich auch nach England begleitet hatte. Prinz Liechtenstein versah inzwischen das Amt meines Oberstallmeisters. Er kümmerte sich um die Pferde, während ich einen Brief schrieb, den mir der Kaiser dringend ans Herz gelegt hatte.

Ich setzte Queen Victoria höflich von meiner Anwesenheit in Kenntnis und versicherte ihr, dass ich in striktestem Inkognito unterwegs sein würde. Ich sandte ihr die ergebenen Grüße des Kaisers und unseres gemeinsamen Sohnes und schloss mit den üblichen Floskeln. Damit musste der Diplomatie Genüge getan sein, von nun an wollte ich mich nur um die Jagd kümmern.

»Ich zittere«, wisperte die Gräfin Festetics ein ums andere Mal, wenn ich abends erschöpft, aber glücklich in meine Gemächer zurückkam. »Diese Gräben und Wälle sind ebenso hoch wie tief. Ich werde immer wieder Zeuge, wie jemand böse stürzt. Sogar der Captain hat sich heute überschlagen, erzählt man.«

»Reiterpech.« Ich zuckte mit den Achseln und ließ mir von der Kammerfrau aus dem Gewand helfen. »Der Graben war so verwachsen, dass sein Pferd mitten hinein statt darüber hinweg sprang. Es hat ein solches Loch gerissen, dass Domino es sehen konnte und deswegen mit leichtem Satz das Hindernis überwand. Du musst dir keine Sorgen um mich machen, solange ich Domino reite, wird mir nichts geschehen.«

Der hochbeinige Rappe war das beste Jagdpferd, das ich je geritten hatte, und es fiel mir schwer, ihm die nötigen Ruhepausen zu gönnen. Die hübsche Schimmelstute, die ihn manchmal ersetzte, hatte nicht seine Ausdauer und seine Verlässlichkeit. Aber dafür bildete sie einen höchst schmeichelhaften Kontrast zu meinen schwarzen und dunkelblauen Reitkleidern. Die Iren jubelten mir zu, wenn sie mich sahen, und sobald der Kaiser davon erfuhr, mahnte er mich umgehend in der nächsten Depesche, nur ja keine politische Meinung zu verkünden. Als ob ich das im Sinn gehabt hätte! Ich hatte mir geschworen, mich nie wieder in die Politik zu mischen, und ich hielt meine Schwüre.

Die nächsten Nachrichten von zu Hause veranlassten mich jedoch, schweren Herzens meinen Irland-Aufenthalt abzubrechen. Schreckliche Überschwemmungen hatten Ungarn heimgesucht, und man beklagte nicht nur wirtschaftliche Schäden, sondern auch viele Tote. Ich brachte meinen Ungarn das größte Opfer, das ich ihnen geben konnte, und kehrte auf der Stelle heim. In einem solchen Moment verbot sich jedes Vergnügen von selbst.

Eine ganz ähnliche Einstellung hatte ich auch zu unserer Silberhochzeit, deren festliches Programm in meiner Abwesenheit Gestalt angenommen hatte.

»Es ist schon genug, fünfundzwanzig Jahre verheiratet zu sein«, erklärte ich Franz Joseph meine Gefühle. »Denkst du, man sollte deswegen feiern?«

»Wir feiern ja nicht allein, Sisi. Die Wiener sind ganz aus dem Häuschen deswegen. Man will uns mit lebenden Bildern aus der Habsburger Geschichte erfreuen, und der Festgottesdienst findet in der neuen Votivkirche auf der Schottenbastion statt. Sie wird zu diesem Anlass geweiht …«

Es hatte keinen Sinn. Er begriff nicht, wie sehr mich all dieses Gepränge an die kleine Braut erinnerte, die mit so zärtlichen Hoffnungen vor fünfundzwanzig Jahren aus Bayern gekommen war. So voller Liebe, so voller guter Vorsätze und mit einem Herzen, das sich nichts anderes gewünscht hatte, als für immer glücklich zu werden.

Was war daraus geworden? Ich hörte sehr wohl auch die boshaften Bemerkungen, die sogar meine einzige Freude, das Reiten, dazu verwendeten, um mich zu kränken. Woanders feiere man zur Silberhochzeit fünfundzwanzig Jahre Ménage, sagten sie, in Wien bejuble man fünfundzwanzig Jahre Manege.

»Dieses patriotische Getöse um ein Privatfest ist einfach lächerlich«, gestand ich in nervöser Verzweiflung der jungen Gräfin Larisch-Wallersee.

Meine Nichte fand, dass ich auf dem Fest am Vorabend eine Miene gemacht hätte, als sei ich eine indische Witwe und warte auf meine Verbrennung. Sie wollte einen Scherz machen, aber ich antwortete ganz ernsthaft darauf. Sie hatte schließlich Recht.

»Was hab ich denn jetzt noch vor mir? Das Altwerden in einer Ehe, die ihre besten Zeiten hinter sich hat. Das Wiegen von Enkelkindern, die Gisela der Reihe nach zur Welt bringt.«

»Aber Sie sind wunderschön, Majestät. Kein Mensch würde Sie auf einen einzigen Tag älter als dreißig schätzen. Von alt werden kann keine Rede sein«, widersprach sie mir, und ich wollte gar nicht wissen, ob sie es aus ehrlichem Herzen oder aus Höflichkeit sagte.

»Da ich mit sechzehn verheiratet wurde und nicht mit sechs, können die Leute leicht nachrechnen, dass ich nicht mehr jung bin«, seufzte ich. »Und du kannst dir gewiss sein, dass sie es alle tun. Sie suchen bei mir immer so lange, bis sie das Haar in der Suppe gefunden haben.«

»Sind Sie da nicht ein wenig zu kritisch, Tante Sisi?«

Nein, das war ich nicht, aber ich wollte auch nicht mit diesem jungen Ding darüber diskutieren. Ihre Ehe mit dem Grafen Larisch schien ebenfalls nicht besonders glücklich zu sein. Ich hatte sie zur Palastdame ernannt und ihn zum Kämmerer, aber der neue Rang schien sie nicht zufriedener zu machen. Nach der Geburt ihrer beiden Kinder war sie nur noch extravaganter und eigenwilliger geworden. Eine junge Frau, stets an der Grenze zum Skandal.

Sie ahnte nicht, wie gut ich sie verstand. Ihre Ruhelosigkeit ebenso wie ihr hilfloses Aufbegehren und ihren Wunsch die Fesseln zu sprengen, welche die Ehe um den Willen einer Frau legt. Freilich, es hätte ihr nicht gut getan, das zu wissen. Ich beobachtete sie im Stillen und hoffte, dass es ihr gelingen würde, sich irgendwann mit ihrem Leben abzufinden. Immerhin konnte sie es wenigstens führen, ohne wie ich von der Etikette und der allgemeinen Neugier verfolgt zu werden. Egal wo ich mich befand, ob in Ischl oder in Ungarn, in Bayern oder in Wien, nie ließen sie mich in Frieden.

Ich versteckte mich jetzt regelmäßig hinter meinen Schleiern und dem dunkelblauen Fächer, den ich vor mein Gesicht hielt, sobald ich irgendwo einen Neugierigen entdeckte. Die neuen fotografischen Apparate waren kleiner geworden und vermehrten sich ebenfalls wie die Heuschrecken. Was wollten sie alle mit meinem Bild, das sie ohnehin schon in vielfältigster Form besaßen? Kontrollieren, ob ich älter und hässlicher geworden war? Ob ich traurig wirkte, weil Graf Andrássy sein Amt als Außenminister niedergelegt hatte?

Ich floh erneut nach Irland und beschränkte meine Begleitung auf die Gräfin Festetics und die allerwichtigsten Personen meines Haushaltes. Sogar meine liebe Valerie ließ ich zurück. Sie war bei ihren Lehrern besser aufgehoben als bei ihrer Mama, die ganze Tage im Sattel saß und sich nicht um sie kümmern konnte. Mehr denn je genoss ich den Platz an der Spitze der Meute, den ich mir erobert hatte.

Der magische Moment, wenn Domino sich von den Hinterläufen abstieß und für erregte Herzschläge lang schwerelos zwischen Himmel und Erde flog, war alles, wofür ich in diesen Tagen lebte. Es war Rausch, Glück, Ekstase und zeitlose Seligkeit.

Es war mir egal, dass ich dafür meine Gesundheit, vielleicht sogar mein Leben riskierte. Im Gegenteil, ein Sturz, ein scharfer Schmerz und gnädige Dunkelheit, was konnte mir Besseres passieren? Wenn ich mir den Hals brach, gäbe es ein Ende mit allem. Dann müsste ich nicht mehr in meinen Käfig zurückkehren. Allein, alle stürzten, auch Bay und Prinz Liechtenstein, nur mich trugen meine Pferde wie mächtige Vögel über jedes Hindernis.

Wenn die Euphorie nachließ, der Körper erschöpft war und der Geist wieder arbeitete, folgte das schlechte Gewissen. Wie konnte ich solche Dinge denken, es gab doch Valerie, meine Kleine. Sie brauchte mich, ich durfte sie nicht im Stich lassen.

Doch der nächste Tag, die nächste Jagd …, schon war ich von neuem verloren. Es war wilde und ungezähmte Lebenslust, nur mit dem Gefühl zu vergleichen, das die kleine Sisi empfunden hatte, wenn sie in Possenhofen barfuß über taufeuchte Sommerwiesen zum See hinunterlief, um sich in das Wasser zu stürzen. Wie ich es liebte, dieses Gefühl! Mehr als jeden Menschen!

»Ich zähl schon jetzt die Tage, bis ich wiederkommen kann«, sagte ich zu Bay Middleton, als wir viel zu früh Abschied nahmen, weil der Kaiser aus Wien befohlen hatte, dass ich heimkehren sollte. »Ich werde Anweisung geben, dass man weitere Pferde von Österreich in den irischen Stall bringt. Werden Sie sich ihrer für mich annehmen?«

»Sie wissen, dass ich alles für Sie tue, Mylady.«

Anfangs hatte ich mit dem Gedanken gespielt, dem kaiserlichen Befehl zu trotzen, denn es ging ausschließlich um die dumme England-Politik und nicht um mein Wohlbefinden, aber dann entschied ich mich zum Gehorsam. Ich hatte Franz Joseph Loyalität versprochen. Ich begriff sehr wohl, wie schwierig es war, in der Außenpolitik das Werk eines Mannes wie Gyula Andrássy fortzusetzen. Keiner von beiden hatte mir je gesagt, warum sich ihre Wege trennten. Ich war schon so lange nur noch die »schöne Kaiserin« für sie, dass sie vergessen hatten, dass ich meinen Kopf zum Denken verwenden konnte.

»Vergessen Sie mich nicht, mein Lieber.« Ich reichte Bay die Hand zum Kuss.

Wir waren allein in meinem Salon, im Nebenzimmer beaufsichtigte die Gräfin Festetics das Packen der letzten persönlichen Dinge, und ein kräftiger Märzwind fauchte durch den Kamin. Es kam selten vor, dass uns solche Momente persönlicher Ungestörtheit geschenkt wurden.

»Wie könnte ich Sie je vergessen, Mylady«, entgegnete er mit mühsam beherrschter Stimme. »Sie wissen, dass ich Ihnen zu Füßen liege.«

»Bisher hab ich Sie nur im Graben liegen gesehen«, versuchte ich zu scherzen, aber mein Lächeln brach wie sprödes Wintereis unter Pferdehufen. Es endete in einem kaum hörbaren Seufzer.

»My queen of the chase«, murmelte er bedeutungsvoll.

Ich erkannte die Zeile. Sie stammte aus einem Gedicht, das ein flinker Witzbold bei einem Jagdsouper zu meinen Ehren gereimt hatte, nachdem ich auch an jenem Tag allen anderen davongeritten war.

Die Königin der Jagd. Die Königin der Meute. War ich auch für ihn nur das gekrönte Haupt und nicht die Frau? Nicht Elisabeth?

Ich befreite meine Hand eine Spur zu heftig. Er mochte im Sattel unfehlbar sein und mehr Steeplechase-Rennen als ein anderer gewonnen haben, aber die Fähigkeit, meine geheimsten Wünsche zu enträtseln, besaß er nicht. Sein Ungeschick ermöglichte es mir, die Haltung wiederzufinden. Er würde nie erfahren, wie nah ich daran gewesen war, in seine starken Arme zu sinken und zu prüfen, ob er mir auch ein anderes Vergessen schenken konnte als die Tollkühnheit der Jagd.

»Bleiben Sie mir gewogen, Bay«, wisperte ich und wandte mich ab.

***

»Ein Telegramm? Was hat das zu bedeuten? Ist etwas passiert?«

Auf Anweisung des Kaisers hatte ich meine Rückreise in London unterbrochen, um Queen Victoria zu besuchen. Ohnehin gereizt wegen dieser lästigen Pflicht, brachte ich der unerwarteten Depesche aus Wien nur Misstrauen entgegen. Telegrafische Nachrichten bedeuteten in der Regel Schlimmes.

Hastig nahm ich das Kuvert von der Gräfin entgegen und riss es auf.

Ich musste die Zeilen zweimal lesen, ehe mein Kopf bereit war zu glauben, was da stand. Ich suchte in meiner Verwirrung Marie Festetics' Blick.

»Rudolf hat sich verlobt! Sie haben Rudolf mit Stephanie von Belgien verlobt, ohne mir etwas davon zu sagen!«

Wir beide wussten, wer mit »sie« gemeint war. Der Kaiser, der Hof, und nicht zuletzt meine Namensvetterin Elisabeth, eine der zahllosen Erzherzoginnen. Besonders die treibende Kraft der Letzteren erkannte ich in diesem Bund. Ihre Schwester war die Königin von Belgien, und sie selbst beherrschte das gesellschaftliche Leben des Wiener Hofes inzwischen fast so geschickt, wie es einst meine Schwiegermutter getan hatte.

Lieber Himmel, ich hatte es nicht ernst genommen, als Franz Joseph davon sprach, eine Braut für Rudolf zu suchen. Er war viel zu jung, viel zu wenig gefestigt für eine Ehe. Noch dazu für eine Ehe mit einem Kind, das seinerseits erst fünfzehn Jahre alt war.

»Gott sei Dank, dass es kein Unglück ist«, entgegnete meine Hofdame erleichtert.

Ich wollte mich noch nicht festlegen. »Wolle Gott, dass es keines ist!«, seufzte ich.

Es war schon schlimm genug, mit fünfzehn verlobt zu werden, wenn man aus Ahnungslosigkeit und Dummheit bis über beide Ohren verliebt war. Wenn es sich indes um eine Bindung handelte, die von den Vätern über den Kopf aller Beteiligten hinweg ausgehandelt worden war, konnte es doch nur in einer vollendeten Katastrophe enden. Armer Rudolf.

Es hatte in der letzten Zeit einige Dinge gegeben, die ich an ihm kritisieren musste. Seine Vorliebe für Gewehre und für blutiges Gemetzel bei der Jagd war eines davon. Die lässige, fast arrogante Selbstverständlichkeit, mit der er zahllose Damen mit seiner Aufmerksamkeit beglückte, um sie danach ebenso gleichgültig wieder fallen zu lassen, das andere.

Nur mir selbst gestand ich die Furcht ein, dass die Erziehung des Thronfolgers das sensible Herz des kleinen Jungen unter Bildung und Soldatenspielen erstickt hatte. Aus dem feinfühligen, empfindsamen Kind, das um die Trennung von seiner Mutter so viele Tränen weinte, hatte man gewaltsam einen flotten Offizier gemacht. Rudolf leistete augenblicklich seine Dienstzeit beim 36. Infanterieregiment in Prag. Ich wusste, dass er lieber Naturwissenschaften studiert hätte und seine Freunde ausgerechnet unter den Journalisten der liberalen Blätter suchte, die seinem Vater ein Dorn im Auge waren. Aber all diese Probleme waren doch nicht durch die Heirat mit einem belgischen Kind zu lösen!

Denn ein Kind war diese Stephanie, die mich an Rudolfs Arm schüchtern anlächelte, als ich in Brüssel Station machte, um sie kennen zu lernen.

Ihre Mutter gestand mir unter vier Augen, dass dieses farblose Wesen noch nicht einmal unter dem Monatsübel des weiblichen Geschlechtes litt. Der Königin war es peinlich, ich atmete heimlich auf. Wenigstens ein Grund, die Eheschließung fürs Erste hinauszuschieben.

Franz Joseph fand meine Befürchtungen wie üblich übertrieben. »Die Ehe wird dem Rudolf gut tun, ihn ruhiger machen«, wagte er zu behaupten. »Er ist noch so leicht beeinflussbar von allem, was nichts taugt, so sprunghaft. Eine Frau wird das ändern.«

Ich öffnete den Mund, um ihn sogleich wieder zu schließen. Was sollte ich gegen eine so überwältigend naive Bemerkung vorbringen? Hatte den Kaiser die eigene Ehe nicht davon überzeugt, dass ein solcher Bund keine Probleme löste, sondern welche schuf? Ganz davon zu schweigen, dass er einen jungen Mann, dem die schönsten Frauen des Hofes nachliefen, an ein Mädchen band, dessen einziger Vorzug grenzenlose Unschuld war.

»Eine Frau«, seufzte ich schließlich. »Noch ist Stephanie ein Kind und keine Frau. Du wirst die beiden doch nicht verheiraten wollen, ehe sich das geändert hat?«

Es war einer der seltenen Momente, in denen ich meinen Gemahl verlegen erlebte. Er räusperte sich, brummelte etwas, und es wurde nicht ganz klar, ob seine Berater, Diplomaten und Minister diese Tatsache schlicht übersehen hatten oder sich rücksichtslos darüber hinwegsetzen wollten.

Ob Rudolf mir diese Gnadenfrist dankte, erfuhr ich nie. Er hatte schon vor England seine kindlich vertrauensvolle Art abgelegt. Er behielt seine Gefühle für sich, und wenngleich er mich offensichtlich schätzte, mir manchmal sogar den Eindruck vermittelte, er liebe und bewundere mich, meinen Rat holte er nie ein.

»Seine Eroberungen sind daran schuld«, eröffnete mir die Gräfin Festetics, als ich diesen Umstand vor ihr erwähnte. »Diese Frauen haben ihm die feste Überzeugung vermittelt, es gäbe keine Einzige, die er nicht haben könnte. Das führt dazu, dass er sie gering schätzt, sie für nicht ebenbürtig hält.«

Sollte ich diesem Herzensbrecher sagen, was ich von seiner Verlobung hielt, die er ohne Protest geschlossen hatte? Ich zögerte. In jäher Unsicherheit wagte ich nicht einmal mehr, Rudolfs Mutterliebe zu trauen. Hatte er nicht bei jenem Skandal in England allen geglaubt, nur nicht mir? Weshalb sollte es jetzt anders kommen?

Vielleicht war auch ein Sohn am Ende nur ein Mann. Wenn mich das Leben eines gelehrt hatte, dann, dass Männer nur an sich selbst dachten.

Ich ging auf Distanz zu dieser Hochzeit, die in der Folge bis in den Mai 1881 verschoben wurde. Da mich niemand um meine Meinung dazu gebeten hatte, wollte ich auch keine Verantwortung für die Folgen übernehmen. Was ich vom Thronfolger hörte, machte mir wenig Hoffnung auf ein gutes Ende.

Rudolfs hartnäckiges Bemühen um die Anerkennung seines Vaters stand in krassem Gegensatz zu seinen liberalen Äußerungen und bestimmten aufrührerischen Schriften, die aus seiner Feder stammen sollten. Gleichzeitig dichtete ihm der Hoftratsch eine Geliebte nach der anderen an, und man unterließ es nicht, mir die Geschichte gewisser Zigarettendosen zuzutragen. Lebenslustige Damen erhielten sie vom Kronprinzen als Erinnerung an nächtliche Gefälligkeiten, und es entwickelte sich geradezu ein Wettstreit darum, wer sie besaß.

Valerie, die ihren Bruder innig liebte, erfuhr natürlich nichts davon. Aber die Tatsache, dass er heiraten würde, gab auch ihr zu denken. »Dass er verlobt sein soll, will mir nicht in den Kopf«, gestand sie mir.

»Bald wirst du's auch sein, Mutzerl«, murmelte ich traurig.

»Ganz lang noch nicht, Mama!«, rief sie beschwörend und

warf sich in meine Arme. »Ich will immer bei dir und Papa bleiben, ich hab euch doch so lieb.«

Diese Liebe war mein einziger Trost in den nächsten Monaten. Alles schien sich gegen mich verschworen zu haben. Franz Joseph opponierte offen gegen einen neuen Aufenthalt in Irland, sodass ich nachgeben und nach England reisen musste. Lord Combermere stellte mir in Cheshire zwar seine Gastfreundschaft und sein Schloss für die Jagdzeit im Februar und März zur Verfügung, aber die Reise stand unter ungünstigen Vorzeichen.

Zuerst erreichte mich die Nachricht, dass Bay Middleton nach einem schweren Sturz vom Pferd lange Zeit ohne Bewusstsein gewesen war und nun im Krankenbett lag. Dann bekam ich selbst Probleme mit meiner eigenen Gesundheit.

Ich schlief nicht mehr so gut wie früher, obwohl ich mich mit Wandern, Turnen und Reiten wahrlich erschöpfte. Meine Glieder schmerzten, wenn das Wetter besonders feucht war, und Doktor Widerhofer, der Leibarzt der kaiserlichen Familie, schüttelte besorgt den Kopf, als ich ihn um Abhilfe bat.

»Kaiserliche Hoheit müssen sich mehr schonen«, wiederholte er ein ums andere Mal. »Weniger reiten, gesünder leben, mehr essen.«

»Damit ich schwerfällig, dick und unbeweglich werde?«, lachte ich ihn aus. »Was sind denn das für Ratschläge, lieber Widerhofer?«

Er gab mir keine anderen, und ich versuchte mir selbst zu helfen. So fand ich heraus, dass möglichst heiße Bäder meine Beschwerden linderten und regelmäßige Massagen mit Ölen und Kräutern die Schmerzen auf ein erträgliches Maß brachten.

Dennoch blieb es nicht aus, dass mich die Jagd in England mehr als je zuvor anstrengte. Es fiel mir immer schwerer, fröhlich die Spitze zu halten und die sportliche Lady zu verkörpern, die in ewiger Jugend hinter der Meute ritt. Es erschöpfte meinen Körper und strapazierte meine ohnehin gespannten Nerven.

Hinzu kam, dass mir der lockere Ton unseres Kreises, der mir anfangs so zugesagt hatte, zunehmend missfiel. Sicher lag es auch daran, dass Middleton im Mittelpunkt aller Scherze stand. Nach seiner Genesung schien es keine wichtigere Frage zu geben als die, wann er seine Dauerverlobte Lady Charlotte nun endlich heiraten wolle. Anscheinend hatte ihm die Dame ein Ultimatum gesetzt, weil sie des Wartens müde war.

Sie hänselten ihn zwar nur, wenn sie mich nicht in der Nähe glaubten, aber manchmal hörte ich es doch. Und ich vernahm auch, dass Bay durchaus gewillt war, diesem Ultimatum nachzukommen. Ich hatte immer von Lady Charlotte gewusst, aber dass er nun so unmittelbar davor stand, sie zu seiner Gemahlin zu machen, stürzte mich in eine seltsame Mischung aus Eifersucht, Zorn auf mich selbst und Angst vor dem endgültigen Abschied.

Wild entschlossen versuchte ich die heftigen Empfindungen zu ignorieren und der Welt die amüsierte Kaiserin vorzuspielen. Der Prinz von Wales lieferte mir die ideale Gelegenheit dafür.

Als er mich zu einer abendlichen Teestunde aufsuchte, erschien ich nicht im vorgeschriebenen Hauskleid, sondern im Spitzenneglige. Mehr Aufforderung für den leicht entflammbaren Thronfolger der so sittsamen Queen bedurfte es nicht. Er bekam Stielaugen, machte mir Komplimente und rückte so blitzschnell näher, dass ich von Glück sagen konnte, dass ich zur Vorsicht meine Nichte in Rufweite bestellt hatte.

Die gefällige Gräfin Larisch-Wallersee kam nicht einmal mehr dazu, einen richtigen Knicks zu machen, so schnell eilte mein englischer Cousin von dannen, als er bemerkte, dass wir doch nicht allein waren.

Wie beabsichtigt, bekam der Klatsch Witterung von dem Ereignis, und schon wurde gemunkelt, dass die Kaiserin ihre Gunst dem englischen Kronprinzen geschenkt habe. Ich spielte meine Rolle weiter und reiste gekränkt ab.

Die Hochzeit von Middleton und Charlotte wurde nicht mehr erwähnt. Schließlich waren die Engländer so nationalstolz, dass sie gar nicht auf den Gedanken kamen, ein schottischer Captain könnte einer Kaiserin wichtiger sein als der Kronprinz ihres Empires. Mein Plan war aufgegangen, und wie üblich verriet Bay mit keiner Geste, ob er mich durchschaut hatte oder nicht. Vielleicht war er es auch einfach müde, ein Idol anzubeten, das ihn nie erhören würde.

Auch wenn wir später in aller Freundschaft voneinander schieden, meinen persönlichen Abschied hatte ich längst genommen. Meine fieberhafte Jagd nach einem letzten Stück Liebe war zu Ende.

***

Stephanies Gesicht schimmerte so schneeweiß wie ihr Brautkleid. Sie war groß, aber Gewand, Frisur, Schmuck und Haltung ließen sie wie eine zum Opfer geschmückte Märtyrerin aussehen. Nun, immerhin fügte sie sich auf diese Weise passend in das Bild der vierundzwanzig Bischöfe und Erzbischöfe, die Kardinal Fürst Schwarzenberg dabei assistierten, ein weiteres junges Paar auf sein Unglück einzuschwören. Ich verbarg meine bitteren Gedanken hinter einer ruhigen Miene, die alle Welt ergriffen und hoheitsvoll fand.

In Wahrheit war ich verzweifelt. Die Trauung meines einzigen Sohnes rief mir die Fehler meines eigenen Lebens unbarmherzig ins Bewusstsein. Nach den pompösen Feierlichkeiten würden sie nach Laxenburg fahren, um dort zum ersten Mal allein zu sein. Ein kleines Mädchen aus Belgien, das Rudolf nur noch tiefer in seine Rücksichtslosigkeit und Frauenverachtung treiben würde, und ein junger Prinz, der nicht tun durfte, wozu ihn sein Verstand und seine Talente befähigten. Wie sollte das gut gehen?

Wenn Stephanie wenigstens ein bisschen lieb und hübsch gewesen wäre! Aber nicht einmal der gutwilligste Mensch konnte etwas Schönes an diesem eckigen, schüchternen und farblosen Geschöpf finden, das dennoch auf eine trotzige Weise abwehrend und hochmütig wirkte. Als hätte es einen Stock verschluckt, trug es den Kopf mit dem Diadem kerzengerade und richtete die kleinen blassen Augen auf den Kardinal.

Ich hatte bei meiner Hochzeit nur Augen für Franz Joseph gehabt. Von ihm hatte ich alles erwartet und vieles bekommen. Leider auch eine Schwiegermutter, die sich in alles einmischte, sich um alles kümmerte und mein Leben als junge Frau zur Hölle machte. Wenigstens das würde ich der belgischen Prinzessin ersparen! Ich würde mir nicht anmaßen, sie wie eine Tochter zu behandeln.

Allzu schnell stellte sich heraus, dass sie es nicht fertig brachte,

Rudolf auf Dauer zu fesseln. Er nahm sein altes Leben wieder auf, wenn er es überhaupt je unterbrochen hatte. Es hätte die Sache der beiden bleiben können, aber Stephanie war nicht nur reizlos, sondern zu allem Überfluss auch noch einfältig. Sie machte Rudolf so lautstarke Szenen, dass ganz Wien es mitbekam und ich mich gezwungen sah, sie zu mehr Zurückhaltung zu ermahnen.

»Dein Mann ist der Thronfolger, es gehört sich nicht, dass du mit ihm zankst wie ein Marktweib, Stephanie.«

»Es gehört sich auch nicht, dass er mich betrügt«, trotzte sie widerspenstig.

»Denkst du, er wird damit aufhören, wenn du ihn ankeifst? Du musst mehr Haltung zeigen.«

Stephanie gab sich nach außen gehorsam, aber in Wirklichkeit hörte sie mir gar nicht zu. Sie hatte sich ganz ihrer älteren Schwester Louise angeschlossen, die mit dem Prinzen von Coburg verheiratet war, der zu Rudolfs engsten Freunden und Jagdgenossen zählte. Ihr Trotz erstickte jeden weiteren Funken Mitleid in mir.

Es hatte ohnehin nie ein sehr inniges Beieinander in unserer Familie gegeben, doch nun, mit Stephanie und Rudolf als Paar, herrschten kühlere Sitten als je zuvor. Als wir zum Jahreswechsel 1882 alle gemeinsam in der großen Hofoper erschienen, um dem »Oberon« des Herrn von Weber zu lauschen, war die Atmosphäre in unserer Loge sicher eisiger als die Winterluft draußen vor der Tür.

Während ich der Musik lauschte, Franz Joseph wie üblich ein Nickerchen machte, Rudolf ungeduldig auf seinem Sessel hin- und herrutschte und Stephanie das eigensinnige Kinn noch oben reckte, als wolle sie der ganzen Welt die blasse Stirn bieten, überkam mich eine solche Traurigkeit, dass mir fast das Herz stehen blieb.

Mein Leben war so kalt, leer und inhaltslos geworden, dass mir vor der Zukunft schauderte.

Frühling 1883 – Weihnachten 1886
»Schliesslich, was ist wohl Verrücktheit?«

Was für eine Narretei, Fechtunterricht! Willst du dich etwa mit deinen Damen duellieren?« Wenn Franz Joseph ironisch wurde, war er ernsthaft verärgert. Weil ich mich im Fechten übte?

»Was soll ich tun?«, verteidigte ich mich gereizt. »Der Doktor sagt, ich soll nicht mehr so viel reiten. Wenn ich in der Stadt spazieren geh, sind mir die Leute auf den Fersen. Im Prater verfolgt mich deine Geheimpolizei, und überhaupt, wen kümmert's, wenn ich ganz privat bei mir den Umgang mit dem Florett lerne? Es ist ein ritterlicher, schöner Sport. Es ersetzt mir das Reiten, das ich schmerzlich vermisse.«

»Ach, Sisi …« Immer öfter kamen von Franz Joseph solche Seufzer. »Warum musst du immer alles so schrecklich übertreiben? Warum kannst nicht einfach sein wie alle andern auch?«

»Wie die Metternich zum Beispiel?«, erkundigte ich mich spitz, denn ich wusste sehr wohl, dass mein Gemahl die Fürstin charmant fand.

»Warum nicht?«, entgegnete er zu allem Überfluss auch noch. »Sie ist eine tüchtige Frau. Ihre Hilfsfonds für das neue Rote Kreuz und die Bedürftigen von Wien sind eine feine Sache.«

»Natürlich«, nickte ich jetzt meinerseits spöttisch. »Außerdem sorgt sie immer dafür, dass jeder Bescheid weiß, wie edel und gut sie ist. Und dafür, dass auch möglichst viele Zeitungsschreiber darüber berichten. Meinst nicht, dass sie das alles nur macht, um sich selbst in den Vordergrund zu rücken? Ich will keinen Wirbel, wenn ich jemand unterstütze. Ich mach's im Stillen, wie sich das gehört.«

»Die Wiener kennen dich gar nicht mehr, wenn du immer alles im Stillen machst.«

Es war eine dieser lästigen Debatten, die sich aus dem Nichts entwickelten und bei denen der Kaiser die Gelegenheit ergriff, alles auf einmal zu sagen. In der letzten Zeit führten sie alle zum gleichen Ergebnis: Ich wollte nur noch fort. In Anbetracht meiner Gesundheit entschloss ich mich zu einer Kur in Baden-Baden und nahm Valerie mit.

Dort erreichte uns die Nachricht von Stephanies Schwangerschaft. Rudolf hatte sich persönlich die Mühe gemacht, mir zu schreiben.

»Als Vater kann ich ihn mir nicht vorstellen«, lachte Valerie, als sie davon erfuhr.

Die gute Nachricht wurde am 3. September mit der Geburt eines kleinen Mädchens gekrönt, das den Namen Elisabeth erhielt. Einmal mehr hatte man einen Kronprinzen erwartet, und als ich nach Laxenburg fuhr, um meine neue Enkelin zu besichtigen, fand ich Stephanie in Tränen aufgelöst.

»Ich kann das nicht noch einmal ertragen«, schluchzte sie, denn es war eine schwere Geburt gewesen. Die Ärzte hatten um Mutter und Kind gefürchtet.

Ich antwortete nicht. Ich hätte es grausam gefunden, ihr in diesem Augenblick die Wahrheit zu sagen, dass sie nur für diese Arbeit geheiratet worden war. Also hielt ich lieber den Mund, statt zu lügen. Ich verabscheute Lügen.

Stephanie verstand es prompt falsch. Sie hielt es für Ablehnung, und unser Verhältnis wurde noch kühler als zuvor. Ich beließ es dabei, ich war längst daran gewöhnt, dass man meine Motive falsch auslegte.

Ich entdeckte mit der Zeit eine verblüffende Seelenverwandtschaft mit meinem Cousin, dem bayrischen König, der ebenfalls von allen kritisiert wurde. Nachdem er sein Wort gebrochen hatte, Sophie zu heiraten, war ich ihm viele Jahre aus dem Weg gegangen. Doch anlässlich der letzten Besuche in München und am Starnberger See hatte sich unser Verhältnis wieder gebessert. Seine leidenschaftliche Vorliebe für Musik, Poesie und klassische Schönheit konnte ich ebenso nachvollziehen wie seinen Wunsch nach absoluter Einsamkeit.

Aber einer Kaiserin war keine Einsamkeit gegönnt. Ich kannte nur eine Möglichkeit, meine zunehmende Rastlosigkeit halbwegs unter Kontrolle zu halten: Wenn es gar zu schlimm wurde, musste ich mich bewegen. Fechten, Turnen, Laufen.

So wurden es auch auf meinen Reisen immer längere und erschöpfendere Wanderungen. Es kam vor, dass ich fünf oder sechs Stunden am Stück lief. Sogar die Strecke von München nach Feldafing bereitete mir im Sommer keine Schwierigkeiten. Probleme hatten nur meine Begleiterinnen, die meist arg ins Schnaufen gerieten. Meine liebe Ida, die mittlerweile rund und ein wenig bequem geworden war, kam schon gar nicht mehr mit, aber auch Marie Festetics kapitulierte.

Ich musste wohl oder übel Tragsessel und Kutschen für meine Damen bereithalten, während ich selbst in festen Wanderschuhen und in flottem Tempo vorwärts stürmte. Egal, ob die Sonne vom Himmel brannte oder es regnete. In beiden Fällen schützte mich mein dunkelblauer fester Sonnenschirm.

Die kurze Euphorie des Sommers und Herbstes, die mir wieder halbwegs Gesundheit geschenkt hatten, verschwand mit der kalten Jahreszeit. Meine Glieder schmerzten erneut, und Doktor Widerhofers Diagnose: »rheumatische Beschwerden« trieb mich im März zur Kur nach Baden-Baden. Dort hätten mich die Ärzte am liebsten im Lehnstuhl festgebunden und zwangsernährt. Keines von beiden konnte ich ertragen. Wenn ich meine Tage ruhend verbrachte, wie sie es forderten, hatte ich zwar weniger Schmerzen, aber ich wurde nach kurzer Zeit so nervös, dass ich lieber die Zähne zusammenbiss und mich bewegte.

Ich musste einfach laufen, fechten, sogar reiten, wenn ich nicht verrückt werden wollte. Als ich von der neuartigen Behandlungsmethode eines Arztes in Amsterdam für meine Beschwerden hörte, machte ich mich mit meiner Begleitung sofort auf den Weg.

Die Massagekur bei Doktor Metzger war eine ziemliche Plage und der Arzt selbst ein unfreundlicher Patron. »Sie werden in zwei Jahren alt und runzlig sein, wenn Sie Ihren Körper weiterhin solchen Torturen aussetzen«, behauptete er düster, aber seine Anwendungen waren nicht nur grob, sondern auch erfolgreich.

Amsterdam brachte auch ein Wiedersehen, das mein armes Herz für kurze Zeit aus seiner selbst gewählten Isolation riss. Im ersten Moment erkannte ich den blassen Patienten gar nicht, der im Hotelfoyer stand und mich wie einen Geist anstarrte. Mager war er, gebückt, er trug einen Arm in der Tragebinde, und auf seiner bleichen Haut leuchteten Sommersprossen. Nur Haar und Bart brannten in vertrautem, unverwüstlichen Rot. Bay Middleton!

Im ersten Augenblick fehlten uns beiden die Worte. Wie alt er geworden war! Gütiger Himmel, dachte er das auch von mir? War da ein Anflug von Mitleid in seinen Augen? Bedauern? Die erste Freude wich Verlegenheit, Befangenheit. Doktor Metzgers harte Worte von Alter und Falten hallten in meinem Kopf, und ich hätte mich am liebsten hinter meinem Fächer versteckt. Die spontane Freude wich der Peinlichkeit.

Der Rest war Höflichkeit. Ein Spaziergang, ein Souper, traurige Wirklichkeit. Der Austausch von Krankengeschichten. Er litt einmal mehr unter den Folgen eines Sturzes bei einem Pferderennen. Er hatte seine Charlotte 1882 endlich geheiratet. Er war zufrieden.

Die bewunderte Königin der Meute und ihr schneidiger Captain waren in den Nebeln der Vergangenheit entschwunden. In meiner Erinnerung setzten sie für ewige Zeiten über irische Wälle und flogen direkt in den Himmel. Wie ich sie beneidete …

Wäre es nicht besser gewesen, einander in Schönheit und Unversehrtheit in Erinnerung zu behalten? Auf dem Höhepunkt körperlicher Leistungsfähigkeit und in zärtlichem Einklang der Seelen?

Es gab kein weiteres Treffen. Captain Middleton tat Jahre später, 1892, seinen letzten Sturz. Er starb den Reitertod auf der Rennbahn.

***

»Warum können wir nicht bleiben, Mama? Warum müssen wir schon wieder weiter? Was suchen Sie auf all diesen Reisen?«

Im ersten Augenblick wollte ich nicht antworten, aber dann sah ich meine Einzige an und verwarf die Ablehnung. Sie war jetzt fünfzehn und hatte ein Recht auf Erklärungen.

»Findest du nicht, dass man einen Ort immer dann besonders liebt, wenn man weiß, dass man ihn verlassen muss?«

Meine Tochter runzelte die Stirn und bedachte die Angelegenheit gewissenhaft, ehe sie zu einem Schluss kam. »Ich würd gerne einen Ort lieben, von dem ich nicht wieder weg muss.« Sie beugte sich über meine Schulter und sah auf das Blatt, das ich eben beschrieben hatte. »Ein Gedicht? Ein Gedicht von Ihnen? Wie wunderbar!«

Ehe ich sie davon abhalten konnte, las sie den letzten Vers laut: »Du ahntest nichts von meinen Schwingen / Was Schwingen hat, ist niemals treu; / Nie lässt sich in den Käfig zwängen, / und wär er golden auch, was frei. Das ist wunderbar Mama!«

Das unverfälschte Lob meiner Einzigen machte mich glücklich. Bisher hatte ich meine lyrischen Bemühungen geheim gehalten. Aber nun, von Valerie bewundert, verschob ich die Abreise aus Ischl und wagte mich kühn an meine eigene Interpretation des »Sommernachtstraumes«. Ich fühlte mich der Feenkönigin Shakespeares so nahe, und seine göttliche Komödie auf Wiener Verhältnisse zu übertragen, machte mir um so mehr Vergnügen, wenn ich meiner Tochter ab und zu eine Kostprobe daraus vorlesen konnte.

Als ich im Herbst in Ofen die rumänische Königin traf, eine geborene Prinzessin von Wied, die als Künstlerin Carmen Sylva großes Aufsehen erregt hatte, fand ich zudem eine hoch intelligente, gleich gesinnte Freundin. Eine Dichterkollegin, die mich in meinem Bemühen bestärkte und meine bescheidenen Versuche erfreulich ernst nahm.

Es war eine neue unglaubliche Erfahrung, und ich nahm mir Carmen Sylva nur zu gerne zum Vorbild, wenngleich ich mich weigerte, meine Versuche an die Öffentlichkeit zu bringen. »Wenn ich einmal tot bin, kann die Welt wissen, was ich geschrieben hab. Vorher nicht.«

Nur in meinen Gedichten wagte ich, meinen wahren Gefühlen Ausdruck zu geben, und Kenner des Hofes hätten zweifellos hinter gewissen Beschreibungen den Kaiser und andere erkannt. Trotz aller Differenzen, trotz des Abgrundes, der zwischen unserer Art zu denken und zu leben lag, hatte ich nicht die Absicht, Franz Joseph auf solche Weise zu kränken. Er konnte nichts dafür, dass wir so wenig gemeinsam hatten und dass mich seine nüchterne Bürokratenart schrecklich langweilte.

Jede andere Haltung hätte auch Valerie nur Kummer bereitet. Sie liebte ihren Vater zärtlich. Sie sprach ausschließlich Deutsch mit ihm, während wir uns in Ungarisch unterhielten. Auch war sie in der letzten Zeit viel lieber in Wien als in

Gödöllö oder auf Reisen. Es verbot sich, sie mehr als unbedingt nötig von ihrem Vater zu trennen. Ihre Unbeschwertheit und ihre Zuneigung waren unantastbar für mich. Niemand durfte sie verletzen, darüber würde ich wachen, solange noch ein Funken Leben in mir pulsierte.

Valerie war der Fixpunkt all meiner Reisen und Unternehmungen. Zu ihr kehrte ich zurück. Egal, ob ich nun aus Amsterdam von einer Kur kam und sie in Heidelberg traf. Ob ich mit ihr die bayrische Familie besuchte oder sie in Ischl als tüchtige Wanderkameradin schätzte. Nur Valerie konnte nach fünf Stunden strammen Marsches noch fröhliche Scherze machen.

Je älter sie wurde, desto mehr bekam sie eine gewisse Ähnlichkeit mit ihrer Schwester Gisela. Es war eine seltsame Entwicklung aufeinander zu, welche die beiden jungen Frauen in diesen Jahren durchlebten. Gisela tat ihre Ehe gut, sie wählte ihre Kleider sorgsam aus und hatte trotz ihrer Geburten eine ansprechende Taille bekommen. Auch wirkte sie nicht mehr ganz so mürrisch wie als junges Mädchen.

Valerie liebte ihre große Schwester vorurteilslos. Sie blühte bei ihren Besuchen auf und vergaß die lähmende Schüchternheit, unter der sie bei Fremden litt. Ich war stolz auf meine reizende Tochter, und je älter und anmutiger sie wurde, umso mehr Sorgen machte ich mir um sie.

»Sie müssen nicht so ängstlich um mich sein, Mama«, durchschaute sie meine Furcht mit erstaunlicher Menschenkenntnis, als wir uns nach dem Besuch der rumänischen Königin wieder in der Hofburg einrichteten. »Sie sollten lieber darauf achten, dass Sie nicht von anderen für deren eigene Zwecke ausgenutzt werden.«

Ich ahnte, worauf sie anspielte. Eine bösartige Laune des Schicksals hatte es bewirkt, dass Valerie inzwischen nicht nur alles Ungarische ablehnte, sondern an erster Stelle auch jenen Mann, dem sie eigentlich ihr Leben verdankte, ohne dass sie es wusste. Ich hatte die Blicke gesehen, die sie Graf Andrássy zuwarf, als er in Ofen beim Besuch von Carmen Sylva mein Tischherr gewesen war. Sie mochte ihn nicht, sie hasste ihn geradezu, und was ich auch versuchte, sie ließ sich nicht davon abbringen. Sie hatte bemerkt, dass er mich wie üblich mit einer Fülle von Ratschlägen und dezent verbrämten Anweisungen überschüttet hatte.

»Ich weiß mich vor dem Ausnutzen zu schützen, Mutzerl«, nannte ich sie bei ihrem alten Kinder-Kosenamen. »Aber wenn du auf meine ungarischen Freunde anspielen solltest, um die musst dir keine Sorgen machen. Männer wie Graf Andrássy zählen zu meinen treuesten Dienern.«

»Sie sind weder rechte Freunde noch gute Diener, wenn sie schuld dran sind, dass man Sie in Wien falsch versteht und Ihnen Dinge vorwirft, die gar nicht Ihr Werk sind, Mama«, beharrte sie in ungewohnter Festigkeit auf ihrer Meinung.

Sie wurde jetzt mit Riesenschritten erwachsen, und es behagte mir nicht, ihr dabei zuzusehen. Ich versuchte das Thema zu wechseln. »Lass dich anschaun … Wer hat dir für das Burgtheater zu diesem Kleid geraten?«

Valerie trug ein sehr erwachsenes Gewand aus raschelndem zartrosa Atlas. Es hatte einen raffiniert gebauschten Rock und im Ausschnitt einen hauchfeinen Spitzeneinsatz, der ihr zwar bis zum Kinn hinaufreichte, aber einen Schimmer ihrer jugendlich glatten Haut erahnen ließ. Es rückte ihre Vorzüge perfekt ins Licht, und das fiel auf, weil sie sich normalerweise eher kindlich kleidete.

»Es ist hübsch, nicht wahr?« Ein wenig verlegen strich sie über ihre Taille. »Die Marie hat gesagt, ich soll es heute Abend tragen.«

Valeries »Marie« war die Gräfin Larisch-Wallersee, im Gegensatz zu meiner »Marie«, der lieben Festetics. Ich hatte sie zu einer zweiten großen Schwester für die Einzige gemacht und bisher nur Gutes von dieser Idee gehalten. Heute kamen mir zum ersten Male Zweifel. Wenn Franz Joseph bemerkte, wie entzückend und weiblich seine Tochter geworden war, würde er umgehend das Heiratskarussell für sie in Gang setzen. Eine ehereife Kaisertochter, wer weiß, was ihm und seinen Ministern zu diesem Thema alles einfiel. Ich hatte genügend Erfahrungen mit ihnen, um das Ergebnis zu fürchten.

»Es macht dich ein wenig zu erwachsen, ich weiß nicht, ob das deinem Vater gefällt«, murmelte ich leicht gereizt. Ich würde mit meiner Nichte ein Wort reden müssen.

»Ich bin doch auch langsam erwachsen, Mama«, entgegnete Valerie lachend. »Aber der Papa wird sicher nur Augen für die Frau Schratt haben. Seit er sie als Lorle in ›Dorf und Stadt‹ gesehen hat, ist er ganz hingerissen von ihrem Talent. Der Rudolf findet sie fad. Er sagt, sie sei nicht mehr als das typische Wiener Mäderl.«

»Hast du mit dem Rudolf gesprochen?«, fragte ich erstaunt. Ich bekam meinen Sohn so selten zu sehen, dass es mich wunderte, dass Valerie ihn nicht nur getroffen, sondern auch noch ganz privat mit ihm geplaudert hatte.

»Ich habe ihm Grüß Gott gesagt, als wir angekommen sind«,

erzählte sie in aller Unschuld. »Er hat's wie üblich pressant gehabt. Hast du gewusst, dass ihm die Universität Wien einen Ehrendoktor verliehen hat? Und was macht der verrückte Mensch? Er grämt sich darüber, dass er diese Ehre als Kronprinz und nicht als Wissenschaftler bekommen hat. Er macht sich das Leben manchmal genauso schwer wie Sie, Mama.«

»Na, was ist das für ein Unsinn? Mein Leben wird mir durch die Umstände schwer gemacht und nicht, weil ich es so will«, protestierte ich gegen so viel Naivität. »Denkst du, ich würd es so wollen?«

»Das kommt ganz darauf an, wie man's betrachtet«, behielt Valerie das letzte Wort.

Ich konnte sie nur staunend ansehen, während meine Gedanken zu Rudolf wanderten. Manchmal kam es mir vor, als gingen wir uns absichtlich aus dem Weg, weil wir sonst Dinge sehen oder sagen würden, die uns beiden missfallen könnten. Unsere Zuneigung war brüchig geworden, aber sie war noch tief und ehrlich genug, dass keiner sie ganz zerstören wollte. Also mieden wir beide jeden Streit und jede Einmischung.

Alle Welt wusste, dass seine Ehe mit Stephanie in Scherben lag. Nur die kleine »Erzsi«, wie ihre Tochter zärtlich auf Ungarisch genannt wurde, weil Rudolf im Gegensatz zu Valerie das Land so schätzte wie ich, verband sie noch. Erzsi war unbestritten das hübscheste meiner Enkelkinder. Rudolf liebte das kleine Mädchen fanatisch, und Stephanie war sich nicht zu schade, seine Tochter als Druckmittel gegen ihn einzusetzen. Hinzu kam, dass sie nach Auskunft ihrer Ärzte kein zweites Kind bekommen konnte. Die Geburt und eine nachfolgende

Operation hatten jede Hoffnung auf einen Thronfolger für immer zunichte gemacht.

Es wäre eigentlich das ideale Argument für eine Scheidung gewesen, aber diese erforderte nicht nur Stephanies Zustimmung, sondern auch den Dispens des Papstes und das Ja des Kaisers. Drei Dinge, die Rudolf vermutlich nie erhalten würde.

Der Abend im Burgtheater, der große Teile der kaiserlichen Familie bei dem Lustspiel »Die Feenhände« versammelt hatte, bestätigte mich in dieser Meinung.

Stephanie, ebenso hohlköpfig und klatschsüchtig wie der größte Teil des Kaiserhofes, hatte unter Gleichgesinnten schnell Freunde gefunden. Die vergangenen Jahre und das Kind hatten ihr Auftreten verwandelt. Jetzt glitzerte sie vor Juwelen, wenn sie in der Öffentlichkeit erschien, und segelte unter Rüschen und Seide wie ein aufgedonnerter Pfau durch die Wiener Gesellschaft. Sie gefiel sich sichtbar in ihrer Rolle als künftige Kaiserin, sie würde nie in eine Scheidung einwilligen.

Rudolf blieb wohlerzogen an ihrer Seite, aber seine Blicke streiften kaum ihr Gesicht. Wenn er irgendwo hinsah, dann flogen seine Augen über Nachbarlogen und Parkettreihen. Ständig auf der Suche nach einem neuen hübschen Opfer, das ihn langweilte, sobald er es erlegt hatte, wirkte er erschöpft und älter, als es seinen Jahren entsprach. Eine melancholische Aura von Unruhe und Unzufriedenheit ging von ihm aus.

Franz Joseph sah wahrscheinlich nur den straff sitzenden Uniformrock und die tadellose Haltung das Kronprinzen. Der Kaiser legte Wert auf die richtige Haltung und das richtige Benehmen. Eine Scheidung mochte die beste Lösung für Stephanie und Rudolf sein, aber sie war auch ein Skandal, und Skandale waren meistens hässlich und kompliziert zu vertuschen. Franz Joseph mochte es lieber hübsch, unkompliziert und harmonisch.

Vielleicht gefiel ihm ja deswegen die Frau Schratt so gut, die ich nach Valeries Worten mit besonderem Interesse betrachtete. Ob sie wirkliches Talent hatte, ließ sich in ihrer Rolle nicht sagen. Möglich, dass sie einfach sich selbst spielte. Ein frisches, blondes Mädchen, das seine blauen Augen anbetend aufreißen konnte und ein bisschen wie ein Pfirsich wirkte. Golden, saftig, zum Reinbeißen appetitlich. Mein Gemahl sah aus, als würde er genau das liebend gerne tun.

Er hing verzückt an ihren Lippen, und im Gegensatz zu unseren Kindern begriff ich, weshalb. Die Schratt war genau die Art von Frau, die ihn glücklich gemacht hätte. Lieb, anschmiegsam, problemlos, heiter und ohne jeden Hauch komplizierter Launen. Sie sah aus, als würde sie sich auch den Inhalt des langweiligsten Aktenstückes mit diesem bewundernden Staunen anhören, das sie jetzt dem Hauptdarsteller widmete. Sie war der Typ Frau, der geduldig auf seinen Ehemann wartete und ihm bestimmt nie die Schlafzimmertür versperren würde.

Eine seltsame Idee begann sich in meinem Kopf zu regen, und ich nahm mir vor, diskrete Erkundigungen über die Dame einzuholen. Hatte ich nicht selbst eine liebenswürdige Schwägerin in Bayern, die als Schauspielerin nicht abgeneigt gewesen war, die herkömmlichen Vorstellungen von Moral und Sitte zu ignorieren?

Beifall brandete auf und riss mich aus meinen Gedanken. Frau Schratt neigte sich heiter im allgemeinen Jubel und warf gleichzeitig einen schelmisch interessierten Blick in die kaiserliche Loge. Rudolfs eisige Miene veranlasste sie wohl kaum dazu, auch der junge Franz Salvator, ein Erzherzog aus der Toskana-Linie des Hauses war viel zu sehr damit beschäftigt, meine Valerie zu bewundern. Nein, das Lächeln galt einwandfrei dem Kaiser. Wie interessant.

***

»Baron Nopcsa, bitte leiten Sie alles für eine Seereise nach Griechenland in die Wege. Ich möchte die Ausgrabungen in Mykene und in Troja besichtigen. Außerdem benötige ich einen Reiseleiter, der in Archäologie bewandert ist und Griechenland gut kennt. Ich wär Ihnen dankbar, wenn Sie das so schnell wie möglich in Angriff nehmen.«

Mein Obersthofmeister reagierte mit untadeliger Gelassenheit auf diesen Entschluss, den ich wie üblich erst vor wenigen Minuten gefasst hatte. Meine verstärkte Lektüre des Homer und die Berichte über die Ausgrabungen in Troja weckten den Wunsch in mir, all diese Orte mit eigenen Augen zu sehen.

Aber auch das Meer zog mich magisch an. Auf dem Meer ging es mir immer gut. Das erregende Versprechen, dass ich möglicherweise hinter dem Horizont jene Ruhe und jenes Glück fand, dem ich immer nervöser hinterherhetzte, schenkte mir auf der kaiserlichen Yacht kostbare Augenblicke der Besinnung und des Atemholens. Nur wenn ich ganz für mich war, wenn ich mich ungestraft mit meinen Gedanken davonstehlen und in Erinnerungen schwelgen konnte, war ich noch glücklich.

Ich drehte und wendete diese wenigen zärtlichen Fragmente meines Lebens. Ich schmückte sie aus, kleidete sie in Reime, erlebte sie neu und veränderte sie gar. Ein unschuldiges Vergnügen, das meine Umgebung dennoch mit besorgter Miene quittierte. Sie wussten nicht, wo ich war, wenn ich vor mich hin träumte, und vielleicht wähnten sie mich auf einer ähnlichen Bahn wie meinen bayrischen Cousin, von dem die alarmierendsten Gerüchte nach Wien gedrungen waren.

Man warf ihm vor, Unsummen für den Bau von Schlössern zu verschwenden, die er ganz für sich allein bewohnte. Man kritisierte seinen Wunsch nach Einsamkeit, nach erhabener Ruhe und stiller Zuflucht, aber ich verstand, was in ihm vorging. Auch ich träumte manchmal von einem Schloss, einem Haus ganz für mich allein, das nur mir gehörte und nach meinen Vorstellungen errichtet worden war.

Wurde ich Gödöllö untreu? In gewisser Weise schon, es hatte die Fähigkeit verloren, mich zu trösten. Seit ich nicht mehr reiten konnte, weil nicht nur meine Beine schmerzten, sondern auch mein Kopf, war es nur noch Mahnung daran, dass mein Leben dahinging. Es verflog, wie meine Schönheit vergangen war. Jeder Spiegel teilte mir mit, dass meine Augen groß und fragend in einem Gesicht standen, das mit jedem Jahr mehr Falten bekam.

Nur nicht nachdenken und nicht grübeln. Dann schon lieber reisen, lesen, lernen, schauen. All die Dinge entdecken, nach denen ich mich schon als kleines Mädchen gesehnt hatte, wenn mein Vater auf Reisen ging und uns Kinder zu Hause ließ. Wien bekam mich kaum zu sehen, und ich mied die offiziellen Veranstaltungen, wenn es irgendwie ging. Doch auch die schönste Reise hatte einen entscheidenden Nachteil, sie fand irgendwann ein Ende.

Die »Miramar« legte, nachdem sie für Wochen durch die Ägäis und das übrige Mittelmeer gepflügt war und mich über Korfu bis zu den Dardanellen getragen hatte, wieder im Hafen unterhalb des Schlosses an, das ihren Namen trug. Santorin, Ithaka, Troja, Alexandrien und all die anderen Orte sanken in die Vergessenheit zurück. Mir blieb nichts anderes übrig, als dem Freiherrn von Warsberg für seine kundige Führung zu danken und schweren Herzens das Kaiserreich meines Gemahls zu betreten.

Franz Joseph zeigte sich zwar erfreut darüber, aber dann verschwand er augenblicklich an seinen Schreibtisch. In Serbien und Bulgarien gärten Volksaufstände, das war wichtiger als meine Anwesenheit.

Zusammen mit dem schrecklichen Novemberwetter kehrten auch die Schmerzen in meinen Beinen zurück. An manchen Tagen konnte ich kaum mein Bett verlassen, geschweige denn laufen oder Gymnastik machen. Bis zum Weihnachtsfest in Gödöllö wurde es nicht besser, und die fast leeren Ställe mit den wenigen Kutschpferden deprimierten mich zusätzlich.

An den stolzen Domino und seine sportlichen Gefährten erinnerten nur noch die Porträts in meiner Reitkapelle. Wenn ich dort saß und die Bilder betrachtete, kam es mir vor, als befände ich mich unter Freunden. Waren sie mir nicht treuer als die meisten Menschen gewesen?

»Sie versündigen sich, Mama«, mahnte die energische Valerie, wenn ich solche Dinge sagte. Sie wollte nichts davon hören, dass mir das Leben eine Qual war und dass ich ihm am liebsten ein Ende gemacht hätte.

»So arg sind Sie nun wirklich nicht krank, liebe Mama«, entgegnete sie ruhig. »Sie müssen sich bloß ein bisschen schonen, dann können Sie noch lang und fröhlich leben.«

In ihrer jugendlichen Unbeschwertheit konnte sie nicht begreifen, dass ich genau dieses »lang« mehr fürchtete als alles andere.

Auch Franz Joseph machte sich über meine düsteren Stimmungen lustig. Dass ich vom Sterben sprach, fand er geradezu absurd. »Du wirst in die Hölle kommen«, antwortete er und schmunzelte sogar über diesen Scherz.

Ich wandte mich ab. Sollte ich ihm sagen, dass ich die Hölle nicht fürchtete? Sie konnte weder schlimmere Schmerzen noch größere Einsamkeit für mich bereithalten. Ich war jetzt neunundvierzig Jahre alt, und ich war überzeugt, dass ich die Tiefen der Verzweiflung längst durchmessen hatte. Ich ahnte nicht, wie schrecklich ich mich täuschte.

***

Tausende und Abertausende von Wachskerzen tauchten die Wiener Hofburg in ein einzigartiges, sanftes Leuchten. Obwohl die Elektrizität auch unter ihrem Dach Einzug gehalten hatte, blieben die grellen neuen Lichter heute Abend aus. Der Befehl des Kaisers schuf das Märchen, weil ich mich strikt geweigert hatte, in diesem künstlichen Brennen, das jede Falte, jede Runzel und jedes Zeichen der Müdigkeit gnadenlos preisgab, den Hofball zu eröffnen. Solche Helligkeit würde den

Mythos der schönen Kaiserin zu Staub verbrennen und aller Welt enthüllen, wie alt ich inzwischen geworden war.

Stattdessen schritt ich nun an Franz Josephs Seite durch sanftes, goldenes Kerzenlicht. Rings um uns neigten sich die Köpfe, kostbare Roben raschelten beim Hofknicks. Der Hochadel der Donaumonarchie entbot seinem Kaiserpaar die Reverenz.

Franz Joseph trug seine weiß-rote Feldmarschallsuniform, ich hatte ein Schleppkleid aus fliederfarbener Seide gewählt. Um meinen Nacken glänzten meine Lieblingsperlen, und Fanny hatte Diamantsterne und Rubine in mein schweres Haar geflochten, das glücklicherweise noch keine Spur von Grau durchzog. Fannys theatererfahrene Zauberhände hatten zudem einen Hauch von Puder über meine Haut gelegt, die Illusion von ewiger Jugend herbeizauberte. Ich war so entzückt von diesem Gaukelspiel, dass ich immer noch lächelte.

Auf die Ballgäste musste es tatsächlich wirken, als wäre die Zeit für uns stehen geblieben. Ich hörte das Raunen, das Flüstern. Ich hätte mich über die Bewunderung freuen sollen, aber mich beschlich die seltsame Ahnung, dass es nach so viel Prachtentfaltung und Perfektion keine Steigerung mehr geben konnte. Nur noch ein unaufhaltsames Abwärts.

Vor dem Baldachin, unter dem ich zusammen mit dem Kaiser Platz nahm, breitete sich die große glänzende Tanzfläche aus. Schon jetzt war es im Schein der Kerzen unerträglich warm geworden, und meine Schläfen pochten. Ich musste mich zwingen, das Lächeln aufrechtzuerhalten, als der erste Walzertakt erklang.

Valerie war unter den Tanzpaaren. Eine jugendfrische Prinzessin in weißer Seide, mit frischen Blüten im Haar und einem ganz besonderen Glitzern im Blick, als sie sich ihrem Tanzpartner zuwandte. Schon wieder Franz Salvator. Seit neuestem schien er immer um sie zu sein. Auch Franz Joseph hatte es bemerkt, denn er beobachtete die beiden mit einem erkennbaren Stirnrunzeln. Es gefiel ihm nicht, was sich da anbahnte.

Der junge Mann war der Sohn des toskanischen Erzherzogs Karl Salvator und seiner Gemahlin Maria Immakulata, einer Prinzessin von Bourbon und Sizilien. Die toskanische Linie des Hauses Habsburg wurde von Wien aus immer mit einem leichten Stirnrunzeln betrachtet. Verwandtschaft ja, aber weder besonders einflussreich noch besonders wichtig. Es gab bessere Partien für die jüngste Tochter des Kaisers.

Doch bewarb sich Franz Salvator überhaupt um Valeries Hand? Was verbarg sich hinter dem scheuen Lächeln meiner Einzigen? Und was würde es für mich bedeuten, wenn mich dieses Kind verließ?

Ich presste die Hand auf mein Herz, das plötzlich ins Stolpern geraten war, ehe es schneller und härter weiterschlug. Meine tiefe, ausschließliche Liebe zu Valerie war doch das Einzige, was mich am Leben erhielt. Was sollte ich tun, wenn sie sich von mir abwandte?

»Ich will nichts davon hören«, entgegnete auch Franz Joseph, als ich das Thema vorsichtig zur Sprache brachte. »Es muss nicht sein, dass die Valerie auch schon heiratet. Wenn es mal so weit ist, dann hab ich schon jemand für sie im Auge, der besser zu ihr passt als der Toskaner.«

Du lieber Himmel, nicht noch eine Ehe wie die von Rudolf und Stephanie! Ich versuchte meine Panik zu beherrschen und erfuhr, dass er den Kronprinzen von Sachsen gerne zum

Schwiegersohn gehabt hätte. Der Sohn seines Freundes Albert. Was er sonst noch für Vorzüge hatte, vermochte ich nicht in Erfahrung zu bringen.

»Die Valerie ist noch zu jung, um den einen oder den anderen zu heiraten«, sagte ich so knapp, dass der Kaiser sichtlich zusammenzuckte. »Es ist besser, du lässt die Sache vorerst ruhen und führst keine unbedachten Gespräche. Versprichst du mir das?«

»Du weißt doch, ich tu alles für dich, Sisi!«

Das war nicht abzustreiten. Nachdem ich mich seit Jahren über die zugige, ungemütliche Hofburg und das nicht viel gemütlichere Schloss Schönbrunn erregte, hatte Franz Joseph schon 1882 den Bau einer Villa im Lainzer Tiergarten befohlen. Jetzt stand sie kurz vor der Fertigstellung. Immer wieder hatte ich in der Vergangenheit Entwürfe und Pläne begutachtet, Vorschläge gemacht und Wünsche geäußert. Das Ergebnis enttäuschte mich trotzdem.

Es war ein Schloss geworden und nicht das ersehnte Heim. Ich hatte die Bildmotive für die Wandmalereien, die Kunstwerke und die Verzierungen selbst ausgewählt, sogar die Hermes-Statue, die dem Haus seinen Namen gab. Aber im Verein mit den mächtigen Prunkmöbeln, den vergoldeten Schnitzereien, den Stuck-Verzierungen und dem falschen Marmor wirkten sie überladen und schwülstig. Am besten gefiel mir noch der Blick aus den Fenstern, hinaus auf das Jagdrevier des Kaisers. Fernab der Stadt gab es hier ein Stück bezaubernde Natur.

Allerdings nur, solange die Sonne schien. An Regentagen hingen die Wolken dermaßen trist auf die Baumwipfel herab, dass nicht einmal die hohen Fenster genügend Licht in das düstere Gemäuer brachten. Franz Joseph hatte es wirklich gut gemeint, und nur ihm zuliebe verbrachte ich von Zeit zu Zeit einige Tage in der Villa. Aber sie war nicht jener Zufluchtsort geworden, nach dem sich mein müder Geist und mein armes Herz sehnten. Kein Grund, länger und öfter in Wien zu sein. Denn ich ahnte wohl, dass dies das wichtigste Motiv des Kaisers für ihren Bau gewesen war.

Es hätte nur ein bescheidenes, bequemes Haus werden sollen. Nicht wie die Schlösser meines bayrischen Cousins Ludwig, die seine Minister so erbosten und die Staatskasse leerten. Die Briefe meiner Mutter waren voll von Klagen und Geschichten über den König, der sich von Herrn Wagner lieber Opern komponieren ließ, statt sich um die Politik zu kümmern. Es hätte sie besorgt, wie gut ich meinen Cousin verstand.

Die Monarchie, in der wir lebten, war dem Untergang geweiht. Warum sollte das arme arbeitende Volk seine Kaiser und Könige lieben? Jene Fürsten und Minister, die die Armut des Volkes nur verwalteten, während sie selbst im Glanze lebten und für ihre Fehler nicht von jenen zur Rechenschaft gezogen werden konnten, die sie ausbaden mussten?

Die sinnlose, hohle Form triumphierte über den Inhalt, und mich beschlich die Angst vor dem Ende, auf das sie unaufhaltsam zusteuerte. Da indes Franz Joseph weder an meiner Meinung noch an meinem Rat gelegen war, vertraute ich meine besorgten Gedanken lediglich geduldigem Papier an. In jenen Wintern ließ ich mit Hilfe meiner Nichte und meiner vertrauten Hofdamen meine Gedichte drucken und für die Nachwelt verwahren. Vielleicht fanden sich im nächsten Jahrhundert

Seelen, die begriffen, was ich dachte. Die vielleicht sogar meine Versuche würdigten, Ähnliches wie der große Meister Heine zu schreiben.

Sobald diese Arbeit getan war, wandte ich mich dem nächsten Problem zu, das ich in den vergangenen Jahren nie aus den Augen verloren hatte: Katharina Schratt und Franz Joseph. Der Kaiser hatte die schöne Schauspielerin inzwischen bei diversen Ereignissen getroffen und gesprochen, aber keinerlei Initiative zu mehr ergriffen. Machte ihn das Alter scheuer? War er seiner selbst nicht mehr sicher?

Wenn ihm der eigene Mut fehlte, die Schratt zu erobern, würde ich ihm diplomatisch helfen müssen. Die Schauspielerin war genau die Person, die ich mir als Freundin des Kaisers wünschte. Weder eine ehrgeizige Aristokratin noch eine leichtfertige Person aus zweifelhaftem Milieu, sondern eine Frau mit Herz und praktischem Verstand. Wenn sie mir ihre Position beim Kaiser verdankte, konnte ich sicher sein, dass sie sich nie an dummen Intrigen gegen meine Person beteiligen würde.

Mein Plan war ganz einfach. Ich würde Franz Joseph ein Porträt der so bewunderten Schauspielerin schenken. Mein Auftrag ging an den Maler Heinrich Angeli, und es war kein Problem, ein sorgsam arrangiertes »zufälliges« Treffen im Atelier des Meisters mit der Dame zu organisieren. Ich begleitete Franz Joseph sogar, um der Angelegenheit jede Peinlichkeit zu nehmen.

Da zu Frau Schratts vielen Vorzügen nicht nur ein besonderes Talent im Umgang mit Männern, sondern auch ein heller Kopf zählte, begegnete sie dem Kaiser mit jener Mischung aus ehrlichem Respekt und völliger Unbefangenheit, die er besonders schätzte. Sie eroberte ihn, ehe er begriff, dass er erobert worden war.

Ich gewann in ihr eine taktvolle Verbündete im Bemühen um Franz Josephs Wohlbefinden. Wenn später auch von der Freundin der Kaiserin die Rede war, so ist das vielleicht ein wenig übertrieben, aber sicher nicht völlig falsch. Ich wusste ihr Dank für die Liebenswürdigkeit, die sie dem Kaiser schenkte, denn sie ermöglichte mir noch größere persönliche Freiheit. Ich versäumte nie, dem Kaiser Grüße an sie aufzutragen, und ich sorgte dafür, dass auch Valerie diese Verbindung mit Takt und Anstand akzeptierte, wenngleich sie zu jung war, um zu begreifen, weshalb sie nötig sein sollte.

Allein, es blieb auch das einzig erfreuliche Ereignis dieses ganzen schlimmen Jahres, das schon im Februar mit einer schweren Erkrankung des Kronprinzen die Weichen zum Schlechten gestellt hatte. Die Ärzte sprachen von einem Blasenleiden und von Rheuma. Ich konnte nur bedauern, dass mein Sohn schon in so jungen Jahren von dieser Krankheit heimgesucht wurde. Sie war ein Elend, das mich jetzt seit Jahren begleitete und zunehmend schlimmer wurde.

Kuren und ärztliche Behandlungen verschafften mir jetzt lediglich für kurze Zeit Erleichterung. Sobald die Schmerzen jedoch verhinderten, dass ich mich wie gewohnt bewegte, verfiel ich in verzweifeltes Grübeln. Valerie versuchte mich, so gut es ging, aufzuheitern, aber es war meist vergebliche Liebesmüh'. Schlimme Nachrichten erreichten uns im Juni 1886 aus Paris und stürzten mich in noch tiefere Melancholie.

Mathildes Gatte, Graf Ludwig von Trani, war überraschend

verstorben. Die offizielle Version, dass der 48-Jährige seit langem krank gewesen sei, ließ sich nur schwer aufrechterhalten. Alle Welt munkelte davon, dass er sich in einem Anflug von Schwermut selbst erschossen hatte. Die Familie versuchte dies natürlich zu vertuschen. Niemand wollte einen anrüchigen Selbstmörder betrauern.

Kaum hatte ich diesen Schock verarbeitet, folgte die nächste Hiobsbotschaft. Die bayrischen Minister zwangen ihren eigenen Monarchen zur Abdankung und erklärten ihn für geisteskrank. Ich befand mich gerade mit Valerie bei meiner Mutter, als diese entsetzliche Neuigkeit eintraf.

»Man hat ihn nach Schloss Berg am Starnberger See gebracht, wo er unter der Aufsicht des Nervenarztes Doktor Gudden steht«, berichtete die Herzogin und rang die Hände. »Seine Mutter tut mir in der Seele Leid. Zwei Söhne, und beide enden in der Zwangsjacke.«

»Ludwig ist nicht verrückt. Überspannt ja, seltsam manchmal und auch wunderlich, aber doch nicht irrsinnig«, widersprach ich heftig. »Ich muss dem Kaiser schreiben und ihn bitten, sich für Ludwig einzusetzen. Was denken sich diese Männer eigentlich?«

Allein, es war zu spät, meinem Cousin zu helfen. Die nächste Schreckensbotschaft erreichte mich am Pfingstmontag, in meinem Hotel in Feldafing, wo ich soeben mit Valerie beim Frühstück saß. Gisela kam persönlich vorbei, um uns zu informieren.

»Ludwig ist tot. Doktor Gudden auch. Man hat beide ertrunken im See gefunden.«

Im ersten Moment fühlte ich nur sprachloses Entsetzen.

Während Valerie ihre Schwester mit Fragen nach den Einzelheiten bestürmte, wollte ich nur eines, alleine sein. Ich schloss mich in meinem Zimmer ein und versuchte, dieses grässliche Ende für einen so besonderen Menschen zu begreifen. Ludwig war schließlich kein Narr gewesen. Schon eher ein Mann, den seine Umwelt und seine Zeit nicht verstand. Hatte er sich selbst getötet? War er getötet worden?

Was jedoch, wenn seine Feinde tatsächlich Recht hatten? Wenn es ein angeborenes Familienübel der Wittelsbacher sein sollte, diese Fähigkeit zur übergroßen seelischen Erregung? Diese Sehnsucht nach einer Vollkommenheit, die das normale Leben nicht vorsah? Vielleicht war es ja wirklich purer Wahnsinn, sich gegen die Welt aufzubäumen und den Geist über das Fleisch zu stellen?

Es überlief mich heiß und kalt, während mein armer Verstand zu begreifen suchte, was mit mir und meiner Familie geschah. Was hatte Ludwig verbrochen, um ein solches Ende zu verdienen? War es sträflich, nach Vollkommenheit zu streben? Verdiente man den Tod dafür?

»Mama! Mama! Um Gottes willen, was ist mit Ihnen?«

Valerie beugte sich über mich und erst jetzt bemerkte ich, dass ich auf dem Boden lag. Wie war ich dorthin gekommen? Was war geschehen? Das wachsbleiche Gesicht meiner Kleinen brachte mich zur Vernunft. Ich versuchte, sie mit letzter Kraft zu beruhigen.

»Ich wollte beten. Aber ich hab mir den Kopf wund gedacht über die unbegreiflichen Ratschläge Gottes. Wenn Jehova zuschlägt, ist er schrecklich wie der Sturm.«

»Ach, Mama …«

»Dies ist ein Unglücksjahr, meine Einzige, ein wahres Unglücksjahr.«

***

»Was heißt das, er ist krank?«

Baron Nopcsa wich meinem Blick so offensichtlich aus, dass ich sofort Verdacht schöpfte. Er war Gyula Andrássy in langjähriger Freundschaft zugetan. Ich wusste, dass die beiden in Briefkontakt standen und dass vieles von meinem Leben an ihn weitergetragen wurde, ohne dass ich davon erfuhr. Wenn ich zufällig daran dachte, erfüllte es mich mit trauriger Nachdenklichkeit. Dass er heute aus eigenem Antrieb Einzelheiten aus diesen Briefen verriet, bedeutete nichts Gutes.

Seine nächsten Worte bestätigten es. »Seine Ärzte sagen, es ist ein Krebs. Eine böse Geschwulst, die immer größer wird, ohne dass man es verhindern kann.«

Das Buch mit den Heine-Gedichten rutschte aus meinen leblosen Fingern und polterte unbeachtet zu Boden. Ich berührte zitternd meine Schläfen. »Immer größer?«, wisperte ich entsetzt. »Sie meinen, er wird sterben?«

»In naher Zukunft«, nickte der Baron, und die tiefen Falten auf seiner Stirn zeigten, wie sehr auch ihn diese Tatsache bedrückte. »Die Medizin weiß kein Mittel ihm zu helfen. Aber er trägt es tapfer …«

»Wieso erfahr ich erst jetzt davon?«, flüsterte ich und fügte im Stillen hinzu: Schließt er mich noch immer aus? Darf ich nicht wenigstens in diesem Moment Anteil an seiner Existenz nehmen?

»Der Graf möchte Majestät nicht beunruhigen«, entgegnete mein Obersthofmeister. »Er weiß, dass Sie sich sonst um ihn sorgen würden. Und er ist mir vermutlich sogar böse, dass ich es Ihnen jetzt gesagt habe. Es ist ihm arg, solche Aufmerksamkeit zu erregen.«

»Beunruhigen … Er wird …« Ich brach ab und presste die Hand auf die Lippen. Nein, ich durfte nicht sagen, was ich wollte. Ich durfte auch nicht zu ihm eilen. Seine Hand halten, bei ihm sein, ihn sehen, ihn berühren … All das verbot sich für die Kaiserin. Er hatte eine Gemahlin, Kinder, Familie, Freunde. Sie würden um ihn sein und nicht die Frau, die er zur Königin von Ungarn gemacht hatte.

Es tat weh. Es schmerzte so grausam, dass ich dem Baron nur ein stummes Zeichen geben konnte, mich allein zu lassen. Ich wollte nicht, dass er mich weinen sah. Weinen um eine Vergangenheit, eine Liebe … Weinen um die Königin der Amazonen und ihren schneidigen Magyaren, deren Wege sich einmal gekreuzt hatten.

Vorbei.

Nur Bewegung hielt die Qual ein wenig im Schach. Ein ständiges Vorwärtsstürmen in Eilzügen und Kutschen, auf Wanderungen, Besichtigungen und Expeditionen. Nicht nur Beschäftigung für den Körper, sondern auch für den Geist, damit er nicht in die düsteren Tiefen des Wahnsinns versank, den ich immer mehr fürchtete. Ich begann Griechisch zu studieren. Homer im Original zu lesen, war das nicht ein Ziel, für das es sich zu leben lohnte?

»Majestät muten sich zu viel zu«, warnte Doktor Widerhofer, aber ich ignorierte seine Worte. Mir nichts zuzumuten würde mir noch schlimmere Tage bescheren. Je mehr ich zu tun hatte, umso weniger Muße blieb mir zum Denken. Also neue Reisen, neue Ziele.

Die Nachricht vom tödlichen Schlaganfall meines Vaters erreichte mich auf Korfu, wo ich gemeinsam mit Konsul Warsberg Pläne für ein Haus auf der Insel besprach. Ich würde Franz Joseph davon überzeugen müssen, wenn wir uns Anfang Dezember in Miramar sahen. Der Kaiser hatte sich entschlossen, sein vierzigjähriges Thronjubiläum nicht in Wien zu verbringen, sondern mir entgegenzureisen.

Er schüttelte ebenso darüber den Kopf wie über den kleinen blauen Anker, den ich mir in einem Anflug von Tollheit auf die Schulter hatte tätowieren lassen.

»Willst du wirklich ein Haus so fern von Wien und von mir errichten?«, murmelte er resigniert.

»Aber es ist doch auch für dich«, schmeichelte ich um seine Zustimmung. »Du kannst gemeinsam mit mir dorthin reisen. Es hat dir in Korfu doch immer ganz besonders gut gefallen. Warsberg hat ganz wunderbare Pläne dafür entworfen. Ich stelle es mir im pompeijanischen Stil vor, und ich werde es Achilleion nennen, nach meinem liebsten Helden aus der Ilias. Er ist mir beim Studium Homers richtig ans Herz gewachsen. Wenn du erlaubst, werd' ich den Warsberg nach Neapel schicken, dort wohnt ein talentierter Architekt, der das Haus bauen soll.«

»Wenn 's dir nur Freude macht und dich an einem Fleck hält, bin ich's schon zufrieden«, gab Franz Joseph letztendlich nach. »Es kann doch nicht gesund sein, so herumzujagen, wie du das tust. Am End wird gar nichts mehr von dir nach Wien zurückkommen, weil du dich zugrunde gelaufen oder kaputt gereist hast.«

Es kam selten vor, dass er so vehement dagegen protestierte, dass ich inzwischen den größten Teil des Jahres auf Reisen war. Aber noch immer konnte ich ihn mit einem Lächeln und einer leichten Berührung besänftigen. »Keine Angst, ich versprech dir, dass ich immer im Ganzen zu dir zurückkomme, Franzi!«

»Ich bete zum Himmel, dass du dein Versprechen hältst, Sisi!«, erwiderte er in ungewohntem Ernst.

Es sollte nicht die einzige Angelegenheit sein, in der er nachgeben musste. Auch Valerie war mitgekommen, um ihrem Vater in einer ganz bestimmten Sache eine Erlaubnis abzuschmeicheln. Nachdem sie sich in wohlerzogenem Anstand die möglichen Heiratskandidaten des Kaisers angesehen hatte, Friedrich August den Kronprinzen von Sachsen ebenso wie Prinz Miguel von Braganza und Prinz Alfons von Bayern, überraschte sie ihn mit ihrer Ablehnung all dieser hochgeborenen jungen Herren.

»Aber wen willst du denn dann heiraten?«, erkundigte er sich mit einer geradezu rührenden Ahnungslosigkeit. Dabei hatte er doch mit eigenen Augen gesehen, dass sie bei jedem Hofball seit zwei Jahren einen besonderen Tänzer bevorzugte.

»Mit dem Franz Salvator möcht sie sich verloben«, warf ich ein, als Valerie errötete und nach Worten suchte.

Sie hatte es mir zuvor gestanden, und ich war genauso wenig begeistert wie Franz Joseph gewesen, wenn auch aus anderen Gründen.

»Willst du das denn wirklich?«, hatte ich sie geradezu verzweifelt gefragt. »Du bist doch meine Einzige. Die einzige wahre Freude meines ganzen ehelichen Lebens.«

»Ach, Mama, dann haben Sie doch sicher Verständnis dafür, wie lieb ich den Franz hab«, hatte sie geantwortet und mich mit ihrem reizenden Lächeln ebenso entwaffnet wie ihren Vater.

Am Ende kapitulierte auch er: »Dann muss man wohl die Hochzeit ausrichten.«

Valerie war überglücklich. Sie sorgte sich lediglich ein wenig um die Reaktion ihres Bruders. Rudolf war kein Freund Franz Salvators, und auch ich fürchtete um die Zukunft des jungen Erzherzogs, wenn mein Sohn einmal die Kaiserkrone tragen sollte. Rudolf war in den vergangenen Jahren immer schroffer und kälter geworden. Doch seine Gratulation zur bevorstehenden Verlobung war so herzlich, dass Valerie ihm gerührt um den Hals fiel.

Rudolf hielt seine Schwester innig fest und küsste sie zärtlich. »Ich wünsch dir alles Glück der Welt, kleine Valerie«, sagte er und schwor, dass er auch Franz Salvator nie im Stich lassen wolle.

Auch das Weihnachtsfest stand im Zeichen von unerwarteter Wärme und Zuneigung. Rudolf, Stephanie und die kleine Erzsi waren Zeugen, als wir Valerie und Franz unter dem Weihnachtsbaum offiziell zusammengaben. So viele bewegende Versicherungen gegenseitiger Liebe und Treue hatte es bei diesem Fest in unserer Familie noch nie gegeben.

Rudolf überreichte mir zudem ein Weihnachtsgeschenk, das mich ganz besonders rührte. Er hatte Originalbriefe von Heinrich Heine für mich gekauft und sie zu einem kleinen, schmalen Buch binden lassen.

»Schon wieder ein Buch«, schnaufte der Kaiser kritisch, aber ich umarmte meinen Sohn in tiefer Dankbarkeit. Ich hatte die

Hoffnung schon aufgeben, dass er unter seiner verzweifelten Anspannung noch so etwas wie menschliche Gefühle verbarg. Dieses Geschenk bewies das Gegenteil. Wie viel Mühe und wie viel Zeit es ihn gekostet haben musste!

»Das ist ein so wunderbares Präsent, Rudolf, ich weiß gar nicht, wie ich dir danken soll!«

»Vergessen Sie einfach nicht, dass ich Sie sehr lieb habe, Mama«, entgegnete er so leise, dass es nur meine Ohren erreichte.

»Wie könnte ich das je?«, flüsterte ich zurück und presste das kostbare Buch gegen mein Herz.

Vielleicht geschah ja ein Wunder und wir würden nach all dem Unglück und der Trauer im nächsten Jahr ein wenig Frieden und Glück finden und Gesundheit für die, die mir besonders am Herzen lagen.

Ich war bescheiden geworden. Liebe kam in meinen Wünschen schon längst nicht mehr vor.

29. Januar 1889 – September 1898
»Zur Zeit des bittersten Wehs …«

»Wenn Kaiserliche Hoheit so freundlich sein würden, den Lehrer zu entlassen …«

Dass Ida Ferenczy aufgeregt mitten in meine Griechisch-Stunde platzte, war so ungewöhnlich, dass ich sie nur entrüstet ansehen konnte. Weshalb sollte ich meine Sprachstudien abbrechen?

»Baron Nopcsa muss Sie in einer dringenden Angelegenheit sprechen«, setzte Ida nervös hinzu.

»Er soll später wiederkommen.« Ich mochte es nicht, wenn ich meine Pläne ändern sollte.

»Der Baron hat Nachrichten vom Kronprinzen, Majestät. Schreckliche Nachrichten …« Sie öffnete die Tür, entließ den Griechen und zog den Baron herein.

Eine eisige Hand griff nach meinem Herzen und sollte es nie wieder freigeben.

Ich starrte Baron Nopcsa an. Ich hörte seine Worte und mochte doch nicht glauben, was er da behauptete.

Rudolf tot? Unmöglich! Die kleine Vetsera ebenfalls tot?

Noch unmöglicher! Was hatte das unglückliche Kind dort draußen in Mayerling zu suchen? Es war schon skandalös genug, dass der Thronfolger ein Verhältnis mit einer 17-Jährigen hatte, deren Mutter einmal eine seiner frühen Amouren gewesen war, aber dies? Was war in Mayerling heute Nacht geschehen? Ein Unglück? Ein Unfall? Ein Drama?

»Vergiftet, sagen Sie?«, versicherte ich mich und sank auf den nächstbesten Stuhl.

Der Obersthofmeister nickte kreidebleich und stumm.

»Von Mary Vetsera? Lieber Gott, ich muss es dem Kaiser sagen.«

In einer beängstigenden Lähmung des Geistes und des Fühlens setzte ich einen mechanischen Schritt vor den nächsten. Ich überbrachte Franz Joseph die grässliche Botschaft vom Tod seines einzigen Sohnes. Ich informierte Valerie und gab Befehl, nach der Kronprinzessin zu schicken.

Vielleicht konnte Stephanie Licht in das Dunkel der Geschehnisse von Mayerling bringen. Bisher wussten wir nur, was Graf Hoyos, ein Freund Rudolfs, der mit ihm zur Jagd verabredet gewesen war, Baron Nopcsa berichtet hatte. Heute Morgen hatte man in Mayerling meinen toten Sohn und seine gleichfalls tote Geliebte aufgefunden. Angeblich an Gift gestorben.

Stephanie reagierte erst mit sprachlosem Entsetzen, dann mit Hilflosigkeit. »Was hätte ich denn tun sollen?«, fragte sie hitzig, als fürchte sie, dass man ihr Vorwürfe machen würde. »Ich habe ihn doch kaum zu sehen bekommen. Ich habe noch nie Einfluss auf ihn gehabt. Er war wie von Sinnen in den letzten Monaten. Ich habe versucht, es Ihnen zu sagen …«

Sie sah zum Kaiser, aber der reagierte nicht. Er starrte auf einen Punkt irgendwo hinter Stephanie. Erstarrt, sprachlos, zutiefst erschüttert.

Inzwischen schwirrte Wien vor Gerüchten. Die Zeitungen hatten auf rätselhafte Weise von dem entsetzlichen Unglück erfahren. Der Hof bemühte sich, die Spekulationen in Grenzen zu halten und gab bekannt, der Thronfolger sei an einem Herzschlag verschieden. Doktor Widerhofer wurde umgehend nach Mayerling hinaus geschickt, um den Kronprinzen zu untersuchen und zu veranlassen, dass er in die Hofburg gebracht wurde.

Niemand sprach von dem Mädchen. Hoyos hatte sie als Giftmörderin bezeichnet, doch ein Rest von Verstand sagte mir, dass das unglaublich schien. Soweit ich mich erinnerte, zählte Mary Vetsera zu den Freundinnen meiner Nichte. Ein frühreifes, leichtsinniges Kind, das mit seiner Zukunft und seinem guten Namen spielte. Weshalb sollte sie erst Rudolf und dann sich selbst töten?

Kaum kehrte ich vom Kaiser in meine eigenen Räume zurück, führte Ida eine schluchzende Dame zu mir, in der ich erst auf den zweiten Blick die einst so elegante Baronin Vetsera erkannte. Sie war nur noch eine verzweifelte Mutter, die seit Stunden ihr Kind suchte. Der Ministerpräsident hatte sie zum Kaiser geschickt, denn auch er ahnte, dass Marys Verschwinden mit Rudolf zu tun haben musste.

»Der Kaiser kann mir angeblich helfen, Majestät. Aber der Kaiser empfängt niemand. Was ist geschehen? Wissen Sie, wo meine Mary ist? Haben Sie Erbarmen mit einer Mutter, Majestät.«

Ich schloss kurz die Augen und rang um Fassung, ehe ich

antworten konnte. Es ging nicht an, die Baronin für die Taten ihrer Tochter zur Rechenschaft zu ziehen, und doch hatte ich Mühe, sachlich zu bleiben.

»Ihre Tochter ist tot, Baronin, aber wissen Sie, dass auch mein Rudolf tot ist? So wie es aussieht, hat Mary ihn vergiftet, aber das soll niemand wissen. Rudolfs Herz hat versagt, sagen Sie nichts anderes, wenn Sie jemand fragt.«

Ich tat ihr Unrecht, schon vierundzwanzig Stunden später erfuhr ich von Doktor Widerhofer die Wahrheit: Mein unglücklicher Sohn hatte sich selbst erschossen und so wie es aussah, hatte er das dumme Kind mit in den Tod genommen. Weil er es wollte? Weil sie es wollte? Ich weiß es nicht zu sagen. Es ist schlimm genug, dass alles geschah, wie es geschehen ist.

Die Geheimpolizei, die so eifrig für den Kaiser tätig war, sorgte dafür, dass das Mädchen in aller Heimlichkeit verschwand und beerdigt wurde. Man bemühte sich, die Affäre in Mayerling ohne großes Aufsehen zu vertuschen. Aber es gelang nicht. Bis heute ist das Rätsel um Rudolfs und Marys Tod geblieben.

Rudolfs Abschiedsbrief, den Doktor Widerhofer in Mayerling vorgefunden hatte, war einer von vielen. Er hatte sowohl seiner Gemahlin wie auch seiner Schwester und anderen einen letzten persönlichen Gruß hinterlassen. Nur Franz Joseph erhielt keine Zeile.

Ich bin es nicht würdig, sein Sohn zu sein und ich habe kein Recht mehr zu leben, schrieb Rudolf an mich. Allein, er gab keinen Grund für seinen Tod an, den ich nachvollziehen konnte. Er versicherte mich lediglich seiner Liebe und bat, gemeinsam mit Mary in Heiligenkreuz begraben zu werden. Ein völlig unmöglicher Wunsch.

Noch unmöglicher war Franz Josephs Wunsch, den Selbstmord seines Sohnes zu verheimlichen.

»Niemand soll wissen, dass er wie ein Schneider gestorben ist, Sisi«, sagte er bitter. Nicht einmal mit seiner letzten, verzweifelten Tat fand Rudolf die Anerkennung des Vaters.

Kaiser, Ärzte, Minister und Ratgeber mussten der Not gehorchend eine offizielle Sprachregelung für Rudolfs Tod finden. Die Gerüchte verbreiteten längst die Wahrheit. Man einigte sich darauf, dass sich der Thronfolger in einem Anflug von geistiger Verwirrung getötet habe. Nur so war es möglich, meinem armen Rudolf wenigstens ein kirchliches Begräbnis zu geben.

Der Kronprinz kehrte in die Hofburg zurück. Stumm, mit geschlossen Augen und einem leichten weißen Verband um den Kopf, der die tödliche Schusswunde verbarg. Ihn in solcher Ruhe zu sehen erschütterte mich bis in die Grundfesten meiner Seele. Warum lag er da und nicht ich? Was war das für ein Gott, der so etwas zuließ? Wieder eine Frage, auf die ich keine Antwort fand.

Das Hofzeremoniell bestimmte in düsterer, schrecklicher Pracht die nächsten Tage. Das belgische Königspaar traf ein, um der Tochter in einem Schmerz beizustehen, den sie wohl nur bedingt empfand. Ich empfing das Monarchenpaar mit dem Kaiser, danach gab ich Anweisung meine Türen für jeden weiteren Besuch fest zu verschließen. Ich wollte keinen Menschen sehen. Ich war bei lebendigem Leib erfroren in einer Kälte, die über Leid und Schmerz hinaus ging.

Ein Meer aus schwarzen Fahren, schwarzen Federbüschen, schwarzen Pferden und schweigenden Menschen begleitete am 5. Februar 1889 den Leichenwagen, der Rudolf von der Hofburg zur Kapuzinerkirche in die Habsburgergruft brachte. Ich bezweifle, dass ihm viel Trauer entgegenschlug. Was ich, sei es nun wahr oder nicht wahr, viel zu spät über seinen Lebenswandel erfahren hatte, wussten die Wiener schon lange. Sie hatten ebenso wenig Verständnis für seine Probleme wie für die seiner Mutter.

Im Wagen des Kaisers saß Gisela neben ihrem Vater. Franz Joseph hatte darauf bestanden, dass ich mit Valerie zu Hause blieb. Ich dankte ihm für die Rücksichtnahme, denn ich wusste nicht, wie ich die doppelte Last meiner Verzweiflung und des sensationshungrigen öffentlichen Interesses hätte ertragen können. Ich wusste ja nicht einmal, wie ich das bloße Leben weiterhin ertragen sollte. Ich konnte nichts anderes tun, als in meinem Salon zu sitzen und mich zu fragen, was ich falsch gemacht hatte.

Was, wenn es nun keine diplomatische Ausrede der Ärzte war, dass Rudolf in geistiger Verwirrung gehandelt hatte? Wenn es mein bayrisches Blut gewesen war, das bei ihm wie bei dem bedauernswerten Ludwig in die Wiege gelegt worden war? Vielleicht trug ja ich die Schuld an diesem ganzen Unglück? Immerhin hatten jetzt all die boshaften Mäuler, die vom ersten Tag meiner Ankunft in Wien nur Böses über mich verbreitet hatten, ihre späte Genugtuung. Die ungeliebte Kaiserin würde scheiden, ohne eine Spur in der Geschichte Österreichs zu hinterlassen.

Mein Sohn lag in der kalten düsteren Habsburgergruft unter

der Kapuzinerkirche, und seine kleine Erzsi war nur ein Mädchen. Die Donaumonarchie hatte sich auf die männliche Erbfolge festgelegt. Alles war vorbei. Ich begriff es, als ich in der Stille der Nacht, fern von allen neugierigen Augen, an Rudolfs Sarg eilte. Ich hatte den Mönch, der das Tor zur Kapuzinergruft bewachte, zu Tode erschreckt. Verzweifelte Mütter, die mitten in der Nacht ihre Söhne besuchen wollten, waren ihm noch nicht untergekommen.

Nacht oder Tag, mir war es einerlei. Ich konnte ohnehin nicht mehr schlafen, in mir waren nur Apathie und Trostlosigkeit. Eine Dunkelheit, die auch die hastig aufgesteckten Fackeln in der Gruft nicht erhellen konnten. Ich rief nach Rudolf, aber ich erhielt keine Antwort. Ich hatte mir so innig gewünscht, dass da etwas war, zu dem ich abseits dieses Körpers, der durch Krankheit und Gewalt zerstört worden war, Verbindung aufnehmen konnte. Eine Seele.

Ich wusste, dass es Menschen gab, die fähig waren, Kontakt zu Verstorbenen aufzunehmen. Ich konnte es nicht. Rudolf war für immer fort. Die flackernden Schatten vervielfältigten nur meine eigene Armseligkeit.

Wie gerne wäre ich dort unten geblieben, bei all den Toten, unter die ich schon längst gehörte. Sogar mit mehr Recht gehörte als mein Sohn in der Blüte seiner Jahre. Ein Sohn, ein Vater, ein Ehemann, ein künftiger Kaiser. Warum hatte das launische Schicksal nicht mich gewählt? Warum?

★★★

»Sie dürfen sich nicht gar so entsetzlich grämen, Kaiserliche Hoheit.«

Gyula Andrássy trotzte seiner Krankheit, um mich zu sehen. Zum ersten Mal seit vielen Jahren traf ich mich wieder in Ida Ferenczys Wohnung mit ihm. Er war schmal geworden, fahl und leidend, aber allein das Timbre seiner unverwechselbaren Stimme schenkte mir den ersten wahren Trost, seit mich das Elend heimgesucht hatte.

»Wenn ich nur wüsste, was eigentlich geschehen ist, mein Freund«, wisperte ich. »Ich habe erfahren, dass die Gräfin Larisch in die Katastrophe verwickelt sein soll, aber ich habe Angst vor dem, was ich von ihr hören könnte. Würden Sie mir den Gefallen tun, zu ihr zu gehen und sie zu fragen? Ich wage nicht, sie zu empfangen, obwohl sie seit Tagen versucht, mich zu sehen.«

»Ich werde alles tun, was Sie wünschen«, versprach er, und seine Auskünfte bewiesen, dass ich zu Recht gefürchtet hatte, was Marie mir sagen wollte.

Es hätte vielleicht in der Macht meiner Nichte gelegen, die Tragödie zu verhindern. Sie war Marys Freundin gewesen, in ihre Geheimnisse eingeweiht und auch in jene von Rudolf. Sie hatte seine Verzweiflung bemerkt und von einer ausweglosen Lage gewusst, dennoch hatte sie es nicht für nötig gehalten, mir Bescheid zu geben. Wegen tausend Nichtigkeiten hatte sie mich in den vergangenen Jahren belästigt. Aber nicht, als es um das Leben meines Sohnes ging. Ich wollte sie nie wieder sehen oder sprechen.

»Erzsebét, meine Liebe, Sie dürfen nicht so mit Ihrem schlimmen Schicksal hadern«, warnte mich meine große und einzige Liebe, ehe wir voneinander Abschied nahmen. »Ich kann nicht gehen und Sie so völlig zerstört und außer sich zurücklassen.«

»Sie werden es tun müssen, mein Freund«, flüsterte ich und umklammerte seine einst so schönen Hände mit eisigen Fingern. Sie waren jetzt knochig, schwach, gezeichnet von einem Leiden, das ihn von innen heraus zerstörte. »Unser Geschick fragt nicht nach dem, was wir wollen. Es ist blind und ohne Gnade.«

»Ich werde es immer als Glück betrachten, dass ich Sie kennen gelernt habe, Erzsebét. Dass ich Ihnen dienen durfte, Sie lieben durfte …«

Der fiebrige Glanz seiner dunklen Augen ließ nicht zu, dass ich es leugnete, dass ich ihm vorwarf, nur eine seiner vielen Lieben gewesen zu sein neben Ungarn, der Politik, seiner Gemahlin, seinen Kindern und vielem anderen. Dass er mich allein gelassen hatte, als ich ihn gebraucht hatte.

Es war nicht der Moment für Vorwürfe, dies war der letzte, endgültige Abschied für immer, wir wussten es beide. Sein Leben neigte sich dem Ende zu. In diesem Augenblick durfte es keinen Stolz und keine Lügen geben, nur die Wahrheit.

»Ich werde nie aufhören, Sie zu lieben, mein Freund«, sagte ich ihm mit erstickter Stimme. »Nehmen Sie diese Gewissheit mit sich, wo immer Sie hingehen.«

Seine Lippen waren so erfroren wie meine Finger, als er sie küsste. »Leben Sie wohl, Geliebte. Wenn es eine Gerechtigkeit gibt, werden wir uns in einem anderen Leben wiedersehen.«

Es gibt keine Gerechtigkeit, Graf Andrássy, weinte mein

Herz, aber meine Lippen blieben stumm. Es war schon zu viel gesagt worden.

Ich sah ihm nach, als er davonschritt. Nicht mehr hoch gewachsen, sondern gebeugt, gezeichnet von der Macht einer Krankheit, die über menschlichem Wünschen und Trachten stand. Dennoch gefasst und bereit, die Zeit bis zum letzten Atemzug zu nützen. Ich bewunderte ihn für so viel Haltung und Mut. Ich versuchte, mir ein Beispiel an diesem einen besonderen Mann zu nehmen, der auch im Sterben so viel Charakter und Haltung bewies.

Der Kaiser flüchtete sich in das Korsett des Alltags. Er zog die Stangen mit Hilfe des Protokolls, der Politik und seiner geradezu rührenden Selbstgerechtigkeit so stark an, dass es sogar seine Trauer weithin erstickte. Disziplin und Pflichtgefühl ersetzten menschliches Fühlen, sodass er einen Gleichmut gewann, der mich halb kränkte, halb musste ich ihn bewundern. Er erwähnte Rudolf in keinem Gespräch. Es war, als hätten wir nie einen Sohn gehabt.

Ich erinnerte mich für uns beide, und ich wollte auch für uns beide trauern. Franz Joseph kam meinem Wunsch nach und versandte ein Rundschreiben an alle österreichischen Vertretungen, dass sie für alle Zeiten von Glückwünschen zu meinen Namens- und Geburtstagen Abstand nehmen sollten. Das Wort Glück kam in meinem künftigen Leben nicht mehr vor. Keine Kuren, keine Reisen, nicht einmal der so ersehnte Bau des Hauses auf Korfu konnten meinen düsteren Sinn erhellen.

Die Monate bis zum Ende des schrecklichen Jahres stabilisierten meine Gesundheit, aber nicht mein Gemüt. Valerie schien die Einzige zu sein, die sich darum Sorgen machte. Sie wich kaum von meiner Seite und war auch sofort zur Stelle, als ich damit begann, meinen Hausstand neu zu ordnen.

»Was tun Sie da, Mama?«, fragte sie erstaunt, als sie mich in der Hofburg bei der Durchsicht meiner persönlichen Besitztümer fand.

»Ich verbanne die Farbe aus meinem Leben«, entgegnete ich und wies auf die Körbe voll bunter Gewänder, Schals, Hüte, Schirme und Handschuhe, die sich bereits angesammelt hatten. »Künftig will ich nur noch Trauer und Schwarz tragen.«

»Aber das macht doch alles nur noch düsterer«, protestierte meine Einzige entsetzt. »Sie müssen doch nicht büßen für das, was geschehen ist, Mama.«

Ich ersparte mir die Antwort, denn sie verstand ohnehin nicht, was in mir vorging. Ich verschenkte den größten Teil meiner Juwelen an Gisela und Valerie und an wenige auserwählte Freundinnen, die es wert waren, ein Andenken an jene Zeit zu tragen, in der ihre Kaiserin noch gelebt hatte.

Weihnachten, mein Geburtstag und der Jahreswechsel vergingen ohne Feste und Geschenke, auch die üblichen Empfänge fanden nicht statt. Rudolfs Todestag verbrachten wir in Mayerling. Das Jagdschloss war nach dem Wunsch des Kaisers in ein Karmeliterinnenkloster umgewandelt worden, aber ich fand keinen Trost in der frommen Umgebung. Rudolfs Tod hatte auch die Reste meines Gottvertrauens getötet.

Berechtigt, denn nur 18 Tage später traf mich der nächste Schicksalsschlag: Gyula Andrássy erlag seinem Krebsleiden für immer. Ich eilte nach Budapest, um ihm die letzte Ehre zu erweisen. Ich legte Maiglöckchen auf seinen Sarg, aber noch lieber hätte ich mein Herz darauf gelegt, um es mit ihm begraben zu lassen. Warum nur all diese sinnlosen Tode?

Vergebliche Fragen, denn schon im Mai musste ich erneut Abschied nehmen. Nené, meine große Schwester, starb in meinen Armen. Beginnend im Unterleib hatte sich ein bösartiges Leiden schließlich bis zum Herzen ausgebreitet. Ich kam gerade noch rechtzeitig aus Wien nach Regensburg, um Nené noch einmal zu sehen und zu sprechen.

Auch in diesen letzten Minuten blieb sie die große, gelassene Schwester. Sie sprach in unserer Geheimsprache Englisch und stimmte mir zu, dass uns das Leben recht hart herumgestoßen hatte. Danach jedoch fantasierte sie. Sie unterhielt sich mit ihrem verstorbenen Mann und ihren toten Kindern, und am 16. Mai 1890, um sieben Uhr abends, hörte ihr liebes Herz einfach zu schlagen auf.

Wieder ein Begräbnis in düsterem Zeremoniell und mit schluchzenden Angehörigen. Ich hatte keine Tränen mehr für all das Leid.

Ich wäre zu gerne geflohen, weit fort aufs Meer hinaus oder nach Griechenland, aber dieses beängstigende Jahr hatte noch eine weitere Trennung für mich bereit. Den schlimmsten Abschied von allen: Am 31. Juli heiratete Valerie in Ischl ihren geliebten Franz Salvator.

Wir waren uns einig darin, Wien zu meiden, die großen Zeremonien und Brautmessen, die nur Unglück brachten. Valerie und Franz wurden in einer schlichten Messe vereint, und die kleine Erzsi streute mit den Kranzljungfern Blüten auf ihren Weg, während die Orgel brauste.

Valerie war glücklich, daran konnte es keinen Zweifel geben. Ich betete zu dem Gott, an dessen Gerechtigkeit ich nicht mehr richtig zu glauben vermochte, ihr dieses Glück zu erhalten. Ich war mir sogar nicht zu schade, ihrer Schwiegermutter, der Erzherzogin Maria Immakulata den Rat zu geben, das junge Paar in Frieden zu lassen.

»Mischen Sie sich in nichts und vermeiden Sie, die Kinder in ihren Flitterwochen zu besuchen«, bat ich sie dringend und hielt mich auch selbst an diese Vorschriften.

Sosehr Valerie mich bat, sie öfter und länger auf Schloss Lichtenegg bei Wels zu besuchen, wo sie mit ihrem Gemahl Wohnung genommen hatte, umso heftiger schüttelte ich den Kopf.

»Ich will mich nicht an das Glück gewöhnen, bei dir zu sein, meine innig Geliebte«, sagte ich ihr. »Du weißt doch, ich bin eine Seemöwe, nicht dafür geschaffen, in einem Schwalbennest zu leben, das glückliches Familienleben heißt.«

* * *

»Hier ist mein Asyl, nur hier darf ich mir selbst gehören.«

Irma Sztáray bestaunte mit halb offenem Mund das »Achilleion«, das sich im Frühling 1895 von seiner schönsten Seite präsentierte. Die junge Edeldame aus Ungarn, die inzwischen meine Begleiterin auf Reisen war, weil andere entweder zu alt, verheiratet oder aus gesundheitlichen Gründen nicht fähig waren, mit mir Schritt zu halten, zählte nun zu meinen liebsten Begleiterinnen. Sie besaß genügend Schönheitssinn, um die Kunstwerke zu würdigen, die ich auf Korfu zusammengetragen hatte, um meine müden Augen zu erfreuen. In Kürze würde auch eine Statue von Rudolf in diesem Garten stehen.

»Es ist wunderschön, ich verstehe, warum Kaiserliche Hoheit hier glücklich sind.«

Glücklich? Armes, liebes Mädchen. Inzwischen wusste ich nicht einmal mehr, was dieses Wort bedeutete. Kummer, ja. Sorge auch, um Valerie, die in schneller Folge Kinder gebar. Jedoch keine Freude und schon erst recht kein Glück. All die Beschäftigungen, die meine Tage füllten, hatten nur den Sinn, die Zeit vergehen zu lassen.

Meine weiten Reisen über Land und Meer, das Sammeln der Kunstwerke, das Studium des Griechischen und des Altgriechischen, meine Turnübungen und meine Wanderungen füllten die Tage, aber nicht die Leere meines müden Herzens.

Wenn sich die Nacht herabsenkte und mich der Schlaf floh, suchten mich überall die gleichen Gespenster heim. Egal ob ich an der Cote d'Azur lebte, in Ungarn, auf Korfu oder in Algier. Die Welt war nicht groß genug, um vor ihnen zu fliehen.

Ich war zur »Dame in Schwarz« geworden, zur seltsamen, traurigen Reisenden, die den Kontakt mit anderen Menschen mied und sich hinter Schleier und Fächer verbarg.

Dass mein Körper unter all diesen Strapazen litt, versuchte ich, so gut es ging, zu ignorieren. Ich missachtete die Vorschriften der Ärzte, die meine Ernährung kritisierten und mir gar Hungerkuren vorwarfen. Sie begriffen nicht, dass ich leicht sein musste, um mich überhaupt noch bewegen zu können.

Ich lehnte auch den Schutz der Polizeiagenten ab, die auf Franz Josephs Befehl an meinen Fersen klebten und sich meine Leibwächter nannten. Was gab es an diesem Leib noch zu bewachen? Sollte das Schicksal doch zuschlagen, wo es die

Gelegenheit dazu fand, ich würde ihm dankbar entgegentreten und ihm gewiss nicht in den Rücken fallen.

Allein, die Jahre flogen dahin, ohne dass ich Erlösung fand. Meine Mutter starb, meine arme Schwester Sophie kam auf grässliche Weise in Paris ums Leben. Ungarn feierte das tausendjährige Bestehen seines Königreiches, und ich fand nicht einmal mehr auf Korfu Frieden. Ich befahl, das »Achilleion« zu verkaufen.

Dann wieder Reisen, Kuren, Nervenentzündungen, Herzschmerzen. Ärzte und liebevolle Ermahnungen von Franz Joseph. Wo ich auch hinfuhr, seine Briefe folgten mir. Berichteten von Wien, von Frau Schratt und von seiner Liebe.

Liebe? Was war eigentlich Liebe?

Irgendwo fiel eine Tür ins Schloss, und ich fuhr erschrocken auf. Wo war ich?

Genf, ach ja. Das Hotel. Morgen wollen wir weiter nach Montreux. Ich sollte versuchen, Ruhe zu finden. Was treibt mich ausgerechnet heute Nacht dazu, die Fülle des Leids, der Abschiede und der Fehler von neuem zu werten, zu durchmessen? Es ist zu spät, etwas daran zu ändern. Es ist geschehen und vorbei.

Ich bin so müde. Ich möchte schlafen und nie wieder erwachen.

An meine Völker

Offizielle Verlautbarung
Kaiser Franz Josephs zur Ermordung seiner Gemahlin,
die am 10. September 1898 auf der Uferpromenade in Genf
von dem italienischen Anarchisten Luigi Luccheni
mit einer dreikantigen Feile erdolcht wurde.

Die schwerste, grausamste Prüfung hat Mich und Mein Haus heimgesucht. Meine Frau, die Zierde Meines Thrones, die treue Gefährtin, die Mir in den schwersten Stunden Meines Lebens Trost und Stütze war – an der Ich mehr verloren habe, als Ich auszusprechen vermag, ist nicht mehr. Ein entsetzliches Verhängnis hat sie Mir und Meinen Völkern entrissen.

Eine Mörderhand, das Werkzeug des wahnwitzigen Fanatismus, der die Vernichtung der bestehenden gesellschaftlichen Ordnung sich zum Ziele setzt, hat sich gegen die edelste der Frauen erhoben und in blindem, ziellosen Hass das Herz getroffen, das keinen Hass gekannt und nur für das Gute geschlagen hat.

Mitten in dem grenzenlosen Schmerze, der Mich und Mein Haus erfasst, angesichts der unerhörten That, welche die ganze gesittete Welt in Schaudern versetzt, dringt zunächst die Stimme Meiner geliebten Völker lindernd zu Meinem Herzen. Indem Ich Mich der göttlichen Fügung, die so Schweres und Unfassbares über Mich verhängt, in Demuth beuge, muß Ich der Vorsehung Dank sagen für das hohe Gut, das mir verblieben: Die Liebe und Treue der Millionen, die in der Stunde des Leidens Mich und die Meinen umgibt.

In tausend Zeichen, von Nah und Fern, von Hoch und Nieder, hat sich der Schmerz und die Trauer um die gottselige Kaiserin und Königin geäußert. In rührendem Zusammenklang ertönt die Klage Aller über den unermesslichen Verlust als getreuer Widerhall dessen, was meine Seele bewegt.

Wie Ich das Gedächtnis Meiner heißgeliebten Gemahlin heilighalte bis zur letzten Stunde, so bleibt Ihr in der Dankbarkeit und Verehrung Meiner Völker ein unvergängliches Denkmal für alle Zeiten errichtet.

Schönbrunn, am 16. September 1898 Franz Joseph